AS VIDAS DE BILLY MILLIGAN

DANIEL KEYES

AS VIDAS DE BILLY MILLIGAN

A HISTÓRIA REAL DE UMA PESSOA
COM 24 PERSONALIDADES

TRADUÇÃO
Regiane Winarski

Aleph

As vidas de Billy Milligan

TÍTULO ORIGINAL:
The Minds of Billy Milligan

COPIDESQUE:
Marlon Magno

CAPA:
Alles Blau

REVISÃO:
Beatriz Ramalho
João Rodrigues

DADOS INTERNACIONAIS DE CATALOGAÇÃO NA PUBLICAÇÃO (CIP)
DE ACORDO COM ISBD

K44v Keyes, Daniel
As vidas de Billy Milligan: a história real de uma pessoa com 24 personalidades / Daniel Keyes ; traduzido por Regiane Winarski. - São Paulo, SP : Editora Aleph, 2024.
480 p. ; 16cm x 23cm.

Tradução de: The Minds of Billy Milligan
ISBN: 978-85-7657-625-9

1. Biografia. 2. Não ficção. 3. Psiquiatria. 4. Criminologia.
I. Winarski, Regiane. II. Título.

2024-86	CDD 920
	CDU 929

ELABORADO POR VAGNER RODOLFO DA SILVA - CRB-8/9410

ÍNDICES PARA CATÁLOGO SISTEMÁTICO:
1. Biografia 920
2. Biografia 929

COPYRIGHT © DANIEL KEYES E WILLIAM S. MILLIGAN, 1981, 1982
COPYRIGHT DO POSFÁCIO © DANIEL KEYES, 1982
COPYRIGHT © EDITORA ALEPH, 2024

TODOS OS DIREITOS RESERVADOS. PROIBIDA A REPRODUÇÃO,
NO TODO OU EM PARTE, ATRAVÉS DE QUAISQUER MEIOS
SEM A DEVIDA AUTORIZAÇÃO.

Rua Bento Freitas, 306 – Conj. 71 – São Paulo/SP
CEP 01220-000 • TEL 11 3743-3202
www.editoraaleph.com.br

 @editoraaleph
 @editora_aleph

*Para as vítimas de abuso infantil,
principalmente as escondidas...*

SUMÁRIO

Apresentação
por Ilana Casoy 9

Prefácio 15

As pessoas lá dentro 19

Livro um: O tempo confuso 23
Livro dois: Tornando-se o Professor 171
Livro três: Para além da loucura 367
Epílogo 447

Posfácio 455
Nota do autor 463
Agradecimentos 465
Sobre o autor 467

APRESENTAÇÃO

A história de Billy Milligan, cidadão norte-americano portador de um grave transtorno dissociativo de identidade (TDI), foi um marco para a psiquiatria e para o direito, além de uma contribuição importante para a literatura do gênero *true crime*, crimes reais.

Como contar essa história tão intrincada? Sob qual perspectiva e com quais critérios? Os fatos que se apresentavam tinham viés jornalístico, mas também criminal, além de envolverem questões complexas de saúde mental. Daniel Keyes, psicólogo e premiado escritor, nos proporciona um giro total sobre todas as áreas desse drama incomum. O autor conheceu cada uma das "vidas" de Milligan, conversou com elas, entrevistou advogados e médicos até estar finalmente pronto para trazer mais uma história real que se desdobraria em filmes e documentários no universo audiovisual.

Outras experiências sobre múltipla personalidade já tinham ganhado espaço na arte, como *As três faces de Eva* (1957) e *Sybill* (1976) — produções vencedoras do Oscar que reproduziam a história de mulheres com um difícil e incomum diagnóstico. Toda uma geração, nas décadas de 1950 e 1970, foi impactada quando Eva e Sybill nos apresentaram uma nova forma de sofrer: subdividindo-se em múltiplas. (A diferença é que Milligan é um homem acusado em processos criminais graves envolvendo estupro e roubo, cuja equipe jurídica busca a absolvição por insanidade mental.)

E quem é essa pessoa que sofre com múltipla personalidade? O "protótipo do múltiplo", descrito pelo psiquiatra canadense Colin A. Ross, nos ajuda a entender algumas características fundamentais e está presente em diagnósticos. Pessoas "múltiplas", em sua maioria, são mulheres brancas de classe média, não rebeldes. Têm por volta de 30 anos e expõem grande número de personalidades distintas. Elas passam boa parte da vida negando seus *alter egos,* que incluem personalidades infantis, persecutórias, cooperativas e pelo menos uma de outro gênero.

Elas apresentam histórico como vítimas de abuso sexual (em várias ocasiões por parte de um homem de confiança de sua família, quando ainda muito pequenas), além de passarem por outras indignidades infringidas por pessoas cujo amor lhes era necessário e importante.

Experimentaram diversos estágios de problemas mentais e receberam diferentes diagnósticos. Sofrem de depressão grave e pensam com frequência em suicídio. Contudo, os tratamentos não costumam ajudar a longo prazo, até que finalmente elas encontram um clínico interessado em sua personalidade múltipla.

Nove entre dez casos de TDI acontecem com mulheres. Alguns psicopatólogos acreditam que isso acontece porque a mulher com TDI é encaminhada para a área de saúde mental, mas os homens acabam na cadeia — pois quando a multiplicidade acontece para eles, uma das vidas fica encarregada da violência, defendendo o coletivo. Acabam encarcerados, onde sofrem maus-tratos ainda piores, agravando seu quadro.

Para viver, pessoas portadoras de TDI dependem de certa capacidade de fantasiar, de se dissociar, fragmentando a memória para reduzir o sofrimento. Como consequência, têm amnésia de partes do passado e de sua vida cotidiana, porque é frequente acordarem em um lugar e não saberem como chegaram ali.

Quem conhece o conto "A linha mágica", do *Livro das virtudes* de William J. Bennett, deve se lembrar de Pedro, o menino que ganhou uma bola de prata da qual saía um fio de seda. A cada vez que puxava o fio, o tempo se adiantava, pulando partes da vida que ele não queria vivenciar. Desse modo, foi capaz de evitar sofrimentos ou esperas. Em contraponto, perdeu o que não viveu. Se a porta da emoção no ser humano é uma só — para o bom e para o mau —, não se consegue fechar metade dela. Se você se fecha completamente para o sentimento, é o vazio.

Ainda segundo o psicólogo Daniel Keyes, pessoas com múltiplas personalidades "dormem" enquanto outras partes delas agem. É quando o indivíduo "perde o tempo" da vida, como no conto de Bennett. Você dissocia, mas também perde o que poderiam ser seus grandes momentos. Só sobrevive, não vive. Comete uma espécie de suicídio sem se matar de verdade. Desfaz-se de quem era antes. Na opinião de muitos profissionais, o tratamento seria estruturar a pessoa para que ela enfrente as dores e integre as dissociações, mas o resultado pode ser menor do que a soma das partes. Tarefa difícil porque, como diz Arthur, um dos múltiplos de Billy Milligan, eles são diferentes pessoas, não diferentes personalidades. É isso que torna tudo real.

Na área jurídica, este livro nos faz refletir muito sobre a relação entre psiquiatria, psicologia e justiça. Quando se trata da lei brasileira, na qual existe uma zona cinzenta e interpretativa denominada semi-imputabilidade (assim como na Alemanha e em Israel), aceita-se que o indivíduo pode entender o que fazia, mas não tem a capacidade de controlar sua vontade — o que não o absolve, mas diminui a pena. Nos Estados Unidos, a defesa por insanidade mental é difícil de emplacar porque, para além de ser obrigatório o crime ter nexo causal com o transtorno mental (ou seja, tal condição deve ter sido determinante para o cometimento do crime), o criminoso tem de ser incapaz de entender seu ato e de controlar a própria vontade, seu impulso, para ser absolvido por insanidade. O histórico de Billy Milligan se encaixa como uma luva nessa definição, segundo seus advogados, porque é seu múltiplo violento quem comete os crimes, enquanto Billy "dorme" em algum lugar de sua mente perturbada.

Keyes consegue descrever todos os embates jurídicos desse caso intrincado, em que a maior arma da defesa de Milligan está em um diagnóstico raro (atinge apenas 1% da população) e dificílimo de tratar. O próprio entendimento do que vem a ser transtorno dissociativo de identidade ainda está em estudo e difere entre as escolas psiquiátricas do mundo. Enquanto na Europa Central se entende TDI como uma divisão da mente humana diante de negações, as escolas francesa e americana consideram-no uma dissociação, um "duplo" criado para enfrentar graves sofrimentos, mas ainda assim parte da mesma pessoa, e não *outra pessoa*.

As diferenças não são apenas legais e psíquicas, mas invadem questões culturais que interferem em como a sociedade encara essas dissociações humanas. No Brasil, nossa mistura religiosa, por exemplo, aceita dissociações com mais naturalidade, não as definindo como questões unicamente relativas à saúde mental. Não conheço um caso brasileiro em que o TDI foi alegado como determinante para o cometimento de um crime, nem casos de internação por conta desse diagnóstico.

Sempre defendi que a mente humana não tem fronteiras geográficas e o que acontece em um país certamente acontece em outros, mas a partir desta leitura preciso acrescentar: algumas culturas podem, sim, influenciar a maneira como a sociedade interpreta a doença mental e a classifica.

Em 1973, a homossexualidade, que na ocasião era chamada de homossexualismo — o sufixo "ismo" é muito usado para denominar doenças —, deixou de ser considerada uma doença pela Associação Americana de Psiquiatria e foi excluída do DSM (Manual Diagnóstico e Estatístico de Transtornos Mentais). A Organização Mundial da Saúde (OMS) seguiu pelo mesmo caminho, mas somente em 1990.

Quem vai dar ouvidos a essa forma de sofrimento? Quais caminhos nos farão entender melhor a dissociação e como classificá-la, sem que tudo pareça irreal, como corpos possuídos por espíritos e demônios? Certamente a leitura de *As vidas de Billy Milligan* fará parte desse entendimento.

ILANA CASOY
— Criminóloga e escritora

AS VIDAS
DE BILLY MILLIGAN

PREFÁCIO

Este livro é o relato factual da vida, até o momento,* de William Stanley Milligan, a primeira pessoa na história dos Estados Unidos a ser declarada inocente de crimes graves, por motivo de insanidade, por ter múltipla personalidade.**

Diferentemente de outras pessoas com esse transtorno, que foram mantidas no anonimato ou que foram representadas por nomes fictícios na literatura psiquiátrica e popular, Milligan se tornou uma figura pública controversa desde o momento em que foi preso e acusado. Seu rosto apareceu nas primeiras páginas de jornais e nas capas de revistas. Resultados de seus exames de estado mental foram divulgados em noticiários e manchetes de jornais em todo o mundo. Ele também foi o primeiro paciente de múltipla personalidade a ser cuidadosamente examinado 24 horas por dia como interno em um ambiente hospitalar, com descobertas de multiplicidade atestadas em testemunho sob juramento por quatro psiquiatras e um psicólogo.

Conheci o homem de 23 anos no Centro de Saúde Mental Athens em Athens, Ohio, logo depois de ele ter sido enviado para lá pelo tribunal. Quando me pediu para escrever sua história, expliquei que faria apenas se houvesse algo a mais nela do que o ostensivamente relatado pela imprensa. Ele me garantiu que os segredos mais profundos das pessoas dentro dele nunca tinham sido revelados a alguém, nem mesmo a advogados e psiquiatras que o tinham examinado. Agora, ele queria que o mundo entendesse sua doença mental. Eu estava cético, porém interessado.

Dias depois de conhecê-lo, minha curiosidade foi atiçada pelo último parágrafo de um artigo da revista *Newsweek* intitulado "As dez faces de Billy":

> Ainda há perguntas sem resposta: Como Milligan aprendeu a habilidade de escapista de Houdini demonstrada por Tommy [uma das

---

* O livro foi originalmente publicado em 1981. [N. E.]

** Atualmente, essa condição psiquiátrica é chamada de transtorno dissociativo de identidade (TDI). Para esta edição, no entanto, optamos por manter a terminologia original, utilizada na época em que o livro foi escrito e publicado. [N. E.]

personalidades]? E as conversas com as vítimas de estupro, em que ele alegava ser "guerrilheiro" e "matador de aluguel"? Os médicos acham que Milligan pode ter personalidades ainda insondadas — e que algumas podem ter cometido crimes ainda não descobertos.

Quando conversamos a sós em horários de visita em seu quarto no hospital para doentes psiquiátricos, descobri que Billy, como passou a ser chamado, era bem diferente do jovem seguro que eu conhecera. Ele agora falava com hesitação, os joelhos tremendo de nervosismo. A memória era ruim, com longos períodos apagados por amnésia. Conseguia tecer comentários gerais sobre as partes do passado das quais se lembrava vagamente, a voz muitas vezes falhando por conta de lembranças dolorosas — mas não conseguia oferecer muitos detalhes. Depois de tentar em vão extrair suas experiências, eu estava preparado para desistir.

Mas, um dia, algo aterrador aconteceu.

Billy Milligan se integrou completamente pela primeira vez, revelando um novo indivíduo, um amálgama de todas as suas personalidades. O Milligan integrado tinha uma lembrança clara e quase total de todas as personalidades de sua criação — todos os pensamentos, ações, relacionamentos, experiências trágicas e aventuras cômicas.

Menciono isso desde o começo para que o leitor entenda como consegui registrar os eventos passados de Milligan, os sentimentos particulares e as conversas solitárias. Todo o material neste livro foi dado a mim pelo Milligan integrado, suas outras personalidades e 62 pessoas cujos caminhos cruzaram com o dele em estágios diferentes da vida. Cenas e diálogos são recriados a partir das lembranças de Milligan. As sessões de terapia são tiradas diretamente de filmagens. Eu não inventei nada.

Um problema sério que enfrentamos quando comecei a escrever foi desenvolver uma cronologia. Como Milligan tinha "perdido tempo" com frequência desde o começo da infância, ele raramente prestava atenção a relógios e calendários, e costumava ter vergonha de admitir não saber em que dia ou mês estávamos. Consegui organizar os eventos no tempo usando contas, notas fiscais, relatórios de plano de saúde, registros escolares e de emprego, e os muitos outros documentos entregues a mim por sua mãe, sua irmã, seus empregadores, advogados e médicos. Embora Milligan raramente datasse suas correspondências, sua ex-namorada tinha guardado as centenas de cartas que ele lhe escreveu durante os dois anos em que esteve na prisão, e pude datá-las pelos carimbos do correio nos envelopes.

Enquanto trabalhávamos, Milligan e eu combinamos duas regras básicas:

Primeiro, todas as pessoas, lugares e instituições seriam identificados pelos nomes verdadeiros, exceto três grupos de indivíduos cuja privacidade tinha que ser protegida por pseudônimos: outros pacientes psiquiátricos; criminosos não denunciados com quem Milligan tinha se envolvido, tanto quando era menor quanto depois de adulto e que não pude entrevistar diretamente; e as três vítimas de estupro da Universidade Estadual de Ohio, inclusive as duas que aceitaram ser entrevistadas por mim.

Segundo, para garantir a Milligan que ele não se incriminaria caso alguma das personalidades revelasse crimes pelos quais ainda poderia ser denunciado, combinamos que eu usaria "licença poética" ao dramatizar essas cenas. No entanto, os crimes pelos quais Milligan já foi julgado são relatados em detalhes não revelados até então.

Entre as pessoas que o conheceram, entre colegas de trabalho e suas vítimas, a maioria aceitou o diagnóstico de múltipla personalidade de Billy Milligan. Muitas dessas pessoas se lembram do que ele disse ou fez que as levou a finalmente admitir: "Ele não pode estar fingindo isso". Outras ainda acham que ele é uma fraude, um golpista brilhante alegando inocência por insanidade para fugir da prisão. Procurei todas as pessoas em ambos os grupos que aceitassem falar comigo. Elas me deram suas reações e seus motivos.

Também mantive o ceticismo. Não houve um dia em que não pendesse mais para um e depois para outro. Mas, durante os dois anos em que trabalhei com Milligan neste livro, a dúvida que tive diante de atos e experiências relembrados por ele, e que pareciam inacreditáveis, virou certeza quando a minha investigação mostrou que eram precisos.

O fato de a controvérsia ainda ocupar espaço nos jornais de Ohio pode ser verificado em um artigo no *Dayton Daily News* de 2 de janeiro de 1981 — três anos e dois meses depois que os últimos crimes foram cometidos:

FRAUDE OU VÍTIMA? NINGUÉM SABE
SOBRE O CASO MILLIGAN
de Joe Fenley

William Stanley Milligan é um homem perturbado que vive uma existência perturbada.

Ele é uma fraude, que enganou a sociedade e se safou de crimes violentos; ou é uma vítima autêntica de um distúrbio de múltipla perso-

nalidade — de qualquer forma, não há uma boa perspectiva sobre essa situação...

Só o tempo dirá se Milligan enganou o mundo ou se é uma de suas vítimas mais tristes...

Talvez a hora seja agora.

D. K.
Athens, Ohio
3 de janeiro de 1981

AS PESSOAS LÁ DENTRO

OS DEZ

As únicas identidades conhecidas de psiquiatras, advogados, polícia e imprensa na época do julgamento.

1. *William Stanley Milligan ("Billy")*, 26. A personalidade original, ou a essência, mais tarde chamada de "Billy não integrado" ou "Billy-N". Abandonou o ensino médio. Altura 1,83m, 86 quilos. Olhos azuis, cabelo castanho.

2. *Arthur*, 22. O inglês. Racional, sem emoção, fala com sotaque britânico. Autodidata em física e química, estuda livros de medicina. Lê e escreve em árabe fluentemente. Embora seja um rigoroso conservador e se considere capitalista, ele é ateu declarado. Primeira personalidade a "descobrir" a existência de todas as outras, é ele quem manda nos considerados "lugares seguros", decidindo quem na "família" vai aparecer e sustentar a consciência. Usa óculos.

3. *Ragen Vadascovinich*, 23. O guardião da raiva. O nome é derivado de "*rage-again*" [raiva de novo]. Iugoslavo, fala inglês com sotaque eslavo e lê, escreve e fala servo-croata. É uma autoridade em armas e munições, além de especialista em caratê. Tem força extraordinária, que deriva da capacidade de controlar o fluxo de adrenalina. É comunista e ateu. Seu papel é o de protetor da família, e das mulheres e crianças em geral. Domina a consciência em lugares considerados perigosos. Já se uniu a criminosos e viciados em drogas e admite comportamento criminoso e às vezes violento. Pesa 95 quilos, tem braços enormes, cabelo preto e um bigode comprido com pontas pendentes. Desenha em branco e preto por ser daltônico.

4. *Allen*, 18. O golpista. Manipulador, costuma lidar com as pessoas de fora. É agnóstico e sua atitude é "Fazer o melhor da vida na Terra". Ele toca bateria, pinta retratos e é a única das personalidades que fuma. Tem

um relacionamento próximo com a mãe de Billy. É da mesma altura de William, mas pesa menos (75 quilos). O cabelo é dividido do lado direito e é o único destro.

5. *Tommy*, 16. O artista da fuga. Costuma ser confundido com Allen. É beligerante e antissocial. Toca saxofone, é especialista em eletrônica e pintor de paisagens. Cabelo louro-escuro e olhos castanho-claros.

6. *Danny*, 14. O assustado. Tem medo das pessoas, principalmente de homens. Foi obrigado a cavar a própria cova e depois enterrado vivo — por isso, só pinta natureza-morta. Tem cabelo louro até os ombros, olhos azuis, é baixo e magro.

7. *David*, 8. O guardião da dor ou o empático. Absorve toda a dor e sofrimento das outras personalidades. É altamente sensível e perceptivo, mas tem capacidade de atenção curta. Passa a maior parte do tempo confuso. Tem cabelo castanho-avermelhado escuro, olhos azuis e é pequeno fisicamente.

8. *Christene*, 3. "A criança do canto", chamada assim porque era a que ficava no canto do castigo na escola. É uma garotinha inglesa inteligente que sabe ler e escrever, mas tem dislexia. Gosta de desenhar e colorir imagens de flores e borboletas. Tem cabelo louro até os ombros e olhos azuis.

9. *Christopher*, 13. Irmão de Christene. Fala com sotaque britânico. É obediente, mas perturbado. Toca gaita. O cabelo é louro-acastanhado, como o de Christene, mas a franja é mais curta.

10. *Adalana*, 19. A lésbica. Tímida, solitária e introvertida, escreve poemas, cozinha e cuida da casa para os outros. Adalana tem cabelo preto comprido e oleoso. Como seus olhos castanhos se movem ocasionalmente de um lado para o outro, com nistagmo, dizem que ela tem "olhos que dançam".

OS INDESEJÁVEIS

Suprimidos por Arthur por terem traços indesejáveis, revelaram-se pela primeira vez para o dr. David Caul no Centro de Saúde Mental Athens.

11. *Phillip*, 20. O bandido. É nova-iorquino, tem forte sotaque do Brooklyn e usa linguagem vulgar. Referências a "Phil" deram à polícia e à imprensa

a dica de que havia mais personalidades do que as dez conhecidas. Cometeu delitos menores. Tem cabelo castanho cacheado, olhos cor de mel e nariz aquilino.

12. *Kevin*, 20. O planejador. É um criminoso menor e planejou o roubo da Gray Drug Store. Gosta de escrever. Tem cabelo louro e olhos verdes.

13. *Walter*, 22. O australiano. Ele se vê como um caçador de animais grandes. Tem excelente senso de direção e costuma ser usado como "olheiro". Suprime as emoções. É excêntrico. Tem bigode.

14. *April*, 19. A vaca. Tem sotaque de Boston. Pensa demais e passa muito tempo elaborando maneiras de se vingar do padrasto de Billy. Os "outros" dizem que ela é louca. Costura e ajuda com os cuidados da casa. Tem cabelo preto e olhos castanhos.

15. *Samuel*, 18. O judeu andarilho. Judeu ortodoxo, é o único que acredita em Deus. Escultor e entalhador de madeira. Tem cabelo preto cacheado e barba e olhos castanhos.

16. *Mark*, 16. O burro de carga. Não tem iniciativa. Não faz nada se não receber uma ordem dos outros. Cuida do trabalho monótono. Se não tem nada para fazer, fica olhando para a parede. Às vezes é chamado de "zumbi".

17. *Steve*, 21. O eterno impostor. Ri das pessoas enquanto as imita. Egomaníaco, é a única das personalidades interiores que nunca aceitou o diagnóstico de múltipla personalidade. As imitações debochadas que ele faz costumam causar problemas para os outros.

18. *Lee*, 20. O comediante. Prega peças, é palhaço e sagaz. Suas pegadinhas metem os outros em brigas e fazem com que sejam jogados na solitária quando vão para a prisão. Não liga para a vida nem para as consequências de suas ações. Tem cabelo castanho-escuro e olhos cor de mel.

19. *Jason*, 13. A válvula de escape. Com suas reações histéricas e ataques de birra, que costumam resultar em punição, ele descarrega as pressões acumuladas. Retém as lembranças ruins para que os outros possam esquecê-las, provocando amnésia. Tem cabelo e olhos castanhos.

20. *Robert (Bobby)*, 17. O sonhador. Está sempre fantasiando com viagens e aventuras. Apesar de sonhar em tornar o mundo um lugar melhor, ele não tem ambição nem interesse intelectual.

21. *Shawn*, 4. O surdo. Tem capacidade de atenção curta e os outros costumam supor que tem deficiência intelectual. Faz sons de zumbido para sentir as vibrações na cabeça.

22. *Martin*, 19. O esnobe. Nova-iorquino e exibido. É arrogante e metido a superior. Quer as coisas sem conquistá-las. Tem cabelo louro e olhos cinzentos.

23. *Timothy (Timmy)*, 15. Trabalhou em uma floricultura, onde teve um encontro com um homem homossexual que o assustou com algumas investidas. Vive em seu próprio mundo.

O PROFESSOR

24. *O Professor*, 26. A soma de todos os 23 alter egos integrados em um. Ensinou aos outros tudo que aprenderam. Brilhante, sensível, tem ótimo senso de humor. Alega ser "o Billy inteiro" e se refere aos outros como "os androides que eu criei". O Professor é quem detém praticamente todas as recordações e seu surgimento e cooperação tornaram este livro possível.

LIVRO UM

O TEMPO CONFUSO

CAPÍTULO 1

1

No sábado, 22 de outubro de 1977, John Kleberg, chefe de polícia da Universidade Estadual de Ohio, colocou a área da faculdade de medicina sob segurança policial pesada. Policiais armados patrulhavam o campus em viaturas e a pé, e observadores armados vigiavam dos telhados. As mulheres foram avisadas para não andar sozinhas e para tomar cuidado com homens ao entrar em carros.

Pela segunda vez em oito dias, uma jovem tinha sido sequestrada no campus sob a mira de uma arma, entre sete e oito horas da manhã. A primeira foi uma estudante de optometria de 25 anos; a segunda, uma enfermeira de 24. As duas foram levadas de carro para o interior, estupradas, obrigadas a trocar cheques e roubadas.

Os jornais publicaram retratos falados concedidos pela polícia, e o público respondeu com centenas de ligações, nomes e descrições... tudo inútil. Não havia pistas significativas, nem suspeitos. A tensão na comunidade universitária aumentou. A pressão sobre o chefe Kleberg ficou mais intensa quando as organizações de estudantes e os grupos comunitários exigiram a captura do homem que os jornais e apresentadores de televisão de Ohio tinham começado a chamar de "Estuprador do Campus".

Kleberg botou Eliot Boxerbaum, o jovem supervisor de investigações, a cargo da caçada. Boxerbaum endossava políticas de esquerda; tinha se envolvido com o trabalho policial enquanto ainda estava na universidade, após as manifestações estudantis que fecharam o campus em 1970. Depois da formatura naquele ano, ele recebeu uma proposta de emprego no departamento de polícia da universidade — mas precisaria cortar o cabelo comprido e raspar o bigode. Ele aceitou cortar o cabelo, mas não tirou o bigode. Ainda assim foi contratado.

Enquanto Boxerbaum e Kleberg examinavam os retratos falados e os dados fornecidos pelas duas vítimas, tudo parecia apontar para um único criminoso: um norte-americano, branco, com idade entre 23 e 27 anos, pesando entre oitenta e 85 quilos, com cabelo castanho ou castanho-aver-melhado. O homem estava usando um moletom marrom, calça jeans e tênis brancos quando cometeu os dois crimes.

Carrie Dryer, a primeira vítima, lembrava que o estuprador usava luvas e carregava um revólver pequeno. Ocasionalmente, os olhos dele se deslocavam de um lado para o outro, sintoma de uma condição médica que ela reconheceu como nistagmo. Ele a algemou à porta do carro, por dentro, e a levou para uma área isolada, onde a estuprou. Depois ainda a ameaçou: "Se procurar a polícia, não dê minha descrição. Se eu vir alguma coisa no jornal, vou mandar uma pessoa atrás de você". Como se para provar que estava falando sério, ele anotou nomes da agenda de telefones da vítima.

Donna West, uma enfermeira baixa e rechonchuda, disse que seu agressor carregava uma pistola automática. Havia alguma coisa nas mãos dele; não era sujeira nem graxa, mas uma espécie de mancha oleosa. Em algum momento, ele disse que seu nome era Phil. Xingava muito. Usava óculos com lentes escuras marrons; ela nunca viu seus olhos. Ele anotou o nome dos parentes dela e também a ameaçou: se ela o identificasse, ela ou alguém de sua família sofreria nas mãos de uma "irmandade" que executaria as ameaças dele. Donna e a polícia acharam que ele estava se gabando de fazer parte de uma organização terrorista ou de algum grupo mafioso.

Kleberg e Boxerbaum ficaram confusos pois havia uma diferença significativa nas duas descrições. O primeiro homem foi descrito como tendo um bigode cheio e bem aparado. O segundo, como tendo uma barba de três dias, mas nada de bigode.

Boxerbaum sorriu.

— Acho que, entre a primeira vez e a segunda, ele raspou o bigode.

Na Delegacia Central no centro de Columbus, a detetive Nikki Miller, designada para a Divisão de Abuso Sexual, entrou no segundo turno às 15h do dia 26 de outubro, quarta-feira. Tinha acabado de voltar de férias de duas semanas em Las Vegas e estava se sentindo descansada. Estava com boa aparência, um bronzeado realçando os olhos castanhos e o cabelo claro em camadas. O detetive Gramlich, do primeiro turno, falou que ia transportar uma jovem vítima de estupro para o hospital da universidade. Como o caso seria de Miller, Gramlich deu a ela os poucos detalhes que tinha.

Polly Newton, uma aluna de 21 anos da Universidade de Ohio, tinha sido raptada atrás de seu prédio perto do campus da universidade por volta das oito da manhã daquele dia. Depois que estacionou o Corvette azul do namorado, foi obrigada a entrar de novo e forçada a dirigir para uma área isolada, e lá foi estuprada. O agressor a fez dirigir de volta até Columbus para trocar dois cheques antes que a obrigasse a levá-lo para a área do campus. Ele sugeriu então que ela sacasse outro cheque, sustasse e ficasse com o dinheiro para ela.

Como Nikki Miller estava de férias, ela não tinha lido sobre o Estuprador do Campus nem visto os retratos falados. Os detetives do primeiro turno forneceram os detalhes.

"Os fatos deste caso", observou Miller no relatório, "são similares aos dos dois estupros/raptos [...] que estão nas mãos da polícia da Universidade Estadual de Ohio, que ocorreram na jurisdição deles."

Nikki Miller e seu parceiro, o policial A. J. Bessell, dirigiram até o Hospital Universitário para interrogar Polly Newton, uma garota de cabelo cor de mel.

O homem que a raptou, disse Polly, afirmara ser membro dos Weathermen,* mas que também tinha outra identidade, de empresário, e dirigia um Maserati. Depois que Polly teve alta do hospital, ela aceitou acompanhar Miller e Bessell para mostrar o lugar até onde tinha sido obrigada a dirigir. Mas estava escurecendo e ela estava ficando confusa, então concordou com tentar de novo na manhã seguinte.

A Unidade de Busca de Cena do Crime procurou digitais no carro. Encontraram três digitais parciais com detalhes suficientes para serem comparados com qualquer outro suspeito no futuro.

Miller e Bessell levaram Polly de volta para o Bureau de Detetives para trabalhar com o artista do departamento a fazer um retrato falado. Em seguida, Miller pediu para a jovem analisar fotografias de criminoso sexuais brancos do sexo masculino. Ela analisou três álbuns de fotografias, cada um com cem fotos, sem sucesso. Às 22h, exausta depois de sete horas com a polícia, ela parou.

Às 10h15 da manhã seguinte, os detetives do turno da manhã na Divisão de Abuso Sexual apanharam Polly Newton e a levaram ao condado de Delaware. À luz do dia, ela conseguiu conduzi-los até a cena do estupro, onde encontraram cápsulas de balas de 9 mm perto da beira do lago. Ali, disse ela para um dos detetives, foi onde o homem disparou a arma em algumas garrafas de cerveja que tinha jogado na água.

---

* Organização norte-americana de extrema esquerda fundada na Universidade de Michigan. [N. E.]

Quando voltaram para a delegacia, Nikki Miller tinha acabado de chegar. Ela conduziu Polly a uma salinha em frente à recepção e levou outro álbum de fotografias de criminosos fichados. Deixou Polly sozinha e fechou a porta.

Alguns minutos depois, Eliot Boxerbaum chegou ao local com Donna West, a enfermeira que tinha sido a segunda vítima. Queria que ela também olhasse as fotografias. Ele e o chefe Kleberg tinham decidido deixar a estudante de optometria separada para uma identificação ao vivo, caso as provas das fotografias não se sustentassem em um tribunal.

Nikki Miller colocou Donna West sentada a uma mesa no corredor junto dos arquivos e levou para ela três álbuns de fotografias.

— Meu Deus, tem tantos criminosos sexuais assim andando pelas ruas? — perguntou ela.

Boxerbaum e Miller ficaram por perto enquanto Donna observava cada rosto. Com expressão de raiva e frustração, foi virando as páginas. Viu um rosto que conhecia; não o homem que a estuprou, mas um antigo colega, uma pessoa que tinha visto na rua havia pouco tempo. Olhou o verso da foto e viu que ele tinha sido preso por ato obsceno.

— Nossa, a gente nunca imagina — murmurou ela.

Na metade do álbum, Donna hesitou quando viu a foto de um jovem bonito com costeletas, um bigodinho, olhos arregalados e cansados. Deu um pulo e quase derrubou a cadeira.

— É ele! É ele! Eu tenho certeza!

Miller pediu a ela que assinasse seu nome atrás da foto, anotou o número de identificação, verificou nos registros e escreveu "William S. Milligan". Era uma fotografia antiga.

Em seguida, enfiou a fotografia em um ponto depois da metade de um dos álbuns que Polly Newton ainda não tinha olhado. Miller, Boxerbaum, um detetive chamado Brush e o policial Bessell foram se juntar a Polly na sala.

Nikki Miller sentiu que Polly devia saber que estavam esperando que ela identificasse alguém daquele álbum. A jovem olhou cada uma, virando as páginas com cuidado e, quando chegou na metade, Miller foi ficando tensa. Se Polly apontasse a mesma foto, eles saberiam que era o Estuprador do Campus.

Polly parou na foto de Milligan, mas foi adiante. Miller sentiu a tensão nos próprios ombros e braços. Ela voltou às fotos e olhou de novo o jovem com costeletas e bigode.

— Nossa, esse aqui se parece com ele, mas não consigo ter certeza — disse ela.

Boxerbaum hesitou em pedir um mandado de prisão para Milligan. Estava incomodado, apesar de Donna West ter feito uma identificação positiva — a foto já tinha três anos. Ele queria esperar a verificação das digitais. O detetive Brush levou a identificação de Milligan para o Serviço de Identificação Criminal, no primeiro andar, para comparar as digitais dele com as que foram colhidas no carro de Polly.

Nikki Miller ficou irritada com a demora. Achava que estavam com a vantagem e queria ir atrás do suspeito. Mas como Polly Newton não tinha feito uma identificação positiva, não havia alternativa a não ser esperar. Duas horas depois, o relatório chegou. A impressão do dedo indicador, colhida no lado externo do vidro da porta do passageiro do Corvette, e do anelar direito e da palma da mão direita eram de Milligan. Todas eram marcas com uma área de correspondência válida. Correspondência em dez pontos. O suficiente para o tribunal.

Boxerbaum e Kleberg ainda estavam hesitantes. Eles queriam ter certeza absoluta antes de irem atrás de um suspeito e pediram que um especialista fosse chamado para avaliar as digitais.

Como as digitais de Milligan batiam com as tiradas do carro da vítima, Nikki Miller decidiu ir em frente com a acusação de sequestro, roubo e estupro. Ela conseguiria um mandado de prisão, o levaria preso e Polly poderia vê-lo em um reconhecimento presencial.

Boxerbaum verificou com seu chefe, Kleberg, que insistiu para que a polícia da universidade esperasse o especialista. Não deveria levar mais do que uma ou duas horas. Era melhor ter certeza. Eram oito horas da noite quando o especialista concordou que as digitais eram de Milligan.

Boxerbaum disse:

— Tudo bem, vou abrir a acusação de sequestro. Foi o único crime que aconteceu no campus, a nossa jurisdição. O estupro aconteceu em outro lugar.

Ele verificou as informações que tinham chegado do Serviço de Identificação Criminal: William Stanley Milligan, um ex-condenado de 22 anos que, seis meses antes, recebera liberdade condicional do Instituto Correcional Lebanon, de Ohio. Seu último endereço conhecido era rua Spring 933, Lancaster, Ohio.

Miller pediu uma equipe da SWAT e eles se reuniram no escritório da Divisão de Abuso Sexual para planejar a abordagem. Eles tinham que descobrir quantas pessoas estavam em casa com Milligan. Duas das vítimas de estupro relataram que ele tinha dito ser terrorista e matador de aluguel; e ele havia disparado uma arma na presença de Polly. Era preciso supor que Milligan estava armado e era perigoso.

O policial Craig, da equipe da SWAT, sugeriu uma abordagem sob disfarce. Ele usaria uma caixa de pizza Domino's falsa, fingindo que era para alguém naquele endereço, e quando Milligan abrisse a porta, Craig tentaria dar uma boa olhada lá dentro. Todos concordaram com o plano.

Mas desde que o endereço tinha chegado, Boxerbaum estava intrigado. Por que um ex-condenado se deslocaria por mais de setenta quilômetros, de Lancaster até Columbus, três vezes em duas semanas, para cometer crimes de estupro? Alguma coisa não parecia certa. Quando estavam prestes a sair, ele pegou o telefone, ligou para o disque-informações e perguntou se havia um novo endereço para William Milligan. Escutou por um momento e anotou o endereço.

— Ele se mudou para a avenida Old Livingston, 5673, em Reynoldsburg — anunciou Boxerbaum. — A dez minutos de carro. No lado leste. Isso faz mais sentido.

Todos pareceram aliviados.

Às nove horas da noite, Boxerbaum, Kleberg, Miller, Bessell e quatro policiais da SWAT de Columbus partiram em três carros, a trinta quilômetros por hora pela via expressa — os faróis batendo na neblina mais densa que eles já tinham visto.

A equipe da SWAT chegou lá primeiro. O que deveria ter sido um trajeto de quinze minutos tinha levado uma hora, depois mais quinze minutos para encontrar o endereço certo na rua sinuosa e recém-pavimentada do complexo residencial Channingway. Enquanto esperavam pelos outros, os policiais da SWAT conversaram com alguns vizinhos. Havia luzes acesas na casa de Milligan.

Quando os detetives e os policiais da universidade chegaram, todos assumiram suas posições. Nikki Miller se escondeu no lado direito do pátio de entrada. Bessell foi para o canto da casa. Os três policiais da SWAT que restaram assumiram posições do outro lado. Boxerbaum e Kleberg foram para os fundos e chegaram às portas duplas de correr de vidro.

Craig pegou a caixa de pizza no porta-malas do carro e rabiscou nela "Milligan — Old Livingston, 5673" com uma caneta preta. Puxou a camisa para fora da calça jeans para cobrir o revólver e andou casualmente até uma das quatro portas viradas para o pátio. Tocou a campainha. Não houve resposta. Tocou de novo e, ao ouvir barulho no lado de dentro, fez uma pose de tédio, uma das mãos segurando a caixa de pizza e a outra no quadril, perto da arma.

Da posição em que estava atrás da casa, Boxerbaum viu um jovem sentado em uma poltrona marrom de frente para uma televisão colorida grande. À esquerda da porta da frente, viu uma cadeira vermelha. Era uma sala de estar/jantar em formato de L. Não havia mais ninguém à vista. A pessoa que estava vendo televisão se levantou da poltrona e foi atender a porta.

Ao tocar a campainha de novo, Craig viu alguém espiar pelo painel de vidro ao lado da porta. A porta foi aberta e um jovem bonito olhou para ele.

— Eu trouxe sua pizza.

— Não pedi pizza.

Craig tentou olhar para o interior da casa e viu Boxerbaum pela cortina aberta na porta de vidro dos fundos.

— Foi o endereço que me deram. Pra William Milligan. É seu nome?

— Não.

— Alguém aqui pediu pizza — disse Craig. — Quem é você?

— Esta casa é do meu amigo.

— Onde está seu amigo?

— Ele não está aqui agora. — Ele falava com uma voz monótona e hesitante.

— Ok, onde ele está? Alguém pediu esta pizza. Bill Milligan. Deste endereço.

— Não sei. Os vizinhos o conhecem. Talvez possam dizer; ou talvez tenham pedido a pizza.

— Você pode me ajudar?

O jovem assentiu, andou até a porta a alguns passos da dele, bateu, esperou alguns segundos e bateu de novo.

Craig largou a caixa de pizza, pegou a arma e a encostou na nuca do suspeito.

— Parado! Eu sei que você é Milligan! — Ele botou algemas no jovem.

O jovem parecia atordoado.

— Pra que isso? Eu não fiz nada.

Craig cutucou a arma entre as costas de Milligan e puxou seu cabelo comprido como se estivesse puxando rédeas.

— Vamos voltar lá pra dentro.

Craig o empurrou para dentro da casa. Os outros policiais da SWAT entraram e o cercaram, as armas apontadas. Boxerbaum e Kleberg se juntaram ao grupo, entrando pela frente.

Nikki Miller estava com a fotografia de identificação que exibia uma verruga no pescoço de Milligan.

— Ele tem o sinal. O mesmo rosto. É ele.

Colocaram Milligan numa cadeira vermelha e Miller reparou em como o suspeito olhava para a frente com uma expressão atordoada de transe. O sargento Dempsey se curvou e olhou embaixo da cadeira.

— Aqui está a arma — disse ele, puxando-a com um lápis. — Uma Magnum 9 mm. Smith & Wesson.

Um policial da SWAT virou o assento da poltrona marrom na frente do aparelho de televisão. Tentou apanhar um pente de balas e um saco plástico de munição, mas Dempsey o fez parar.

— Espera. Nós temos um mandado de prisão, não um mandado de busca. — Ele se virou para Milligan. — Você permite que a gente prossiga com a busca?

Milligan só olhou para a frente com uma expressão vazia.

Kleberg, sabendo que não precisava de mandado de busca para verificar se havia mais alguém nos outros aposentos, entrou no quarto e viu o moletom marrom na cama desarrumada. O local estava uma bagunça, com roupas espalhadas pelo chão todo. Ele olhou para dentro do closet e, na prateleira, enfileirados, estavam cartões de crédito pertencentes a Donna West e Carrie Dryer. Até pedaços de papéis tirados das mulheres. Os óculos de sol com lentes escuras e uma carteira estavam na cômoda.

Ele foi contar para Boxerbaum o que tinha visto e o encontrou em uma salinha de jantar convertida numa espécie de ateliê.

— Olha isso. — Boxerbaum apontou para um quadro grande do que parecia ser uma rainha ou uma dama da aristocracia do século 18 usando um vestido azul com renda branca, ao lado de um piano segurando uma partitura. Os detalhes eram incríveis. Estava assinado "Milligan".

— Nossa, que lindo — disse Kleberg.

Ele olhou as outras telas apoiadas na parede, os pincéis, os tubos de tinta.

Boxerbaum bateu na testa.

— As manchas que Donna West disse que ele tinha nas mãos. Eram isso. Ele estava pintando antes.

Nikki Miller, que também tinha visto o quadro, se aproximou do suspeito, ainda sentado na cadeira.

— Você é Milligan, não é?

Ele olhou para ela, atordoado.

— Não — murmurou.

— Que quadro lindo aquele ali. Você que pintou?

Ele assentiu.

— Bom — disse ela, sorrindo —, está assinado Milligan.

Boxerbaum andou até o suspeito.

— Bill, sou Eliot Boxerbaum, da polícia da universidade. Você aceita falar comigo?

Não houve resposta. Não havia sinal do nistagmo que Carrie Dryer tinha notado.

— Alguém leu os direitos dele? — Ninguém respondeu, e Boxerbaum puxou o cartão com os direitos e os leu em voz alta. Ele queria ter certeza. — Você foi acusado de sequestrar aquelas garotas no campus. Bill. Quer falar sobre isso?

Milligan olhou para cima, chocado.

— O que está acontecendo? Eu machuquei alguém?

— Você as alertou de que outras pessoas iriam atrás delas. Quem são?

— Espero que eu não tenha machucado ninguém.

Quando um policial entrou no quarto, Milligan olhou para a frente.

— Não chuta aquela caixa lá dentro. Vai fazer ela explodir.

— Uma bomba? — perguntou Kleberg rapidamente.

— Está... lá dentro...

— Você pode me mostrar? — pediu Boxerbaum.

Milligan se levantou devagar e andou até o quarto. Parou à porta e indicou uma caixa pequena no chão, ao lado da cômoda. Kleberg ficou com Milligan enquanto Boxerbaum entrava para olhar. Os outros policiais se reuniram atrás de Milligan na porta. Boxerbaum se ajoelhou ao lado da caixa. Pela aba aberta, dava para ver fios e o que parecia ser um relógio.

Ele saiu do quarto e disse para o sargento Dempsey:

— É melhor chamar o esquadrão antibombas do corpo de bombeiros. Kleberg e eu vamos para a delegacia. Levaremos Milligan.

Kleberg dirigiu a viatura da polícia da universidade. Rockwell, da equipe da SWAT, se sentou ao lado dele. Boxerbaum foi atrás com Milligan, que não respondeu às perguntas sobre os estupros. Ele só se inclinou para a frente, desajeitado por causa das algemas nas costas, e fez comentários desconectados, murmurando:

— Meu irmão Stuart está morto... Eu machuquei alguém?

— Você conhecia alguma das garotas? Conhecia a enfermeira? — perguntou Boxerbaum.

— Minha mãe é enfermeira — murmurou Milligan.

— Me diz por que você foi ao campus da Universidade de Ohio atrás de vítimas.

— Os alemães virão atrás de mim...

— Vamos conversar sobre o que aconteceu, Bill. Foi o cabelo preto comprido da enfermeira que atraiu você?

Milligan olhou para ele.

— Você é estranho. — E, com os olhos arregalados de novo, falou: — Minha irmã vai me odiar quando descobrir.

Boxerbaum desistiu.

Eles chegaram à Delegacia Central e levaram o prisioneiro pela porta dos fundos até a sala de processamento, no terceiro andar. Boxerbaum e Kleberg foram para outra sala, a fim de ajudar Nikki Miller a preparar as declarações pedindo os mandados de busca.

Às 23h30, o policial Bessell leu os direitos de Milligan de novo e perguntou a ele se assinaria a renúncia. Milligan só ficou olhando.

Nikki Miller ouviu Bessell dizer:

— Escuta, Bill, você estuprou três mulheres e nós queremos saber sobre isso.

— Eu fiz isso? — perguntou Milligan. — Eu machuquei alguém? Se machuquei alguém, eu sinto muito.

Depois disso, Milligan continuou mudo.

Bessell o levou para onde suas digitais seriam tiradas e ele seria fotografado.

Uma policial uniformizada ergueu o olhar quando eles entraram. Bessell segurou a mão de Milligan para tirar as digitais, mas o prisioneiro pulou para trás de repente, como se tivesse pavor de ser tocado, e foi para trás da policial em busca de proteção.

— Ele está com medo de alguma coisa — disse ela. Virando-se para o jovem trêmulo e pálido, ela falou suavemente, como se conversasse com uma criança: — Nós temos que tirar suas digitais. Entende o que estou dizendo?

— Eu... eu não quero que ele toque em mim.

— Tudo bem — disse ela. — Eu faço. Tudo bem assim?

Milligan assentiu e deixou que ela tirasse suas digitais. Depois disso e das fotografias, um policial o levou para uma cela.

Depois que os formulários dos mandados de busca foram preenchidos, Nikki Miller ligou para o juiz West. Ao ouvir as provas obtidas e considerando a urgência da questão, mandou que ela fosse até sua casa, e, à 1h20 da madrugada, assinou os mandados. Miller dirigiu de novo até o complexo residencial Channingway pela neblina, que tinha piorado ainda mais.

Ela ligou então para a Unidade Móvel de Busca de Cena do Crime. Às 2h15, quando chegaram à casa de Milligan, Miller mostrou os mandados e eles fizeram a busca. Eles listaram os itens removidos da casa do suspeito:

CÔMODA — 343 dólares em dinheiro, óculos escuros, algema e chave, carteira, RG de William Simms e William Milligan, boleto de cobrança em nome de Donna West.

CLOSET — Cartões MasterCharge de Donna West e Carrie Dryer, cartão de clínica de Donna West, fotografia de Polly Newton, pistola automática ARMI [sic] calibre 25 [Tanfoglio Giuseppe] com cinco balas.

PENTEADEIRA — Pedaço de papel de 9 × 27 centímetros com o nome e o endereço de Polly Newton. Página da agenda de endereços dela.

CABECEIRA — Faca-canivete, dois pacotes de pó.

GAVETEIRO — Conta de telefone em nome de Milligan, coldre S & W.

SOB A CADEIRA VERMELHA — Smith & Wesson calibre 9 com pente e seis balas.

SOB O ASSENTO DA POLTRONA MARROM — Pente com quinze balas e um saco plástico contendo quinze balas.

Milligan ficou encolhido no canto de uma pequena cela, tremendo violentamente. De repente, após um leve som de engasgo, ele desmaiou. Um minuto depois, abriu os olhos e, atônito, olhou ao redor, para as paredes, a privada, a cama.

— Ah, Deus, não! — gritou ele. — De novo, não!

Ele ficou sentado no chão, olhando para o nada. Viu baratas no canto e sua expressão ficou vazia e mudou. Cruzou as pernas e chegou mais perto, o queixo apoiado nas mãos, e abriu um sorriso infantil enquanto as observava correndo em círculos.

2

Algumas horas depois, quando foram até sua cela para transferi-lo, Milligan estava acordado. Ele foi algemado a um homem negro enorme em uma fila de prisioneiros, que foi levada para o saguão, pela escada e pela porta dos fundos até o estacionamento. Eles marcharam até a van a caminho da Prisão do Condado de Franklin.

A van foi até o centro da área comercial de Columbus, para a fortaleza futurista no coração da cidade. As paredes de concreto subiam por dois andares em uma inclinação para dentro, enormes e sem janelas. Acima do segundo andar, subia como um prédio moderno de escritórios. Uma estátua de Benjamin Franklin vigiava o pátio da Prisão do Condado de Franklin.

O veículo entrou em uma viela atrás da prisão e fez uma pausa na frente da porta da garagem de aço corrugado. Desse ângulo, a prisão ficava na sombra do prédio mais alto anexo a ela: o Complexo de Justiça do Condado de Franklin.

A porta de aço subiu. A van entrou e a porta se fechou logo em seguida. Todos os prisioneiros algemados foram levados para fora da van, para a sala intermediária, a área entre as duas portas de aço ao lado da prisão — menos um deles. Milligan tinha se soltado das algemas e ainda estava na van.

— Sai daí, Milligan! Seu filho da puta estuprador de merda. O que você acha que está acontecendo aqui? — gritou o policial.

O homem negro a quem Milligan tinha sido algemado falou:

— Ei, eu não tive nada a ver com isso. Juro por Deus que ele tirou as algemas sozinho.

A porta da prisão foi aberta e os seis prisioneiros foram levados para a passagem entre a porta externa e a área protegida por grades. Pelas grades, eles viam o centro de controle: monitores de televisão, terminais de computador e dezenas de policiais, homens e mulheres de calça ou saia cinza e camisa preta. Quando a porta externa se fechou, o portão de grades interno se abriu e eles foram levados para dentro.

O saguão estava cheio de camisas pretas se movendo e do som de teclados de terminal de computador. Na entrada, uma policial exibiu um envelope pardo e disse:

— Coisas de valor. Anéis, relógios, joias, carteira.

Milligan esvaziou os bolsos. A policial pegou sua jaqueta e revistou o forro antes de entregá-la à colega na sala de bens.

Ele foi revistado de novo, com mais cuidado, pelo jovem policial, depois colocado em uma cela com os outros prisioneiros, esperando para ser fichado. Olhos espiavam pela janelinha quadrada. O homem negro cutucou Milligan e disse:

— Ah, acho que você é o famoso. Você escapou da algema. Agora quero ver tirar a gente daqui.

Milligan só olhou para ele, sem entender. Ele continuou:

— Vai se metendo com esses policiais e eles vão te matar de porrada. Pode acreditar no que eu falo, porque já fui preso um monte de vezes. Você já foi preso?

Milligan assentiu.

— Não gosto disso. E é por isso que eu gosto de ir embora.

3

O telefone tocou na sala da Defensoria Pública, no prédio ao lado da prisão. Gary Schweickart, o supervisor alto e barbudo de 33 anos, estava tentando acender o cachimbo. A ligação era de Ron Redmond, um dos advogados da equipe de defensores.

— Eu peguei uma coisa quando estava na corte municipal — disse Redmond. — A polícia fichou o Estuprador do Campus ontem à noite e acabaram de mandá-lo para a Prisão do Condado de Franklin. Ele está preso e o valor da fiança é de meio milhão de dólares. Você devia mandar alguém lá pra dar uma orientação de socorro.

— Não tem ninguém aqui agora, Ron. Eu estou cuidando do forte sozinho.

— Bom, a notícia está se espalhando e vai ter repórteres do *Citizen-Journal* e do *Dispatch* por toda parte. Tenho a sensação de que a polícia vai pressionar o sujeito.

Em casos de crimes graves, nos quais era provável que a polícia continuasse a investigação após a prisão, Gary Schweickart costumava escolher um advogado aleatório para enviar para a prisão do condado. Mas aquilo não era uma prisão rotineira. A atenção ampla que a mídia deu ao Estuprador do Campus tornava a resolução daquele caso um golpe grande para o departamento de polícia de Columbus, e Schweickart supôs que pressionariam o prisioneiro para obter uma declaração ou uma confissão. O esforço para proteger os direitos dele teria de ser grande.

Schweickart decidiu dar um pulo até a Prisão do Condado de Franklin. Só para trocar umas palavrinhas com o sujeito, se apresentar como defensor público e avisar que não era para ele falar com ninguém além de um advogado.

Ele entrou na prisão a tempo de ver dois policiais levarem Milligan pela sala intermediária e o entregarem ao sargento encarregado. Schweickart pediu ao policial para deixá-lo falar brevemente com o prisioneiro.

— Não sei nada sobre o que eles disseram que eu fiz — choramingou Milligan. — Eu não lembro. Eles só entraram e...

— Olha, eu só queria me apresentar — disse Schweickart. — Um corredor lotado não é lugar pra conversar sobre o caso. Nós vamos ter uma reunião em particular em um ou dois dias.

— Mas eu não lembro. Encontraram aquelas coisas na minha casa e...

— Ei, não fala nada! As paredes aqui têm ouvidos. E quando te levarem lá pra cima, toma cuidado. A polícia tem muitos truques. Não fala com ninguém. Nem com outros prisioneiros. Pode ter algum dedo-duro. Sempre tem gente esperando pra captar informações e vender pra alguém. Se você quer um julgamento justo, fica de boca calada.

Milligan ficou balançando a cabeça e esfregando a bochecha, tentando falar sobre o caso. Em seguida, murmurou:

— Me declara inocente. Eu acho que posso ser louco.

— Vamos ver, mas não podemos falar sobre isso aqui.

— Tem uma advogada mulher que possa cuidar do meu caso?

— Nós temos uma advogada mulher. Vou ver o que posso fazer.

Schweickart viu o policial levar Milligan para tirar a roupa comum e vestir o macacão azul usado por todos os criminosos na prisão do condado. Seria um trabalho difícil: o cara estava em pânico, era uma pilha de nervos. E não estava negando os crimes de verdade. Só ficava dizendo sem parar que não se lembrava. Isso era incomum. Mas o Estuprador do Campus alegando insanidade? Schweickart podia imaginar a festa que os jornais fariam com isso.

Do lado de fora da Prisão do Condado de Franklin, ele comprou um *Columbus Dispatch* e viu a manchete da primeira página:

POLÍCIA PRENDE SUSPEITO DOS ESTUPROS
NA ÁREA DO CAMPUS

A notícia contava que uma das vítimas, uma aluna de mestrado de 26 anos estuprada quase duas semanas antes, seria chamada para fazer uma identificação presencial com uma fila de suspeitos. E, no alto do artigo, havia uma fotografia com a legenda "Milligan".

Na Defensoria Pública, Schweickart ligou para os outros jornais da região e pediu que não publicassem a fotografia porque poderia afetar a identificação na segunda-feira. Eles se recusaram. Se conseguissem a foto, disseram, eles a incluiriam. Schweickart coçou a barba com o cabo do cachimbo e foi telefonar para a esposa a fim de avisar que se atrasaria para o jantar.

— Ei — disse uma voz à porta da sala dele —, você parece um urso que enfiou o nariz numa colmeia.

Ele olhou para a frente e viu o rosto sorridente de Judy Stevenson.

— Ah, é? — disse ele, botando o fone no gancho e sorrindo para ela. — Bom, adivinha quem pediu pra você vir?

Ela tirou o cabelo castanho comprido do rosto, revelando uma pinta na bochecha esquerda. Os olhos cor de mel estavam questionadores.

Schweickart empurrou o jornal na direção de Judy, apontou para a fotografia e a manchete, e sua risada grave ocupou a salinha.

— A identificação vai ser na segunda de manhã. Milligan pediu uma advogada mulher. *Você* vai ficar com o caso do Estuprador do Campus.

4

Judy Stevenson chegou à identificação da polícia às 9h45 da manhã de segunda, dia 31 de outubro. Ao ver Milligan sendo conduzido para a cela, percebeu que ele parecia assustado e desesperado. Ela disse:

— Eu sou da Defensoria Pública. Gary Schweickart disse que você queria uma advogada, então ele e eu vamos trabalhar juntos. Agora se acalma. Você parece prestes a desmoronar.

Ele entregou um pedaço de papel para ela.

— Meu oficial de condicional trouxe isto na sexta.

Ela abriu o papel e viu que era uma "Ordem de Detenção" da Autoridade de Liberdade Condicional Adulta, para manter Milligan preso e informá-lo de que uma audiência preliminar sobre violação de condicional aconteceria na Prisão do Condado de Franklin. A polícia havia encontrado armas na casa dele durante a prisão. Ela sabia que a condicional podia ser revogada e Milligan, enviado imediatamente de volta à prisão de Lebanon, perto de Cincinnati, para aguardar julgamento.

— A audiência é em uma semana. Vamos ver o que podemos fazer pra te segurar aqui. Prefiro você em Columbus, onde podemos conversar.

— Eu não quero voltar pra Lebanon.

— Fica calmo.

— Não me lembro de ter feito nada do que disseram que eu fiz.

— Vamos ter uma reunião mais tarde. Agora, você só precisa subir naquela plataforma e ficar parado. Você consegue?

— Acho que sim.

— Tira o cabelo da cara pra poderem ver melhor seu rosto.

O policial o levou pela escadinha para que ficasse junto dos outros na fila. Ele foi colocado na posição número dois.

Quatro pessoas estavam presentes no reconhecimento de suspeitos. Donna West, a enfermeira que tinha identificado a fotografia, foi informada de que sua presença não seria necessária. Ela então viajara para Cleveland com o noivo. Cynthia Mendoza, uma vendedora da Kroger que recebeu um dos cheques, não identificou Milligan. Ela escolheu o número três. Uma mulher que tinha sofrido abuso sexual em agosto em uma circunstância bem diferente disse que achava que talvez fosse o número dois, mas não tinha certeza. Carrie Dryer disse que sem o bigode não tinha como ter certeza, mas o número dois parecia familiar. Polly Newton fez uma identificação positiva.

No dia 3 de novembro, o grande júri registrou uma denúncia de três acusações de sequestro, três acusações de roubo qualificado e quatro acusações de estupro. Todos crimes em primeiro grau, passíveis de punição com termos de prisão de quatro a 25 anos por cada acusação.

A promotoria raramente se envolve na escolha de advogados, mesmo em casos grandes de homicídio. O procedimento normal era que o chefe da Divisão de Crimes designasse um promotor sênior duas ou três semanas antes, por seleção aleatória. Mas George Smith, promotor do condado, chamou dois de seus melhores promotores seniores e disse que a publicidade do caso do Estuprador do Campus tinha despertado comoção popular. Ele queria que os dois lidassem com o caso e prosseguissem com a ação vigorosamente.

Terry Sherman, de 32 anos, com cabelo preto cacheado e um bigode ousado de guarda, tinha reputação de pegar pesado com criminosos sexuais e se gabava de nunca ter perdido um caso de estupro perante um júri. Quando viu o arquivo, ele riu.

— É caso encerrado. Os mandados eram válidos. Esse cara é nosso. Os defensores públicos não têm nada.

Bernard Zalig Yavitch, um membro de 35 anos da equipe de julgamento criminal da promotoria, estava dois anos à frente de Judy Stevenson e Gary Schweickart na faculdade de direito e os conhecia bem. Gary tinha sido seu estagiário. Yavitch praticara direito por quatro anos como defensor público antes de ir para a promotoria. Ele concordava com Sherman que aquele era um dos melhores casos que a promotoria já tinha visto. Sherman disse:

— Um dos melhores? Com todas as provas físicas, as digitais, a identificação, está no papo. Vou te dizer, eles não têm nada.

Sherman falou com Judy alguns dias depois e decidiu ser franco.

— Não vai haver acordo no caso Milligan. Nós temos o cara e vamos partir pra condenação e sentença máxima. Vocês não têm nada.

Mas Bernie Yavitch estava pensativo. Como ex-defensor público, sabia o que faria se estivesse na posição de Judy e Gary.

— Eles ainda têm uma coisa... alegação de insanidade.

Sherman riu.

No dia seguinte, William Milligan tentou se matar batendo a cabeça na parede da cela.

— Ele não vai viver o suficiente para ser julgado — disse Gary Schweickart para Judy Stevenson quando recebeu a notícia.

— Acho que ele não é capaz de passar por um julgamento — disse ela. — Devíamos dizer ao juiz que achamos que ele é incapaz de ajudar na própria defesa.

— Você quer que ele seja examinado por um psicólogo?

— A gente tem que pedir isso.

— Ah, meu Deus. Já estou até vendo as manchetes.

— Que se danem as manchetes. Tem alguma coisa errada com esse garoto. Não sei o que é, mas você viu como ele parece diferente em momentos diferentes. E quando diz que não se lembra dos estupros, eu acredito nele. Ele deveria ser examinado.

— E quem paga?

— Nós temos dinheiro.

— É, milhões.

— Ah, para com isso, a gente pode pagar pra que ele seja examinado por um psicólogo.

— Diz isso pro juiz — resmungou Gary.

A corte concordou com um adiamento para que William Milligan fosse examinado por um psicólogo. Gary Schweickart então voltou a atenção para a audiência local pela Autoridade de Liberdade Condicional Adulta às 8h30 da manhã de quarta.

— Vão me mandar de volta pra Lebanon — disse Milligan.

— Não se nós pudermos evitar — disse Gary.

— Encontraram armas na minha casa. E essa era uma das condições da minha condicional. "Nunca comprar, possuir, usar ou ter sob seu controle uma arma mortal ou de fogo."

— Bom, talvez — disse Gary. — Mas, se vamos te defender, queremos você aqui em Columbus, onde podemos trabalhar juntos, não lá longe na prisão de Lebanon.

— O que vocês vão fazer?

— Deixa comigo.

Gary viu o sorriso de Milligan, uma empolgação nos olhos dele que não tinha visto antes. Ele estava relaxado, tranquilo, trocando piadas de um jeito quase leve. Uma pessoa bem diferente da pilha de nervos que conhecera no primeiro dia. Talvez fosse bem mais fácil defendê-lo do que havia pensado.

— Isso mesmo — disse Gary. — Fica calmo.

Ele levou Milligan para a sala de reuniões, onde membros da Autoridade de Liberdade Condicional Adulta já estavam distribuindo cópias de um relatório do oficial de condicional de Milligan e testemunho do sargento Dempsey de que, durante a prisão de Milligan, ele tinha encontrado uma Smith & Wesson 9 mm e uma semiautomática calibre 25 com pente e cinco balas.

— Me digam uma coisa, cavalheiros — pergunto Schweickart, passando os nós dos dedos na barba —, essas armas foram testadas para disparos?

— Não. Mas são armas genuínas, com pentes — disse o mediador.

— Se não foi provado que são capazes de disparar balas, o que as torna armas?

— Bom, o teste de disparo só será feito semana que vem.

Gary bateu com a mão aberta na mesa.

— Eu insisto que vocês tomem uma decisão sobre essa revogação de condicional hoje, ou que esperem até *depois* da audiência. Agora, isso é uma arma ou é um brinquedo? Você não provou pra mim que é uma arma. — Ele olhou de um para o outro.

O mediador assentiu.

— Cavalheiros, acredito que não temos alternativa além de adiar a revogação da condicional até determinarmos se isso é uma arma ou não.

Às 10h50 da manhã seguinte, o oficial de condicional de Milligan entregou uma notificação de que uma audiência de revogação de condicional aconteceria no dia 12 de dezembro de 1977, no Instituto Correcional Lebanon. A presença de Milligan não era necessária.

Judy foi ver Milligan para falar das provas que a Unidade de Busca de Cena do Crime tinha encontrado na casa dele. Viu o desespero em seus olhos quando ele disse:

— Você acha que eu fiz aquilo. Não é?

— Não é o que eu acho que conta, Billy. São essas provas todas que temos que enfrentar. Precisamos repassar sua explicação pra ter todas essas coisas com você.

Ela viu o olhar vidrado. Ele parecia estar se afastando dela, recuando para dentro de si.

— Não importa. Nada mais importa — disse ele.

No dia seguinte, ela recebeu uma carta escrita em uma folha de papel amarela pautada:

Prezada srta. Judy,

Estou escrevendo esta carta porque às vezes não consigo dizer o que sinto e quero que você entenda mais do que tudo.

Primeiro, quero agradecer por tudo que fez por mim. Você é uma pessoa gentil e doce, e fez o seu melhor. É tudo o que alguém pode querer.

Agora você vai poder se esquecer de mim com a consciência tranquila. Diga para o seu escritório que não quero *nenhum* advogado. Não vou precisar.

Agora que *você* acredita que sou culpado, eu devo ser. É tudo o que eu sempre quis saber, com certeza. Durante toda a minha vida, tudo o que fiz foi causar dor e sofrimento às pessoas que amo. A parte ruim é que não consigo impedir, porque não dá pra evitar. Me trancar numa prisão vai me deixar pior, como da última vez. Os psicólogos não sabem o que fazer porque não conseguem entender o que eu tenho de errado.

Agora, vou ter que impedir a mim mesmo. Estou desistindo. Não ligo mais. Você pode fazer uma coisa por mim? Liga pra minha mãe e pra Kathy e diz pra elas não virem mais aqui. Não quero ver ninguém, então elas não precisam desperdiçar gasolina. Mas eu amo as duas e sinto muito. Você é a melhor advogada que eu conheço e sempre vou me lembrar de você por ter sido gentil comigo. Adeus.

Billy

Naquela noite, o sargento de serviço ligou para Schweickart em casa.

— Seu cliente tentou se matar de novo.

— Ah, meu Deus! O que ele fez?

— Bom, você não vai acreditar nisso, mas nós temos que fazer uma acusação por destruição de propriedade do condado. Ele estilhaçou a privada da cela e cortou os pulsos com um pedaço afiado de porcelana.

— Puta merda!

— Vou dizer mais, doutor. Tem alguma coisa bem estranha com o seu cliente. Ele destruiu a privada no soco.

5

Schweickart e Stevenson ignoraram a carta de Milligan e passaram a visitá-lo na prisão diariamente. A Defensoria Pública liberou fundos para pagar uma avaliação psicológica, e em 8 e 13 de janeiro de 1978 o dr. Willis C. Driscoll, um psicólogo clínico, administrou uma bateria de testes.

Os testes de inteligência mostraram que o QI de Milligan era 68, mas Driscoll declarou que sua depressão havia diminuído o valor. O relatório diagnosticou esquizofrenia aguda:

> Ele está sofrendo de tal perda de identidade que os limites de seu ego estão mal definidos. Está vivenciando perdas de distância esquizo-frênicas e tem uma capacidade muito restrita de diferenciar entre si mesmo e o ambiente [...]. Ouve vozes que lhe dizem para fazer coisas, e gritam e berram com ele quando Milligan não lhes obedece. Ele expressa a crença de que essas vozes são de pessoas que vieram do inferno para atormentá-lo. Também fala de pessoas boas que invadem periodicamente seu corpo para combater as pessoas ruins [...]. Na minha opinião, o sr. Milligan não é capaz, no momento, de falar em seu próprio favor. Também não é capaz de estabelecer contato adequado com a realidade para entender os eventos que estão em andamento. Peço com urgência que esse homem seja hospitalizado para mais exames e possível tratamento.

O primeiro conflito legal veio em 19 de janeiro, quando Stevenson e Schweickart apresentaram o relatório para o juiz Jay C. Flowers como prova de que seu cliente não podia ajudar na própria defesa. Flowers disse que emitiria uma ordem para o Centro de Saúde Mental da Comunidade de Southwest, em Columbus, designar a unidade de psiquiatria forense para examinar o réu. Gary e Judy ficaram preocupados, porque Southwest costumava ficar do lado da promotoria.

Gary insistiu para que qualquer informação do exame realizado por Southwest fosse informação confidencial e, portanto, não poderia ser usada contra o cliente deles em circunstância alguma. Sherman e Yavitch discordaram. Os defensores públicos ameaçaram impedir que Milligan falasse com os psicólogos e psiquiatras de Southwest. O juiz Flowers por pouco não declarou desacato à autoridade.

Por fim, chegaram a um acordo. Os promotores concordaram que só questionariam Milligan sobre qualquer assunto incriminatório que pudesse ter dito aos psicólogos indicados pelo tribunal se ele fosse testemunhar em defesa própria. Uma vitória parcial era melhor do que nada. Os defensores públicos finalmente decidiram apostar e deixar que a unidade de psiquiatria forense de Southwest entrevistasse William Milligan sob esses termos.

— É uma boa tentativa — disse Sherman, rindo, quando eles saíram da sala do juiz Flowers. — Mostra como vocês estão ficando desesperados. Mas não vai adiantar nada. Eu ainda acho que esse caso já está encerrado.

Para impedir futuras tentativas de suicídio, o escritório do xerife passou Milligan para uma cela individual perto da enfermaria e o colocou em uma camisa de força. Mais tarde, no mesmo dia, o médico Russ Hill, ao verificar o prisioneiro, não acreditou no que viu. Ele chamou o sargento Willis, o policial responsável pelo turno de 3h às 10h, e mostrou Milligan por entre as grades. Willis ficou boquiaberto. Milligan tinha removido a camisa de força e, usando-a como travesseiro, dormia profundamente.

CAPÍTULO 2

1

A primeira entrevista de Southwest foi marcada para o dia 31 de janeiro de 1978. Dorothy Turner, uma psicóloga baixinha e maternal com expressão tímida e quase assustada, ergueu o olhar quando o sargento Willis levou Milligan para a sala de entrevista.

Ela viu um jovem bonito de 1,80m usando um macacão azul. Ele tinha bigode cheio e longas costeletas, mas seus olhos exibiam um medo infantil. Pareceu surpreso quando a viu, porém, quando se sentou na cadeira diante dela, estava sorrindo, as mãos cruzadas no colo. Ela disse:

— Sr. Milligan, sou Dorothy Turner, do Centro de Saúde Mental da Comunidade de Southwest, e estou aqui para fazer algumas perguntas. Onde o senhor mora atualmente?

Ele olhou ao redor.

— Aqui.

— Qual é o número do seu documento?

Ele franziu a testa e pensou por bastante tempo, olhando para o chão, para as paredes amarelas de concreto, para o cinzeiro de metal na mesa. Mordeu a unha e observou a cutícula. Ela continuou:

— Sr. Milligan, para ajudá-lo, preciso de sua colaboração. O senhor precisa responder às minhas perguntas para que eu possa entender o que está acontecendo. Qual é o número do seu documento?

Ele deu de ombros e disse:

— Não sei.

Ela olhou para as anotações e leu um número.

Ele fez que não.

— Esse não é meu número. Deve ser o do Billy.

Ela olhou rapidamente para cima.

— Bom, você não é o Billy?

— Não. Eu, não.

Ela franziu a testa.

— Espera aí. Se você não é Billy, quem é você?

— Eu sou *David*.

— Bom, onde está o Billy?

— Billy está dormindo.

— Dormindo onde?

Ele apontou para o próprio peito.

— Aqui dentro. Ele está dormindo.

Dorothy Turner suspirou e se endireitou na cadeira, assentindo pacientemente.

— Eu preciso falar com Billy.

— Bom, *Arthur* não vai deixar. Billy está dormindo. Arthur não vai acordar ele porque, se acordar, Billy vai se matar.

Ela observou o jovem por muito tempo, sem saber como prosseguir. A voz dele... a expressão dele enquanto falava era infantil.

— Espera só um minuto. Eu quero que me explique isso.

— Não posso. Cometi um erro. Eu nem devia contar.

— Por que não?

— Vou ficar encrencado com os outros. — Havia pânico na voz do jovem.

— E seu nome é David?

Ele assentiu.

— Quem são os outros?

— Não posso contar.

Ela bateu de leve na mesa.

— Bom, David, você tem que me contar sobre essas coisas para eu poder ajudar você.

— Eu não posso. Eles vão ficar zangados comigo e não vão me deixar mais vir para a frente.

— Bom, você tem que contar para alguém. Porque você está com medo, não está?

— Estou — disse ele, com lágrimas surgindo nos olhos.

— É importante você confiar em mim, David. Você tem que me contar o que está acontecendo pra eu poder ajudar.

Ele pensou por bastante tempo e por fim deu de ombros.

— Bom, eu conto com uma condição: tem que prometer que nunca vai contar o segredo pra ninguém do mundo todo. Ninguém. Nunca. Nunca. Nunca.

— Está bem. Eu prometo.

— Na sua vida toda?

Ela assentiu.

— Diz que promete.

— Eu prometo.

— Tudo bem. Eu vou contar. Não sei de tudo. Só Arthur sabe de tudo. Como você falou, eu estou com medo, porque muitas vezes não sei o que está acontecendo.

— Quantos anos você tem, David?

— Tenho 8, quase 9.

— E por que foi você que veio falar comigo?

— Eu nem sabia que estava vindo para a frente. Alguém se machucou na prisão e eu vim tirar a dor.

— Você pode explicar isso?

— Arthur diz que eu sou o guardião da dor. Se existe dor, sou eu quem vem pra frente e sente.

— Isso deve ser horrível.

Lágrimas surgiram nos olhos dele, que assentiu.

— Não é justo.

— O que é "vir para a frente", David?

— É como o Arthur fala. Ele explicou pra nós como é quando uma das pessoas precisa aparecer. É um holofote branco grande. Todo mundo fica em volta, olhando ou dormindo na cama. E quem está na frente está no mundo. Arthur diz: "Quem está na frente controla a consciência".

— Quem são as *outras* pessoas?

— São muitas. Eu não conheço todas. Conheço algumas agora, mas não todo mundo. Ah, uau. — Ele arfou.

— Qual é o problema?

— Eu falei o nome do Arthur. Agora é certo que vou ficar encrencado por ter contado o segredo.

— Está tudo bem, David. Eu prometi que não contaria.

Ele se encolheu na cadeira.

— Eu não posso falar mais. Estou com medo.

— Tudo bem, David. Já chega por hoje, mas eu volto amanhã pra gente conversar mais um pouco.

Do lado de fora da Prisão do Condado de Franklin, Dorothy parou e ajeitou o casaco com mais firmeza para se proteger do vento frio. Tinha ido até lá preparada para encarar um jovem criminoso que poderia estar fingindo insanidade a fim de evitar um processo, mas não esperava algo assim.

2

No dia seguinte, Dorothy Turner reparou em uma coisa diferente na expressão de Milligan quando ele entrou na sala de entrevista. Ele evitou os olhos dela, sentou-se na cadeira com os joelhos puxados contra o peito e ficou brincando com os sapatos. Ela perguntou como ele estava se sentindo.

Ele não respondeu de primeira; só olhou ao redor e lançou olhares para ela de tempos em tempos, sem sinal de reconhecimento. Em seguida, balançou a cabeça e, quando falou, parecia um garoto com sotaque específico de uma região de Londres, *cockney*.

— Tudo é tão barulhento. Você. Todos os sons. Num sei o que tá rolando.

— Sua voz está engraçada, David. Que sotaque é esse?

Ele olhou para ela com malícia.

— Eu num sou David. Sou *Christopher*.

— Bom, onde está o David?

— David fez coisa errada.

— Como assim?

— Ah, os outros tão com uma raiva danada dele porque ele contou.

— Você pode me explicar isso?

— Num posso. Eu num quero ficar encrencado que nem o David.

— Bom, por que ele está encrencado? — preguntou ela, a testa franzida.

— Porque ele contou.

— Contou o quê?

— Você sabe. Ele contou o segredo.

— Bom, então pode me contar um pouco sobre você, Christopher? Quantos anos você tem?

— Tenho 13.

— E o que você gosta de fazer?

— Eu toco bateria um pouco, mas toco gaita melhor.

— E de onde você é?

— Da Inglaterra.

— Você tem irmãos ou irmãs?

— Só Christene. Ela tem 3 anos.

Dorothy Turner observou o rosto dele com atenção enquanto ele falava com o sotaque. Foi aberto, sincero, feliz, tão diferente da pessoa com quem ela havia falado no dia anterior. Milligan devia ser um ator incrível.

3

No dia 4 de fevereiro, em sua terceira visita, Dorothy Turner reparou que o jovem que entrou na sala de entrevista tinha uma postura diferente da que tinha visto nas duas vezes anteriores. Ele se sentou de forma casual, meio caído na cadeira, e olhou para ela com arrogância.

— Como você está hoje? — perguntou ela, quase com medo do que ele poderia responder.

Ele deu de ombros.

— Legal.

— Você pode me dizer como David e Christopher estão?

Ele franziu a testa e a encarou com irritação.

— Ei, moça, eu nem te conheço.

— Bom, eu vim ajudar. Nós temos que conversar sobre o que está acontecendo.

— Porra, eu nem sei o que tá acontecendo.

— Você não se lembra de ter falado comigo anteontem?

— Claro que não. Eu nunca te vi na vida.

— Você pode me dizer seu nome?

— Tommy.

— Tommy de quê?

— Só Tommy.

— E sua idade?

— Tenho 16.

— Pode me contar um pouco sobre você?

— Moça, eu não falo com estranhos. Me deixa em paz.

Nos quinze minutos seguintes, ela tentou falar com ele, mas "Tommy" permaneceu emburrado. Quando saiu da Prisão do Condado de Franklin, Dorothy Turner ficou um tempo parada na rua Front, atordoada, pensando em "Christopher" e em sua promessa a "David" de nunca revelar o segredo. Agora, estava dividida entre a promessa e a percepção de que os advogados de Milligan tinham que saber sobre aquilo. Mais tarde, ligou para a Defensoria Pública e pediu para falar com Judy Stevenson.

— Olha — disse ela quando Stevenson entrou na linha —, não posso falar com você sobre isso agora, mas, se ainda não leu o livro *Sybil*, compra um exemplar e lê.

Judy Stevenson, surpresa pela ligação de Turner, comprou um exemplar de *Sybil* naquela noite e começou a ler. Quando entendeu o que estava acontecendo, deitou-se na cama e olhou para o teto, pensando: Ah, para com isso! Múltiplas personalidades? Era isso que Turner estava tentando contar para ela? Ela tentou visualizar o Milligan que tremera tanto na identificação; pensou nas outras vezes em que ele estava falante e manipulador, contando piadas, com raciocínio rápido. Ela sempre tinha atribuído essas mudanças de comportamento à depressão. E aí pensou nas histórias que o sargento Willis contou sobre o sujeito escorregadio que conseguia sair de qualquer camisa de força, e nos comentários do médico Russ Hill sobre a força sobre-humana que ele demonstrou algumas vezes. As palavras de Milligan ecoaram em sua mente: *Não me lembro de ter feito nada do que disseram que eu fiz. Não sei de nada.*

Judy pensou em acordar o marido e conversar com ele, mas sabia o que Al diria. Ela sabia o que qualquer um diria se tentasse contar o que estava pensando agora. Em mais de três anos na Defensoria Pública, nunca tinha encontrado alguém como Milligan. Ela decidiu não dizer nada para Gary, por ora. Precisava verificar por si mesma.

Na manhã seguinte, Judy ligou para Dorothy Turner e disse:

— Olha, o Milligan que eu conheci e com quem conversei nas últimas semanas agiu de um jeito estranho algumas vezes. Houve mudanças de humor. Ele é temperamental. Mas não vi as diferenças grandiosas que me levariam a concluir que é como o caso de *Sybil*.

— É uma coisa contra a qual estou lutando há dias. Eu prometi não contar para ninguém e cumpri isso. Só mandei você ler o livro. Mas vou tentar convencê-lo de que é uma boa ideia compartilhar o segredo com você — disse Turner.

Lembrando a si mesma que era uma psicóloga de Southwest, do lado da procuradoria, Judy disse:

— Assume a liderança. Me diz o que quer que eu faça.

Dorothy Turner voltou para ver Milligan pela quarta vez. Ela encontrou o garotinho assustado que tinha dito que seu nome era David no primeiro dia.

— Sei que prometi não contar o segredo, mas preciso contar pra Judy Stevenson.

— Não! — gritou ele, pulando e ficando de pé. — Você prometeu! A srta. Judy não vai mais gostar de mim se você contar pra ela.

— Ela vai gostar de você. Ela é sua advogada e precisa saber pra poder te ajudar.

— Você prometeu. Quebrar uma promessa é tipo mentir. Você não pode contar. Eu fiquei encrencado. Arthur e Ragen estão furiosos comigo por deixar o segredo escapar e...

— Quem é "Ragen"?

— Você fez uma promessa. É a coisa mais importante do mundo.

— Você não entende, David? Se eu não contar a Judy, ela não vai poder te salvar. Você pode até ficar preso por muito tempo.

— Eu não ligo. Você prometeu.

— Mas...

Ela viu os olhos dele ficarem vidrados e a boca começar a se mexer como se estivesse falando sozinho. Em seguida, ele se sentou ereto, uniu as pontas dos dedos e olhou para ela de cara feia.

— Madame, a senhora não tem o direito de quebrar a promessa que fez ao rapaz — disse ele com sotaque britânico, seco, de classe alta.

— Acho que não nos conhecemos — disse ela, segurando os braços da cadeira, tentando desesperadamente esconder a surpresa.

— Ele contou sobre mim.

— Você é "Arthur"?

Ele admitiu que sim com um movimento de cabeça.

Ela respirou fundo.

— Arthur, é essencial que eu conte aos advogados o que está acontecendo.

— Não. Eles não vão acreditar em você.

— Por que a gente não paga pra ver? Eu posso trazer Judy Stevenson aqui pra conhecer você e...

— Não.

— Isso pode salvar você da prisão. Eu tenho que...

Ele se inclinou para a frente e a encarou com desdém.

— Vou lhe dizer uma coisa, srta. Turner. Se trouxer alguém, os outros ficarão quietos e a senhorita fará papel de boba.

Depois de quinze minutos discutindo com Arthur, ela reparou na expressão vidrada nos olhos. Ele se encostou na cadeira. Quando se inclinou para a frente, a voz estava diferente, a expressão casual e simpática.

— Você não pode contar. Você fez uma promessa, que é uma coisa sagrada.

— Com quem eu estou falando agora? — sussurrou ela.

— Allen. Sou eu que falo com Judy e Gary na maior parte das vezes.

— Mas eles só conhecem Billy Milligan.

— Nós todos atendemos ao nome do Billy para o segredo não ser descoberto. Mas Billy está dormindo. Ele está dormindo há muito tempo. Agora, sra. Turner... posso te chamar de Dorothy? O nome da mãe do Billy é Dorothy.

— Você disse que *você* fala com Judy e Gary na maior parte das vezes. Quem mais eles conheceram?

— Bom, eles não sabem, porque Tommy é bem parecido comigo. Você conheceu Tommy. É ele que não conseguem prender com camisa de força e algemas. Nós somos bem parecidos, só que eu falo mais. Ele é meio cruel e sarcástico. Não se dá bem com pessoas como eu.

— Quem mais eles conheceram?

Ele deu de ombros.

— O primeiro que Gary viu quando nos ficharam foi Danny. Ele estava com medo e confuso. Não sabe muito sobre o que está acontecendo. Ele só tem 14 anos.

— Quantos anos você tem?

— Tenho 18.

Ela suspirou e balançou a cabeça.

— Tudo bem... "Allen". Você parece ser um jovem inteligente. Entende que eu tenho que ser liberada da minha promessa. Judy e Gary precisam saber o que está acontecendo pra poderem defender você direito.

— Arthur e Ragen são contra. Eles dizem que as pessoas vão achar que somos loucos.

— Mas não vai valer a pena se puder impedir que você volte pra prisão?

Ele fez que não.

— Não depende de mim. Nós guardamos esse segredo a vida toda.

— Depende de quem?

— Bom, de todo mundo. Arthur está no comando, mas o segredo é de todos nós. David contou para você, mas não devia sair daqui.

Ela tentou explicar que seu trabalho como psicóloga era revelar essas coisas para o advogado, mas Allen argumentou que não havia garantia de que isso ajudaria e, com toda a publicidade e as manchetes de jornal, tornaria a vida na prisão impossível.

David, que ela passou a reconhecer pelo jeito de garotinho, apareceu e suplicou para que ela cumprisse a promessa.

Ela pediu para falar com Arthur de novo, e ele apareceu com a testa franzida.

— Você é persistente — disse ele.

Ela discutiu com ele e finalmente teve a sensação de que o estava cansando.

— Não gosto de discutir com uma moça — disse ele, e se recostou com um suspiro. — Se achar que é absolutamente necessário e se os outros concordarem, eu dou a *minha* permissão. Mas precisa fazer com que cada um deles concorde também.

Foram horas de discussão enquanto ela explicava a situação para cada um que aparecia, sem nunca deixar de se impressionar quando a transformação acontecia. No quinto dia, ela confrontou Tommy, que estava tirando meleca do nariz.

— Então você entende que eu preciso contar pra srta. Judy.

— Moça, eu não tô nem aí pro que você faz. Larga do meu pé.

Allen disse:

— Você tem que prometer não contar pra ninguém no mundo além da Judy. E você tem que fazer *ela* prometer que não vai contar pra mais ninguém.

— Concordo. E você não vai se arrepender — disse ela.

Naquela tarde, Dorothy Turner foi diretamente da prisão para a Defensoria Pública, na mesma rua, e falou com Judy Stevenson. Ela explicou as condições estabelecidas por Milligan.

— Você quer dizer que não posso contar pra Gary Schweickart?

— Tive que dar a minha palavra. Foi sorte ele concordar que eu contasse a você.

— Eu estou meio incrédula — disse Judy.

Turner assentiu.

— Que bom. Eu também estava. Mas pode apostar que, quando fomos ver o seu cliente, você vai ter uma surpresa.

4

O sargento Willis levou Milligan para a sala de reuniões. Judy Stevenson logo reparou que o jeito de seu cliente estava retraído, como o de um adolescente tímido. Ele parecia com medo do policial, como se não o conhecesse, e correu rapidamente para a mesa, para se sentar ao lado de Dorothy Turner. Só aceitou falar quando Willis saiu. Ele ficava esfregando os pulsos.

— Pode contar a Judy Stevenson quem você é? — perguntou Turner.

Ele afundou na cadeira e fez que não, olhando na direção da porta como se quisesse ter certeza de que o policial tinha saído.

— Judy, este é Danny. Eu passei a conhecê-lo bem — disse Turner.

— Oi, Danny. — Stevenson tentou esconder a confusão por causa da voz e da expressão facial diferente.

Ele olhou para Turner e sussurrou:

— Viu? Ela está me olhando como se achasse que eu sou louco.

— Eu não acho — disse Judy, por fim. — É que eu estou confusa. Essa é uma situação muito incomum. Quantos anos você tem, Danny?

Ele esfregou os pulsos como se tivesse acabado de ser desamarrado e tentasse restaurar a circulação. Mas não respondeu.

— Danny tem 14 anos. Ele é artista — disse Turner.

— Que tipos de quadro você pinta? — perguntou Stevenson.

— Natureza-morta, basicamente — respondeu Danny.

— Você também pintou uma parte daquelas paisagens que a polícia encontrou na sua casa?

— Eu não pinto paisagens. Não gosto do chão.

— Por quê?

— Eu não posso contar, senão ele me mata.

— Quem vai matar você? — Ela foi pega de surpresa ao se ver perguntando, sabia que não acreditava em nada daquilo e estava determinada a não ser enganada pelo golpe, mas ficou impressionada com o que parecia ser uma atuação brilhante.

Ele fechou os olhos e as lágrimas escorreram pelo rosto.

Sentindo-se cada vez mais perplexa pelo que estava acontecendo, Judy observou com mais atenção quando ele pareceu encolher dentro de si mesmo. Os lábios se moviam em silêncio, os olhos ficaram vidrados e ele se moveu para o lado. Olhou ao redor, sobressaltado, até reconhecer as duas mulheres e perceber onde estava. Ele se acomodou, cruzou as pernas e tirou um cigarro da meia direita sem nem tirar o maço.

— Alguém tem fogo?

Judy acendeu o cigarro. Ele deu uma tragada profunda e soprou a fumaça para cima.

— Quais são as novidades? — perguntou ele.

— Pode contar a Judy Stevenson quem você é?

Ele assentiu e soprou um anel de fumaça.

— Eu sou Allen.

— Nós já nos conhecemos? — perguntou Judy, torcendo para o tremor na voz não estar óbvio.

— Estive aqui algumas vezes quando você ou Gary vieram falar sobre o caso.

— Mas nós sempre falamos com você como Billy Milligan.

Ele deu de ombros.

— Nós todos atendemos ao nome de Billy. Evita muitas explicações. Mas eu nunca *falei* que era Billy. Você supôs. E achei que não adiantaria dizer o contrário.

— Posso falar com Billy? — perguntou Judy.

— Ah, não. Eles deixam Billy dormindo. Se viesse pra frente, ele se mataria.

— Por quê?

— Ele ainda tem medo de se machucar. E não sabe sobre o resto de nós. Só sabe que perde tempo.

— O que você quer dizer com "perde tempo"? — perguntou Judy.

— Acontece com todos nós. Você está em algum lugar fazendo alguma coisa. De repente, está em outro lugar, e percebe que o tempo passou, mas não sabe o que aconteceu.

Judy balançou a cabeça.

— Isso deve ser horrível.

— A gente nunca se acostuma — disse Allen.

Quando o sargento Willis foi levá-lo de volta para a cela, Allen olhou para ele e sorriu.

— Este é o sargento Willis — disse ele para as duas mulheres. — Gosto dele.

Judy Stevenson saiu da Prisão do Condado de Franklin na companhia de Turner.

— Entendeu por que eu chamei você, né? — disse Dorothy.

Stevenson suspirou.

— Eu vim certa de que conseguiria ver por trás de um fingimento. Mas estou convencida de que falei com duas pessoas diferentes. Agora entendo por que ele parecia tão diferente às vezes. Pensei que fossem apenas mudanças de humor. Nós temos que contar ao Gary.

— Já foi bem difícil conseguir permissão pra contar a você. Acho que Milligan não vai permitir.

— Ele tem que deixar. Não posso carregar o peso de saber disso sozinha.

Quando saiu da prisão, Judy Stevenson se viu atormentada, nervosa, zangada, confusa. Era tudo incrível. Impossível. Mas, em algum lugar no fundo de sua mente, ela sabia, estava começando a acreditar.

Mais tarde, Gary ligou para Judy em casa para dizer que o departamento do xerife telefonara para informar que Milligan havia tentado suicídio de novo batendo a cabeça na parede da cela.

— Que engraçado — disse Gary. — Ao olhar a ficha dele, percebi que hoje é dia 14 de fevereiro, vigésimo terceiro aniversário dele. E sabe de outra coisa? É Dia de São Valentim, Dia dos Namorados.

5

No dia seguinte, Dorothy e Judy disseram a Allen que era importante contar o segredo a Gary Schweickart.

— De jeito nenhum.

— Mas você tem que permitir — disse Judy. — Pra te salvar da prisão, outras pessoas precisam saber.

— Você prometeu. Esse era o acordo.

— Eu sei — disse Judy. — Mas é essencial.

— Arthur disse não.

— Me deixa falar com o Arthur — disse Dorothy.

Arthur apareceu e olhou para elas de cara feia.

— Isso está ficando muito cansativo. Tenho muito que pensar e estudar, e estou cansado dessa perturbação.

— Você precisa nos dar permissão para contar ao Gary — disse Judy.

— De jeito nenhum. Já tem duas pessoas a mais do que deveria sabendo.

— É necessário, se formos ajudar você — disse Turner.

— Eu não *preciso* de ajuda, senhora. Danny e David podem precisar de ajuda, mas aí já não é da minha conta.

— Você não quer manter o Billy vivo? — perguntou Judy, irritada pela atitude superior de Arthur.

— Quero. Mas a que custo? Vão dizer que estamos loucos. Isso tudo está fugindo de controle. Nós estamos mantendo Billy vivo desde que ele tentou pular do telhado da escola.

— Como assim? "Mantendo-o vivo" como? — perguntou Turner.

— Deixando ele dormir esse tempo todo.

— Você não entende como isso pode afetar nosso caso? Pode determinar prisão ou liberdade. Você não teria mais tempo e autonomia pra pensar e estudar fora da prisão? Ou você quer voltar pra Lebanon? — disse Judy.

Arthur cruzou as pernas, olhando de Judy para Dorothy, e de volta.

— Não gosto de discutir com moças. Só concordo com a mesma condição de antes: que vocês façam todos os outros concordarem também.

Três dias depois, Judy Stevenson conseguiu permissão de contar para Gary Schweickart.

Ela andou da Prisão do Condado de Franklin na manhã fria de fevereiro até a Defensoria Pública. Serviu-se de uma xícara de café, foi direto para a sala abarrotada de Gary, se sentou e se preparou.

— Ok, Gary. Peça para segurarem todas as ligações. Tenho uma coisa pra contar sobre o Billy.

Quando terminou de contar para ele sobre as reuniões com Dorothy Turner e Milligan, ele a olhou como se ela fosse louca.

— Eu vi com meus próprios olhos. Eu falei com eles — insistiu ela.

Ele se levantou e andou de um lado para o outro atrás da mesa, o cabelo despenteado caindo para fora da gola, a camisa larga meio para fora do cinto.

— Ah, para com isso — protestou ele. — Não é possível. Eu sei que ele tem um distúrbio psiquiátrico e estou do seu lado. Mas isso não vai dar certo.

— Você tem que ir ver por si mesmo. Você só não sabe... Eu estou absolutamente convencida.

— Tudo bem. Mas vou dizer uma coisa: eu não acredito. O promotor não vai acreditar. E o juiz não vai acreditar. Confio muito em você, Judy. É uma ótima advogada e excelente para julgar caráter. Mas isso é uma mentira. Você está sendo enganada.

No dia seguinte, Gary foi com ela para a Prisão do Condado de Franklin às 15h, esperando ficar só meia hora. Já tinha rejeitado a ideia completamente. Era impossível. Mas seu ceticismo virou curiosidade quando confrontou uma personalidade após a outra. Ele viu o assustado David se transformar no tímido Danny, que havia conhecido naquele primeiro dia apavorante, quando o levaram e o ficharam.

— Eu não tinha a menor ideia do que estava acontecendo quando entraram em casa e me prenderam — disse Danny.

— O que te fez dizer que havia uma bomba?

— Eu não disse que tinha uma bomba.

— Você falou para o policial: "Você vai fazer ela explodir".

— Bem, é o Tommy que fica sempre dizendo: "Fica longe das minhas coisas senão você pode fazer elas explodirem".

— Por que ele diz isso?

— Pergunta pra ele. Ele é o especialista em eletrônica, sempre mexendo com fios, essas coisas. Aquilo lá era dele.

Schweickart alisou a barba várias vezes.

— Um escapista *e* especialista em eletrônica. Ok, a gente pode falar com o "Tommy"?

— Não sei. O Tommy só fala com as pessoas com quem ele quer falar.

— Você pode trazer o Tommy? — pediu Judy.

— Eu não posso simplesmente *fazer* essas coisas. Tem que acontecer. Acho que posso pedir pra ele falar com vocês.

— Tenta, então — disse Schweickart, segurando um sorriso. — Faz o melhor que puder.

O corpo de Milligan pareceu se retrair em si mesmo. O rosto ficou pálido, os olhos ficaram vidrados, como se estivessem se voltando para dentro. Os lábios se moveram como se estivesse falando sozinho, e a concentração intensa se espalhou pela salinha. O sorrisinho de Schweickart desapareceu quando se viu prendendo o ar. Os olhos de Milligan se moveram de um lado para o outro. Ele olhou ao redor, como alguém que havia acabado de acordar de um sono profundo, e botou as mãos no rosto como se para sentir a solidez. Em seguida, recostou-se com arrogância na cadeira e olhou para os dois advogados.

Gary soltou o ar. Ele estava impressionado.

— Você é Tommy? — perguntou ele.

— Quem quer saber?

— Sou o seu advogado.

— Não o *meu* advogado.

— Sou eu quem vai ajudar Judy Stevenson a manter o corpo que você usa fora da prisão, seja lá quem você é.

— Merda. Eu não preciso de ninguém pra me deixar fora de nada. Nenhuma prisão no mundo consegue me segurar. Consigo sair a hora que eu quiser.

Gary o encarou.

— Então é você que fica escapando da camisa de força. Você deve ser Tommy.

Ele pareceu entediado.

— É... é.

— Danny estava nos contando sobre aquela caixa de coisas eletrônicas que a polícia encontrou na sua casa. Ele disse que era sua.

— Ele sempre foi linguarudo.

— Por que você fez uma bomba falsa?

— Porra, não era uma bomba falsa. O que eu posso fazer se os malditos policiais são burros demais pra reconhecer uma caixa preta quando veem uma?

— O que você quer dizer?

— O que eu acabei de dizer. Era uma caixa preta pra suplantar o sistema da companhia telefônica. Estava fazendo umas experiências com um telefone novo para o carro. Prendi aqueles cilindros com fita vermelha e os policiais burros acharam que era uma bomba.

— Você falou para o Danny que poderia explodir.

— Ah, pelo amor de Deus! Eu sempre digo isso pros menores, pra eles não encostarem nas minhas coisas.

— Onde você aprendeu eletrônica, Tommy? — perguntou Judy.

Ele deu de ombros.

— Sozinho. Com livros. Desde que me lembro, eu queria saber como as coisas funcionavam.

— E o escapismo? — perguntou Judy.

— Arthur me encorajou com isso. Alguém precisava soltar as cordas quando um de nós estava amarrado no celeiro. Eu aprendi a controlar os músculos e ossos das minhas mãos. Aí fiquei interessado em todos os tipos de tranca e trinco.

Schweickart pensou por um momento.

— As armas também são suas?

Tommy fez que não.

— Ragen é o único que tem permissão para tocar em armas.

— Permissão? Quem permite? — perguntou Judy.

— Bom, isso depende de onde nós estamos... Olha, estou cansado de vocês ficarem sugando informações de mim. Isso é função do Arthur ou do Allen. Pede pra um deles, tá? Eu vou embora.

— Espera...

Mas Judy falou tarde demais. Os olhos dele ficaram vazios e ele mudou de posição. Uniu a ponta dos dedos, fazendo uma pirâmide com as mãos. Quando o queixo se ergueu, o rosto mudou para a expressão que Judy tinha passado a reconhecer como sendo Arthur. Ela o apresentou a Gary.

— Peço que perdoem o Tommy — disse Arthur com frieza. — Ele é um jovem meio antissocial. Se não fosse tão inteligente com equipamentos eletrônicos e trancas, acho que eu o teria banido muito tempo atrás. Mas seus talentos são úteis.

— E quais são os seus talentos, Arthur? — perguntou Gary.

Arthur balançou a mão de forma depreciativa.

— Sou um amador. Eu mexo com biologia e medicina.

— Gary estava perguntando ao Tommy sobre as armas. É violação de condicional, você sabe — disse Judy.

Arthur assentiu.

— O único que tem permissão de mexer com armas é Ragen, o guardião da fúria. Essa é a especialidade dele. Mas ele só pode usar para proteção e sobrevivência. Assim como só pode usar a força dele para o bem comum, nunca para machucar outras pessoas. Ele tem a habilidade de controlar e concentrar a adrenalina, sabe.

— Ele usou as armas quando sequestrou e estuprou aquelas quatro mulheres — disse Gary.

A voz de Arthur passou a uma calma gelada.

— Ragen nunca estuprou ninguém. Eu falei com ele sobre esse caso. Ele começou a cometer roubos porque estava preocupado com as contas a pagar. Admitiu ter roubado as três mulheres em outubro, mas nega radicalmente qualquer envolvimento com aquela mulher em agosto e com crimes sexuais.

Gary se inclinou para a frente, observando o rosto de Arthur com atenção, ciente de que seu próprio ceticismo estava derretendo.

— Mas as provas...

— Que se danem as provas! Se Ragen diz que não fez, não adianta questionar. Ele não mente. Ragen é ladrão, mas não é estuprador.

— Você diz que falou com Ragen — disse Judy. — Como isso funciona? Vocês se falam em voz alta ou na sua cabeça? É fala ou pensamento?

Arthur uniu as mãos.

— Acontece dos dois jeitos. Às vezes, é interno, e mais ninguém sabe que está acontecendo. Em outras ocasiões, quando estamos sozinhos, é em voz alta. Imagino que, se alguém estivesse nos olhando, a pessoa acharia que estávamos bem loucos.

Gary recostou, pegou o lenço e secou o suor da testa.

— Quem vai acreditar nisso?

Arthur abriu um sorriso condescendente.

— Como eu estava dizendo, Ragen, assim como o restante de nós, nunca mente. Durante todas as nossas vidas, as pessoas nos acusaram de sermos mentirosos. Tornou-se questão de honra entre nós nunca contar uma mentira. Então, a gente não liga para quem acredita ou não.

— Mas vocês nem sempre oferecem a verdade — disse Judy.

— E isso é mentir por omissão — acrescentou Gary.

— Ah, para com isso — disse Arthur, fazendo um esforço para esconder o desdém. — Como advogado, você sabe muito bem que uma testemunha não tem a obrigação de oferecer informações que não pediram. Você seria o primeiro a dizer para um cliente se limitar a perguntas de sim ou não e não elaborar, a não ser que fosse para o benefício dele. Se fizer uma pergunta direta a um de nós, você vai receber uma resposta verdadeira ou silêncio. Claro que algumas vezes a verdade pode assumir vários caminhos. A língua inglesa é ambígua por natureza.

Gary assentiu, pensativo.

— Vou manter isso em mente. Mas acho que nos desviamos do rumo. Sobre aquelas armas...

— Ragen sabe muito mais do que todo mundo o que aconteceu nas manhãs dos *três* crimes. Por que você não fala com ele?

— Agora não — disse Gary. — Ainda não.

— Sinto que você tem medo de conhecer Ragen.

Gary ergueu o olhar rapidamente.

— Não é isso que você queria? Não é parte do motivo para você nos dizer como ele é malvado e perigoso?

— Eu nunca falei que ele era malvado.

— É isso o que parece — disse Gary.

— Eu acho importante você conhecer Ragen. Vocês abriram a caixa de Pandora. Agora deveriam escancará-la. Mas ele só vai sair se vocês quiserem — disse Arthur.

— Ele quer falar com a gente? — perguntou Judy.

— A pergunta é: vocês querem falar com ele?

Gary percebeu que a ideia de Ragen aparecer realmente o assustava.

— Eu acho que a gente deveria — disse Judy, olhando para Gary.

— Ele não vai fazer mal a vocês — disse Arthur com um pequeno sorriso. — Ele sabe que vocês estão aqui para ajudar o Billy. Nós falamos sobre isso e, agora que o segredo foi exposto, percebemos que temos que nos abrir com vocês. É a última esperança, como a sra. Stevenson falou de forma tão enfática, de nos manter fora da prisão.

Gary suspirou e inclinou a cabeça para trás.

— Tudo bem, Arthur. Eu gostaria de conhecer Ragen.

Arthur moveu a cadeira para o cantinho da sala de entrevista, para conseguir o máximo de distância possível entre eles. Sentou-se de novo e seus olhos ficaram distantes, como se olhando para dentro. Seus lábios se moveram e a mão subiu para tocar o rosto. O queixo se contraiu. Ele se mexeu, o corpo mudando de uma postura de costas rígidas para a posição curvada agressiva de um lutador em alerta.

— Não tá certo. Não foi legal revelar segredo.

Eles ouviram com espanto a voz mudar para um tom grave e rouco, confiante e hostil. Trovejou na salinha com um sotaque eslavo profundo e intenso.

— Eu falo agora — disse Ragen, olhando para eles de cara amarrada, a tensão nos músculos da face mudando sua aparência, os olhos penetrantes, as sobrancelhas se sobressaindo. — Mesmo depois que David conta segredo por engano, eu contra.

Não parecia uma imitação de um sotaque eslavo. A voz dele agora tinha verdadeiramente a qualidade sibilante natural de alguém que tinha sido criado na Europa Ocidental, aprendido a falar inglês, mas nunca perdido o sotaque.

— Por que você foi contra contar a verdade? — perguntou Judy.

— Quem acreditar? — disse ele, apertando o punho. — Vão dizer que a gente é louco. Não ser bom.

— Isso pode impedir vocês de irem para a prisão — argumentou Gary.

— Como? — disse Ragen com rispidez. — Eu não bobo, sr. Schweickart. Polícia tem prova que cometi roubos. Admito três roubos perto de universidade. Só três. Mas outras coisas que dizem que fiz, mentira. Não sou estuprador. Vou ao tribunal e confesso roubos. Mas, se a gente for preso, mato as crianças. É eutanásia. Prisão não é lugar pros pequenos.

— Mas se você matar... os pequenos... isso também não vai ser a sua morte? — perguntou Judy.

— Não necessariamente. Nós pessoas diferentes — disse Ragen.

Gary passou o dedo com impaciência pelo cabelo.

— Olha, quando Billy, ou seja quem for, bateu com a cabeça na parede da cela semana passada, não machucou o crânio que você está usando?

Ragen tocou a testa.

— Verdade. Mas não foi dor pra mim.

— Quem sentiu a dor? — perguntou Judy.

— David é guardião da dor. Aceita todo o sofrimento. David é empático.

Gary se levantou da cadeira e começou a andar. Mas percebeu que Ragen ficou tenso, pensou melhor e se sentou.

— Foi David que tentou explodir os miolos na porrada?

Ragen fez que não.

— Foi Billy.

— Ah, achei que Billy estava dormindo o tempo todo — disse Gary.

— Verdade. Mas era aniversário dele. A pequena Christene fez cartão aniversário, e quer dar de presente a ele. Arthur deixa Billy acordar pra aniversário e ir pra frente. Eu contra. Eu sou protetor. É responsabilidade minha. Arthur talvez mais inteligente que eu, mas ele é humano. Arthur comete erros.

— O que aconteceu quando Billy acordou? — perguntou Gary.

— Ele olha em volta. Vê cela de prisão. Acha que fez coisa ruim. E bate cabeça na parede.

Judy fez uma careta.

— É, Billy não saber nada de nós — disse Ragen. — Ele tem... como é que chama? Amnésia. Vou dizer de outro jeito. Quando ele tava na escola, perdeu muito tempo e sobe no telhado. E começa a pular. Eu tiro ele de lá pra impedir. Ele está dormindo desde esse dia. Arthur e eu deixamos ele dormindo pra proteger Billy.

— Quando foi isso? — perguntou Judy.

— Logo depois de aniversário 16 anos. Eu lembro que ele deprimido porque o pai faz ele trabalhar no aniversário.

— Meu Deus! Dormindo há sete anos? — sussurrou Gary.

— Ainda dormindo. Ficou acordado só minutos. Foi erro deixar ele na frente.

— Quem está fazendo as coisas? Trabalhando? Falando com as pessoas depois disso? Ninguém com quem falamos tinha sotaque britânico nem russo — disse Gary.

— Não russo, senhor. Iugoslavo.

— Desculpa.

— Tudo bem. Só pra deixar claro. A resposta pra sua pergunta: Allen e Tommy são quem mais ficam na frente quando lidam com outras pessoas.

— Eles vêm e vão quando querem? — perguntou Judy.

— Vamos dizer assim: em situações diferentes, a frente é minha ou do Arthur, depende. Na prisão, controlo a frente, decido quem vem, quem não, porque lugar perigoso. Como protetor, tenho poder, controle total. Em não perigo, Arthur domina a frente, quando inteligência e lógica são mais importantes.

— Quem controla a frente agora? — perguntou Gary, ciente de que tinha perdido todo o distanciamento profissional e ficado completamente curioso e envolvido naquele fenômeno incrível.

Ragen deu de ombros e olhou ao redor.

— É prisão.

A porta da sala de entrevistas foi aberta de forma inesperada, e Ragen pulou como um gato, rapidamente alerta e na defensiva, as mãos em posição de caratê. Quando viu que era só um advogado para ver se a sala estava ocupada, Ragen se acomodou de volta.

Embora Gary tivesse esperado passar os habituais quinze minutos ou meia hora com o cliente, seguro de que destruiria uma fraude, quando saiu, cinco horas depois, estava completamente convencido de que Billy Milligan tinha múltiplas personalidades. Enquanto caminhava com Judy na noite fria, Gary não conseguia parar de pensar na ideia absurda de fazer uma viagem para a Inglaterra ou para a Iugoslávia para tentar encontrar registros da existência de Arthur ou de Ragen. Não acreditava em coisas como reencarnação ou possessão demoníaca, mas, atordoado, precisou admitir que havia encontrado pessoas diferentes naquele dia, naquela salinha de reuniões.

Ele olhou para Judy, que também estava andando em um silêncio atordoado, e disse:

— Bom, tenho que admitir que estou em estado de choque intelectual e emocional. Eu acredito. E acho que consigo convencer Jo Anne quando ela perguntar por que perdi o jantar de novo. Mas como é que a gente vai convencer o promotor e o juiz?

6

No dia 21 de fevereiro, a dra. Stella Karolin, psiquiatra do Centro de Saúde Mental da Comunidade de Southwest e colega da dra. Turner, informou aos defensores públicos que a dra. Cornelia Wilbur, mundialmente famosa por ter tratado Sybil, a mulher com dezesseis personalidades, tinha aceitado ir do Kentucky até Ohio para ver Milligan no dia 10 de março.

Para se prepararem para a visita da dra. Wilbur, Dorothy Turner e Judy Stevenson assumiram a tarefa de convencer Arthur, Ragen e os outros a permitirem que outra pessoa soubesse do segredo. Novamente, foram obrigadas a passar horas convencendo cada uma das personalidades, uma de cada vez. Elas já tinham nove nomes: Arthur, Allen, Tommy, Ragen, David, Danny e Christopher, mas ainda não tinham conhecido Christene, a irmã de 3 anos de Christopher, nem a pessoa original ou nuclear, Billy, que os outros estavam mantendo adormecido. Quando finalmente tiveram permissão de deixar que outros soubessem do segredo, elas fizeram arranjos para um grupo, inclusive o promotor, observar a reunião da dra. Wilbur com Milligan na Prisão do Condado de Franklin.

Judy e Gary entrevistaram a mãe de Milligan, Dorothy, a irmã mais nova, Kathy, e o irmão mais velho, Jim, e, apesar de nenhum deles poder admitir conhecimento dos abusos alegados por Billy, a mãe descreveu sua experiência de ser surrada por Chalmer Milligan. Professores, amigos e parentes descreveram o comportamento estranho de Billy Milligan, as tentativas de suicídio e os estados de transe.

Judy e Gary tinham certeza de que estavam construindo um caso convincente de um réu que, por todos os testes legais de Ohio, era incapaz de ser julgado. Mas perceberam que havia outro obstáculo: se o juiz Flowers aceitasse o relatório de Southwest, Billy Milligan teria que ser enviado para uma instituição psiquiátrica para avaliação e tratamento. Eles não queriam que ele fosse enviado para o Hospital Estadual de Lima para os Criminalmente Insanos. Conheciam a reputação do lugar por muitos de seus antigos clientes e tinham certeza de que ele nunca sobreviveria lá.

Embora a dra. Wilbur estivesse programada para ver Milligan em uma sexta-feira, seus planos foram modificados por motivos pessoais, e Judy ligou para Gary, de casa, para avisar.

— Você vai ao escritório de tarde? — perguntou ele.

— Não estava planejando — disse ela.

— Nós temos que ver isso. Southwest fica dizendo que não tem alternativa além de Lima, e algo no fundo da minha mente me diz que deve ter.

— Olha, com o termostato desligado, o escritório fica muito frio. Al saiu e a lareira está acesa. Vem pra cá. Vou fazer Irish coffee e a gente pode falar disso.

Ele riu.

— Você me pegou agora.

Meia hora depois, os dois estavam sentados diante da lareira.

Gary aqueceu as mãos na caneca fumegante.

— Vou dizer uma coisa, eu fiquei abalado de verdade quando Ragen apareceu. O que me impressiona é como é fácil gostar dele.

— Era nisso que eu estava pensando — disse Judy.

— Arthur o chama de "guardião do ódio". Eu esperava algo com chifres. Mas ele é um cara charmoso e interessante. Acredito completamente nele quando nega o estupro de agosto, da mulher agredida na Nationwide Plaza, e agora fico me questionando quando ele diz que não estuprou as outras três.

— Concordo com a primeira. Está na cara que é uma acusação de imitação, *copy-cat*. O padrão é completamente diferente. As últimas três foram raptadas, roubadas e estupradas.

— Nós só temos pedacinhos do que ele lembra dos crimes. É bem estranho, sabe, Ragen dizer que reconheceu a segunda vítima, certo de que um deles já a conhecia.

— E agora nós sabemos sobre Tommy se lembrar de aparecer e estar na frente no drive-in da lanchonete, de comer um hambúrguer com a terceira vítima, de achar que um dos outros estava em um encontro com ela.

— A história de Polly Newton confirma a parada na hamburgueria. E foi ela que disse que Billy ficou com uma cara estranha e parou o sexo depois de alguns minutos, disse que ele não conseguia e que então falou para si mesmo: "Bill, qual é o seu problema? Se controla". E disse para ela que precisava de um banho frio para relaxar.

— Mas toda aquela conversa sobre ser dos Weathermen e dirigir um Maserati.

— Um deles se gabando.

— Tudo bem, vamos admitir que nós não sabemos o que aconteceu, nem nenhuma das personalidades com quem lidamos.

— Ragen admite os roubos — disse Judy.

— É, mas nega os estupros. A coisa toda é estranha. Você consegue imaginar: Ragen bebe e toma anfetamina e, nas primeiras horas da madrugada, corre uns vinte quilômetros pela cidade até o campus da Universidade de Ohio, três vezes em um período de duas semanas? E aí, depois de selecionar a vítima, ele desmaia...

— Sai da frente — corrigiu Judy.

— É isso que eu quero dizer. — Ele ofereceu a caneca para ser enchida. — E, em cada caso, ele sai da frente, e depois se vê no centro de Columbus com o dinheiro no bolso e conclui que executou os roubos que havia planejado. Mas não se lembra de nada. Nenhum dos três. Como ele diz, alguém roubou tempo entre uma coisa e outra.

— Bom, tem peças faltando. Alguém jogou garrafas no lago e treinou tiro ao alvo.

Gary assentiu.

— Isso prova que não foi Ragen. De acordo com a mulher, ele demorou alguns segundos para fazer a arma funcionar. Ficou mexendo sem saber direito até conseguir soltar a trava de segurança. E errou algumas garrafas. Um especialista como Ragen não erraria.

— Mas Arthur diz que os outros são proibidos de mexer nas armas de Ragen.

— Eu já estou imaginando a gente explicando isso para o juiz Flowers.

— A gente vai fazer isso?

— Não sei — disse ele. — É burrice usar uma defesa de insanidade para múltiplas personalidades, já que é classificado oficialmente como neurose, não psicose. Os próprios psicólogos dizem que ter múltiplas personalidades não é loucura.

— Tudo bem. Por que não ir logo para inocente sem chamar de insanidade? A gente ataca a ideia de propósito dos atos, como o caso de múltiplas personalidades na Califórnia.

— Aquilo foi um delito menor. Com um caso notório como o nosso, uma defesa de múltiplas personalidades não vai colar. Isso é um fato.

Ela suspirou e olhou para o fogo.

— E vou falar outra coisa — disse Gary, passando os dedos na barba. — Mesmo que veja da mesma forma que nós, o juiz Flowers vai mandar Billy para Lima. E o cara já ouviu falar sobre o tipo de lugar que Lima é, quando estava na prisão. Lembra o que Ragen disse sobre eutanásia? Sobre matar as crianças se ele for mandado para lá? Acredito que ele faria isso.

— A gente faz ele ser mandado pra outro lugar!

— Southwest diz que Lima é o único lugar para tratamento antes de julgamento.

— Ele só vai pra Lima por cima do meu cadáver — disse Judy.

— Correção — disse Gary, erguendo a caneca. — Sobre *nossos* cadáveres.

Eles bateram as canecas, beberam e Judy as encheu.

— Não consigo aceitar que não temos escolha.

— Nunca foi feito antes — disse ele, limpando o creme da barba.

— E daí? Ohio nunca teve um Billy Milligan.

Ela pegou seu muito folheado exemplar do *Manual de direito penal de Ohio* na prateleira e os dois o esmiuçaram, se revezando para ler em voz alta.

— Mais Irish coffee? — perguntou ela.

Ele fez que não.

— Só café puro, e pode fazer bem forte.

Duas horas depois, ele a fez reler uma passagem do manual. Ela passou o dedo pela página até a seção 2945.38.

[...] se o tribunal ou o júri achar que ele não é são, será internado pela corte em um hospital de doentes mentais ou retardados mentais* da jurisdição do tribunal. Se o tribunal achar aconselhável, internará a pessoa no Hospital Estadual Lima até ele recuperar a razão e, ao recuperá-la, o acusado será processado pelo caminho da lei.

— Isso! — gritou Gary, dando um pulo. — "Um hospital da jurisdição do tribunal." Não diz *só* Lima.

— Encontramos!

— Meu Deus, e todo mundo fica dizendo que nunca houve alternativa a Lima para internação pré-julgamento.

— Agora precisamos encontrar outro hospital para doentes mentais na jurisdição do tribunal.

---

* Em inglês "mentally retarded". As fontes citadas utilizam a nomenclatura comum para a época do caso, mas que atualmente não é mais utilizada. [N. E.]

Gary bateu na testa.

— Ah, meu Deus. Isso é incrível. Conheço um. Trabalhei lá como ajudante psiquiátrico quando saí da faculdade. Hospital Harding.

— Harding? Fica na jurisdição do tribunal?

— Claro. Em Worthington, Ohio. E, escuta só, é um dos hospitais psiquiátricos mais conservadores e respeitáveis do país. É afiliado à Igreja Adventista do Sétimo Dia. Eu já ouvi procuradores rigorosos dizerem: "Se o dr. George Harding Jr. diz que o homem é insano, eu acredito. Ele não é um médico qualquer que vai examinar um paciente por trinta minutos pra defesa e dizer que ele é louco".

— Promotores dizem isso?

Ele levantou a mão direita.

— Eu ouvi, juro por Deus. Acho até que foi Terry Sherman. E, olha, acho que me lembro de Dorothy Turner dizer que ela costumava fazer exames para o Hospital Harding.

— Então a gente leva ele para o Harding — disse ela.

Gary se sentou rapidamente, desanimado.

— Só tem uma coisa. O Harding é particular, exclusivo e caro. Billy não tem dinheiro.

— Não vamos deixar isso nos impedir — disse ela.

— Tá, e como a gente coloca ele lá dentro?

— A gente faz com que eles queiram ficar com Billy.

— E como é que a gente faz isso?

Meia hora depois, Gary tirou a neve das botas e tocou a campainha de Harding. De repente, ele ficou muito consciente de si mesmo como um defensor público barbado e maluco confrontando o psiquiatra conservador do establishment em sua casa luxuosa, ainda por cima neto do irmão do presidente Warren G. Harding. Judy deveria ter ido. Ela teria causado uma impressão melhor. Gary apertou a gravata frouxa e enfiou a gola embolada da camisa dentro do casaco quando a porta da frente se abriu.

George Harding, aos 49 anos, era um homem impecável, magro, de rosto liso, com olhos e voz suaves. Gary o achou bem bonito.

— Entre, sr. Schweickart.

Gary tirou as botas com dificuldade e as deixou em uma poça no saguão. Em seguida, depois de tirar o casaco e o pendurar no cabideiro, foi atrás do dr. Harding até a sala.

— Eu achei seu nome familiar — disse Harding. — Aí, quando você ligou, olhei os jornais. Você está defendendo Milligan, o jovem que atacou quatro mulheres no campus da Universidade de Ohio.

Gary fez que não.

— Três. O estupro de agosto na Nationwide Plaza foi um tipo de ataque bem diferente e vai ser descartado. O caso deu uma guinada atípica. Eu tinha esperanças de conseguir sua opinião sobre o assunto.

Harding apontou o sofá macio para Gary se sentar, mas foi para uma cadeira de encosto duro. Ele uniu a ponta dos dedos e ouviu com atenção enquanto Gary explicava em detalhes o que ele e Judy tinham descoberto sobre Milligan e sobre a reunião que aconteceria no domingo na Prisão do Condado de Franklin.

Harding assentiu com ar pensativo e, quando falou, escolheu muito bem as palavras.

— Eu respeito Stella Karolin e Dorothy Turner. — Ele refletiu e olhou para o teto. — Turner faz exames em regime parcial para nós e já falou comigo sobre o caso. Como a dra. Wilbur vai estar lá... — Ele olhou para o chão entre os dedos. — Não vejo motivo para eu não poder ir. Domingo, você diz?

Gary assentiu, sem ousar falar.

— Bem, preciso lhe dizer algo, sr. Schweickart. Tenho muitas reservas em relação à síndrome conhecida como múltiplas personalidades. Apesar de a dra. Cornelia Wilbur ter ministrado uma palestra no Hospital Harding sobre Sybil, no verão de 1975, não sei se acredito de verdade. Com todo respeito a ela e outros psiquiatras que trabalharam com gente assim... Bem, em um caso como esse, é possível, de forma óbvia demais, que o paciente finja amnésia. Ainda assim, se Turner e Karolin estarão lá... e se a dra. Wilbur fará essa viagem...

Ele se levantou.

— Não assumo nenhum compromisso em meu nome nem no do hospital. Mas ficarei feliz em comparecer ao encontro.

Assim que Gary chegou em casa, ele ligou para Judy.

— Oi, advogada — disse ele com uma risada. — Harding está dentro.

No sábado, 11 de março, Judy foi à Prisão do Condado de Franklin para contar a Milligan que os planos tinham mudado e que a dra. Cornelia Wilbur só iria no dia seguinte.

— Eu devia ter contado ontem — disse ela. — Desculpa.

Ele começou a tremer de forma violenta. Pela expressão dele, ela percebeu que estava falando com Danny.

— Dorothy Turner não vai voltar, né?

— Claro que vai, Danny. O que faz você pensar uma coisa dessas?

— As pessoas fazem promessas e esquecem. Não me deixa sozinho.

— Não vou. Mas você precisa se controlar. A dra. Wilbur vai estar lá amanhã, assim como Stella Karolin e Dorothy Turner e eu... e algumas outras pessoas.

Os olhos dele se arregalaram.

— Outras pessoas?

— Vai ter outro médico: George Harding, do Hospital Harding. E o promotor, Bernie Yavitch.

— Homens? — disse Danny, ofegante, enquanto tremia tanto que seus dentes batiam.

— É essencial pra sua defesa — disse ela. — Mas Gary e eu também vamos estar lá. Olha, eu acho que a gente devia pedir uma medicação pra te acalmar.

Danny assentiu.

Ela chamou o guarda e pediu para que seu cliente fosse colocado em uma cela de espera enquanto ela ia chamar um médico. Quando voltaram, alguns minutos depois, Milligan estava encolhido na extremidade oposta da sala, o rosto coberto de sangue, o nariz sangrando. Ele tinha batido com a cabeça na parede.

Ele olhou para ela sem entender, e ela percebeu que não era mais Danny. Era o guardião da dor.

— David? — perguntou ela.

Ele assentiu.

— Tá doendo, dona Judy. Tá doendo muito. Eu não quero mais viver.

Ela o puxou para perto e o aninhou nos braços.

— Você não devia dizer isso, David. Você tem muitos motivos pra viver. Muita gente acredita em você, e você vai ter ajuda.

— Eu tenho medo de ir pra prisão.

— Não vão mandar você pra prisão. A gente vai lutar contra isso, David.

— Eu não fiz nada de mau.

— Eu sei, David. Eu acredito em você.

— Quando a Dorothy Turner vai voltar pra me ver?

— Eu já... — Mas ela se tocou que tinha falado para *Danny*. — Amanhã, David. Com outra psiquiatra chamada dra. Wilbur.

— Você não vai contar o segredo pra ela, vai?

Ela fez que não.

— Não, David. No caso da dra. Wilbur, tenho certeza de que não vamos precisar.

7

O domingo, dia 12 de março, amanheceu claro e frio. Bernie Yavitch saiu do carro e entrou na Prisão do Condado de Franklin sentindo-se estranho em relação a tudo. Seria a primeira vez como promotor que ele estaria presente enquanto o réu era examinado por psiquiatras. Ele tinha lido o relatório de Southwest e os relatórios policiais várias vezes, mas não tinha ideia do que esperar.

Ele não conseguia acreditar que todos aqueles médicos eminentes estavam levando a coisa de múltiplas personalidades a sério. Cornelia Wilbur viajar para examinar Milligan não o impressionava. Ela acreditava naquilo e era o que esperava encontrar. Era o rosto do dr. George Harding que ele teria de observar. Para Yavitch, não havia psiquiatra mais respeitável no estado de Ohio. Sabia que ninguém enganaria o dr. Harding. Muitos dos promotores principais, que tinham pouco ou nenhum respeito por psiquiatras de testemunha em casos de insanidade, diziam que a única exceção seria George Harding Jr.

Depois de um tempo, os outros chegaram, e eles prepararam a entrevista na sala de reuniões do andar inferior do departamento do xerife, uma sala grande com cadeiras dobráveis, quadros-negros e uma mesa na qual os policiais se reuniam na mudança de turno.

Yavitch cumprimentou a dra. Stella Karolin e Sheila Porter, a assistente social de Southwest, e foi apresentado a dra. Wilbur e ao dr. Harding.

A porta se abriu e ele viu Billy Milligan pela primeira vez. Judy Stevenson veio andando ao lado dele, os dois de mãos dadas. Dorothy Turner andava na frente; Gary, atrás. Eles entraram na sala de reuniões, e Milligan, ao ver a quantidade de pessoas, hesitou.

Dorothy Turner apresentou cada um e o levou para se sentar mais perto de Cornelia Wilbur.

— Dra. Wilbur, este é Danny — disse Dorothy com voz baixa.

— Oi, Danny. É um prazer te conhecer. Como você está? — perguntou Wilbur.

— Bem — respondeu ele, se agarrando ao braço de Dorothy.

— Eu sei que você deve ficar nervoso de estar numa sala cheia de estranhos, mas nós viemos ajudar você — disse Wilbur.

Eles se sentaram. Schweickart se inclinou para a frente e sussurrou para Yavitch:

— Se você vir isso e continuar não acreditando, entrego minha licença.

Wilbur começou a interrogar Milligan e Yavitch relaxou. Ela parecia, aos olhos dele, uma mãe atraente e enérgica, com cabelo ruivo e batom bem vermelho. Danny respondeu às perguntas e contou sobre Arthur, Ragen e Allen.

Ela se virou para Yavitch.

— Viu? É típico no caso de múltipla personalidade que ele esteja disposto a falar sobre o que aconteceu com os outros, mas não sobre o que aconteceu com ele.

Depois de mais algumas perguntas e respostas, ela se virou para o dr. George Harding.

— Isso é um exemplo claro do estado dissociativo do neurótico histérico.

Danny olhou para Judy e disse:

— Ela saiu da frente dela.

Judy sorriu e sussurrou:

— Não, Danny. Não é assim com ela.

— Ela deve ter um monte de gente dentro dela — insistiu Danny. — Ela fala comigo de um jeito, aí muda e começa a usar um monte de palavras grandes, como o Arthur faz.

— Eu queria que o juiz Flowers estivesse aqui pra ver isso — disse Wilbur. — Sei o que está acontecendo dentro desse jovem. Sei do que ele realmente precisa.

Danny virou a cabeça e olhou de cara feia para Dorothy Turner, com uma expressão acusadora.

— Você contou pra ela! Você prometeu que não ia contar, mas contou.

— Não, Danny. Eu não contei. A dra. Wilbur sabe o que tem de errado porque conhece outras pessoas como você — disse Turner.

Com voz firme e suave, Cornelia Wilbur deixou Danny à vontade. Ela olhou nos olhos dele e falou que deveria relaxar. Levou a mão esquerda até a testa, e seu anel de diamante cintilou e refletiu nos olhos dele.

— Você está totalmente relaxado e se sentindo bem agora, Danny. Não tem nada te incomodando. Relaxe. O que você tiver vontade de fazer ou dizer está bom. O que você quiser.

— Eu quero ir embora. Quero sair da frente — disse Danny.

— O que você quiser fazer está bom pra nós, Danny. Vamos fazer assim: quando você sair, gostaria de falar com o Billy. O Billy que nasceu com esse nome.

Ele deu de ombros.

— Eu não posso fazer o Billy vir. Ele tá dormindo. Arthur e Ragen são os únicos que podem acordar ele.

— Bom, diz para o Arthur e o Ragen que eu tenho que falar com o Billy. É muito importante.

Yavitch viu com assombro crescente os olhos de Danny ficarem vazios. Seus lábios se moveram, o corpo tremeu e ficou ereto, e ele olhou ao redor, atordoado. Não disse nada de primeira e depois pediu um cigarro.

A dra. Wilbur lhe deu um e, quando ele se acomodou, Judy Stevenson sussurrou para Yavitch que o único que fumava era Allen.

Wilbur novamente apresentou a si e as pessoas na sala que não tinham conhecido Allen antes, e Yavitch se impressionou com o quanto Milligan parecia mudado, mais relaxado e falante. Ele sorriu e falou com sinceridade e fluência, bem diferente do tímido e infantil Danny. Allen respondeu às perguntas dela sobre seus interesses. Tocava piano e bateria, disse ele, e pintava, em geral retratos. Tinha 18 anos e adorava beisebol, apesar de Tommy odiar o jogo.

— Tudo bem, Allen. Gostaria de falar com o Arthur agora — disse Wilbur.

— Tá, tudo bem — disse Allen. — Espera, eu...

Yavitch viu Allen dar umas tragadas rápidas e profundas no cigarro antes de ir embora. Pareceu tão espontâneo, um detalhe tão pequeno, dar essas últimas tragadas antes que Arthur, que não fumava, surgisse.

Novamente, os olhos dele ficaram vazios, as pálpebras tremeram. Ele os abriu, se inclinou para trás, olhou ao redor com expressão arrogante e uniu os dedos, formando uma pirâmide. Quando falou, foi com sotaque britânico de classe alta.

Yavitch franziu a testa e ouviu. Ele de fato se encontrou vendo e ouvindo uma nova pessoa falando com a dra. Wilbur. O contato visual de Arthur, assim como a linguagem corporal, era obviamente diferente de Allen. Um amigo de Yavitch, um contador de Cleveland, era britânico, e Yavitch ficou impressionado com a semelhança, com o padrão de fala autêntico.

— Acredito que ainda não conheço essas pessoas — disse Arthur.

Ele foi apresentado, e Yavitch se sentiu bobo ao cumprimentar Arthur como se ele tivesse acabado de entrar na sala. Quando Wilbur perguntou a Arthur sobre os outros, ele descreveu os papéis deles e explicou quem teria permissão de sair e quem não teria. Finalmente, a dra. Wilbur disse:

— Nós precisamos falar com Billy.

— É muito perigoso acordar ele. Billy é realmente suicida — disse Arthur.

— É muito importante que o dr. Harding o conheça. O resultado do julgamento pode depender disso. Liberdade e tratamento ou prisão.

Arthur pensou, repuxou os lábios e disse:

— Olha, não sou eu que decido. Como nós estamos em uma prisão, um ambiente hostil, Ragen é o dominante, e só ele toma a decisão final sobre quem vem ou não pra frente.

— Qual é o papel de Ragen na vida de vocês? — perguntou ela.

— Ragen é o protetor e o guardião do ódio.

— Tudo bem, então — disse a dra. Wilbur com determinação. — Eu preciso falar com Ragen.

— Dona, eu sugiro que...

— Arthur, nós não temos muito tempo. Muita gente ocupada abriu mão da manhã de domingo pra vir até aqui ajudar vocês. Ragen precisa deixar Billy falar com a gente.

De novo, o rosto ficou vazio, os olhos vidrados, como em transe. Os lábios se moveram como se estivessem em uma conversa interna e silenciosa. A mandíbula se contraiu e a testa ficou profundamente franzida.

— *Não é possível* — rosnou a voz eslava grave.

— O que você quer dizer? — perguntou Wilbur.

— Não é possível falar com Billy.

— Quem é você?

— Eu sou Ragen Vadascovinich. Quem são essas pessoas?

A dra. Wilbur apresentou todo mundo, e Yavitch se impressionou de novo com a mudança, com o sotaque eslavo inequívoco. Ele queria ouvir algumas frases em iugoslavo ou servo-croata, para confirmar se era só sotaque ou se Ragen conseguia entender o idioma. Ele queria que a dra. Wilbur investigasse isso. Teve vontade de mencionar, mas houve um pedido a todos para que não falassem além da apresentação.

A dra. Wilbur perguntou a Ragen:

— Como você sabia que eu queria falar com o Billy?

Ragen assentiu, achando um pouco de graça.

— Arthur pede minha opinião. Eu contra. É meu direito como protetor decidir quem vai pra frente. Impossível Billy sair.

— E por que não?

— Você médica, não? Vou dizer da seguinte maneira. É impossível porque, se Billy acorda, vai se matar.

— Como você pode ter certeza disso?

Ele deu de ombros.

— Cada vez que Billy vem pra frente, acha que faz coisa ruim e tenta se matar. É responsabilidade minha. Eu digo não.

— O que é responsabilidade sua?

— Proteger todos, principalmente os jovens.

— Entendo. E você nunca falhou nos seus deveres? Os jovens nunca se machucaram nem sentiram dor porque você os protegeu disso?

— Não exatamente verdade. David sente dor.

— E você *deixa* David sentir a dor.

— É propósito dele.

— Um homem grande e forte como você deixando uma criança ficar com toda aquela dor e sofrimento?

— Dra. Vilbur, não sou...

— Você devia ter vergonha, Ragen. Você não devia se colocar como autoridade. Sou médica e já tratei casos como esse. *Eu* é quem deveria decidir se Billy pode aparecer... e certamente não uma pessoa que deixa uma criança indefesa carregar a dor quando ela própria está por perto pra carregar uma parte em seus ombros.

Ragen se remexeu no assento, parecendo constrangido e culpado. Murmurou que ela não entendia a situação, mas a voz dela prosseguiu, suave, mas intensamente persuasiva.

— Tudo bem! — disse ele. — Você responsável. Mas todos os homens precisam sair da sala primeiro. Billy temer homens por causa da coisa que pai fez com ele.

Gary, Bernie Yavitch e o dr. Harding se levantaram para sair, mas Judy falou.

— Ragen, é muito importante que o dr. Harding possa ficar e ver Billy. Você precisa confiar em mim. O dr. Harding está muito interessado nos aspectos médicos deste caso e precisa ter permissão para ficar.

— Nós vamos sair — disse Gary, apontando para si mesmo e Yavitch.

Ragen olhou ao redor e avaliou a situação.

— Permito — disse ele, apontando para uma cadeira no canto da sala grande. — Mas ele precisa se sentar lá. E ficar.

George Harding, pouco à vontade, abriu um sorriso fraco. Assentiu e se sentou no canto.

— E não se mexer! — disse Ragen.

— Eu não vou me mexer.

Gary e Bernie Yavitch saíram para o corredor, e Gary disse:

— Eu nunca vi a personalidade original, Billy. Não sei se ele vai aparecer. Mas qual é a sua reação ao que viu e ouviu aqui hoje?

Yavitch suspirou.

— Eu comecei bem cético. Agora, não sei o que pensar. Mas não acho que seja fingimento.

Os que ficaram na sala viram com atenção o rosto de Milligan ficar pálido. O olhar pareceu se voltar para dentro. Os lábios tremeram, como se ele estivesse falando dormindo.

De repente, abriu bem os olhos.

— Ah, meu Deus! — exclamou ele. — Achei que estava morto!

Ele se remexeu na cadeira. Ao ver pessoas olhando, pulou para o chão, de quatro, e andou feito um caranguejo até a parede oposta, para o mais longe que pôde, espremido entre os braços de duas carteiras, encolhido, soluçando.

— O que eu fiz agora?

Com voz gentil e firme, Cornelia Wilbur disse:

— Você não fez nada de errado, meu jovem. Não há motivo para ficar preocupado.

Ele estava tremendo, se espremendo na parede como se tentando passar através dela. O cabelo tinha caído nos olhos e ele espiou entre as mechas, sem fazer nenhuma tentativa de tirá-lo dali.

— Eu sei que você não sabe, Billy, mas todo mundo nesta sala está aqui pra ajudar você. Agora, você devia sair do chão e se sentar naquela cadeira, pra gente poder falar com você.

Ficou aparente para todos na sala que Wilbur estava no controle e sabia exatamente o que estava diante de seus olhos, tocando nos botões mentais certos para fazê-lo reagir.

Ele se levantou e se sentou na cadeira, os joelhos sacudindo ansiosamente, o corpo tremendo.

— Eu não morri?

— Você está bem vivo, Billy, e nós sabemos que você está tendo problemas e precisa de ajuda. Você precisa de ajuda, não é?

Ele assentiu, os olhos arregalados.

— Me diz, Billy, por que você bateu a cabeça na parede outro dia?

— Eu achei que estava morto. E aí acordei e vi que estava na prisão.

— Qual é a última coisa de que você se lembra antes disso?

— De subir no telhado da escola. Não queria ver mais médicos. O dr. Brown, do Centro de Saúde Mental Lancaster, não conseguiu me curar. Achei que tinha pulado. Por que eu não estou morto? Quem são vocês todos? Por que você está me olhando assim?

— Nós somos médicos e advogados, Billy. Estamos aqui pra ajudar você.

— Médicos? Papai Chal vai me matar se eu falar com vocês.

— Por que, Billy?

— Ele não quer que eu conte o que fez comigo.

Wilbur olhou sem entender para Judy Stevenson, que disse:

— É o pai adotivo dele. A mãe dele se divorciou de Chalmer Milligan uns seis anos atrás.

Billy olhou para ela, estupefato.

— Se divorciou? Seis anos? — Ele tocou no próprio rosto como se para ter certeza de que era real. — Como isso é possível?

— Nós temos muita coisa pra conversar, Billy. Tem muitas peças faltando pra encaixar — disse Wilbur.

Ele olhou ao redor, desesperado.

— Como eu vim parar aqui? O que está acontecendo? — Ele começou a soluçar e se balançar para a frente e para trás.

— Eu sei que você está cansado agora, Billy. Pode ir descansar — disse Wilbur.

De repente, o choro parou. A expressão no rosto dele ficou alerta na mesma hora, mas confusa. Tocou nas lágrimas descendo pelo rosto e franziu a testa.

— O que está acontecendo aqui? Quem era esse? Eu ouvi alguém chorando, mas não sabia de onde o choro estava vindo. Meu Deus, quem quer que ele fosse, estava prestes a se jogar na parede. Quem é ele?

— Era o Billy — disse Wilbur. — O Billy original, às vezes conhecido como anfitrião ou personalidade nuclear. Quem é você?

— Eu não sabia que o Billy tinha permissão para sair. Ninguém me contou. Eu sou o Tommy.

Gary e Bernie Yavitch tiveram permissão de voltar para a sala, e Tommy foi apresentado a todos, respondeu a algumas perguntas e foi levado de volta para a cela. Quando Yavitch soube o que tinha acontecido em sua ausência, balançou a cabeça. Tudo parecia tão irreal, como corpos possuídos por espíritos ou demônios. Ele disse isso para Gary e Judy.

— Eu não sei o que significa, mas acho que concordo com vocês. Ele não parece estar fingindo.

Só o dr. George Harding permaneceu evasivo. Estava guardando seu julgamento, disse ele. Precisava pensar no que tinha visto e ouvido. No dia seguinte, escreveria sua opinião para o juiz Flowers.

8

Russ Hill, o médico que tinha levado Tommy para o andar de cima, não tinha ideia de qual era o problema de Milligan. Ele só sabia que havia muitos médicos e advogados indo e vindo para ver o paciente, e que ele era um jovem que mudava muito e desenhava coisas bonitas. Alguns dias depois da grande reunião de domingo, ele passou pela cela e viu Milligan desenhando. Espiou pelas grades e viu um desenho muito infantil com palavras escritas nele.

Um guarda se aproximou e começou a rir.

— Meu filho de 2 anos desenha melhor do que aquele estuprador maldito.

— Deixa ele em paz — disse Hill.

O guarda estava com um copo de água na mão e jogou pelas grades, molhando o desenho.

— Por que você fez isso? Qual é o seu problema? — perguntou Hill.

Mas o guarda que tinha jogado a água se afastou das grades quando viu a expressão no rosto de Milligan. A fúria era inconfundível. Ele parecia estar procurando algo para jogar. De repente, o prisioneiro arrancou a privada da parede e jogou na grade, estilhaçando a porcelana.

O guarda cambaleou para trás e correu para apertar o botão do alarme.

— Meu Deus, Milligan! — disse Hill.

— Ele jogou água no desenho da Christene. Não é certo destruir o trabalho de crianças.

Seis policiais apareceram no corredor, mas, quando chegaram, encontraram Milligan sentado no chão com expressão atordoada no rosto.

— Você vai pagar por isso, seu filho da puta! Isso é propriedade do governo — gritou o guarda.

Tommy se sentou encostado na parede, botou as mãos atrás da cabeça com arrogância e disse:

— Foda-se a propriedade do governo.

Em uma carta datada de 13 de março de 1978, o dr. George Harding Jr. escreveu para o juiz Flowers:

Com base na entrevista, é de minha opinião que William S. Milligan não é capaz para ser julgado devido à sua incapacidade de cooperar com o advogado em sua própria defesa, e que ele não tem a integridade emocional necessária para poder testemunhar em sua própria defesa, confrontar testemunhas e manter uma presença psicológica efetiva em tribunal além de sua mera presença física.

O dr. Harding agora tinha que tomar outra decisão. Tanto Schweickart quanto Yavitch tinham pedido a ele que fosse além da avaliação de capacidade e que o Hospital Harding admitisse Milligan para avaliação e tratamento.

George Harding tinha ficado impressionado com a presença do promotor Yavitch naquela entrevista; era uma coisa bem incomum para um promotor, pensou Harding. Schweickart e Yavitch tinham garantido a ele que não seria colocado em um papel de antagonista "pela defesa" ou "pela acusação", mas que os dois lados concordariam antecipadamente de que seu relatório iria para os registros do julgamento "por acordo". Como ele poderia resistir com os dois lados pedindo aquilo?

Como diretor médico do Hospital Harding, ele apresentou o pedido ao administrador da instituição e ao representante financeiro.

— Nós nunca demos as costas a problemas difíceis. O Hospital Harding não aceita só casos fáceis — disse ele.

Com base na forte recomendação de George Harding, de que aquilo seria uma oportunidade para a equipe aprender, assim como para o hospital fazer uma contribuição ao conhecimento psiquiátrico, o comitê aceitou internar William Milligan durante os três meses determinados pelo tribunal.

No dia 14 de março, Hill e outro policial foram buscar Milligan.

— Querem você lá embaixo, mas o xerife disse que você tem que ir de camisa — disse o guarda.

Milligan não ofereceu resistência quando colocaram a camisa de força nele e o levaram da cela até o elevador.

Lá embaixo, Gary e Judy estavam esperando no corredor, ansiosos para contar ao cliente que tinham uma boa notícia. Quando a porta do elevador se abriu, eles viram Russ Hill e o guarda boquiabertos, observando Milligan se desvencilhar da camisa de força e quase se liberar completamente.

— É impossível — disse o guarda.

— Eu falei que não ia me segurar. E nenhuma prisão nem hospital vão conseguir me segurar também.

— Tommy? — perguntou Judy.

— É isso aí! — disse ele com deboche.

— Vem aqui, a gente tem que conversar — disse Gary, puxando-o para a sala de reuniões.

Tommy soltou o braço da mão de Gary.

— Qual é o problema?

— É uma boa notícia — disse Judy.

— O dr. George Harding aceitou você no Hospital Harding para uma observação e tratamento pré-julgamento — disse Gary.

— O que isso quer dizer?

— Uma de duas coisas pode acontecer — explicou Judy. — Você pode ser declarado capaz e uma data de julgamento vai ser marcada; ou, depois de certo tempo, vai ser declarado incapaz para enfrentar julgamento e as acusações serão retiradas. A promotoria concordou, e o juiz Flowers ordenou que você fosse enviado para o Hospital Harding semana que vem. *Mas com uma condição.*

— Sempre tem uma condição — disse Tommy.

Gary se inclinou para a frente e cutucou a mesa com o indicador.

— A dra. Wilbur disse para o juiz que múltiplas personalidades cumprem promessas. Ela sabe como promessas são importantes pra todos vocês.

— E daí?

— O juiz Flowers disse que, se você prometer não tentar fugir do Hospital Harding, pode ser liberado e enviado pra lá imediatamente.

Tommy cruzou os braços.

— Merda. Eu que não vou prometer isso.

— Você tem que prometer! — gritou Gary. — Meu Deus, nós estamos nos esfalfando aqui pra que você não seja enviado pra Lima e agora vem com essa atitude?

— Bom, não está certo. Fugir é a única coisa que eu faço bem. É um dos principais motivos pra eu estar aqui. Estão me proibindo de usar meu talento — disse Tommy.

Gary passou os dedos pelo cabelo como se quisesse arrancá-lo.

Judy botou a mão no braço de Tommy.

— Tommy, você tem que nos prometer. Se não por você, precisa fazer isso pelas crianças. Os pequenos. Você sabe que aqui é um lugar ruim pra eles. Eles vão receber cuidados no Hospital Harding.

Ele descruzou os braços e olhou para a mesa, e Judy soube que tinha tocado no ponto certo. Ela entendeu que as outras personalidades tinham um amor profundo e uma sensação de responsabilidade com os mais novos.

— Tudo bem. Eu prometo — disse ele com relutância.

O que Tommy não contou para ela foi que, quando ouviu pela primeira vez que talvez fosse transferido para Lima, comprou uma navalha de uma pessoa de confiança. Naquele momento, estava presa com fita adesiva à sola do pé esquerdo. Não houve motivo para contar porque ninguém perguntou. Ele tinha aprendido tempos antes que, quando você é transferido de uma instituição para outra, sempre deve levar uma arma. Ele talvez não pudesse quebrar a promessa com uma fuga, mas pelo menos poderia se defender se alguém tentasse estuprá-lo. Ou ele poderia dá-la a Billy e deixá-lo cortar a própria garganta.

Quatro dias antes da transferência para o Hospital Harding, o sargento Willis foi até a cela. Ele queria que Tommy mostrasse como conseguia escapar da camisa de força.

Tommy olhou para o policial magro e calvo, com mechas de cabelo grisalho em volta da pele escura, e falou, com a testa franzida:

— Por que eu deveria?

— Você vai embora mesmo — disse Willis. — Achei que eu não era velho demais pra aprender uma coisa nova.

— Você foi legal comigo, sargento — disse Tommy —, mas não entrego meus segredos com tanta facilidade.

— Veja desta forma: você pode ajudar a salvar a vida de uma pessoa.

Tommy tinha se virado para outra direção, mas agora olhou de volta, curioso.

— Como assim?

— Você não está doente, eu sei. Mas temos outras pessoas aqui que estão. Nós colocamos camisas de força nelas por proteção. Se elas se soltassem, poderiam se matar. Se você me mostrar como faz, podemos impedir outras pessoas de fazerem o mesmo. Você salvaria vidas.

Tommy deu de ombros para deixar claro que isso não era da sua conta.

Mas, no dia seguinte, mostrou ao sargento Willis o truque de tirar a camisa de força. Em seguida, ensinou como colocá-la em uma pessoa de um jeito que ela não conseguiria tirar.

Naquela noite, Judy recebeu uma ligação de Dorothy Turner.

— Tem mais uma — disse Turner.

— Mais uma o quê?

— Mais uma personalidade que a gente desconhecia. Uma garota de 19 anos chamada Adalana.

— Ah, meu Deus! Com essa, são dez — sussurrou Judy.

Dorothy descreveu sua visita noturna à prisão, como ela o viu sentado no chão e o ouviu falando com voz suave sobre precisar de amor e afeto. Dorothy se sentou ao lado dele, o confortou e secou suas lágrimas. Em seguida, "Adalana" falou sobre escrever poesia em segredo. Explicou, toda chorosa, que apenas ela tinha a habilidade de tirar da frente qualquer um dos outros se tivesse *vontade*. Só Arthur e Christene até agora sabiam de sua existência.

Judy tentou imaginar a cena: Dorothy sentada no chão, abraçando Milligan.

— Por que ela escolheu se revelar agora? — perguntou Judy.

— Adalana se culpa pelo que aconteceu aos meninos — disse Dorothy. — Foi ela que roubou tempo de Ragen durante os estupros.

— O que você está dizendo?

— Adalana disse que fez aquilo porque estava desesperada para ser abraçada, acariciada e amada.

— Foi Adalana que...

— Adalana é lésbica.

Após desligar, Judy ficou olhando para o telefone por muito tempo. O marido perguntou sobre o que tinha sido a ligação. Ela abriu a boca para contar, mas balançou a cabeça e preferiu apagar a luz.

CAPÍTULO 3

1

Billy Milligan foi transferido da Prisão do Condado de Franklin para o Hospital Harding dois dias antes do previsto, na manhã do dia 16 de março. O dr. George Harding tinha reunido e instruído, em especial, uma equipe de terapia, mas, quando Milligan chegou inesperadamente, ele estava viajando, em uma reunião psiquiátrica em Chicago.

Judy Stevenson e Dorothy Turner, que tinham seguido a viatura da polícia até o Hospital Harding, sabiam que golpe terrível seria Danny ser levado de volta para a prisão. O dr. Shoemaker, um médico da equipe, aceitou se encarregar pessoalmente do paciente até o dr. Harding voltar, e o agente do xerife entregou o prisioneiro.

Judy e Dorothy foram com Danny até o chalé Wakefield, uma unidade psiquiátrica de confinamento com capacidade para quatorze pacientes que exigissem observação constante e atenção pessoal. Uma cama foi reservada e preparada, e Danny foi designado a um dos dois quartos de "cuidados especiais", cujas portas pesadas de carvalho tinham janelinhas com cobertura para observação integral. Um ajudante psiquiátrico (chamado "psicotécnico" no Hospital Harding) levou para ele uma bandeja com o almoço, e as duas mulheres permaneceram com Danny enquanto ele comia.

Depois do almoço, o dr. Shoemaker e três enfermeiras se juntaram a eles. Turner, achando que era importante a equipe ver a síndrome de múltipla personalidade pessoalmente, sugeriu a Danny que Arthur fosse conhecer as pessoas que trabalhariam com ele.

A enfermeira Adrienne McCann, coordenadora da unidade, tinha sido orientada como parte da equipe de terapia, mas os outros dois foram tomados totalmente de surpresa.

Donna Egar, mãe de cinco filhas, teve dificuldade de entender suas emoções ao conhecer o Estuprador do Campus. A enfermeira viu com atenção quando primeiro o garotinho falou e depois os olhos dele se fixaram, em transe, os lábios se movendo em silêncio, conduzindo uma conversa interna. Quando ergueu o olhar, a expressão dele era austera e arrogante, e ele falou com sotaque britânico.

Ela teve de se segurar para não rir, nada convencida da existência de Danny e de Arthur; podia ser atuação de um ator brilhante para evitar ser preso, pensou ela. Mas estava curiosa para ver como Billy Milligan era; queria saber que tipo de pessoa faria as coisas que ele tinha feito.

Dorothy e Judy falaram com Arthur, garantindo a ele que estava em um lugar seguro. Dorothy disse que voltaria em alguns dias para fazer alguns testes psicológicos. Judy explicou que ela e Gary fariam visitas de tempos em tempos para trabalhar com ele no caso.

O psicotécnico Tim Sheppard observou o novo paciente em intervalos de quinze minutos pela janelinha na porta e fez anotações no registro de procedimentos especiais do primeiro dia:

17h00 sentado de pernas cruzadas na cama, em silêncio
17h15 sentado de pernas cruzadas na cama, olhando para o nada
17h32 de pé, olhando pela janela
17h45 o jantar foi servido
18h02 sentado na beira da cama, olhando para o nada
18h07 bandeja retirada, comeu bem.

Às 19h15, Milligan começou a andar de um lado para o outro.

Às 20h, a enfermeira Helen Yaeger entrou no quarto e permaneceu lá por quarenta minutos. Seu primeiro registro nas anotações da enfermagem foi breve:

16/3/78 O sr. Milligan permanece sob cuidados especiais, observado com atenção por precaução. Falou sobre as múltiplas personalidades. "Arthur" falou a maior parte do tempo; ele tem sotaque inglês. Declarou que uma das pessoas, chamada Billy, é suicida e está dormindo desde os 16 anos para proteger os outros do mal. Comendo bem. Urinando bem. Aceitando bem os alimentos. Agradável e cooperativo.

Depois que a enfermeira Yaeger saiu, Arthur informou silenciosamente aos outros que o Hospital Harding era um ambiente seguro e solidário. Como seria preciso discernimento e lógica para ajudar os médicos na terapia, ele, Arthur, assumiria dali em diante o domínio completo.

Às 2h25 da madrugada, o psicotécnico Chris Cann ouviu um barulho alto no quarto. Quando foi verificar, viu o paciente sentado no chão.

Tommy estava agitado por ter caído da cama. Segundos depois, ele ouviu os passos e viu o olho na janelinha. Assim que os passos se afastaram, Tommy soltou a navalha colada na sola do pé e a escondeu com cuidado, prendendo a fita na parte de baixo de uma ripa do estrado da cama. Ele saberia onde encontrá-la quando chegasse a hora.

2

Ao retornar de Chicago, no dia 19 de março, o dr. George Harding Jr. ficou irritado porque seus arranjos cuidadosos tinham sido afetados pela transferência precoce. Ele tinha planejado receber Milligan pessoalmente. Os preparativos para reunir uma equipe de terapia lhe deram uma trabalheira: psicólogo, terapeuta artístico, terapeuta adjunto, assistente social psiquiátrico, médicos, enfermeiras, psicotécnicos e o coordenador de unidade de Wakefield. Tinha discutido com eles as complexidades da personalidade múltipla. Quando algumas pessoas da equipe admitiram abertamente não acreditar no diagnóstico, ele as ouviu com paciência, falou de seu próprio ceticismo e pediu a todos que o ajudassem a cumprir a ordem do tribunal. Todos teriam de manter a mente aberta e trabalhar juntos para conseguir entender William Stanley Milligan.

O dr. Perry Ayres fez um exame físico em Milligan no dia seguinte ao retorno do dr. Harding. Ayres escreveu no histórico médico que, com frequência, os lábios de Milligan se moviam e os olhos se desviavam para a direita, em geral antes de responder a uma pergunta. Ayres reparou que, quando perguntou ao paciente por que fazia isso, ele respondeu que estava falando com alguns dos outros, principalmente Arthur, para que respondessem às perguntas.

— Mas você deve nos chamar de Billy — disse Milligan —, pra ninguém achar que somos malucos. Eu sou o Danny. Foi o Allen que preencheu aquele formulário. Mas eu não posso falar sobre os outros.

O dr. Ayres citou isso no relatório e acrescentou:

Combinamos mais cedo que tentaríamos falar só sobre Billy, e que Danny nos daria as informações de saúde relacionadas a todos eles. Foi a incapacidade dele de seguir o combinado que levou à revelação dos outros nomes. A única doença de que se lembra foi a cirurgia de hérnia quando Billy tinha 9 anos. "David sempre teve 9", e foi David que passou pela cirurgia de hérnia. Allen tem visão em túnel, mas todos os outros têm visão normal...

Nota: Antes de entrar na sala de exames, falei com ele sobre a natureza do exame contemplado, descrevendo-o em detalhe. Enfatizei que seria importante verificar a cirurgia de hérnia e a próstata por exame retal, este último por causa da anomalia urinária [piúria]. Ele ficou muito nervoso e seus lábios e olhos se moveram com rapidez, enquanto aparentemente conversava com os outros. Ele me disse com nervosismo e educação que "aquilo poderia abalar Billy e David porque foi lá que Chalmers estuprou cada um deles quatro vezes quando nós morávamos na fazenda. Chalmers era nosso padrasto". Ele acrescentou nesse ponto que a mãe descrita no histórico familiar é a mãe de Billy, "mas ela não é minha mãe. Eu não conheço a minha mãe".

Rosalie Drake e Nick Cicco, coterapeutas no programa de "minigrupo" do Chalé Wakefield, ficaram mais envolvidos com Milligan no dia a dia. Às 10h e às 15h, sete ou oito dos pacientes de Wakefield se reuniam para trabalhar em projetos e atividades em grupo.

No dia 21 de março, Nick tirou Milligan do quarto de cuidados especiais, agora trancado só à noite, e o levou para a sala de atividades. O psicotécnico magro de 27 anos, que tinha barba cheia e usava dois brincos no lóbulo esquerdo (uma argola de ouro delicada e uma pedra de jade), tinha ouvido falar da hostilidade de Milligan com homens por causa do abuso sexual que sofrera quando criança. Estava curioso sobre a personalidade múltipla, ainda que duvidasse da ideia toda.

Rosalie, uma terapeuta ocupacional loura de olhos azuis e 20 e tantos anos, nunca tinha lidado com alguém com múltipla personalidade. Mas, depois da orientação do dr. Harding, ela ficou ciente de que a equipe tinha rapidamente se dividido em dois grupos: os que acreditavam que Milligan era múltiplo e os que acreditavam que ele era golpista, que fingia ter essa doença exótica para obter atenção e evitar ser preso por estupro. Rosalie estava lutando para manter a mente aberta.

Milligan se sentou à ponta da mesa, separado dos outros. Rosalie Drake explicou que os pacientes do minigrupo tinham decidido, no dia anterior, fazer colagens que dissessem algo sobre eles mesmos para alguém que amavam.

— Eu não tenho ninguém que amo pra fazer uma — disse ele.

— Então faz pra gente — disse Rosalie. — Todo mundo vai fazer.

Ela mostrou um pedaço de papel no qual estava trabalhando e continuou:

— Nick e eu também vamos fazer.

Rosalie olhou de longe enquanto Milligan pegava uma folha de papel tamanho A4 e começava a cortar fotografias de revistas. Já tinha ouvido falar sobre as habilidades artísticas de Milligan e agora, ao olhar para o paciente tímido e calado, ficou curiosa para ver o que ele faria. Ele trabalhou em silêncio, com calma. Quando terminou, ela foi até lá e olhou.

A colagem dele a surpreendeu. Mostrava uma criança assustada e lacrimosa no centro da página e, embaixo, o nome MORRISON. Ao lado havia um homem zangado e, de vermelho, a palavra PERIGO. No canto inferior direito, havia uma caveira.

Ela ficou tocada pela simplicidade da declaração e a profundidade do sentimento. Não tinha pedido nada assim, e não era o que esperava. A peça revelava, na opinião dela, uma história sofrida. Tremeu só de olhar e, naquele momento, soube que tinha sido fisgada. Mesmo que os outros funcionários do hospital ainda tivessem dúvidas sobre Milligan, aquilo, ela sabia, não era produto de um sociopata sem sentimentos. Nick Cicco concordou.

O dr. George (chamado assim pelos funcionários e pacientes para distingui-lo do pai, dr. George Harding Sr.) começou a ler os periódicos psiquiátricos mais relevantes e descobriu que a doença conhecida como múltipla personalidade parecia estar aumentando. Fez diversas ligações para vários psiquiatras e todos disseram basicamente a mesma coisa: "Vamos compartilhar com você o pouco que sabemos, mas é uma área que não entendemos. Você vai ter que trilhar seu próprio caminho".

Seriam necessários bem mais tempo e esforço do que o dr. George tinha imaginado, e ele se perguntou se tinha feito a coisa certa aceitando o paciente no meio de uma campanha de arrecadação de fundos e um programa de expansão do hospital. Garantiu a si mesmo que era importante para Billy Milligan, e também para a profissão, ajudar a psiquiatria a explorar os limites do conhecimento sobre a mente humana.

Antes que pudesse fornecer uma avaliação à corte, ele teria que conhecer a história de Billy Milligan. Considerando a amnésia massiva, esse era um problema sério.

No dia 23 de março, uma quinta-feira, Gary Schweickart e Judy Stevenson visitaram o cliente por uma hora e conversaram sobre sua memória vaga de eventos. Compararam a história dele com a das três vítimas e planejaram estratégias legais alternativas, dependendo do relatório do dr. Harding para o tribunal.

Os dois acharam Milligan mais à vontade, apesar de ele reclamar sobre estar trancado na ala de cuidados especiais e ter de usar roupas de "precaução especial".

— O dr. George diz que eu posso ser tratado como os outros pacientes daqui, mas ninguém aqui confia em mim. Os outros pacientes podem sair de van pra excursões; eu não posso. Tenho que ficar aqui. E acabo furioso quando insistem em me chamar de Billy.

Eles tentaram acalmá-lo, explicando que o dr. George tinha se arriscado aceitando-o no hospital e que ele precisava tomar cuidado para não perder a paciência. Judy sentiu que era Allen, mas não perguntou, com medo de ele ficar insultado por ela não o reconhecer.

Gary disse:

— Você devia tentar cooperar com a equipe. É sua única chance de ficar fora da prisão.

Quando saíram, os dois advogados concordaram estar aliviados por Milligan continuar seguro no Hospital Harding; a responsabilidade diária e a preocupação tinham saído de suas costas por um tempo.

Mais tarde, a primeira sessão de terapia foram cinquenta minutos difíceis para o dr. Harding. Milligan se sentou na cadeira virada para a janela na sala de entrevistas de Wakefield, mas não fez contato visual no começo. Parecia se lembrar de pouca coisa do passado, embora tenha falado abertamente do abuso cometido pelo pai adotivo.

O dr. Harding sabia que estava sendo extremamente cauteloso na abordagem. A dra. Wilbur lhe dissera para descobrir o mais rápido possível quantas personalidades havia, para estabelecer as identidades. As outras personalidades precisavam ser encorajadas a contar por que existiam e ter permissão para reviver as situações específicas que desencadearam sua criação.

Depois, todos os outros tinham de ser encorajados a conhecer uns aos outros, se comunicar e se ajudar com seus problemas diferentes, compartilhando as coisas em vez de apenas permanecer separados. A estratégia, dissera Wilbur, era reunir os outros e depois de um tempo apresentar Billy, a personalidade original, às lembranças desses incidentes. Depois, finalmente, a integração poderia ser tentada. Embora a tentação de utilizar essa abordagem fosse grande, o jeito como tinha agido com habilidade para despertar as personalidades na prisão, George Harding sabia que o que funcionava para outra pessoa nem sempre funcionava para ele. Considerava-se um homem muito conservador e teria de aprender do seu próprio jeito e no seu tempo quem e o que ele tinha em mãos.

Com o passar dos dias, Donna Egar acabou tendo muitas conversas individuais com Milligan. Ele dormia pouco, bem menos do que a maioria dos outros pacientes, e acordava cedo, então a enfermeira podia conversar com ele com frequência. Billy falava das outras pessoas que moravam com ele dentro do corpo.

Um dia, entregou a ela uma folha de papel toda escrita e assinada "Arthur". Ele pareceu nervoso ao dizer:

— Não conheço ninguém chamado Arthur e não entendi o que está escrito no papel.

Em pouco tempo, a equipe estava reclamando com o dr. George. Era cada vez mais difícil lidar com alguém que vivia dizendo "eu não fiz isso, foi outra pessoa" quando tinham visto acontecer com os próprios olhos. Milligan, diziam, estava minando o tratamento de outros pacientes e manipulando a equipe, indo de um a outro para conseguir o que queria. Ele vivia dando a entender que Ragen poderia aparecer para cuidar da situação, e todos viam isso como uma ameaça velada.

O dr. George sugeriu que ele mesmo lidasse com as outras personalidades de Milligan, e só em sessões de terapia. A equipe não devia mencionar nem discutir os outros nomes na unidade, principalmente na frente de outros pacientes.

Helen Yeager, a enfermeira que tinha falado com Arthur no primeiro dia, escreveu o seguinte no plano de tratamento, na folha de objetivos da enfermagem, com data de 28 de março:

Em um mês, o sr. Milligan vai aceitar responsabilidade por atos que nega, como evidenciado por nenhuma declaração de negação desses comportamentos.

Plano: (1) Quando negar incapacidade de tocar piano — a equipe responde que viu ou o ouviu tocar —, manter atitude prática.

(2) Quando observado escrevendo anotações que ele nega conhecer, equipe deve dizer que ele foi visto escrevendo as anotações.

(3) Quando o paciente referir a si mesmo como outra personalidade, equipe deve lembrá-lo de que seu nome é Billy.

O dr. George explicou a abordagem a Allen durante a sessão de terapia, observando que os outros pacientes da unidade ficavam confusos quando ouviam os vários nomes das personalidades.

— Algumas pessoas chamam a si mesmas de Napoleão ou Jesus Cristo — disse Allen.

— Mas é diferente se eu e a equipe fizermos isso, se chamarmos você de Danny um dia e de Arthur ou Ragen ou Tommy ou Allen em outra ocasião. Sugiro que, para a equipe e para os pacientes, todas as personalidades atendam ao nome de Billy, enquanto...

— Não são "personalidades", dr. George. São pessoas.

— Por que você faz a distinção?

— Quando você chama de personalidades, é como se não achasse que são reais.

3

Em 8 de abril, vários dias depois de Dorothy Turner começar um programa de testagem psicológica, Donna Egar viu Milligan andando de um lado para o outro no quarto, com raiva. Quando perguntou qual era o problema, ele respondeu com sotaque britânico:

— Ninguém entende.

Ela viu o rosto dele mudar, e toda a postura, o modo de andar e a fala, e soube que era Danny. Àquela altura, depois de ver como ele era consistente, como aquelas personalidades diferentes eram reais, não achava mais que ele estava fingindo. Precisava admitir, contudo, que só ela na equipe da enfermagem tinha passado a acreditar.

Alguns dias depois, ele a procurou, muito chateado. Ela percebeu rapidamente que era Danny. Ele a encarou e disse em tom patético:

— Por que eu estou aqui?

— Onde, você quer dizer? Aqui neste quarto ou neste prédio?

Ele fez que não.

— Alguns dos outros pacientes perguntaram por que eu estou neste hospital.

— Talvez Dorothy Turner possa explicar quando vier fazer os testes — disse ela.

Naquela noite, depois que a sessão de testes com Dorothy Turner acabou, ele não quis falar com ninguém. Só correu para o quarto e foi para o banheiro lavar o rosto. Alguns segundos depois, Danny ouviu a porta se abrir e se fechar. Ele olhou e viu uma paciente jovem chamada Dorine. Apesar de muitas vezes ouvir os problemas dela com solidariedade e falar dos seus, ele não tinha qualquer outro interesse nela.

— Por que você está aqui? — perguntou ele.

— Eu queria falar com você. Por que ficou tão chateado hoje?

— Você sabe que não pode entrar aqui. É contra as regras.

— Mas você parece tão deprimido.

— Eu descobri o que uma pessoa fez. É horrível. Não mereço viver.

Nessa hora, passos se aproximaram, seguidos de uma batida à porta. Dorine correu para o banheiro com ele e fechou a porta.

— Por que você fez isso? Vai acabar me metendo em mais confusão. Agora vai ser um caos — sussurrou ele rispidamente.

Ela riu.

— Billy e Dorine, chega! Podem sair — chamou a enfermeira Yaeger.

Nas anotações da enfermagem de 9 de abril de 1979, a enfermeira Yaeger escreveu:

Sr. Milligan — encontrado no banheiro com colega do sexo feminino, luzes apagadas —, ao ser questionado, declarou que precisava estar sozinho para falar com ela sobre uma coisa que descobriu ter feito. Relatou ao ser questionado que, durante os testes psicológicos da noite com a sra. Turner, soube que tinha violentado três mulheres. Ficou choroso ao extremo, dizendo que queria que "Ragen e Adalana morressem". Dr. George foi chamado — incidente explicado. Colocado em quarto de cuidados especiais e com precauções especiais. Alguns minutos depois, paciente visto sentado na cama com a faixa do roupão na mão. Ainda lacrimoso, dizendo que queria matar *eles*. Depois de falar com ele por um tempo, ele entregou a faixa do roupão. Antes de fazer isso, colocou-a em volta do pescoço.

Durante os testes, Dorothy Turner descobriu uma variação significativa de QI entre as diferentes personalidades:

	QI VERBAL	QI DE EXECUÇÃO	QI TOTAL
Allen	105	130	120
Ragen	114	120	119
David	68	72	69
Danny	69	75	71
Tommy	81	96	87
Christopher	98	108	102

Christene era nova demais para ser testada; Adalana não quis aparecer; e Arthur recusou a parte dos testes referentes ao quociente de inteligência, alegando ser algo abaixo de sua dignidade.

Turner descobriu que as respostas de Danny ao teste de Rorschach revelavam uma hostilidade mal disfarçada e uma necessidade de apoio externo para compensar os sentimentos de inferioridade e inadequação. Tommy mostrou mais maturidade do que Danny e mais potencial para agir. Era ele quem tinha mais características esquizoides e menos preocupação com os outros. Ragen mostrou mais potencial para ações violentas.

Ela descobriu que Arthur era fortemente intelectual e percebeu que ele contava com isso para manter a posição de liderança sobre os outros. Também lhe pareceu manter um sentimento compensatório de superioridade em relação ao mundo de um modo geral, mas tinha sentimentos de inquietação e se sentia ameaçado por situações que estimulavam suas emoções. Emocionalmente, Allen parecia ser uma personalidade quase separada.

Ela encontrou algumas coisas em comum: evidências de uma identidade feminina e de um forte superego, que a raiva ameaçava superar. Turner *não* encontrou sinais de um processo psicótico, nem de perturbações esquizofrênicas do pensamento.

Rosalie Drake e Nick Cicco anunciaram que o minigrupo faria exercícios de confiança no dia 19 de abril. Arthur permitiu que Danny fosse para a frente. A equipe tinha preparado a sala de recreação com mesas, cadeiras, sofás e tábuas, transformando-a em uma pista de obstáculos.

Sabendo do medo que Milligan tinha de homens, Nick sugeriu que Rosalie o vendasse e o guiasse.

— Você tem que trabalhar comigo, Billy — disse ela. — É o único jeito de construir confiança suficiente em outras pessoas para você poder viver no mundo real.

Ele acabou permitindo que ela o vendasse.

— Agora, segura a minha mão — disse ela, guiando-o para dentro da sala. — Vou levar você pela pista de obstáculos e não vou deixar que se machuque.

Enquanto o guiava, ela via e sentia o pavor descontrolado dele por não saber para onde estava indo ou com o que poderia se chocar. Eles se moveram devagar no começo e, depois, mais rápido, em volta de cadeiras, por baixo de mesas, subindo e descendo escadas. Depois de testemunhar seu pânico, ela e Nick o admiraram por seguir em frente.

— Eu não deixei você se machucar, né, Billy?

Danny fez que não.

— Você precisa aprender que pode confiar em algumas pessoas. Não todo mundo, claro, mas em algumas pessoas.

Rosalie reparou que, na sua presença, ele assumia cada vez mais o papel de garotinho que ela passou a conhecer como Danny. Ela ficava perturbada porque muitos desenhos dele continham imagens de morte.

Na terça seguinte, Allen teve permissão de ir pela primeira vez ao prédio adjunto de terapia para participar de uma aula de arte expressiva, na qual poderia desenhar e pintar.

O terapeuta artístico Don Jones, um homem de modos contidos, ficou impressionado com o talento natural de Milligan, mas notou sua ansiedade e inquietação por estar no grupo novo. Os desenhos bizarros, ele percebeu, eram o jeito de Billy de atrair atenção e procurar aprovação.

Jones apontou para um desenho de lápide com as palavras NÃO DESCANSE EM PAZ entalhadas.

— Você pode nos contar alguma coisa sobre isso, Billy? O que você estava sentindo quando desenhou isso?

— É o pai verdadeiro do *Billy* — disse Allen. — Ele era comediante e mestre de cerimônias em Miami antes de se matar.

— Por que não nos conta o que sentiu? Agora queremos estar em contato com sentimentos, não com detalhes, Billy.

Com raiva, Allen jogou o lápis longe porque Billy ainda levava o crédito por sua arte, e então olhou para o relógio e disse:

— Preciso voltar pra unidade, pra fazer minha cama.

No dia seguinte, ele falou com a enfermeira Yaeger sobre o tratamento, reclamando que ainda estava todo errado. Quando ela falou que ele estava interferindo com a equipe e os pacientes, ficou chateado.

— Não sou responsável pelas coisas que são feitas pelas minhas outras pessoas — disse ele.

— Não podemos nos referir às suas outras pessoas. Só a Billy — disse Yaeger.

Ele gritou:

— O dr. Harding não está me tratando do jeito que a dra. Wilbur mandou. Esse tratamento não presta.

Exigiu ler o prontuário, mas Yaeger se recusou. Ele então disse que sabia que podia fazer o hospital lhe dar acesso aos registros. Tinha certeza, disse ele, de que a equipe não estava registrando suas mudanças de comportamento e de que não poderia explicar o tempo perdido.

Naquela noite, depois de uma visita do dr. George, Tommy anunciou para a equipe que estava demitindo o médico. Mais tarde, Allen saiu do quarto e o recontratou.

Depois que recebeu permissão para visitar o filho, Dorothy Moore, mãe de Milligan, ia ao hospital quase toda semana, muitas vezes com a filha, Kathy. As reações do filho eram imprevisíveis. Às vezes, depois da visita, ficava feliz e tagarelava; outras vezes, ficava deprimido.

Joan Winslow, a assistente social psiquiátrica, relatou na reunião da equipe que havia entrevistado Dorothy depois de cada visita. Winslow a achou calorosa e generosa, mas especulou que sua natureza tímida e dependente provavelmente a impediu de evitar os abusos relatados. Dorothy tinha contado a ela que sempre sentia como se houvesse dois Billys: um deles era um garoto gentil e amoroso; o outro, alguém que não se importava de magoar os sentimentos das pessoas.

Foi Nick Cicco quem anotou no prontuário que depois de uma visita da sra. Moore, no dia 18 de abril, Milligan pareceu bem chateado e se isolou no quarto com o travesseiro em cima da cabeça.

No final de abril, depois de seis das doze semanas de internação previstas, o dr. George achou que as coisas estavam indo muito devagar. Precisava, de algum jeito, estabelecer linhas de comunicação entre as personalidades e a personalidade original, o Billy nuclear. Mas primeiro precisava romper a barreira e alcançar Billy, que ele não via desde aquele domingo em que a dra. Wilbur convenceu Ragen a deixar que ele aparecesse.

Ocorreu ao dr. George que talvez fosse eficiente confrontar a personalidade original e os alter egos com gravações de suas falas e comportamentos. Dividiu essa ideia com Allen e lhe explicou como era importante que as personalidades se comunicassem umas com as outras, e também com Billy. Allen concordou.

Mais tarde, Allen contou a Rosalie que estava muito empolgado com a gravação que fariam dele. Estava nervoso, mas o dr. George o tinha convencido de que ele aprenderia muito sobre si mesmo.

O dr. George realizou a primeira sessão, gravada no dia 1º de maio. Dorothy Turner estava presente porque sabia que Billy ficava à vontade com ela e porque ele pretendia tentar trazer Adalana. Apesar de no começo ter resistido a trazer novas pessoas, ele percebeu que era necessário para entender a importância daquele aspecto feminino na personalidade de Milligan.

Repetiu várias vezes como seria útil se Adalana aparecesse e falasse com eles. Finalmente, depois de mudar várias vezes, a expressão no rosto de Milligan se tornou suave e lacrimosa. A voz era engasgada e anasalada. O rosto ficou quase feminino. Os olhos vagavam.

— Dói falar — disse Adalana.

O dr. George tentou esconder a empolgação com a mudança. Queria que Adalana aparecesse; ele a esperava. Mas, quando enfim aconteceu, foi uma surpresa.

— Por que dói? — perguntou ele.

— Por causa dos garotos. Eu arrumei problema pra eles.

— O que você fez?

Dorothy Turner, que tinha conhecido Adalana na prisão na noite anterior à transferência, ficou sentada em silêncio, observando.

— Eles não entendem o que é amor — disse Adalana. — O que quer dizer ser abraçada e cuidada. Eu roubei esse tempo. Senti o álcool e os comprimidos do Ragen. Ah, dói falar sobre isso...

— Eu sei, mas nós precisamos falar sobre isso — disse o dr. George. — Para nos ajudar a entender.

— Fui eu. É um pouco tarde pra pedir desculpas, né? Estraguei a vida dos garotos... Mas eles não entendem...

— Não entendem o quê? — perguntou Turner.

— O que é amor. O que é a necessidade de amar. De ser abraçada por alguém. De se sentir aquecida e cuidada. Não sei o que me deu pra fazer aquilo.

— Durante aquele momento — perguntou Turner —, você se sentiu aquecida e cuidada?

Adalana fez uma pausa e sussurrou:

— Só por alguns momentos... eu roubei aquele tempo. O Arthur não me colocou na frente. Desejei que o Ragen saísse de lá...

Ela olhou em volta, chorosa.

— Não gosto de passar por isso. Não posso ir ao tribunal. Não quero dizer nada pro Ragen... Eu quero sair da vida dos garotos. Não quero me meter mais com eles... Me sinto tão culpada... Por que eu fiz aquilo?

— Quando você começou a ir para a frente? — perguntou o dr. George.

— No verão eu comecei a roubar tempo. E quando os garotos estavam na solitária em Lebanon. Eu roubei um pouco de tempo pra escrever poemas. Eu adoro escrever poemas... — Ela chorou. — O que vão fazer com os garotos?

— Nós não sabemos — disse o dr. George calmamente. — Estamos tentando entender o máximo possível.

— Só não faz muito mal a eles — disse Adalana.

— Quando esses incidentes ocorreram, em outubro, você sabia o que estava sendo planejado?

— Sabia. Eu sei de tudo. Sei de coisas que nem o Arthur sabe... Mas não pude impedir. Estava sentindo os efeitos dos comprimidos e do álcool. Não sei por que fiz aquilo. Eu estava tão solitária.

Ela fungou e pediu um lenço de papel.

O dr. George observou o rosto de Adalana com atenção enquanto a questionava com muita cautela, com medo de assustá-la e fazer com que ela fugisse.

— Você tem amigos com quem já sentiu... algum prazer? Pra lidar com um pouco da sua solidão?

— Eu nunca falo com ninguém. Nem mesmo com os garotos... Só falo com Christene.

— Você disse que foi no verão que ficou na frente por um tempo, e em Lebanon. Você ficou na frente antes dessa época?

— Não na frente. Mas estava lá. Eu estou lá há muito tempo.

— Quando o Chalmer...

— É! — disse ela com rispidez. — Não fala sobre ele!

— Você fala com a mãe do Billy?

— Não! Ela não conseguiu falar nem com os garotos.

— E com a irmã do Billy, Kathy?

— É, eu falei com a Kathy. Mas ela não sabia, eu acho. Nós fomos fazer compras juntas.

— E com o irmão do Billy, James?

— Não... Eu nem gosto dele.

Ela secou os olhos e se encostou, olhando para a câmera, sobressaltada, fungando. Em seguida, ficou em silêncio por muito tempo e o dr. George soube que Adalana tinha ido embora. Ele viu a expressão vidrada e esperou para ver quem iria para a frente.

— Seria muito útil — disse ele de forma gentil e persuasiva — se nós pudéssemos falar com o Billy.

O rosto mudou para uma expressão sobressaltada e assustada quando Billy olhou em volta rapidamente para entender onde estava. O dr. George reconheceu a expressão que tinha visto na Prisão do Condado de Franklin no dia em que a dra. Wilbur chamou Billy, a personalidade original.

O dr. George falou com delicadeza, com medo de ele desaparecer antes de poder fazer contato. Os joelhos de Billy balançaram com nervosismo, os olhos se deslocando com medo.

— Você sabe onde está? — perguntou o dr. George.

— Não? — Ele deu de ombros e falou como se estivesse respondendo a uma pergunta de sim ou não em uma prova da escola e não tivesse certeza se sua resposta estava certa.

— Aqui é um hospital e eu sou o seu médico.

— Meu Deus, ele vai me matar se eu falar com um médico.

— Quem vai?

Billy olhou ao redor e viu a câmera apontada para ele.

— O que é aquilo?

— É para gravar a sessão. É uma filmadora, e nós achamos que ajudaria ter uma gravação desta sessão, para você poder ver o que estava acontecendo.

Mas ele sumiu.

— Aquela coisa assustou o Billy — disse Tommy com repulsa.

— Eu expliquei que era uma filmadora e...

Tommy deu uma risadinha debochada.

— Ele provavelmente não sabia o que você estava dizendo.

Quando a sessão terminou e Tommy tinha voltado para o Chalé Wakefield, o dr. George ficou sozinho durante um longo tempo no consultório, pensativo. Sabia o que teria de dizer ao tribunal. William S. Milligan não era insano, no sentido tradicional de ser psicótico (pois dissociação era considerada uma neurose). Por isso, sua avaliação médica era a de que, como Milligan era tão afastado da realidade que não conseguia conformar sua conduta às exigências da lei, não era responsável por aqueles crimes.

O que lhe restava era continuar tratando aquele paciente e, de alguma forma, torná-lo capaz de ser julgado.

Mas, com menos de seis semanas restando dos três meses oferecidos pelo tribunal, como curar uma doença que psicanalistas como Cornelia Wilbur, em seu trabalho com Sybil, tinham levado mais de dez anos para realizar?

Na manhã seguinte, Arthur decidiu que era importante compartilhar com Ragen o que descobrira sobre Adalana durante as sessões gravadas do dr. George. Ele andou para lá e para cá no quarto de cuidados especiais e falou em voz alta com Ragen:

— O mistério dos estupros foi solucionado. Eu sei quem foi.

A voz dele mudou rapidamente para a de Ragen.

— Como sabe?

— Eu descobri fatos novos e juntei as informações.

— Quem foi?

— Como você foi culpado por crimes que não cometeu, acho que tem o direito de saber.

A conversa prosseguiu com trocas velozes, às vezes em voz alta, às vezes na mente, como um discurso sem som.

— Ragen, você se lembra de, às vezes, no passado, ter ouvido vozes femininas?

— Lembro, ouvi Christene. E... sim, outras mulher.

— Bom, quando você foi roubar, nas três vezes em outubro, uma das nossas mulheres se envolveu.

— Como assim?

— Tem uma jovem que você não conhece, chamada Adalana.

— Nunca ouvi falar.

— Ela é uma pessoa muito doce e gentil. É ela que sempre cozinha e limpa para nós. Fez os arranjos de flores quando Allen conseguiu o emprego na floricultura. Só nunca tinha me ocorrido que...

— O que ela teve a ver? Ela pegou dinheiro?

— Não, Ragen. Foi ela quem estuprou as suas vítimas.

— *Ela* estuprou garotas? Arthur, como *ela* estupra garotas?

— Ragen, você já ouviu falar de lésbicas?

— Tudo bem, como lésbica estupra garotas?

— Bom, foi por isso que acusaram você. Quando um dos homens está na frente, alguns têm a habilidade física de fazer sexo, apesar de nós dois sabermos que estabeleci a regra do celibato. Ela usou seu corpo.

— Quer dizer que fui culpado esse tempo todo por estupro que essa filha da puta fez?

— É, mas eu quero que você fale com ela e a deixe explicar.

— Então conversa de estupro é por causa disso? Eu mato ela.

— Ragen, seja razoável.

— "Razoável"?

— Adalana, eu quero que você conheça Ragen. Como Ragen é nosso protetor, ele tem o direito de saber o que aconteceu. Você vai ter de se explicar e justificar suas ações para ele.

Uma voz suave e delicada ecoou em sua mente, como se saída da escuridão. Foi como uma alucinação ou uma voz de sonho.

— Ragen, desculpa pela confusão...

— "Desculpa"! — rosnou Ragen, andando de um lado para o outro. — Piranha imunda. Por que saiu por aí pegando mulheres? Você entende o que fez todos nós passar?

Ele se virou rapidamente, saiu da frente e de repente a sala foi tomada pelo som de uma mulher chorando.

O rosto da enfermeira Helen Yaeger apareceu na janelinha.

— Posso te ajudar, Billy?

— Vai se ferrar, minha senhora! Deixa a gente em paz! — disse Arthur.

Yaeger foi embora, chateada por Arthur ter sido ríspido com ela. Quando ela foi embora, Adalana tentou se explicar:

— Você precisa entender, Ragen, minhas necessidades são diferentes das do resto de vocês.

— Por que diabos sexo com mulher? Você mulher.

— Vocês homens não entendem. Pelo menos as crianças sabem o que é amor, o que é compaixão, o que quer dizer passar os braços em volta de alguém e dizer "eu te amo, eu me preocupo com você, eu tenho sentimentos por você".

— Tenho que interromper — disse Arthur —, mas sempre achei que o amor físico é ilógico e anacrônico, considerando os avanços mais recentes na ciência...

— Você é louco! Vocês dois são! — A voz de Adalana ficou suave de novo. — Se pudessem sentir como é ser abraçada e cuidada, vocês entenderiam.

— Olha, piranha! — disse Ragen com rispidez. — Não ligo pra quem ou o que é você. Se falar com outra pessoa nesta unidade, qualquer pessoa, eu cuidar pra que você morra.

— Um momento. *Você* não toma essas decisões em Harding. Aqui, eu sou dominante. Você me escuta — disse Arthur.

— Você permitir que ela se safe dessa merda?

— De jeito nenhum. Eu vou resolver. Mas não é você que vai dizer para ela que não pode mais ir para a frente. Você não tem voz. Você foi idiota a ponto de permitir que ela roubasse aquele tempo de você. Você não teve controle suficiente. Sua vodca e maconha e anfetaminas idiotas te deixaram tão vulnerável que você colocou a vida do Billy e de todo mundo em perigo. É, Adalana fez aquilo. Mas a responsabilidade foi sua, porque você é o protetor. Quando ficou vulnerável, colocou não só a si mesmo, mas todo mundo em perigo.

Ragen começou a falar, mas recuou. Ao ver a planta no parapeito da janela, ele moveu o braço e a derrubou no chão.

— Dito isso — continuou Arthur —, concordo que Adalana vai ser classificada como "indesejável" de agora em diante. Adalana, você nunca mais vai assumir a frente. Não vai mais pegar tempo.

Ela foi para o canto, de frente para a parede, e chorou até sair da frente.

Houve um longo silêncio, e David apareceu e limpou as lágrimas dos olhos. Ao ver a planta no vaso quebrado no chão, ele a observou, sabendo que estava morrendo. Doeu vê-la caída ali, com as raízes expostas. Ele a sentia murchando.

A enfermeira Yaeger voltou para a porta com uma bandeja de comida.

— Tem certeza de que não posso te ajudar?

David se encolheu.

— Você vai me botar na prisão por ter assassinado a planta?

Ela deixou a bandeja na mesa e colocou uma mão tranquilizadora no ombro dele.

— Não, Billy. Ninguém vai colocar você na prisão. Nós vamos cuidar de você e te fazer ficar melhor.

O dr. George tirou um tempo da agenda cheia para ir à reunião da Associação Psiquiátrica Americana em Atlanta na segunda-feira, dia 8 de maio. Ele tinha visto Milligan na sexta-feira anterior e arranjado para que começasse a terapia intensiva enquanto estivesse fora junto com a diretora de psicologia, dr. Marlene Kocan.

Marlene Kocan, que era nova-iorquina, estava entre as pessoas do Hospital Harding que desde o começo haviam duvidado do diagnóstico de múltipla personalidade, embora nunca tivesse expressado isso abertamente. Uma tarde, quando estava falando com Allen no consultório, a enfermeira Donna Egar a cumprimentou:

— Oi, Marlene. Como vai?

Allen se virou na mesma hora e falou:

— Marlene é o nome da namorada do Tommy.

Naquele momento, ao ver como o comentário foi feito de forma espontânea, sem tempo para reflexão, a dra. Kocan concluiu que ele não estava fingindo.

— Também é meu primeiro nome — disse Kocan. — Você disse que ela é namorada do Tommy?

— Bom, ela não sabe que é o Tommy. Ela chama todos nós de Billy. Mas foi Tommy quem deu pra ela uma aliança de noivado. Ela nunca soube o segredo.

A dra. Kocan disse, pensativa:

— Vai ser um choque quando ela descobrir.

Na reunião da APA, o dr. Harding atualizou a dra. Cornelia Wilbur sobre o processo de Milligan. Disse que agora acreditava integralmente que Milligan tinha múltipla personalidade. Descreveu a recusa de Milligan em reconhecer os outros nomes em público e os problemas que isso estava causando.

— Ele usou isso na terapia de grupo do dr. Pugliese e causou problemas com os outros pacientes. Quando pedem que compartilhe os problemas *dele*, ele só diz "meu médico me mandou não falar a respeito". Você pode imaginar o efeito disso e da tendência dele de bancar o terapeuta júnior. Ele foi retirado do grupo.

— Você precisa entender — disse Wilbur — como as outras personalidades se sentem ao não serem reconhecidas. Claro, estão acostumadas a responder ao nome original, mas, quando o segredo é revelado, elas se sentem indesejadas.

O dr. George considerou isso e perguntou a Wilbur o que ela achava sobre a tentativa de tratar Milligan no curto prazo que restava.

— Você deveria pedir ao tribunal pelo menos mais noventa dias — respondeu ela. — E aí tentar fundi-lo, para que ele possa ajudar os advogados e ser julgado.

— O estado de Ohio vai enviar um psiquiatra forense para dar uma olhada nele daqui a aproximadamente duas semanas, no dia 26 de maio. Estava pensando se você consideraria ir ao hospital para uma consulta. Seu apoio seria útil para mim.

Wilbur aceitou.

Apesar de a reunião da APA estar marcada para continuar até sexta, o dr. George foi embora de Atlanta na quarta. Ele convocou uma reunião de equipe em Wakefield no dia seguinte e falou que, depois de discutir o caso com a dra. Wilbur, decidiu que não reconhecer as personalidades alternadas era contraterapêutico.

— Achávamos que ignorar as diferentes personalidades talvez as integrasse, mas na verdade isso só fez com que permanecessem ocultas. Temos de continuar a ressaltar a necessidade de responsabilidade e compromisso, mas também evitar reprimi-las.

Ele observou que, para que houvesse esperança de conseguir a integração para que Milligan pudesse ser julgado, todas as personalidades teriam de ser reconhecidas e encaradas como indivíduos.

Rosalie Drake se sentiu aliviada. Em segredo, sempre respondera a eles, principalmente Danny. Seria bem mais fácil agora para todo mundo que tudo ficasse aberto em vez de fingir que não existia só por causa dos poucos que ainda não acreditavam.

Donna Egar sorriu quando anotou o novo plano na folha de objetivos da enfermagem no dia 12 de maio de 1978:

O sr. Milligan terá liberdade para se referir às outras personalidades, para que possa discutir sentimentos que costuma ter dificuldade de expressar. A evidência será sua discussão franca com a equipe.

Plano: (A) Não negar que ele vivencie essas dissociações.

(B) Quando ele acreditar que é outra personalidade, esclarecer seus sentimentos naquela situação.

4

Quando o minigrupo começou a trabalhar no jardim em meados de maio, Rosalie Drake e Nick Cicco descobriram que Danny morria de medo do cortador de grama elétrico. Eles bolaram um programa de "descondicionamento", dizendo a Danny para chegar cada vez mais perto da máquina.

Quando Nick lhe disse que qualquer dia perderia o medo e até poderia manipular a máquina, Danny quase desmaiou.

Vários dias depois, um dos outros pacientes do sexo masculino de Rosalie se recusou a cooperar no projeto de jardinagem. Allen tinha reparado que, de tempos em tempos, o homem parecia gostar de implicar com ela.

— Isso é burrice — gritou o paciente. — Está na cara que vocês não sabem nada sobre jardinagem.

— Bem, tudo que a gente pode fazer é tentar — disse Rosalie.

— Você é só uma vadia burra do caralho — respondeu o paciente. — Não sabe nadinha sobre jardinagem, assim como não sabe sobre terapia em grupo.

Allen a viu quase chorando, mas não disse nada. Deixou Danny aparecer por um tempo para trabalhar com Nick. Depois, no quarto, Allen começou a ir para a frente, mas se sentiu puxado para trás e jogado na parede. Era uma coisa que só Ragen era capaz de fazer, e só perto do momento da troca.

— Meus Deus, pra que isso? — sussurrou Allen.

— No jardim, hoje de manhã, você permite que bocudo ofende dama.

— Bom, não tem nada a ver comigo.

— Você conhece regras. Ninguém fica olhando mulher ou criança ser machucada ou ofendida sem fazer alguma coisa.

— Ok, por que *você* não fez alguma coisa?

— Eu não estava na frente. Era responsabilidade sua. Lembra disso, senão da próxima vez que estiver indo pra frente, eu quebra sua cabeça.

No dia seguinte, quando o paciente agressivo insultou Rosalie de novo, Allen o segurou pela gola e olhou para ele com expressão furiosa.

— Olha essa boca maldita!

Ele esperava que o homem não começasse nada. Allen decidiu que deixaria que Ragen brigasse caso acontecesse. Isso era certo.

Rosalie Drake percebeu que quase sempre tinha que defender Milligan contra as pessoas no hospital que diziam que ele não passava de um golpista que queria escapar de uma sentença de prisão e contra aqueles que ficavam ofendidos pelas exigências de Allen por privilégios especiais, jogando uma pessoa da equipe contra a outra, pela arrogância de Arthur e pela atitude antissocial de Tommy. Ela ficou furiosa quando ouviu pessoas da enfermagem reclamarem que o paciente de estimação do dr. George estava tomando tempo demais do hospital e gozando de benefícios. E se encolhia sempre que ouvia o comentário de desprezo: "Eles se preocupam mais com aquele estuprador do que com as vítimas". Quando se está tentando ajudar pessoas com transtornos mentais, insistia ela, era preciso deixar de lado sentimentos de vingança e lidar com o indivíduo.

Uma manhã, Rosalie viu Billy Milligan sentado do lado de fora do Chalé Wakefield, movendo os lábios, falando sozinho. Uma mudança aconteceu. Ele olhou para a frente, sobressaltado, balançou a cabeça e tocou na bochecha.

Ele reparou em uma borboleta, esticou a mão e a pegou. Quando espiou entre as mãos em concha, deu um pulo e ficou de pé com um grito. Abriu as mãos e as moveu para cima, como se quisesse ajudar a borboleta a levantar voo de novo. Ela caiu no chão e ficou. Ele a observou com angústia.

Rosalie se aproximou e se virou, com um medo óbvio e lágrimas nos olhos. Teve a sensação, sem saber por quê, de que se tratava de alguém diferente dos outros que já tinha conhecido.

Ele pegou a borboleta.

— Não voa mais.

Ela abriu um sorriso caloroso e se perguntou se deveria correr o risco de chamá-lo pelo nome certo. Finalmente, sussurrou:

— Oi, Billy. Eu estava há muito tempo esperando pra conhecer você.

Sentou-se ao lado dele nos degraus enquanto Billy abraçava os joelhos e olhava assombrado a grama e as árvores e o céu.

Alguns dias depois, no minigrupo, Arthur permitiu que Billy fosse para a frente de novo e trabalhasse com argila. Nick o encorajou a fazer o modelo de uma cabeça, e Billy trabalhou nisso por quase uma hora, enrolando a argila em uma bola, acrescentando pedaços nos olhos e nariz e colocando duas pedrinhas nas íris.

— Eu fiz uma cabeça — disse ele com orgulho.

— Ficou muito bom — disse Nick. — Quem é?

— Tem que ser alguém?

— Não, eu só achei que poderia ser.

Quando Billy afastou o olhar, Allen ocupou a frente e olhou para a cabeça de argila com repulsa; era só uma bolha cinza com bolinhas de argila grudadas nela. Ele pegou a ferramenta de modelagem para mudar a forma. Ele a transformaria em um busto de Abraham Lincoln ou talvez do dr. George; mostraria a Nick o que era uma escultura de verdade.

Quando ele se moveu na direção do rosto, a ferramenta escorregou, afundou em seu braço e tirou sangue.

Allen ficou boquiaberto. Sabia que não tinha sido tão estabanado. De repente, sentiu que estava sendo jogado contra a parede. Droga. Ragen de novo.

— O que eu fiz agora? — sussurrou ele.

A resposta ecoou na cabeça dele.

— Você *nunca* toca em trabalho do Billy.

— Droga, eu só ia...

— Você ia se exibir. Mostrar que é artista talentoso. Mas agora é mais importante Billy fazer terapia.

Naquela noite, sozinho no quarto, Allen reclamou com Arthur que estava de saco cheio de ser intimidado por Ragen.

— Se é tão chato com tudo, ele ou um dos outros que cuide.

— Você anda bem argumentativo — disse Arthur. — Criando discórdia. Por sua causa, o dr. Pugliese tirou a gente da terapia de grupo. Sua manipulação constante criou hostilidade em muitos funcionários de Wakefield.

— Então deixa outra pessoa lidar com as coisas. Coloca alguém que não fale muito. Billy e as crianças precisam de tratamento. Eles que lidem com essas pessoas.

— Eu ando planejando deixar Billy ir para a frente com mais frequência — disse Arthur. — Depois que conhecer o dr. George, vai chegar a hora de conhecer o restante de nós.

5

Quando Milligan entrou na sala de entrevistas na quarta-feira, dia 24 de maio, o dr. George reparou na expressão assustada e quase desesperada em seus olhos, como se fosse fugir ou ter um colapso a qualquer momento. Ele olhou para o chão e o dr. George sentiu que havia um fio tênue o segurando no aqui e agora. Eles ficaram em silêncio por um tempo, os joelhos de Billy sacudindo nervosamente, então o dr. George disse com suavidade:

— Talvez possa me contar um pouquinho sobre como você se sente ao vir aqui falar comigo hoje de manhã.

— Não sei nada sobre isso — disse Billy, a voz anasalada e choramingando.

— Você não sabia que íamos nos encontrar? Quando veio para a frente?

Billy pareceu confuso.

— Vir para a frente?

— Quando ficou sabendo que você e eu conversaríamos?

— Quando aquele cara veio e me disse pra vir com ele.

— O que achou que ia acontecer?

— Ele me disse que eu ia ver um médico. Eu não sabia por quê. — Os joelhos dele se sacudiam de forma incontrolável.

A conversa seguiu aos poucos, com silêncios agonizantes, enquanto o dr. George trabalhava para estabelecer uma conexão com o que ele tinha certeza ser o núcleo, Billy. Como um pescador mexendo na vara com delicadeza para puxar a linha, sem deixar que arrebente, ele sussurrou:

— Como você está se sentindo?

— Bem, eu acho.

— Que tipos de problema você tem tido?

— Eu... eu faço coisas e não lembro... vou dormir... e as pessoas me mandam fazer coisas.

— Que tipo de coisas dizem que você faz?

— Coisas ruins... de crimes e tal.

— Coisas que você pensou em fazer? A maioria de nós pensa em fazer coisas bem diferentes em momentos diferentes.

— Cada vez que acordo, alguém diz que fiz alguma coisa ruim.

— O que você pensa quando dizem que você fez alguma coisa ruim?

— Eu só quero morrer... porque não quero fazer mal pra ninguém.

Ele estava tremendo tanto que o dr. George mudou de assunto rapidamente.

— Você estava me contando sobre dormir. O quanto você dorme?

— Ah, não parece ser muito tempo, mas é. Eu fico ouvindo coisas... alguém tentando falar comigo.

— O que estão tentando dizer?

— Eu não consigo entender.

— Porque são sussurros? Ou é truncado? Ou indistinto e você não consegue entender as palavras?

— É muito baixo... e parece que vem de outro lugar.

— Como se viesse de outro aposento ou alguém de outro país?

— É. Como alguém de outro país.

— Algum país em particular?

Depois de uma longa pausa enquanto procurava na memória, ele falou:

— Parecem as pessoas do James Bond. E o outro parece russo. São as pessoas que a moça me disse que estavam dentro de mim?

— Pode ser — sussurrou o dr. George, quase inaudível, preocupado ao ver a expressão de alarme surgir no rosto de Billy.

A voz de Billy se ergueu, gritando:

— *O que eles estão fazendo aqui dentro?*

— O que estão dizendo para você? Isso pode nos ajudar a entender. Estão dando instruções ou orientação ou conselhos?

— Parece que ficam dizendo "escuta o que ele diz, escuta o que ele diz".

— Estão se referindo a quem? A mim?

— Acho que sim.

— Quando eu não estou com você, quando você está sozinho, consegue ouvir essas pessoas falando com você também?

Billy suspirou.

— É como se eles estivessem falando *sobre* mim. Com outras pessoas.

— Eles agem como se precisassem proteger você? Falam sobre você com outras pessoas, mas como se precisassem amparar alguém?

— Eu acho que eles me fazem dormir.

— Quando fazem você dormir?

— Quando fico chateado demais.

— Acha que isso acontece quando você não consegue lidar com a chateação? Porque esse é um dos motivos para as pessoas irem dormir, para fugir do que as está chateando. Acha que é como se você estivesse ficando forte agora para eles não precisarem ser tão protetores com você?

— Quem são *eles*? — gritou Billy, a voz subindo em alarme de novo. — Quem *são* essas pessoas? Por que elas não me deixam ficar acordado?

O dr. George percebeu que tinha que tomar outra direção.

— Quais são as coisas que você considera mais difíceis de lidar?

— Alguém me machucar.

— Isso assustaria você?

— Me faria ir dormir.

— Mas você poderia ser machucado mesmo assim — insistiu o dr. George. — Apesar de não saber.

Billy colocou as mãos nos joelhos trêmulos.

— Mas, se eu for dormir, não me machuco.

— E aí, o que acontece?

— Sei lá... Toda vez que acordo, não estou machucado. — Depois de um longo silêncio, ele ergueu o olhar de novo. — Ninguém disse por que essas pessoas estão aqui.

— As que andam falando com você?

— É.

— Talvez seja por causa do que acabou de dizer, você não sabia como se proteger do perigo, então outro lado seu conseguiu pensar em um jeito de proteger, para você não se machucar.

— Outro lado meu?

O dr. George sorriu e assentiu, esperando uma resposta. A voz de Billy tremeu.

— Como é que eu não conheço esse outro lado?

— Porque deve haver algum grande medo dentro de você que o impede de tomar as atitudes necessárias para se proteger. Por algum motivo, é assustador demais para você fazer isso. E assim precisa dormir, para que esse outro lado seu tome as medidas corretivas.

Billy pareceu considerar aquilo e ergueu o olhar, como se lutando para entender.

— Por que eu sou assim?

— Deve ter acontecido coisas que o assustaram terrivelmente quando você era criança.

Depois de um longo silêncio, Billy soluçou.

— Eu não quero pensar nessas coisas. Elas doem.

— Mas você estava me perguntando por que teve que dormir quando se viu em situações nas quais tinha medo de se machucar.

Billy olhou em volta e, com voz engasgada, falou:

— Como eu vim parar neste hospital?

— A sra. Turner, a dra. Karolin e a dra. Wilbur acharam que talvez, se você viesse para o hospital, não precisasse ir dormir. Que poderia aprender a lidar com problemas e experiências assustadoras.

— Vocês conseguem fazer isso? — perguntou Billy, aos soluços.

— Nós gostaríamos de tentar ajudar você a fazer isso. Você quer que a gente tente?

A voz de Billy se ergueu de novo:

— *Você quer dizer que vai tirar essas pessoas de dentro de mim?*

O dr. George se segurou. Precisava tomar cuidado para não prometer demais.

— Gostaríamos de ajudar você para que não precise ir dormir. Para que esses seus lados possam ajudar você a se tornar uma pessoa forte e saudável.

— Eu não vou mais ouvir essas pessoas? E elas não vão poder me botar pra dormir?

O dr. George escolheu as palavras com cuidado.

— Se você ficar bem forte, não vai haver necessidade de colocarem você para dormir.

— Achei que ninguém poderia ajudar. Eu... eu não sabia... Sempre que eu me virava, eu acordava... Eu estava trancado em um quarto... de novo na caixa... — Ele engasgou, os olhos para lá e para cá, com pavor.

— Isso deve ser muito assustador — disse o dr. George, tentando tranquilizá-lo. — Terrivelmente assustador.

— *Eu sempre era colocado em uma caixa* — disse Billy, a voz se erguendo. — Ele sabe que eu estou aqui?

— Quem?

— Meu pai.

— Eu não tive contato com ele. Não sei se ele sabe que você está aqui.

— Eu... eu não posso contar as coisas. Se ele soubesse que você esteve falando comigo, ele... ah!... ele me mataria... e me enterraria no celeiro...

A expressão dolorosa no rosto de Billy foi terrível de ver, enquanto ele se encolhia e olhava para baixo. A linha tinha arrebentado. O dr. George sabia que o tinha perdido.

A voz de Allen soou tranquila.

— O Billy está dormindo. O Arthur nem o colocou pra dormir. Ele só foi dormir porque começou a lembrar de novo.

— Falar comigo sobre aquelas coisas foi difícil demais, não é?

— Sobre o que vocês estavam falando?

— Sobre o Chalmer.

— Ah, isso... — Ele olhou para a câmera. — Pra que essa máquina de filmar?

— Eu falei para o Billy que gostaria de gravar um vídeo. Expliquei tudo. Ele disse que tudo bem. O que fez você vir para cá agora?

— Arthur me disse pra vir pra frente. Acho que você estava assustando Billy com tantas lembranças. Ele estava se sentindo preso aqui.

O dr. George começou a explicar o que ele e Billy tinham conversado e de repente teve uma ideia.

— Me diz uma coisa, seria possível eu conversar com você e o Arthur ao mesmo tempo aqui? Nós três falando sobre o que acabou de acontecer?

— Bem, eu posso perguntar ao Arthur.

— Eu quero perguntar a você e também quero saber a opinião do Arthur... se vocês acham que o Billy está mais forte agora, sem tendências suicidas, e pudesse talvez lidar com mais coisas...

— Ele não é suicida.

A voz saiu com sotaque leve, claro e de classe alta britânico, e o dr. George soube que Arthur tinha decidido aparecer e falar por si mesmo. Ele não via Arthur desde o exame com a dra. Wilbur e os outros naquela manhã de domingo na prisão. Tentando manter a compostura e não demonstrar surpresa, continuou a conversa:

— Mas ele ainda precisa ser tratado com tanta delicadeza? Ainda está vulnerável?

— Está — disse Arthur, unindo a ponta dos dedos. — Ele se assusta com facilidade. Está muito paranoico.

O dr. George observou que não tinha intenção de falar sobre Chalmer àquela altura, mas que lhe pareceu que Billy precisava falar sobre o assunto.

— Você tocou em uma memória do passado — disse Arthur, escolhendo as palavras com cuidado — e essa foi a primeira coisa que surgiu na mente dele. O medo comum triunfou, e foi mais do que suficiente para fazê-lo dormir. Não havia nada que eu pudesse fazer para controlar. Deixei que acordasse antes de ele...

— Você está ciente de tudo que ele diz quando está acordado?

— Parcialmente e nem sempre. Nem sempre sei exatamente no que ele está pensando. Mas, quando está pensando, consigo sentir medo. Por algum motivo, ele não consegue ouvir o que digo com muita clareza. Mas parece que sabe que há ocasiões em que o colocamos para dormir, e que ele *pode* ir dormir sozinho.

O dr. George e Arthur revisaram o passado de algumas das personalidades alternadas, mas quando Arthur começou a relembrar algumas coisas, ele parou de repente, inclinou a cabeça e encerrou a conversa.

— Tem alguém à porta — disse ele, e sumiu.

Era o psicotécnico Jeff Janata, que tinha avisado que voltaria às 11h45.

Arthur deixou Tommy voltar com Jeff para o Chalé Wakefield.

No dia seguinte, dois dias antes da visita da dra. Wilbur, o dr. George soube pelo tremor dos joelhos que era o Billy original que tinha ido para a terapia de novo. Billy agora sabia de Arthur e Ragen, e queria saber quem eles eram.

Como contar?, perguntou-se Harding. Ele teve uma visão horrível de Billy se matando quando descobrisse a verdade. O paciente de um colega em Baltimore tinha se enforcado na prisão depois de descobrir que tinha múltipla personalidade. O dr. George respirou fundo e falou:

— Aquela voz que parece um filme de James Bond é Arthur. Arthur é um dos seus nomes.

Os joelhos pararam de tremer. Billy arregalou os olhos.

— Uma parte de você é Arthur. Você gostaria de conhecê-lo?

Billy começou a tremer, os joelhos se movendo de forma tão violenta que ele reparou e esticou as mãos para segurá-los.

— Não. Me faz querer dormir.

— Billy, eu acho que se tentasse muito, você poderia ficar acordado quando Arthur vier falar. Conseguiria ouvir o que ele diz e aí entenderia qual é o seu problema.

— Isso é assustador.

— Você confia em mim?

Billy assentiu.

— Tudo bem então. Enquanto você estiver sentado aqui, Arthur vai vir para a frente falar comigo. Você não vai dormir. Vai ouvir tudo que ele disser e se lembrar. Assim como alguns dos outros fazem. Você vai ficar lá atrás, mas permanecer consciente.

— O que é "vir para frente"? Você disse isso da última vez, mas não me explicou o que é.

— É a explicação de Arthur sobre o que acontece quando uma das suas pessoas interiores vem para a realidade e assume o comando. É como um grande holofote, e quem entra nele fica com a consciência. Só fecha os olhos e você vai ver.

Harding prendeu a respiração quando Billy fechou os olhos.

— Eu estou vendo! É como se eu estivesse em um palco escuro e o holofote estivesse apontado pra mim.

— Tudo bem, Billy. Se você puder chegar para trás, saindo da luz, sei que Arthur vai vir falar com a gente.

— Eu estou fora da luz — disse Billy, e seus joelhos pararam de tremer.

— Arthur, Billy precisa falar com você. Desculpe incomodar e chamar você, mas é essencial para a terapia de Billy que ele saiba sobre você e os outros.

Harding sentiu as palmas das mãos ficarem úmidas. Os olhos do paciente se abriram e a expressão mudou da carranca de Billy para o olhar arrogante de pálpebras pesadas de Arthur. E saiu a voz que ele tinha ouvido no dia anterior: um discurso britânico seco de classe alta por uma mandíbula contraída, os lábios mal se movendo.

— William, este é Arthur. Quero que você saiba que aqui é um lugar seguro e que as pessoas aqui estão tentando ajudar você.

Na mesma hora, a expressão de Billy mudou, os olhos bem abertos. Ele olhou ao redor, sobressaltado, e perguntou:

— Por que eu não sabia sobre você?

Ele mudou para Arthur novamente.

— Eu avaliei que não faria bem até você estar pronto. Você tinha tendências suicidas. Tivemos de esperar até a hora certa antes de você saber o nosso segredo.

O dr. George observou e ouviu, assombrado, mas satisfeito quando Arthur falou com Billy por quase dez minutos, contando sobre Ragen e as outras oito pessoas e explicando que o trabalho do dr. George era unir todas as mentes em uma para que ele ficasse inteiro de novo.

— Você pode fazer isso? — perguntou Billy, virando-se para o dr. George.

— Nós chamamos de integração, Billy. Vamos fazer aos poucos. Primeiro, Allen e Tommy, porque eles têm muito em comum. Depois, Danny e David, ambos precisam de muita terapia. Depois, vamos integrar os outros, um a um, até você estar inteiro de novo.

— Por que você tem de integrar todos comigo? Não pode se livrar deles?

O dr. George uniu a ponta dos dedos.

— Outros terapeutas tentaram isso em condições como a sua, Billy. E não parece funcionar. A melhor opção é unir todos esses aspectos da sua vida, primeiro se comunicando uns com os outros, depois lembrando tudo que cada um está fazendo, livrando-se da amnésia. Nós chamamos isso de consciência compartilhada. Por fim, você trabalha para unir as diferentes identidades. Isso é a integração.

— Quando você vai fazer isso?

— A dra. Wilbur vem ver você depois de amanhã, vamos fazer uma apresentação e então discutiremos seu caso com a maior parte da equipe do hospital que trabalha com você. Vamos mostrar as fitas de vídeo para ajudar alguns funcionários que nunca tiveram experiência com essa condição psiquiátrica. Eles precisam entender você melhor para que possam ajudar.

Billy assentiu. Seus olhos se arregalaram quando sua atenção se voltou para dentro. Ele assentiu várias vezes e olhou para o dr. George, impressionado.

— O que foi, Billy?

— Arthur me pediu pra dizer que quer aprovar quem vai poder me ver na reunião.

6

O Hospital Harding estava vibrando de empolgação. A dra. Cornelia Wilbur dera uma palestra na instituição em 1955, mas agora era algo diferente. Eles tinham um paciente notório, o primeiro caso de múltipla personalidade a ser observado 24 horas por dia em um hospital psiquiátrico. A equipe ainda estava dividida em relação ao diagnóstico, mas todo mundo queria estar naquela sala para ouvir a dra. Wilbur falar sobre Billy Milligan.

Embora a equipe de Wakefield tivesse sido levada a acreditar que dez ou quinze pessoas estariam presentes, a sala no porão do prédio da administração estava lotada com quase cem pessoas. Médicos e administradores levaram suas esposas; funcionários de outras áreas do hospital, que não tinham nada a ver com o tratamento de Milligan, lotaram o fundo da sala — sentaram-se no chão, ocuparam as paredes e ficaram no lounge próximo.

O dr. George mostrou à plateia as filmagens recentes de si mesmo e de Dorothy Turner trabalhando com diferentes personalidades. Arthur e Ragen despertaram interesse, considerando que ninguém da equipe fora de Wakefield os tinha visto. Adalana, que ninguém além de Dorothy Turner tinha conhecido, provocou certo assombro e deboche. Mas quando o Billy original surgiu no monitor houve um silêncio arrebatador. E quando ele gritou "Quem são essas pessoas? Por que elas não me deixam ficar acordado?", Rosalie Drake, entre outros, precisou segurar as lágrimas.

Terminada a exibição, a dra. Wilbur levou Billy para uma sala e o entrevistou brevemente. Ela falou com Arthur, Ragen, Danny e David. Eles responderam a perguntas, mas Rosalie viu como estavam aborrecidos. Quando a sessão acabou, Rosalie percebeu pelo barulho das conversas que todos da equipe de Wakefield estavam aborrecidos. As enfermeiras Adrienne McCann e Laura Fisher reclamaram que mais uma vez estavam fazendo Milligan se sentir especial e ganhando outra chance de estar sob os holofotes. Rosalie, Nick Cicco e Donna Egar ficaram bem zangados de Billy ter sido colocado em exibição.

Depois da visita da dra. Wilbur, a estratégia de terapia mudou de novo, e o dr. George se concentrou em integrar as personalidades.

Marlene Kocan marcou sessões regulares, e as identidades começaram a relembrar suas memórias de abuso e tortura, trabalhando nelas e aliviando a angústia que levou à grande dissociação aos 8 anos.

A dra. Kocan discordava do plano de integração. Ela disse que sabia que tinha sido o método da dra. Wilbur com Sybil, e que em outras circunstâncias poderia ser a coisa certa. Mas eles tinham que considerar o que aconteceria se Ragen fosse integrado aos outros e Milligan fosse mandado para a prisão. Em um ambiente hostil, ele não teria como se defender e, com sua única defesa removida, poderia ser morto.

— Ele já sobreviveu na prisão — disse alguém.

— Já, mas Ragen estava por perto para protegê-lo. Se ele for estuprado de novo por um homem hostil, e você sabe que isso é comum na prisão, ele provavelmente cometerá suicídio.

— É nosso trabalho fazer a integração dele — disse Harding. — Fomos encarregados disso pelo tribunal.

O Billy original foi encorajado a ouvir e responder às outras identidades, a reconhecer sua existência e conhecê-las. Por constante sugestão, Billy pôde assumir a frente por mais tempo. A integração aconteceria em estágios. As pessoas que eram similares ou tinham características compatíveis seriam integradas primeiro, em pares, e depois os resultados desses pareamentos seriam integrados, por sugestão intensiva, até todos serem integrados ao Billy original.

Como Allen e Tommy eram mais parecidos, seriam integrados primeiro. Horas de discussão e análise com o dr. George foram seguidas, relatou Allen, por mais horas ainda de discussão interna com Arthur e Ragen. Allen e Tommy trabalharam arduamente com o dr. George na integração, mas foi difícil porque Tommy tinha medos que Allen não tinha. Allen amava beisebol, por exemplo, mas Tommy tinha medo de jogar porque uma vez, quando era pequeno e jogava na segunda base, cometeu erros e levou uma surra por isso. O dr. George sugeriu que Nick Cicco, Allen e as outras identidades ajudassem Tommy, falando com ele sobre seus medos e o encorajassem a jogar beisebol. A terapia artística continuaria, incluindo pintura a óleo.

Os mais novos, disse Allen, foram incapazes de entender o conceito de integração até Arthur explicar usando uma analogia: ele comparou com um suco em pó, uma coisa que as crianças conheciam, e explicou que o pó é feito de cristais individuais, cada grão separado, mas, quando se acrescentava água, eles se dissolviam. Se a mistura ficasse parada, a água evaporaria, deixando uma massa sólida. Nada tinha sido acrescentado nem perdido. Só mudado.

— Todo mundo entendeu agora — disse Allen. — A integração é como preparar o suco.

A enfermeira Nan Graves registrou no dia 5 de junho: "O sr. Milligan declarou que se integrou por uma hora como 'Tommy' e 'Allen' e que foi 'esquisito'".

Donna Egar relatou que Milligan disse que estava preocupado com a integração porque não queria deixar que nenhum dos outros morresse nem que os talentos ou qualidades ficassem enfraquecidos. "Estamos trabalhando nisso", garantiu Allen.

No dia seguinte, Gary Schweickart e Judy Stevenson fizeram uma visita e tinham boas notícias. O tribunal aprovou uma extensão da observação e do tratamento de Billy no Hospital Harding, dando a ele pelo menos mais três meses para completar a integração.

Na noite de quarta-feira, dia 14 de junho, no prédio de música, Rosalie Drake viu e ouviu Tommy tocar bateria. Ela sabia que só Allen tinha tocado antes. No estado integrado, ele não era tão bom quanto Allen sozinho.

— Fico com a sensação de que estou roubando o talento do Allen — disse para Rosalie.

— Você ainda é Tommy?

— Sou uma combinação e não tenho nome agora. Isso me incomoda.

— Mas você responde quando as pessoas te chamam de Billy.

— Eu sempre fiz isso — disse ele, tocando um riff lento na bateria.

— Algum motivo pra você não poder continuar fazendo isso?

Ele deu de ombros.

— Acho que seria menos complicado pra todo mundo. Tudo bem. — Ele tocou mais um pouco. — Pode continuar me chamando de Billy.

A integração não aconteceu de uma vez. Em momentos diferentes, com durações diferentes, sete das personalidades alternadas — todas menos Arthur, Ragen e Billy — se fundiram em uma. Para evitar confusão, Arthur deu um nome novo à integração: "Kenny". Mas o nome não pegou e todo mundo voltou a chamá-lo de Billy.

À noite, outro paciente levou para a enfermeira Yaeger um bilhete que tinha encontrado no cesto de lixo de Milligan. Era bem parecido com um bilhete suicida. Ele foi colocado na mesma hora em precauções especiais. No restante da semana, a enfermeira Yaeger relatou que, embora ficasse se integrando e desintegrando, parecia ficar integrado por períodos cada vez mais longos. Em 14 de julho, permaneceu integrado na maior parte do dia e parecia em paz.

Com o passar dos dias, as integrações parciais continuaram a se manter na maior parte do tempo, mas havia períodos breves em que ele apagava, sem conseguir controlar a berlinda.

Judy e Gary visitaram o cliente de novo no hospital no dia 28 de agosto e observaram que o relatório do dr. George para o juiz teria que ser entregue em três semanas. Se o dr. George decidisse que ele estava integrado e capaz, dependeria do juiz Flowers marcar uma data para o julgamento.

— A gente deveria discutir estratégias de julgamento — disse Arthur. — Queremos mudar nossa declaração. Ragen está disposto a se declarar culpado e aceitar a punição pelos três roubos, mas não tem intenção de se declarar culpado pelos estupros.

— Mas quatro dos crimes nas dez acusações da denúncia incluem estupro.

— De acordo com a história de Adalana, cada uma das três mulheres cooperou — disse Arthur. — Nenhuma foi ferida. Todas tiveram a chance de fugir. E Adalana diz que deu a cada uma delas uma parte do dinheiro, para que tivessem vantagem quando recebessem o seguro do banco.

— Não é o que as mulheres dizem — disse Judy.

— Em quem você vai acreditar? — disse Arthur com deboche. — Nelas ou em mim?

— Nós poderíamos questionar se só uma delas tivesse rebatido a história de Adalana. Mas as três contradizem, e você sabe que as mulheres não se conheciam nem tiveram contato umas com as outras.

— Elas poderiam estar relutando em admitir a verdade mesmo assim.

— Como sabe o que realmente aconteceu? — perguntou Judy. — Você não estava lá.

— Mas Adalana estava — disse Arthur.

Nem Judy nem Gary aceitaram a ideia de que as vítimas tinham cooperado, mas perceberam que Arthur estava falando sobre as percepções de Adalana do que tinha acontecido.

— Nós podemos falar com ela? — perguntou Gary.

Arthur fez que não.

— Ela foi banida de vir para frente para sempre pelo que fez. Não pode haver exceções.

— Então vamos ter que manter a declaração inicial — disse Gary. — Inocente, e inocente por motivo de insanidade.

Arthur olhou para ele friamente e seus lábios mal se moveram.

— Você nunca vai declarar insanidade em meu nome.

— É nossa única esperança — disse Judy.

— Eu não sou insano — insistiu Arthur —, e isso encerra a discussão.

No dia seguinte, Judy e Gary receberam outro bilhete em papel pautado amarelo dizendo que William S. Milligan não desejava mais ser representado por eles; que ele pretendia cuidar da própria defesa.

— Ele nos demitiu de novo. O que você acha? — disse Gary.

— Eu acho que também nunca vi este bilhete — disse Judy, colocando o papel em uma pasta. — Papéis se perdem, são esquecidos. Com nosso excelente sistema de arquivamento, podem levar de seis a sete meses para encontrá-lo.

Nos dias que vieram em seguida, quatro outras cartas de dispensa dos advogados foram "perdidas". Como Judy e Gary se recusaram a responder às cartas, Arthur finalmente desistiu de tentar demiti-los.

— Nós podemos ganhar com alegação de insanidade? — perguntou Judy.

Gary acendeu o cachimbo e deu uma baforada.

— Se Karolin, Turner, Kocan, Harding e Wilbur testemunharem que Billy estava legalmente insano na ocasião dos crimes, sob as definições de Ohio, acho que a gente tem uma boa chance.

— Mas foi você quem me disse que ninguém com transtorno de personalidade múltipla já foi declarado inocente por motivo de insanidade por um crime grande.

— Bem, então — disse Gary, sorrindo no meio da barba — William Stanley Milligan vai ser o primeiro.

7

O dr. George Harding Jr. agora se viu lutando com sua consciência. Não havia dúvida em sua mente de que Billy agora estava integrado ou perto da integração — e provavelmente poderia ser integrado o suficiente para ser julgado. Isso não era problema. Enquanto o dr. George passava noites acordado no fim de agosto, repassando o material do relatório para o juiz Flowers, ele se perguntou se era moralmente certo usar o diagnóstico de múltipla personalidade como defesa contra aqueles crimes.

Estava profundamente preocupado com a questão da responsabilidade criminal. Perturbava-o que suas palavras pudessem ser mal interpretadas e levassem ao descrédito do diagnóstico de múltipla personalidade para outros pacientes com essa síndrome, para a profissão e para o depoimento psiquiátrico. Se o juiz Flowers aceitasse a avaliação de que aquele transtorno dissociativo, classificado até então como neurose, era motivo para declarar inocente um paciente por razão de insanidade, ele sabia que abriria um precedente legal em Ohio e, talvez, no país.

O dr. George acreditava que Billy Milligan não tinha tido controle sobre suas ações naqueles três dias fatídicos de outubro. Era seu trabalho descobrir mais e se aventurar em novas áreas. Era sua responsabilidade entender o caso, e entender Billy, de uma forma que fosse útil para a sociedade ao lidar com problemas similares. Novamente telefonou para outros profissionais em busca de conselho e orientação, conversou com sua equipe e, em 12 de setembro de 1978, sentou-se e escreveu o relatório de nove páginas para o juiz Flowers, no qual descreveu o histórico médico, social e psiquiátrico de Billy Milligan.

"O paciente relata", escreveu ele, "que a mãe e o filho foram sujeitados a abuso físico e que ele sofreu abuso sádico e sexual, inclusive penetração anal da parte do sr. Milligan. De acordo com o paciente, isso ocorreu quando ele tinha 8 ou 9 anos, ao longo de um ano, geralmente em uma fazenda em que ficava sozinho com o padrasto. Ele indica que tinha medo de o padrasto matá-lo, de tal maneira que o ameaçava dizendo que 'o enterraria no celeiro e contaria para a mãe que ele tinha fugido'."

Ao analisar a psicodinâmica do caso, Harding observou que o suicídio do pai biológico de Milligan o tinha privado de envolvimento e atenção paternas e o deixado com "um sentimento de poder irracional e culpa sufocante que levou à ansiedade, ao conflito e à formulação de fantasia crescente". Portanto, ele era "vulnerável à exploração pelo padrasto Chalmer Milligan, que se aproveitava de sua necessidade de proximidade e afeto para satisfazer suas próprias frustrações por meio de exploração sexual e sádica...".

Como o jovem Milligan se identificava com a mãe, quando ela era surrada pelo marido, ele "vivenciava seu terror e sua dor...". Também levava a uma "espécie de ansiedade de separação que o deixou em um mundo instável de fantasia, com todas as características imprevisíveis e ininteligíveis de um sonho. Tudo isso, além de humilhações do padrasto, abusos sádicos e exploração sexual, levou a dissociações recorrentes...".

O dr. George Harding concluiu: "É minha opinião, agora, que o paciente está apto a enfrentar julgamento depois de conseguir uma integração das múltiplas personalidades [...] E também é minha opinião que o paciente é mentalmente doente. Como resultado do transtorno mental, ele não foi responsável pela conduta criminosa na época em que ocorreu, na metade final de outubro de 1977".

No dia 19 de setembro, Judy Stevenson entrou com uma petição para alterar a declaração do réu para "inocente, e inocente por motivo de insanidade".

8

Até aquele ponto no caso de Milligan, o diagnóstico de múltipla personalidade não tinha sido levado a público. Era conhecido só por quem o tratava, bem como pelo juiz e promotores. Os defensores públicos continuaram insistindo que o diagnóstico ficasse em segredo, pois seria difícil tratá-lo e levar o caso a julgamento se virasse assunto da imprensa.

Bernie Yavitch concordou, sentindo que estava dentro de sua ética como promotor não revelar o que estava acontecendo com o suspeito, pois não houve depoimento em tribunal sobre isso.

Contudo, na manhã do dia 27 de setembro, o *Columbus Citizen-Journal* divulgou a história com manchetes em letras garrafais:

PERSONALIDADES "INTEGRADAS" PARA JULGAMENTO
10 PESSOAS "EXISTEM" NO SUSPEITO DE ESTUPRO

Quando a notícia sobre o jornal matinal se espalhou pelo Hospital Harding, a equipe encorajou Billy a conversar a respeito com os outros pacientes antes que soubessem da história por fontes externas. Ele contou ao minigrupo que tinha sido acusado daqueles crimes, mas não sabia se os tinha cometido, pois estava desintegrado na ocasião.

O noticiário noturno da televisão apresentou a história, e Billy foi para o quarto aos prantos.

Alguns dias depois, Billy fez uma pintura de uma linda jovem com olhar torturado, e a enfermeira Nan Graves relatou que ele tinha afirmado ser Adalana.

Gary Schweickart visitou Milligan no dia 3 de outubro, dirigindo o carro com porta-malas grande para poder levar alguns dos quadros de Billy. Judy Stevenson, de férias com o marido na Itália, não estaria na audiência de capacidade, mas voltaria a tempo do julgamento, explicou ele. Gary e Billy caminharam e conversaram, enquanto o advogado tentava preparar Billy para ser transferido para a Prisão do Condado de Franklin a fim de esperar a audiência de capacidade — e para a possibilidade de eles perderem o caso.

O dr. George tinha certeza de que Billy estava integrado. Percebia isso pela falta de episódios observáveis de dissociação e também pelo modo como Billy parecia ter assumido as características das personalidades separadas. No começo, ele via parte de uma e parte de outra, mas aos poucos houve uma mescla, uma homogeneização. A equipe também tinha reparado. Todos os aspectos das diferentes personalidades eram agora vistos em uma: Billy Milligan. O dr. George disse que seu paciente estava pronto.

No dia 4 de outubro, dois dias antes de estar marcado para Billy voltar à Prisão do Condado de Franklin, Harry Franken do *Citizen-Journal* publicou um segundo e alentado artigo sobre Milligan. Conseguira uma cópia do relatório de Harding por meio de fonte anônima e foi procurar Gary e Judy em busca de comentários, dizendo que ia publicar a história. Os dois informaram ao juiz Flowers, que decidiu que o artigo também deveria ser publicado no *Columbus Dispatch*. Os defensores públicos aceitaram comentar sobre o relatório, pois, de qualquer forma, já tinha vazado. Eles permitiram que os fotógrafos tirassem fotos dos quadros que Gary trouxera do hospital: Moisés prestes a quebrar a tabuleta contendo os Dez Mandamentos; um músico judeu tocando uma corneta; uma paisagem; e o retrato de Adalana.

Os artigos de jornal chatearam Billy, e ele estava deprimido durante a sessão final com a dra. Kocan. Temia o que os outros prisioneiros poderiam fazer com ele agora que a notícia de que tinha uma personalidade lésbica havia se espalhado.

Ele disse para a dra. Kocan:

— Se me considerarem culpado e me mandarem pra Lebanon, sei que vou morrer.

— E aí Chalmer vai ter vencido — respondeu ela.

— Tudo bem, mas o que eu faço, então? Tem um monte de ódio dentro de mim. Não sei lidar com isso.

Apesar de raramente dar conselhos ou instruções e preferir o método indireto de permitir que o paciente liderasse o caminho, ela sabia que não havia tempo para esse tipo de terapia.

— Você pode fazer uso positivo do ódio — sugeriu ela. — Você sofreu abuso na infância. Poderia derrotar essas lembranças horríveis e o homem que você diz que os cometeu dedicando sua vida à luta contra o abuso infantil. Vivo, é possível trabalhar por uma causa e vencer. Se morrer, o homem que abusou de você ganha e você perde.

Mais tarde, conversando com Donna Egar no quarto, Billy enfiou a mão embaixo da cama e tirou a navalha que Tommy tinha prendido na ripa do estrado quase sete meses antes.

— Aqui — disse ele, entregando-a a ela. — Não preciso mais disso. Eu quero viver.

Havia lágrimas nos olhos de Donna quando ela o abraçou.

Ele contou para Rosalie:

— Eu não quero ir ao minigrupo. Tenho que me preparar pra ficar sozinho. Preciso me fortalecer. Nada de despedidas.

Mas o minigrupo fez cartões de despedida para ele e, quando Rosalie os levou, ele se permitiu chorar. Ele disse:

— Pela primeira vez na vida, acho que estou tendo uma reação humana normal, o que costumava ouvir as pessoas chamarem de "emoções confusas". Nunca consegui ter isso antes.

A sexta-feira, 6 de outubro, dia em que seria levado, era folga de Rosalie, mas ela foi para o hospital para estar com Billy. Sabia que encontraria sobrancelhas erguidas e comentários sarcásticos de alguns funcionários de Wakefield, mas não se importava. Ela entrou na sala de recreação e o viu, usando o terno de três peças, andando de um lado para o outro, aparentemente calmo e controlado.

Ela e Donna Egar foram com ele até o prédio da administração, onde um agente do xerife, de óculos escuros, esperava na recepção.

Quando o agente apanhou as algemas, Rosalie entrou na frente de Billy e exigiu saber se era realmente necessário algemá-lo como um animal.

— Sim, senhora. É a lei — disse o homem.

— Ora, pelo amor de Deus — gritou Donna. — Quando foi trazido para cá, ele foi escoltado por duas mulheres, e agora você vai bancar o policial durão e botar algemas nele?

— É assim que tem que ser, moça. Desculpa.

Billy esticou os pulsos e a algema se fechou. Rosalie o viu fazer uma careta. Ele entrou no carro e elas andaram ao lado enquanto o veículo seguia pelo caminho curvo até a ponte de pedra. Acenaram para ele, em despedida, voltaram para a unidade e choraram muito, por muito tempo.

CAPÍTULO 4

1

Quando Bernie Yavitch e Terry Sherman leram o relatório do dr. Harding, concordaram que era um dos exames mentais mais detalhados que já tinham visto. Todas as coisas que eles, como promotores, tinham sido treinados para atacar no depoimento de psiquiatras, todas as posições às quais normalmente poderiam protestar, eram inabaláveis no relatório de Harding. Não tinha sido um check-up de três ou quatro horas. Tinha sido um estudo hospitalar de mais de sete meses. E não era só a opinião de Harding, mas incluía consultas com muitos outros psicólogos e psiquiatras.

No dia 6 de outubro de 1978, o juiz Flowers decidiu, depois de fazer uma breve audiência de capacidade, e com base no relatório de Harding, que Milligan agora era capaz de ser julgado. Marcou a data para 4 de dezembro.

Schweickart disse que isso era satisfatório, desde que o julgamento fosse conduzido pela lei que existia na época dos crimes. (A lei de Ohio mudaria no dia 1º de novembro e colocaria o ônus da prova de insanidade no réu, não o ônus da prova de sanidade na promotoria.)

Yavitch discordou. O juiz Flowers disse:

— Vou colocar essa petição em autos conclusos. Sei de petições similares em que alterações foram feitas, especificamente o novo código criminal, por exemplo. Sei que, na maioria das instâncias, mantiveram, quase sem exceção, que o réu tem direito ao melhor dos atos de uma forma ou de outra. Mas desconheço decisão ou casos de tribunal nesse sentido.

Saindo do tribunal, Schweickart disse para Yavitch e Sherman que pretendia renunciar ao direito de julgamento por júri em nome do cliente e que pediria ao juiz Flowers para ouvir o caso.

Quando Schweickart se afastou, Yavitch disse:

— Lá se vai nosso caso.

— Não tão certeiro quanto parecia no começo — disse Sherman.

Posteriormente, o juiz Flowers afirmou que os promotores, ao concordarem em aceitar o relatório do dr. Harding, mas sem concordarem que Milligan era insano, tinham "jogado a batata quente pra mim".

De volta à Prisão do Condado de Franklin, Gary e Judy mais uma vez notaram que Billy tinha ficado deprimido e estava passando a maior parte do tempo emburrado, desenhando. A publicidade crescente o estava incomodando. Com o passar dos dias, ele foi passando mais e mais tempo dormindo, se afastando do ambiente frio e estéril.

— Por que eu não posso ficar em Harding até o julgamento? — perguntou Gary para Judy.

— Não é possível. Nós tivemos sorte de o tribunal ter te dado os sete meses lá. Aguenta firme. O julgamento é em menos de dois meses — respondeu Judy.

— Você precisa ser forte. Tenho a sensação de que, se você for julgado, será considerado inocente. Se desmoronar e não puder ser julgado, vão mandar você para Lima — disse Gary.

Mas, em uma tarde, um dos guardas viu Milligan deitado na cama, desenhando com um lápis. Olhou pela grade e viu o desenho: uma boneca de pano com uma corda no pescoço, enforcada na frente de um espelho quebrado.

— Ei, por que você está desenhando isso, Milligan?

— Porque eu com raiva — disse o sotaque eslavo forte. — Está na hora de alguém morrer.

O guarda, ao ouvir o sotaque, apertou rapidamente o botão de alarme. Ragen só o observou, achando graça.

— Chega pra trás aí, quem quer que você seja. Deixa o desenho na cama e encosta na parede — disse o guarda.

Ragen obedeceu. Ele viu os outros guardas agora se reunindo em torno das grades da cela. Destrancaram a porta, entraram com pressa, pegaram o desenho e fecharam a porta novamente.

— Meu Deus, que desenho doentio — disse um dos guardas.

— Liga para o advogado dele. Ele se dividiu de novo — disse alguém.

Gary e Judy chegaram e foram recebidos por Arthur, que explicou que Billy nunca tinha ficado totalmente integrado.

— Mas ele está suficientemente integrado para ser julgado — garantiu Arthur. — Billy agora entende a natureza das acusações e pode cooperar em defesa própria. Mas Ragen e eu nos separamos. Como vocês podem ver, aqui é um lugar hostil e Ragen é dominante. Mas, se Billy não for levado daqui para um hospital, não posso garantir que ele fique ao menos parcialmente integrado.

O xerife do condado de Franklin, Harry Berkemer, disse a um repórter do *Columbus Dispatch* que seus agentes testemunharam um feito extraordinário de força e resistência quando Milligan assumira a personalidade de Ragen. Ele tinha sido levado para a área de recreação dos prisioneiros e escolheu socar um saco grande.

— Ele bateu com força por dezenove minutos e meio direto — disse Berkemer. — Um homem mediano não consegue bater por mais de três minutos direto sem ficar exausto. Ele bateu com tanta força que chegamos a achar que talvez tivesse quebrado um braço. Nós até o levamos ao médico pra que fosse examinado.

Mas Ragen não tinha se machucado.

No dia 24 de outubro, o juiz Flowers ordenou de novo que o Centro de Saúde Mental da Comunidade de Southwest examinasse Milligan e submetesse um relatório sobre sua capacidade de ser julgado. O dr. George Harding Jr. poderia, caso quisesse, cuidar do réu. O juiz também ordenou que Milligan fosse imediatamente transferido da prisão para o Hospital Psiquiátrico Central de Ohio.

No dia 15 de novembro, Marion J. Koloski, diretora do Programa de Assistência Judicial do Centro Psiquiátrico Forense de Southwest, relatou que, quando a dra. Stella Karolin e Dorothy Turner o viram pela última vez, acharam Milligan capaz de enfrentar o julgamento e ajudar seus advogados em sua defesa, mas acrescentou:

— A condição mental dele é vista como muito frágil e é possível que a qualquer momento possa haver uma desintegração da atual personalidade integrada para as personalidades dissociadas que foram evidenciadas previamente.

No dia 29 de novembro, o *Dayton Daily News* e o *Columbus Dispatch* publicaram as negações de Chalmer Milligan sobre o relatório amplamente divulgado de que ele tinha abusado sexualmente do enteado. O seguinte artigo da Associated Press saiu no *Columbus Dispatch*:

PADRASTO DIZ QUE NÃO ABUSOU

DO JOVEM MILLIGAN

Chalmers [*sic*] Milligan diz que ficou "muito abalado" com os relatos publicados de que abusou física e sexualmente do enteado William S. Milligan, cujos médicos alegam ter dez personalidades.

"Ninguém falou comigo", reclama Milligan, que garante que as alegações de abuso do enteado são "completamente falsas...".

De acordo com um relatório assinado pelo dr. George T. Harding, o psiquiatra também concluiu que Milligan exibia comportamento de múltipla personalidade e que apresentava personalidades que não sabiam das ações das outras. Elas culpavam sua condição, em parte, pelo abuso que sofreu quando criança [...]

Chalmer Milligan diz que vem enfrentando dificuldades desde que os relatórios foram publicados.

"Sempre há um monte de mal-entendido. É muito perturbador", disse ele.

O padrasto disse que estava particularmente incomodado por relatos publicados que não atribuíam a alegação de abuso a William ou aos psiquiatras.

"Tudo tem a ver com o garoto", disse Milligan. "Tudo que [as publicações] estão fazendo é repetir o que eles [os psiquiatras e o jovem Milligan] disseram", acrescentou.

Ele não quis dizer se planejava alguma ação legal relacionada às acusações de abuso.

Sentindo-se cada vez mais confiantes de que Billy seria considerado inocente por motivo de insanidade, Judy e Gary perceberam que havia mais um obstáculo. Até aquele momento, todos os veredictos similares resultaram no réu sendo enviado para Lima. Mas, em três dias, no dia 1º de dezembro, uma nova lei de Ohio relacionada a pacientes com doenças mentais passaria a valer e exigiria que uma pessoa declarada inocente por motivo de insanidade fosse tratada como um paciente com transtorno mental, não como criminoso. A nova lei exigiria que ele fosse enviado para o ambiente menos restritivo, consistente com sua própria segurança e a dos outros, e sua internação em uma instituição psiquiátrica estadual entraria sob a jurisdição da vara de sucessão.

Como a data do julgamento estava marcada para 4 de dezembro e Billy seria o primeiro a passar pela nova lei de Ohio, havia uma boa chance de que, posteriormente, a vara de sucessão o enviasse para um lugar que não fosse Lima se a defesa pudesse demonstrar uma alternativa para que ele recebesse tratamento adequado.

O Hospital Harding estava fora de questão por causa dos gastos. Teria que ser um hospital estadual em que houvesse alguém que conhecesse e pudesse tratar múltipla personalidade.

A dra. Cornelia Wilbur mencionou que, em um hospital estadual para doentes mentais a menos de 120 quilômetros de Columbus, havia um médico que tinha tratado vários casos de múltipla personalidade, e era reconhecidamente habilidoso no ramo. Ela recomendou o dr. David Caul, diretor médico do Centro de Saúde Mental Athens, em Athens, Ohio.

A promotoria solicitou uma reunião pré-julgamento com o juiz de sucessão Richard B. Metcalf para que esclarecesse procedimentos sob a nova lei de Ohio. O juiz Jay Flowers concordou e marcou uma reunião. Mas Judy e Gary sabiam que a reunião iria bem além disso. O juiz Flowers se juntaria à reunião para decidir quais provas seriam admitidas na segunda-feira por acordo e para onde Billy Milligan seria enviado para tratamento no caso de ser declarado inocente por motivo de insanidade.

Gary e Judy decidiram que era importante saber se o dr. Caul aceitaria Billy como paciente no Centro de Saúde Mental Athens. Apesar de Judy já ter ouvido o nome de Caul antes e de ter escrito para ele em julho buscando informações sobre múltipla personalidade, ela não mencionara o nome de Billy. Agora, ligou para perguntar a ele se aceitaria Billy Milligan como paciente e se poderia ir a Columbus na sexta-feira para a reunião.

Caul respondeu que teria de verificar com a superintendente do hospital, Sue Foster, que discutiria tudo com seus superiores no Departamento Estadual de Saúde Mental. Disse ainda que consideraria aceitar Milligan como paciente e aceitou ir até Columbus.

No dia 1º de dezembro, Judy esperou o dr. Caul com impaciência. O saguão em frente à sala do juiz Metcalf estava ficando ocupado com as outras pessoas que tinham se envolvido no caso, incluindo o dr. George Harding, a dra. Stella Karolin, Dorothy Turner e Bernie Yavitch. Logo depois das 10h, viu a recepcionista apontando para ela enquanto falava com um homenzinho gordo de meia-idade. O rosto de pele escura e flácida estava emoldurado pelo cabelo grisalho. Os olhos intensos e penetrantes eram os de uma águia.

Ela o apresentou a Gary e aos outros e o levou para a sala do juiz Metcalf.

O dr. David Caul se acomodou na segunda fila e ouviu os advogados discutirem como a nova lei se aplicava ao caso de Milligan. Pouco tempo depois, o juiz Flowers entrou na sala e, junto com o juiz Metcalf, resumiu o caso e os procedimentos até aquele ponto. Bernie Yavitch falou sobre as informações profissionais reunidas e concordou que seria difícil refutar as provas relacionadas à condição de Milligan na época dos crimes. Não impugnaria os relatórios de Southwest e Harding. Gary observou que não era intenção da defesa impugnar as provas da promotoria e que Milligan realmente havia cometido os crimes.

David Caul percebeu que todos estavam falando sobre o que aconteceria no julgamento na segunda-feira. Era a impressão dele que aquela era uma reunião de mentes sobre o cenário daquele julgamento. Gary e Judy concordaram que os nomes das vítimas fossem apagados do registro. O que faltava era determinar o que aconteceria com Billy se o juiz Flowers o declarasse inocente por motivo de insanidade.

Gary se levantou e disse:

— Nós temos o dr. Caul aqui, de Athens. Ele tem experiência no tratamento de pacientes com múltipla personalidade no Centro de Saúde Mental Athens, uma instituição estadual, e foi muito bem recomendado tanto pelo dr. Ralph Alisson, da Califórnia, quanto pela dra. Cornelia Wilbur, do Kentucky, especialistas renomados nessa área da psiquiatria.

Caul viu todos os olhos voltados de repente para ele. O juiz Flowers perguntou:

— Dr. Caul, você o aceitaria para tratamento?

De repente, algo disparou seu alarme instintivo. Concluiu que todas aquelas pessoas estavam passando uma batata quente para ele e que era melhor esclarecer sua posição.

— Sim, eu o aceito. Mas, se ele for para Athens, quero tratá-lo da mesma maneira que tratei outras pessoas com múltipla personalidade, em um ambiente aberto e o mais terapêutico que nós temos. — Ele olhou para os outros que o estavam observando e novamente para Flowers e Metcalf, e disse, com ênfase: — E se eu não puder fazer assim, não o envie.

Quando olhou ao redor, viu todas as cabeças assentirem.

Ao dirigir de volta para Athens, o dr. Caul refletiu sobre o que tinha visto e ouvido na reunião e percebeu que quase todo mundo, até o promotor Yavitch, acreditava que Milligan tinha múltipla personalidade. Ele sabia que, se o julgamento fosse parecido com a reunião, Milligan estava prestes a se tornar a primeira pessoa com múltipla personalidade acusada de crimes graves a ser declarada inocente por motivo de insanidade. Percebeu que a reunião a que tinha acabado de assistir tinha sido um presságio do evento histórico legal e psiquiátrico que aconteceria na segunda-feira naquele tribunal.

2

Quando acordou no dia 4 de dezembro, na manhã em que o levariam do Hospital Psiquiátrico de Columbus Ohio de volta para a Prisão do Condado de Franklin e se olhou no espelho, Billy Milligan levou um susto: seu bigode tinha sumido. *Mas ele não se lembrava de ter raspado* e se perguntou quem tinha feito aquilo. O bigode tinha sido raspado entre o primeiro e o segundo estupro, e ele deixou crescer de volta. Agora, tinha perdido tempo de novo. Estava com a mesma sensação estranha dos últimos dias em Harding e na Prisão do Condado de Franklin: de que, de alguma forma, Ragen e Arthur tinham se separado e não podiam ou não queriam se integrar até terem certeza de que ele não seria enviado para a prisão. Bem, estava parcialmente integrado, o suficiente para enfrentar o julgamento final

Continuaria a atender pelo nome Billy, apesar de saber que não era o Billy original nem o Billy completamente integrado. Era alguma coisa intermediária. Perguntou-se, enquanto andavam até a van da polícia, como seria se algum dia ficasse completamente integrado.

Ao entrar na van, em frente ao hospital, percebeu os policiais olhando para ele de forma estranha. A caminho do fórum, o veículo fez um desvio de oito quilômetros para fugir dos repórteres de TV e jornal que talvez o estivessem seguindo. Mas quando entrou na rua Front e foi para a entrada de veículos da Prisão do Condado de Franklin, uma jovem e um homem com uma câmera entraram logo antes que o portão externo se fechasse.

— Vamos lá, Milligan — disse o motorista ao abrir a porta.

— Eu não vou sair — disse Billy. — Não com aquela câmera e aquela repórter ali. Se vocês não me protegerem aqui na prisão, vou contar para os meus advogados assim que eu entrar.

O motorista se virou e os viu.

— Quem são vocês?

— Somos do jornal do Canal 4. Temos permissão para estar aqui.

O motorista olhou para Billy, que balançou a cabeça de forma desafiadora.

— Meus advogados me mandaram não chegar perto de nenhum repórter. Eu não vou sair.

— Ele não vai sair enquanto vocês estiverem aí — disse o policial para a repórter.

— Nós temos o direito... — disse a mulher.

— É uma violação dos meus direitos — gritou Billy da van.

— O que está acontecendo aqui? — gritou outro policial do outro lado do portão de segurança.

O motorista disse:

— Milligan se recusa a sair enquanto essas pessoas estiverem aqui.

— Olha só, pessoal — disse o sargento Willis —, infelizmente vocês vão ter que ir embora pra gente poder levar ele lá pra dentro.

O câmera e a repórter passaram pelo portão externo e a porta de aço se fechou. Billy então permitiu que Willis o levasse. Lá dentro, policiais de camisa preta do xerife se reuniram para ver Milligan ser levado para dentro. O sargento abriu caminho para Billy passar e o levou para o terceiro andar.

— Lembra de mim, filho?

Billy assentiu quando saíram do elevador.

— Você foi bem legal comigo.

— Bem, você nunca me deu trabalho. Só com as privadas. — Willis lhe entregou um cigarro. — Você é um cara bem famoso.

— Eu não me sinto famoso. Me sinto odiado.

— Bom, eu vi o Canal 4 lá na frente, e o Canal 10, a ABC, a NBC e a CBS. Tem mais câmeras e repórteres lá fora do que já vi em muitos julgamentos de homicídio.

Eles pararam em uma passagem gradeada para uma pequena antessala, que o levaria para o Complexo de Justiça do Condado de Franklin.

O guarda da recepção fez um sinal de cabeça para ele.

— Quase não reconheci você sem o bigode. — Ele apertou a campainha para chamar a sala de controle central e mandar que ficassem alertas e destrancassem o portão para Milligan.

A porta da passagem se abriu. O acompanhante do fórum o encostou na parede e o revistou com atenção.

— Tudo certo — disse o homem. — Pode ir andando na frente por essa passagem até o fórum.

Quando eles chegaram ao sétimo andar do Complexo de Justiça, Judy e Gary se juntaram a Billy. Eles repararam que seu bigode tinha sumido.

— Você fica melhor sem ele. Mais arrumadinho — disse Judy.

Billy levou o dedo ao lábio e Gary teve a leve impressão de que havia algo errado. Ele estava prestes a dizer alguma coisa quando um policial com um walkie-talkie e um fone no ouvido se aproximou, segurou Billy pelo braço e disse que o xerife havia pedido que Milligan fosse levado para o segundo andar.

— Espera um minuto, o julgamento é neste andar — disse Gary.

— Não sei o que está acontecendo, senhor, mas o xerife quer que ele seja levado lá pra baixo imediatamente — disse o policial.

— Espera aqui, eu vou com ele para ver o que está acontecendo — disse Gary para Judy.

Gary entrou no elevador com Billy e o policial. As portas se abriram no segundo andar e ele saiu. No mesmo instante ele viu do que se tratava. Um flash espocou. Era um fotógrafo e um repórter do *Columbus Dispatch*.

— O que está acontecendo? Eu tenho cara de idiota, por acaso? Não vou tolerar isso — gritou Gary.

O repórter explicou que eles queriam tirar umas fotos que não mostrassem as algemas e disse que o xerife havia concordado.

— Eu não quero saber dessa merda. Vocês não têm o direito de fazer isso com o meu cliente. — Gary virou Billy e o conduziu de volta ao elevador.

O policial os levou para cima e os direcionou para a sala de espera adjacente ao juízo de primeira instância.

Dorothy Turner e Stella Karolin entraram na salinha, abraçaram Billy e o acalmaram. Quando foram para o tribunal e Billy ficou sozinho com o policial, ele começou a tremer e agarrar as laterais da cadeira.

— Pronto, Milligan, pode entrar agora — disse o policial.

Gary reparou que, quando Billy foi levado lá para dentro, todos os artistas de retrato falado ficaram olhando para ele. Em seguida, um a um, pegaram as borrachas e começaram a apagar. Ele sorriu. Estavam apagando o bigode.

— Vossa Excelência — disse Gary Schweickart quando se aproximou do juiz —, a promotoria e a defesa concordam agora que não há necessidade de chamar testemunhas nem de colocar o sr. Milligan para depor. Os fatos do caso serão incluídos nos autos por acordo dos dois lados.

O juiz Flowers consultou suas anotações.

— O senhor não está contestando as acusações nem negando que seu cliente cometeu os crimes dos quais ele é acusado, exceto pela primeira acusação de agressão sexual.

— Isso mesmo, Vossa Excelência, mas nós o declaramos inocente por motivo de insanidade.

— Sr. Yavitch, o senhor planeja contestar as descobertas dos psiquiatras do Centro de Saúde Mental da Comunidade de Southwest e do Hospital Harding?

Yavitch se levantou.

— Não, Vossa Excelência. A promotoria concorda com as provas apresentadas pelo dr. Harding, pela dra. Turner, pela dra. Karolin e pela dra. Wilbur, que sustentam a condição mental do réu na ocasião em que os crimes foram cometidos.

Judy Stevenson leu o testemunho da defesa, tomado por depoimento, para os autos do juízo. Enquanto lia para a sala silenciosa, olhava para Billy de tempos em tempos e viu como seu rosto estava pálido. Ela esperava que a dor de ouvir tudo aquilo não arruinasse a integração.

A sra. Margaret Changett pôde testemunhar que viu a mãe de Billy em várias ocasiões depois de levar surras do sr. Milligan. Ela testemunhará que em certa ocasião Bill a chamou e disse que sua mãe tinha apanhado muito. A sra. Changett foi até a casa dos Milligan e encontrou a sra. Moore na cama. A sra. Moore, de acordo com a sra. Changett, estava na cama, tremendo e machucada. A sra. Changett disse que chamou um médico e um padre; ela ficou com a sra. Moore o dia todo.

Dorothy Moore, mãe do réu, se chamada, testemunhará que seu ex-marido, Chalmer Milligan, foi muito abusivo e costumava bater nela quando bebia. Ele trancava as crianças no quarto enquanto batia nela. Ela testemunhará que "Chalmer costumava ficar sexualmente excitado" depois das surras. A sra. Moore afirmou que o sr. Milligan tinha ciúmes de Bill e batia nele com frequência "para puni-lo". Certa vez, amarrou Bill a um arado e depois à porta do celeiro, para "mantê-lo na linha". A sra. Moore testemunhará que não estava ciente da severidade das surras e da sodomia administradas a Bill até que o crime atual veio à luz...

Gary viu Billy colocar as mãos sobre os olhos quando ouviu o testemunho.

— Tem um lenço de papel? — perguntou Billy.

Gary se virou e viu umas dez pessoas em volta dele pegando lenços de papel.

E a sra. Moore testemunhará que, em uma ocasião, o lado efeminado de Bill apareceu quando ele estava preparando o café da manhã para ela. Ela disse que Bill estava andando como uma garota e até falando de forma efeminada. A sra. Moore testemunhará que encontrou Bill na saída de incêndio de um prédio na área central de Lancaster, em um estado de "transe". Ele tinha saído da escola sem permissão e o diretor ligou para ela para informar. A sra. Moore disse que já encontrou o Bill em "transe" em numerosas ocasiões. Ela testemunhará que, quando saía do "transe", Bill não conseguia se lembrar de nada que tinha acontecido.

A sra. Moore também testemunhará que não fez nada em relação à sua situação marital com o sr. Milligan porque queria manter a família unida. Foi só após os filhos lhe darem um ultimato que ela se divorciou do sr. Milligan.

O relatório de Southwell por Caroline Turner foi lido para os autos. Em seguida, veio o depoimento do irmão de Billy, Jim:

Se James Milligan fosse chamado para testemunhar, ele declararia que, em muitas ocasiões, Chalmers [*sic*] Milligan levava James e Bill para a propriedade da família na qual havia um celeiro. Que ele, James, era enviado para o campo para caçar coelhos e Bill sempre recebia ordens de ficar com o padrasto Chalmers. Em todas essas ocasiões, quando ele, James, voltava para a área do celeiro, Bill estava chorando. Em muitas ocasiões, Bill disse para James que o padrasto o machucara. Sempre que Chalmers via Bill relatando esses incidentes para James, ele, Chalmers Milligan, dizia para Bill: Ora, não aconteceu nada no celeiro, né. Bill, que morria de medo do padrasto, dizia: Não. Chalmers depois declarava: Nós não queremos chatear sua mãe, não é. Ele então levava James e Bill para a sorveteria antes de ir para casa.

Ele também confirmaria todos os traumas de vida familiar dirigidos a Billy.

Às 12h30, o juiz Flowers perguntou se algum dos lados desejava fazer algum argumento de encerramento. Os dois lados abriram mão desse direito.

O juiz dispensou a primeira acusação de estupro, apontando para a falta de provas que a corroborassem e para a falta de *modus operandi* similar.

— Agora, seguindo para a defesa de insanidade — disse o juiz Flowers —, todas as provas são provas médicas acordadas e, a partir disso, sem dúvida, todos os médicos testemunham que, na ocasião dos atos em questão, o réu estava mentalmente doente. Logo, por virtude do transtorno mental, era incapaz de distinguir entre certo e errado, e também não tinha capacidade de se abster de cometer tais atos.

Gary prendeu o ar. Flowers continuou:

— Na falta de provas do contrário, este juízo não tem alternativa além de determinar, a partir das provas à minha frente, que, das acusações dois a dez, inclusive, o réu é inocente por motivo de insanidade.

O juiz Flowers colocou Billy Milligan sob autoridade da vara de sucessão do Condado de Franklin, bateu o martelo três vezes e suspendeu a sessão.

Judy teve vontade de chorar, mas se segurou. Ela apertou Billy e o puxou na direção da cela, para fugir da multidão. Dorothy Turner foi parabenizá-lo, assim como Stella Karolin e os outros, que Judy viu que estavam chorando.

Só Gary ficou afastado, encostado na parede, pensativo, os braços cruzados. Tinha sido uma longa batalha, com noites insones e um casamento em crise, mas agora estava quase acabando. Gary disse:

— Certo, Billy, temos que ir para a vara de sucessão antes do juiz Metcalf. Mas teremos que sair no saguão e passar pelo corredor polonês de repórteres e câmeras de televisão.

— A gente não pode ir pelos fundos?

Gary balançou a cabeça.

— Nós ganhamos. Não quero que você tenha uma relação ruim com a imprensa. Eles estão esperando há horas. Você vai ter que enfrentar as câmeras e responder a algumas perguntas. Nós não queremos que digam que saímos escondido pelos fundos.

Quando Gary levou Billy para o saguão, os repórteres e câmeras se reuniram e o filmaram enquanto o seguiam.

— Como você está se sentindo, sr. Milligan?

— Bem.

— Você está otimista agora que o julgamento acabou?

— Não.

— Como assim?

— Bom, ainda tem muita coisa pela frente — disse Billy.

— Quais são seus objetivos agora?

— Eu quero ser um cidadão de novo. Gostaria de aprender a viver de novo.

Gary o empurrou com uma leve pressão nas costas, e Billy andou. Eles subiram para a vara de sucessão no oitavo andar e para a sala do juiz Metcalf, mas ele tinha ido almoçar. Teriam de voltar às 13h.

Bernie Yavitch ligou para cada uma das vítimas, conforme prometera, e contou a elas o que tinha acontecido no tribunal.

— Com base nas provas e na lei, não há dúvida na minha mente de que o juiz Flowers tomou a decisão certa.

Terry Sherman concordou com ele.

Depois do almoço, o juiz Metcalf revisou as recomendações dos psiquiatras e internou Milligan no Centro de Saúde Mental Athens, sob cuidados do dr. David Caul.

Billy foi levado para a sala de reuniões de novo, onde Jan Ryan, do Canal 6, que estava trabalhando em um documentário sobre a vida de Billy para a Fundação Contra Abuso Sexual, fez algumas perguntas e filmou mais algumas coisas para o especial de televisão. Judy e Gary foram chamados para outro lugar e, antes que voltassem, o policial bateu à porta e disse a Billy que tinha que ir para Athens.

Billy ficou chateado por ir embora sem se despedir de Judy e Gary, mas o policial o algemou com força desnecessária e o levou até a van da polícia. Um segundo policial enfiou um recipiente com café quente na sua mão e bateu a porta.

Quando a van dobrou a esquina, um pouco do café quente derramou no terno novo e ele jogou o copo atrás do assento. Estava se sentindo mal, e a sensação só piorava.

Não tinha ideia de como seria o Centro de Saúde Mental Athens. Até onde sabia, podia muito bem ser uma prisão. Tinha que se lembrar de que o tormento estava longe de acabar, que muitas pessoas ainda o queriam atrás das grades. Sabia que Autoridade de Liberdade Condicional Adulta tinha notificado Gary de que, por causa das armas, estava em violação da condicional e, assim que estivesse curado, seria mandado de volta para a cadeia. Não o Lebanon, imaginava ele. Por causa do seu comportamento violento, provavelmente um inferno chamado Lucasville. Onde estava Arthur? E Ragen? Eles se juntariam à integração?

Eles dirigiram pela rodovia 33 coberta de neve, passando por Lancaster, onde ele tinha crescido, estudado e tentado se matar. Foi demais para suportar. Estava muito cansado e tinha que se afastar. Fechou os olhos e deixou que tudo se esvaísse...

Segundos depois, Danny olhou em volta e se perguntou para onde estava sendo levado. Ele estava com frio, e sozinho, e com medo.

CAPÍTULO 5

1

Estava quase escuro quando eles chegaram a Athens e saíram da rodovia. O hospital psiquiátrico era um complexo de prédios vitorianos em uma colina coberta de neve com vista para o campus da Universidade de Ohio. Atravessaram a avenida larga e entraram na estrada estreita e sinuosa. Nesse momento, Danny começou a tremer. Os dois policiais o tiraram da van e o acompanharam pelos degraus até a construção antiga de tijolos vermelhos com pilares brancos finos.

Levaram-no diretamente pelo antigo corredor de entrada até o elevador, e de lá para o terceiro andar. A porta do elevador se abriu e o policial disse:

— Você teve muita sorte, moço.

Danny foi ficando para trás, mas o policial o empurrou por uma porta de metal pesada na qual se lia ADMISSÕES E TRATAMENTO INTENSIVO.

Em vez de prisão ou hospital, a ala parecia um saguão comprido de um hotelzinho residencial, com tapetes, lustres, cortinas e poltronas de couro. As duas paredes eram cheias de portas. A estação da enfermagem parecia uma recepção.

— Meu Deus do céu! Um resort — disse o policial.

Uma senhora idosa corpulenta estava na entrada de uma sala à direita. Seu rosto largo e simpático era emoldurado por cachos pretos, como se ela tivesse acabado de pintar o cabelo e fazer permanente. Ela sorriu quando eles entraram na salinha de admissão e disse suavemente para o policial:

— Pode me dizer seu nome?

— Não sou eu que vou ser internado, dona.

— Estou recebendo um paciente de você. Preciso do seu nome para deixar registrado quem o trouxe.

O policial disse seu nome, contrariado. Danny ficou de lado, constrangido, alongando os dedos, que estavam dormentes por causa das algemas apertadas.

O dr. David Caul, que tinha visto o policial empurrar Milligan para dentro da sala, fez cara feia e disse com rispidez:

— Tira essas malditas algemas dele!

O policial pegou a chave com dificuldade e tirou as algemas. Danny massageou os pulsos e olhou para as marcas fundas na pele.

— O que vai acontecer comigo? — choramingou ele.

— Qual é o seu nome, meu jovem? — perguntou o dr. Caul.

— Danny.

O policial que tinha tirado as algemas riu e falou:

— Meu Deus do céu!

O dr. Caul deu um pulo e bateu a porta na cara dele. Não estava surpreso com a dissociação. O dr. Harding lhe dissera que a integração parecia bem frágil. Sua própria experiência com múltipla personalidade lhe ensinara que uma situação de estresse, como um julgamento, poderia causar a desintegração. Naquele momento, precisava ganhar a confiança de Danny. O médico continuou:

— Estou feliz de te conhecer, Danny. Quantos anos você tem?

— Tenho 14.

— Onde você nasceu?

Ele deu de ombros.

— Não lembro. Lancaster, eu acho.

Caul pensou por alguns minutos e, vendo como Milligan estava exausto, largou a caneta sobre a mesa.

— Acho que podemos deixar essas perguntas pra outra hora. Hoje quero que você descanse. Essa é a sra. Katherine Gillott, uma das nossas técnicas em saúde mental. Ela vai mostrar seu quarto, e você pode guardar sua mala e pendurar seu paletó.

Depois que o dr. Caul saiu, a sra. Gillott levou Danny pelo saguão até o primeiro quarto à esquerda. A porta estava aberta.

— Meu quarto? Isso não pode ser pra mim.

— Vamos lá, meu jovem — disse a sra. Gillott, entrando e abrindo a janela. — Você tem uma bela vista de Athens e da Universidade de Ohio. Está escuro agora, mas você vai ver de manhã. Fica à vontade.

Mas quando ela o deixou sozinho, ele ficou na cadeira do lado de fora do quarto, sentado, com medo de se mexer, até um dos outros técnicos de saúde mental começar a apagar as luzes do corredor.

Ele entrou no quarto e se sentou na cama, o corpo tremendo, com lágrimas nos olhos. Sabia que sempre que as pessoas eram legais, acabaria tendo que pagar. Sempre havia uma pegadinha.

Deitado na cama, ficou se perguntando o que aconteceria com ele. Tentou ficar acordado, mas o dia tinha sido longo e ele finalmente pegou no sono.

2

Na manhã do dia 5 de dezembro de 1978, Danny abriu os olhos e viu a luz entrando pela janela. Ele olhou para fora e viu o rio e os prédios da universidade do outro lado. Enquanto estava parado ali, bateram à porta. Era uma mulher madura, bem bonita, com cabelo curto e olhos afastados.

— Sou Norma Dishong, sua gerente de caso da manhã. Se você vier comigo, vamos dar uma volta e eu vou mostrar onde tomar o café da manhã.

Ele a seguiu e ela mostrou a sala de televisão, a sala de bilhar e a área de lanches. Depois de uma porta dupla, havia um pequeno refeitório com uma mesa comprida no centro e quatro mesas quadradas do tamanho de mesas de jogo junto às paredes. Na extremidade, havia uma bancada de serviço.

— Pega uma bandeja e talheres e pode se servir.

Ele apanhou uma bandeja e esticou a mão para pegar um garfo, mas viu que era uma faca. Jogou-a longe, bateu na parede e caiu no chão. Todo mundo olhou.

— Qual é o problema? — perguntou Dishong.

— Eu... eu tenho medo de faca. Não gosto.

Ela guardou a faca, pegou um garfo e o colocou na bandeja.

— Vai em frente — disse ela. — Pega alguma coisa pra comer.

Depois do café da manhã, ela o cumprimentou quando ele passou pela estação de enfermagem.

— A propósito, se quiser dar uma caminhada pelo prédio, é só assinar aquele papel ali na parede pra que a gente saiba que você saiu da ala.

Ele olhou para ela, surpreso.

— Você quer dizer que eu posso sair daqui?

— Essa é uma ala aberta. Desde que fique no hospital, você é livre para ir e vir como quiser. Em algum momento, quando o dr. Caul achar que você está pronto, você vai poder sair do prédio e caminhar pelo terreno.

Ele olhou para ela, atônito.

— Terreno? Mas não tem muro nem cerca?

Ela sorriu.

— Isso mesmo. Aqui é um hospital, não uma prisão.

Naquela tarde, o dr. Caul apareceu para fazer uma visita a Billy no quarto.

— Como está se sentindo?

— Bem, mas eu não achava que vocês deixavam gente como eu ir e vir sem ser vigiado o dia todo, do jeito que me vigiavam no Hospital Harding.

— Isso foi antes do seu julgamento — disse Caul. — Tem uma coisa que eu quero que se lembre: você foi julgado e declarado *inocente*. Para nós, você não é um criminoso. Não importa o que fez no passado, nem o que *qualquer outra pessoa dentro de você* fez. Isso passou. Agora é vida nova. O que você faz aqui, como progride, como aceita as coisas, como trabalha com Billy e se recompõe, é isso que vai fazer você melhorar. E você tem que *querer* melhorar. Ninguém aqui vai te olhar com desprezo.

No mesmo dia, o *Columbus Dispatch*, com a história da transferência de Milligan para Athens, resumiu o caso, incluindo as provas apresentadas no tribunal dos supostos abusos de Chalmer Milligan com a esposa e os filhos. Também publicou uma declaração juramentada submetida ao *Dispatch* por Chalmer Milligan e seu advogado:

Eu, Chalmer J. Milligan, me casei com a mãe de William Stanley Milligan em outubro de 1963. Adotei William, assim como o seu irmão e a sua irmã, logo depois.

William me acusou de ameaçá-lo, abusar dele e sodomizá-lo, particularmente no período em que tinha 8 ou 9 anos. Essa acusação é completamente falsa. Além do mais, nenhum dos psiquiatras ou psicólogos que examinaram William para o relatório preparado para o juiz Flowers me entrevistou antes da preparação e liberação daquele documento.

Não há dúvida na minha mente de que William mentiu repetida e ostensivamente para aqueles que o estavam examinando. Durante os meus dez anos de casamento com a mãe dele, William mentia de maneira contumaz. Acredito que esteja dando continuidade a um padrão de mentiras que estabeleceu muitos anos atrás.

As acusações de William e sua subsequente publicação por numerosos jornais e revistas me causaram extremo constrangimento, angústia mental e sofrimento. Faço esta declaração para corrigir as informações e limpar meu bom nome.

Certa manhã, uma semana após a chegada de Milligan, o dr. Caul passou por lá de novo.

— Achei que você e eu devíamos começar nossa terapia hoje. Vamos para minha sala.

Danny foi atrás dele, assustado. Caul apontou para uma poltrona confortável, sentou-se diante dele e uniu as mãos sobre a barriga.

— Quero que entenda que sei muita coisa sobre você a partir do seu arquivo de caso. É bem volumoso. Agora, vamos fazer uma coisa parecida com o que a dra. Wilbur fez. Conversei com ela e sei que ela conseguiu fazer você relaxar e falar com Arthur, Ragen e os outros. É isso que vamos fazer.

— Como? Eu não consigo fazer eles virem.

— É só se acomodar e escutar a minha voz. Sei que Arthur vai entender que a dra. Wilbur e eu somos amigos. Ela sugeriu que você fosse enviado para cá para tratamento porque confia em mim, e espero que você também tenha essa mesma confiança.

Danny se remexeu no assento, mas se encostou e relaxou, os olhos se deslocando de um lado para o outro. Segundos depois, ele olhou para a frente, repentinamente alerta.

— Sim, dr. Caul — disse ele, unindo a ponta dos dedos —, agradeço o fato de que a dra. Wilbur fez a recomendação. Você vai ter minha total cooperação.

Caul estava esperando pelo sotaque britânico e não se assustou com a mudança. Ele tinha visto múltiplos demais para ser tomado de surpresa com o surgimento de um alter ego.

— Aham... ah... sim. E você pode por favor me dizer seu nome? Para ficar registrado.

— Eu sou Arthur. Você queria falar comigo.

— Sim, Arthur. Claro que eu sabia quem era, pelo seu sotaque britânico, mas sei que entende que é necessário que eu não faça suposições sobre...

— Não sou eu quem tem sotaque, dr. Caul. Você tem.

Caul olhou para ele, a princípio sem entender.

— Ah, sim — disse ele. — Desculpe. Espero que você não se importe de responder a algumas perguntas.

— De jeito nenhum. É para isso que eu estou aqui, para ajudar como puder.

— Gostaria de repassar com você os fatos importantes sobre as várias personalidades...

— *Pessoas*, dr. Caul. Não "personalidades". Como Allen explicou para o dr. Harding, quando vocês nos chamam de "personalidades", temos a impressão de que vocês não aceitam o fato de que somos reais. Isso tornaria a terapia difícil.

Caul observou Arthur com atenção e decidiu que não gostava muito do esnobe arrogante.

— Correção anotada — disse ele. — Gostaria de saber sobre as *pessoas*.

— Vou dar o máximo de informações que puder.

Caul fez algumas perguntas e Arthur repassou idades, aparência, traços, habilidades e motivos para o surgimento das nove pessoas registradas pelo dr. Harding.

— Por que o bebê surgiu? Christene. Qual era o papel dela?

— Companhia para uma criança solitária.

— E o temperamento dela?

— Tímida, mas pode ficar nervosa por medo de que Ragen faça alguma coisa cruel ou violenta. Ele a adora e ela normalmente consegue distraí-lo de alguma violência pretendida quando faz birra e esperneia.

— Por que ela ficou com 3 anos?

Arthur abriu um sorriso de entendimento.

— Tornou-se importante ter alguém que sabia pouco ou nada sobre o que estava acontecendo. O fato de ela não saber era um dispositivo de proteção importante. Se William tivesse que esconder alguma coisa, ela ia para a frente e desenhava ou jogava amarelinha, ou abraçava a boneca de pano que Adalana fez para ela. É uma criança fofa. Tenho um carinho particular por ela. É britânica, sabe.

— Não sabia disso.

— Ah, sim. Ela é irmã do Christopher.

Caul observou por um momento.

— Arthur, você conhece todos os outros?

— Conheço.

— Você sempre conheceu todos os outros?

— Não.

— Como você soube da existência deles?

— Por dedução. Quando percebi que estava perdendo tempo, comecei a observar as outras pessoas com atenção. Descobri que era diferente com elas e comecei a pensar sobre isso. Aí, ao fazer algumas perguntas, tanto dentro quanto fora da minha cabeça, descobri a verdade. Lentamente, ao longo de muitos anos, estabeleci contato com todos os outros.

— Bom, fico feliz de termos nos conhecido. Para eu ajudar Billy, e também todos vocês, vou precisar da sua ajuda.

— Pode me chamar a qualquer momento.

— Tem uma pergunta importante que eu gostaria de fazer antes de você ir.

— Pois não?

— Gary Schweickart mencionou uma coisa que acabou saindo na imprensa. Ele disse que, pelos fatos do caso, discrepâncias entre declarações feitas por todos vocês e os comentários das vítimas, coisas como linguagem chula, declarações sobre atividades criminosas e o nome "Phil", ele acreditava que talvez houvesse mais personalidades do que as dez já reveladas. Você sabe alguma coisa sobre isso?

Em vez de responder, os olhos de Arthur ficaram vidrados e seus lábios começaram a se mover. Lenta e imperceptivelmente, ele se retraiu. Depois de alguns segundos, o jovem piscou e olhou ao redor.

— Ah, meu Deus! De novo não!

— Oi. Eu sou o dr. Caul. Você poderia me dar seu nome para o registro?

— Billy.

— Entendi. Oi, Billy. Eu sou seu médico. Você foi enviado para cá e colocado sob os meus cuidados.

Billy colocou a mão na cabeça, ainda meio atordoado.

— Eu estava saindo da sala do tribunal. Fui para a van... — Ele olhou rapidamente para os pulsos e para a roupa.

— De que você se lembra, Billy?

— O policial botou as algemas muito apertadas. E empurrou um copo de café quente nas minhas mãos e bateu a porta da van. Quando saiu com o carro, eu derramei café no meu terno novo. Essa é a última coisa... Cadê meu terno?

— Está no seu armário, Billy. A gente pode mandar para a tinturaria. As manchas devem sair.

— Estou me sentindo muito estranho.

— Quer tentar descrever para mim?

— Parece que tem alguma coisa faltando na minha cabeça.

— Uma lembrança?

— Não. É como se antes do julgamento eu estivesse mais unido a todos os outros, sabe? Mas agora é como se tivesse mais peças faltando aqui em cima. — Ele deu uma batidinha na cabeça.

— Bom, Billy, talvez nos próximos dias e semanas a gente possa tentar encontrar essas peças e colocar no lugar.

— Onde eu estou?

— No Centro de Saúde Mental Athens, em Athens, Ohio.

Ele se encostou.

— Foi o que o juiz Metcalf disse. Lembro que ele disse que eu tinha que ser mandado pra cá.

Por sentir que estava agora lidando com um Billy original parcialmente integrado, a personalidade hospedeira, Caul falou com ele suavemente, tomando o cuidado de fazer perguntas neutras. Ele percebeu agora como a mudança de personalidade causava uma mudança facial evidente. O olhar, a mandíbula contraída, os lábios apertados e as pálpebras pesadas de Arthur que o faziam parecer arrogante tinham cedido espaço para a expressão hesitante de olhos arregalados de Billy. Ele parecia frágil e vulnerável. No lugar do medo e da apreensão de Danny, Billy demonstrava desorientação. Apesar de responder às perguntas com avidez, tentando agradar o médico, ficou claro que não sabia ou não se lembrava de muitas das informações perguntadas.

— Desculpa, dr. Caul. Às vezes, quando você me faz uma pergunta, acho que vou saber a resposta, mas quando procuro não está lá. Meu Arthur ou meu Ragen saberiam. Eles são mais inteligentes do que eu e têm boa memória. Mas eu não sei pra onde eles foram.

— Tudo bem, Billy. Sua memória vai melhorar e você vai perceber que sabe bem mais do que espera.

— O dr. Harding disse isso. Ele disse que aconteceria quando eu me integrasse, e eu me integrei. Mas aí, depois do julgamento, eu me separei. Por quê?

— Eu não tenho a resposta, Billy. Por que você acha que aconteceu?

Billy balançou a cabeça.

— Eu só sei que o Arthur e o Ragen não estão comigo agora e, quando não estão comigo, não me lembro das coisas muito bem. Perdi um bocado da minha vida porque eles me deixaram dormindo por muito tempo. Arthur me contou.

— Arthur fala muito com você?

Billy assentiu.

— Desde que o dr. George me apresentou a ele no Hospital Harding. Agora, o Arthur me diz o que fazer.

— Você devia ouvi-lo. Pessoas com múltipla personalidade costumam ter alguém dentro de si que conhece todos os outros e tenta ajudar. Nós chamamos isso de "ajudante interior" ou ISH, sigla de *inner self-helper* em inglês.

— O Arthur? Ele é um ISH?

— Eu acho que é, Billy. Ele se encaixa no papel: inteligente, ciente dos outros, com moral alta...

— O Arthur é muito moralista. Foi ele quem criou as regras.

— Que regras?

— Como agir, o que fazer, o que não fazer.

— Acho que o Arthur vai ajudar muito na sua cura, se cooperar conosco.

— Eu sei que vai porque o Arthur vive dizendo como é importante a gente se reunir e se dar bem pra eu poder me tornar um cidadão útil e um membro participativo da sociedade. Mas não sei pra onde ele foi agora.

Enquanto falavam, Caul teve a sensação de que Billy estava começando a confiar nele. Levou-o de volta para a ala, mostrou seu quarto e o apresentou novamente para a gerente de caso e para algumas outras pessoas da aula.

— Norma, esse é o Billy — disse Caul. — Ele é novo aqui. A gente precisa chamar alguém para mostrar a ATI.

— Claro, dr. Caul.

Mas quando o levou de volta ao quarto, ela o olhou com firmeza.

— Você já sabe andar por aqui, Billy, e a gente não precisa fazer isso de novo.

— O que é ATI? — perguntou ele.

Ela o levou até a entrada principal da ala, abriu a porta pesada e apontou para a placa.

— Admissões e tratamento intensivo. Nós chamamos de ATI para facilitar. — Ela se virou e foi embora.

Billy se perguntou o que tinha feito para que ela fosse tão grossa com ele, mas, por mais que tentasse, não conseguia entender.

Quando soube que a irmã e a mãe fariam uma visita naquela noite, ele ficou tenso. Tinha visto Kathy, sua irmã, no julgamento, e assim que superou o choque de ver sua irmã de 14 anos transformada em uma mulher atraente de 21 anos, sentiu-se à vontade com ela. Mas sua mãe não tinha ido ao julgamento, por insistência dele. Apesar de Kathy ter garantido que a mãe lhe fizera várias visitas no Hospital Harding e, antes disso, na prisão Lebanon, ele não tinha lembrança de nada.

A última vez que tinha visto a mãe foi aos 16 anos, antes de o colocarem para dormir. Mas a imagem em sua mente era de uma época anterior: o rosto bonito coberto com sangue e um pedaço grande de couro cabeludo arrancado... Esse era o rosto de que ele se lembrava, de quando tinha 14 anos.

Quando chegaram ao ATI, ele ficou chocado ao ver como sua mãe tinha envelhecido. O rosto estava com rugas. O cabelo, com cachos escuros apertados, parecia uma peruca. Mas os olhos azuis e os lábios cheios continuavam lindos.

A mãe e a irmã relembraram o passado, cada uma tentando superar a outra na lembrança de momentos que tinham sido confusos na infância dele, mas que agora podiam explicar como tendo sido causados por uma das outras personalidades.

— Eu sempre soube que havia dois — disse sua mãe. — Sempre falei que tinha o *meu* Billy e aquele *outro*. Tentei explicar que você precisava de ajuda, mas ninguém quis me ouvir. Falei para os médicos, falei para aquele advogado que cuidou da transação penal em Lebanon. Mas ninguém quis me ouvir.

Kathy se encostou e olhou para a mãe de cara feia.

— Mas alguém teria ouvido se você tivesse contado sobre Chalmer.

— Eu não sabia, Kathy — disse Dorothy Moore. — Com Deus como testemunha, se eu soubesse o que fez ao Billy, teria arrancado o coração dele. Nunca teria tirado aquela faca de você, Billy.

Billy franziu a testa.

— Que faca?

— Eu lembro como se fosse ontem — disse sua mãe, ajeitando a saia por cima das pernas compridas bronzeadas. — Você tinha uns 14 anos. Encontrei uma faca de cozinha debaixo do seu travesseiro e perguntei o que estava fazendo lá. Sabe o que você me disse? Acho que foi o *outro* que falou. "Dona, eu achei que seu marido estaria morto hoje de manhã." Essas foram as suas palavras exatas, com Deus como minha testemunha.

— Como está Challa? — perguntou Billy, mudando de assunto.

Sua mãe olhou para o chão.

— Tem alguma coisa errada — disse Billy.

— Ela está bem — disse sua mãe.

— Estou sentindo que tem alguma coisa errada.

— Ela está grávida — disse Kathy. — Abandonou o marido e está voltando pra Ohio para morar com a mamãe até ter o bebê.

Billy passou as mãos sobre os olhos como se para afastar uma fumaça ou neblina.

— Eu sabia que tinha alguma coisa errada. Eu senti.

Sua mãe assentiu.

— Você sempre teve um jeito de perceber as coisas. Como é que chamam isso?

— Percepção extrassensorial — disse Kathy.

— E você também — disse Dorothy. — Vocês sempre souberam das coisas. E sempre sabiam o que estava acontecendo na mente do outro sem precisar falar. Sempre me deu arrepios. Isso eu posso dizer.

Elas ficaram por pouco mais de uma hora e, quando foram embora, Billy ficou deitado na cama olhando pela janela para as luzes da cidade de Athens.

3

Nos dias que se seguiram, Billy correu pelo terreno do hospital, leu, assistiu à televisão e teve sessões de terapia. Os jornais de Columbus publicavam artigos sobre ele regularmente. A revista *People* publicou uma longa matéria sobre sua vida, e sua foto apareceu na capa do *Columbus Monthly*. O hospital passou a receber uma enxurrada de ligações de pessoas que tinham lido ou visto fotos da arte de Billy e queriam comprar os quadros. Com a permissão do dr. Caul, ele pediu material de arte, montou um cavalete no quarto e pintou dezenas de retratos, naturezas-mortas e paisagens.

Billy disse para o dr. Caul que muitas pessoas tinham feito contato com Judy e Gary querendo os direitos sobre sua história de vida, e outras queriam que ele aparecesse no *Dinah!*, *The Phil Donahue Show* e *60 Minutes*.

— Quer que alguém escreva sobre você, Billy? — perguntou Caul.

— O dinheiro seria bom. Quando eu melhorar e voltar pra sociedade, vou precisar de alguma coisa pra me sustentar. Quem me daria um emprego?

— Fora o dinheiro, como acha que se sentiria com o mundo todo lendo sobre a sua vida?

Billy franziu a testa.

— Acho que as pessoas deveriam saber. Poderia ajudar a entender o que o abuso infantil pode fazer.

— Tudo bem, se você realmente decidir que quer que alguém escreva sua história, talvez eu possa lhe apresentar um escritor que conheço e em quem confio. Ele dá aulas aqui em Athens, na Universidade de Ohio. Um de seus livros virou filme. Só estou comentando para você poder analisar todas as possibilidades.

— Você acha que um escritor de verdade ia querer escrever um livro sobre mim?

— Não faria mal nenhum conhecê-lo e ver o que ele acha.

— Ok, é uma boa ideia. Eu gostaria disso.

Naquela noite, Billy tentou imaginar como seria conversar com um escritor. Tentou visualizar o homem. Provavelmente usaria paletó de tweed e fumaria cachimbo, como Arthur. Não devia ser muito bom se precisava dar aula na universidade. Um escritor deveria morar em Nova York ou Beverly Hills. E por que o dr. Caul o estava recomendando? Ele precisava tomar cuidado. Gary lhe dissera que poderia haver muito dinheiro envolvido em um livro. E um filme. Ele se perguntou quem faria o seu papel.

Billy ficou rolando na cama à noite toda, empolgado e assustado com a perspectiva de conversar com um escritor de verdade cujo livro tinha sido transformado em filme. Quando finalmente adormeceu ao amanhecer, Arthur decidiu que Billy era incapaz de lidar com a entrevista com o escritor. Allen teria que ir para a berlinda.

— Por que eu? — perguntou Allen.

— Você é o manipulador. Quem é mais qualificado para estar alerta e ter certeza de que Billy não está sendo enganado?

— Sempre na linha de frente — resmungou Allen.

— É nisso que você é melhor.

No dia seguinte, quando Allen conheceu o escritor, ficou chocado e decepcionado. Em vez de um sujeito alto e glamoroso, viu um homem baixo e magro, de barba e óculos, usando um terno de veludo castanho

O dr. Caul os apresentou e eles foram para a sala dele conversar. Allen se acomodou no divã de couro e acendeu um cigarro. O escritor se sentou diante dele e acendeu o cachimbo. Igual a Arthur. Eles conversaram por um tempo até Allen tocar no assunto.

— O dr. Caul disse que você talvez se interessasse pelos direitos da minha história — disse Allen. — Quanto você acha que vale?

O escritor sorriu e deu uma baforada.

— Depende. Eu teria que saber mais sobre você para ter certeza de que tem uma história que interesse alguma editora. Alguma coisa que vá além do que já foi publicado nos jornais, na *Time* e na *Newsweek*

Caul sorriu e entrelaçou os dedos por cima da barriga.

— Pode ter certeza disso.

Allen se curvou para a frente e apoiou os cotovelos nos joelhos.

— É claro que tem. Bem mais. Mas não vou entregar por nada. Meus advogados em Columbus me disseram que muita gente está atrás dos direitos. Um cara veio de Hollywood pra fazer uma proposta de direitos pra

TV e cinema, e um escritor vai vir aqui esta semana com uma proposta e um contrato.

— Isso parece promissor. Com toda a publicidade que você teve, tenho certeza de que muita gente gostaria de ler a história da sua vida — disse o escritor.

Allen assentiu e sorriu. Decidiu que queria saber um pouco mais do sujeito.

— Gostaria de ler alguma coisa que você escreveu pra ter uma ideia do seu trabalho. O dr. Caul disse que um dos seus livros virou filme.

— Vou te mandar um exemplar do livro. Depois que você ler, se estiver interessado, podemos conversar de novo.

Quando o escritor foi embora, o dr. Caul sugeriu que, antes que as coisas fossem mais longe, Billy deveria arrumar um advogado para cuidar de seus interesses. Os defensores públicos de Columbus não poderiam mais representá-lo.

Naquela semana, Allen, Arthur e Billy se revezaram para ler o livro que o autor tinha enviado. Quando terminaram, Billy disse para Arthur:

— Acho que ele devia escrever o livro.

— Concordo — disse Arthur. — O jeito como entra na mente do personagem é o mesmo jeito como eu gostaria que contasse a nossa história. Para alguém entender o problema do Billy, precisa ser contado de dentro. O escritor vai ter que se pôr no lugar do Billy.

Ragen se manifestou:

— Eu discordo. Não acho que livro deveria ser escrito.

— Por que não? — perguntou Allen.

— Vou falar assim. Billy falar com esse homem, e você, e outros também. Vocês contar pra ele coisas pelas quais eu ainda posso ser acusado. Outros crimes.

Arthur pensou.

— A gente não precisa contar essas coisas para ele.

— Além do mais — disse Allen —, a gente pode pular fora a hora que a gente quiser. Se surgirem coisas nas conversas que possam ser usadas contra nós, o Billy sempre pode destruir o livro.

— Como isso é possível?

— É só negar tudo — disse Allen. — Eu posso dizer que fingi ter múltiplas personalidades. Se eu disser que é mentira, ninguém vai comprar o livro.

— Quem acreditar nisso? — perguntou Ragen.

Allen deu de ombros.

— Não importa. Que editora correria o risco de publicar um livro se o homem que é o assunto da obra diz que tudo é mentira?

— Allen tem razão — disse Arthur.

— O mesmo vale pra qualquer contrato que o Billy assinar — acrescentou Allen.

— Você quer dizer fingir que ele incapaz de assinar? — perguntou Ragen.

Allen sorriu.

— "Inocente por motivo de insanidade", né? Eu conversei com Gary Schweickart no telefone sobre isso. Ele disse que eu sempre posso dizer que estava louco demais pra assinar um contrato, que fui pressionado pelo dr. Caul. Isso vai anular o contrato.

Arthur assentiu.

— Então a gente pode ir em frente em segurança e dizer ao escritor para procurar uma editora para o livro.

— Ainda não acho ideia boa — disse Ragen.

— Acredito que é muito importante — disse Arthur — que essa história seja contada para o mundo. Outros livros foram escritos sobre múltiplas personalidades, mas nunca uma história como a do Billy. Se as pessoas puderem ver como essas coisas acontecem, talvez sejamos uma contribuição para os estudos de saúde mental.

— Além do mais — disse Allen —, vamos ganhar muito dinheiro.

— Esse é argumento mais inteligente e mais eficiente que ouvi hoje.

— Achei mesmo que o dinheiro apelaria à sua natureza — disse ele.

— É uma das contradições mais interessantes do Ragen — disse Arthur. — Ele é um comunista dedicado que ama tanto dinheiro que o rouba.

— Mas você concordar — disse Ragen — que sempre dou o que não é necessário pra pagar nossas contas para pobres e necessitados.

— E daí? — disse Allen, rindo. — Talvez a gente consiga desconto no imposto de renda.

4

No dia 19 de dezembro, o editor do *Athens Messenger* telefonou para o hospital pedindo uma entrevista com Billy Milligan. Billy e o dr. Caul concordaram.

Caul levou Billy para a sala de reuniões, onde o apresentou para o editor Herb Amey, para o repórter Bob Ekey e para a fotógrafa Gail Fischer.

Caul mostrou a eles os quadros de Billy, que respondeu às perguntas sobre o seu passado, o abuso, a tentativa de suicídio e as outras personalidades.

— E as histórias de violência? — perguntou Amey. — Como a comunidade de Athens pode ter certeza de que você não seria uma ameaça para eles ou os filhos deles caso saia da propriedade como tantos pacientes da ala aberta fazem?

— Acho que a questão da violência deveria ser respondida não por Billy, mas por uma de suas outras personalidades — disse Caul.

Ele levou Billy para fora da sala de reuniões, para seu escritório, do outro lado do corredor, e os dois se sentaram.

— Billy, acho importante você estabelecer um bom relacionamento com a imprensa em Athens. As pessoas precisam ver que você não é um perigo para elas. Qualquer dia desses você vai querer ir até a cidade sem supervisão, para comprar material de arte, ver um filme ou comer um hambúrguer. Esse pessoal do jornal é solidário. A gente devia deixá-los falar com o Ragen.

Billy ficou em silêncio, os lábios se movendo. Depois de alguns momentos, ele se inclinou para a frente de cara feia.

— Você é maluco, dr. Caul?

Caul prendeu o ar com a rispidez da voz.

— Por que você diz isso, Ragen?

— É errado. A gente lutou pra Billy ficar acordado.

— Eu não teria chamado você se não achasse que era importante.

— Não é importante. É exploração pra jornal. Eu contra. Zangado.

— Tem razão — disse Caul, olhando pra ele com cautela —, mas o público precisa ser tranquilizado de que você é o que o tribunal disse que você é.

— Não ligo pra que público pensa. Não quero ser explorado e constrangido por manchetes.

— Mas é necessário ter boas relações com a imprensa em Athens. O que as pessoas desta cidade pensam vai ter um efeito na sua terapia e nos seus privilégios.

Ragen pensou a respeito daquilo. Sentiu que Caul o estava usando para dar peso às suas declarações para a imprensa, mas seus argumentos faziam sentido.

— Você acha coisa certa? — perguntou Ragen.

— Eu não teria sugerido se não achasse.

— Tudo bem — disse Ragen. — Eu falar com repórter.

Caul o levou de volta para a sala de reuniões, e os repórteres o olharam com apreensão.

— Eu responde perguntas — disse Ragen.

Sobressaltado com o sotaque, Ekey hesitou.

— Eu... eu, quer dizer, nós... nós estávamos perguntando... Nós queríamos garantir à comunidade que você... que Billy não é violento.

— Eu só seria violento se alguém tenta fazer mal pra Billy, ou pra alguma mulher ou criança na presença dele — disse Ragen. — Só desse jeito. Vamos dizer assim. Você deixar que pessoa machuca seu filho? Não. Você protege esposa, filho ou qualquer mulher. Se alguém tenta machucar Billy, eu proteger. Mas atacar sem provocação é barbárie. Não sou bárbaro.

Depois de mais algumas perguntas, os repórteres pediram para falar com Arthur. Caul repassou o pedido, e eles viram a expressão hostil de Ragen mudar, como se estivesse derretendo. Um instante depois, virou uma carranca arrogante de lábios apertados. Arthur olhou ao redor, preocupado, pegou um cachimbo no bolso, acendeu-o e soprou um fluxo longo de fumaça.

— Isso é loucura — disse ele.

— O quê? — perguntou o dr. Caul.

— Botar William para dormir a fim de nos exibir. Estou me esforçando para deixar ele acordado. É importante que fique sob controle. Entretanto... — Ele voltou a atenção para os repórteres — para responder à sua pergunta sobre violência, posso garantir às mães desta comunidade que não precisam trancar as portas. William está melhorando. Está aprendendo lógica comigo e a capacidade de expressar raiva com Ragen. Nós estamos ensinando a ele, e ele está nos consumindo. Quando William tiver aprendido tudo que temos para lhe ensinar, nós desapareceremos.

Os repórteres escreveram rapidamente nos bloquinhos.

Caul trouxe Billy de volta e, quando ele apareceu, engasgou-se com o cachimbo.

— Deus! Essa porcaria é horrível! — disse ele, e o jogou na mesa. — Eu não fumo.

Ao responder a mais perguntas, Billy disse que não se lembrava de nada que tinha acontecido a partir da hora em que o dr. Caul o levou para a outra sala. Falou com hesitação sobre suas aspirações. Esperava vender alguns quadros e doar parte do dinheiro para um centro de prevenção de abuso infantil.

Quando a equipe do *Messenger* saiu da sala, Caul reparou que os três pareciam impressionados.

— Parece que temos mais pessoas que acreditam — disse ele ao levar Billy de volta para o ATI.

Judy Stevenson estava ocupada com um caso, e Gary Schweickart levou o chefe da Defensoria Pública com ele para Athens, para visitar Billy. Gary queria saber mais sobre o escritor que escreveria o livro e sobre L. Alan Goldsberry, o advogado de Athens que Billy tinha contratado para cuidar de suas questões civis. Eles se encontraram às 11h na sala de reuniões, junto com o dr. Caul, a irmã de Billy e o noivo dela, Rob. Billy insistiu que tinha chegado a uma decisão própria e que queria que aquele escritor escrevesse o livro. Schweickart entregou para Goldsberry uma lista de editoras, escritores em potencial e um produtor que tinha demonstrado interesse nos direitos da história.

Depois da reunião, Gary ficou sozinho com Billy para conversar brevemente.

— Eu tenho outro caso que está nas manchetes agora — disse ele. — O assassino calibre 22.

Billy olhou para ele com muita seriedade e disse:

— Você tem que me prometer uma coisa.

— O quê?

— Se ele for culpado, não defende ele — disse Billy.

Gary sorriu.

— Vindo de você, Billy, isso é uma coisa e tanto.

Quando Gary foi embora do Centro de Saúde Mental Athens, ficou preocupado por Billy estar em outras mãos agora. Tinham sido quatorze meses incríveis, exigentes e desgastantes.

E isso havia contribuído para o fim de seu casamento com Jo Anne. O tempo que o caso tinha tirado de sua família e a notoriedade que ainda causava, as ligações de madrugada de pessoas que o culpavam por ter defendido um estuprador e vencido, tudo isso se tornou um fardo intolerável. Um de seus filhos tinha sido atacado na escola porque o pai havia defendido Milligan.

Durante todo o caso, ele se perguntou quantos de seus outros clientes estavam perdendo tempo e esforço que ele e Judy não podiam lhes dedicar porque Billy Milligan tinha sido tão complicado e virado prioridade. Como Judy dissera: "O receio de estar prejudicando alguém te faz trabalhar com dedicação dez vezes maior para que não engane os outros. Nossas casas e famílias pagaram o preço".

Gary olhou para a construção vitoriana feia e enorme quando entrou no carro e assentiu. Agora, Billy Milligan era preocupação e responsabilidade de outra pessoa.

5

Billy acordou no dia 23 de dezembro nervoso com a ideia de conversar com o escritor. Ele se lembrava de tão pouco dos primeiros anos, só uns trechinhos, as coisas que tinha captado dos outros. Como poderia contar ao escritor a história de sua vida?

Depois do café da manhã, ele andou até o fim do saguão, encheu uma segunda caneca de café e se sentou em uma poltrona para esperá-lo. Na semana anterior, seu novo advogado, Alan Goldsberry, o representara, e eles tinham assinado contratos com o escritor e a editora. Isso já tinha sido difícil. Mas agora o pânico estava tomando conta.

— Billy, você tem visita. — A voz de Norma Dishong o sobressaltou, e ele deu um pulo e derramou café na calça jeans. Ele viu o escritor passar pela porta da ala e descer os degraus até o corredor. Meu Deus, em que ele tinha se metido?

— Oi — disse o escritor, sorrindo. — Pronto para começar?

Billy foi na frente até o quarto e viu o escritor magro e barbado pegar o gravador, um caderno, alguns lápis, o cachimbo e tabaco e se acomodar em uma cadeira.

— Vamos criar o hábito de começar cada encontro com seu nome. Só para ficar registrado, com quem eu estou falando?

— Billy.

— Certo. Quando você me conheceu na sala do dr. Caul, ele mencionou alguma coisa sobre "frente", e você disse que não me conhecia bem o bastante para me contar. Que tal agora?

Billy olhou para baixo, constrangido.

— Não fui eu que você conheceu no primeiro dia. Eu estaria envergonhado demais pra falar com você.

— Ah, é? Quem foi?

— O Allen.

O escritor franziu a testa e deu uma tragada no cachimbo, pensativo.

— Certo — disse ele, fazendo uma anotação no caderno. — Pode me contar sobre a frente?

— Eu aprendi sobre ela, assim como aprendi sobre a maioria das coisas na minha vida, no Hospital Harding, quando estava parcialmente integrado. Essa foi a explicação do Arthur para os mais novos sobre estar no mundo real.

— Como é a frente? Você a vê?

— É um ponto branco grande no chão. Todo mundo está sentado em volta ou deitado na cama perto, no escuro; alguns assistindo, outros dormindo ou ocupados com seus próprios interesses. Mas quem vai pra frente fica com a consciência.

— Todas as personalidades respondem ao nome "Billy" quando chamadas?

— Quando eu estava dormindo e as pessoas de fora chamavam "Billy", as *minhas pessoas* começaram a atender. Como a dra. Wilbur me explicou uma vez, os outros fazem tudo que podem pra esconder o fato de que são múltiplos. A verdade sobre mim foi revelada por acidente quando David ficou com medo e contou pra Dorothy Turner.

— Você sabe quando as suas pessoas começaram a existir?

Ele assentiu e se inclinou para trás para pensar.

— Christene surgiu quando eu era bem pequeno. Não lembro quando. A maioria dos outros surgiu quando eu tinha 8, quase 9 anos. Quando Chalmer... quando papai Chal...

A fala dele ficou hesitante.

— Se te incomoda falar, não fala.

— Tudo bem. Os médicos dizem que é importante eu botar pra fora.

Ele fechou os olhos.

— Lembro que foi na semana depois do Primeiro de Abril. Eu estava no quarto ano. Ele me levou pra fazenda, pra ajudar a preparar o jardim para o plantio. Então me levou para o celeiro e me amarrou no cortador de grama. E aí... e aí... — Surgiram lágrimas nos olhos dele, a voz ficou rouca, hesitante, infantil.

— Talvez você não devesse...

— Ele bateu em mim — disse Billy, massageando os pulsos. — Ligou o motor e eu achei que ia me puxar pra dentro e me rasgar com as lâminas. Disse que se eu contasse pra minha mãe, ia me enterrar no celeiro e falar pra minha mãe que fugi porque eu odiava ela.

Lágrimas desceram pelas bochechas de Billy enquanto ele falava.

— Quando aconteceu de novo, só fechei os olhos e fui embora. Eu sei agora, pelas coisas que o dr. George me ajudou a lembrar no Hospital Harding, que era o Danny amarrado no motor, e que o David vinha nessa hora pra aceitar a dor.

O escritor se viu tremendo de raiva.

— Meu Deus, é incrível que você tenha sobrevivido.

— Entendo agora — sussurrou Billy — que quando a polícia foi me buscar em Channingway, eu não fui *preso*. Eu fui *resgatado*. Lamento que pessoas tiveram que sofrer antes, mas sinto que Deus finalmente sorriu pra mim depois de 22 anos.

CAPÍTULO 6

1

Um dia após o Natal, o escritor dirigiu pela estrada longa e sinuosa até o Centro de Saúde Mental Athens para sua segunda entrevista com Billy Milligan. Tinha a sensação de que Billy estaria deprimido depois de ter passado as festas no hospital.

O escritor tinha descoberto que, na semana anterior ao Natal, Billy havia pressionado o dr. Caul para ter permissão de passar as festas com a família na casa da irmã em Logan, Ohio. Caul disse que era cedo demais, pouco mais de duas semanas desde que tinha chegado. Mas Billy insistiu. Outros pacientes do ATI tinham permissão de ir para casa por períodos curtos. Se o que o médico dizia sobre tratá-lo como os outros pacientes fosse verdade, deveria tentar obter permissão para ele fazer o mesmo.

Sabendo que o paciente o estava testando e percebendo como era importante ganhar a confiança de Billy, Caul aceitou fazer o pedido. Tinha certeza de que seria recusado.

O pedido criou um furor na Autoridade de Liberdade Condicional Adulta, no Departamento Estadual de Saúde Mental e na promotoria de Columbus. Yavitch telefonou para Gary Schweickart e perguntou o que estava acontecendo em Athens. Gary disse que tentaria descobrir.

— Mas eu não sou mais advogado dele — acrescentou Gary.

— Eu ligaria para o médico dele em Athens se fosse você — disse Yavitch — e diria para ele sossegar. Se tem algo que vai gerar um clamor para uma nova legislação no estado de Ohio sobre controle dos criminalmente insanos é Billy Milligan sair de licença depois de duas semanas de internação, com certeza.

Como Caul esperava, o pedido foi negado.

Quando abriu a pesada porta de metal e andou até o quarto de Billy, o escritor reparou que o ATI estava quase deserto. Ele bateu à porta.

— Só um segundo — disse uma voz sonolenta.

Quando a porta foi aberta, o escritor viu que Billy parecia ter acabado de sair da cama. Ele pareceu confuso ao olhar para o relógio digital no pulso.

— Não me lembro disso — disse ele.

Foi até a mesa e olhou para um papel. Em seguida, mostrou-o ao escritor. Era uma nota da loja do hospital, no valor de 26 dólares.

— Não me lembro de comprar coisa alguma — disse ele. — Alguém está gastando meu dinheiro, um dinheiro que estou ganhando com a venda dos meus quadros. Não acho certo.

— Talvez a loja aceite a devolução — sugeriu o escritor.

Billy o examinou.

— Acho que vou ficar. Agora preciso de um relógio. Não é muito bom, mas... Vou ver.

— Se você não comprou, quem acha que foi?

Ele olhou ao redor, os olhos cinza-azulados percorrendo o quarto como se para ver se havia mais alguém lá.

— Eu ando ouvindo nomes estranhos.

— Tipo quais?

— "Kevin." E "Philip".

O escritor tentou não demonstrar surpresa. Tinha lido sobre as dez personalidades, mas ninguém mencionou os nomes que Billy acabara de falar. O escritor verificou se o gravador estava ligado.

— Você contou isso ao dr. Caul?

— Ainda não. Acho que vou contar. Mas não sei o que significa. Quem são eles? Por que estou pensando neles?

Enquanto Billy falava, o escritor se lembrou da última passagem do artigo da *Newsweek* de 18 de dezembro: "Ainda há perguntas sem resposta [...] e as conversas com as vítimas de estupro, em que ele alegava ser 'guerrilheiro' e 'matador de aluguel'? Os médicos acham que Milligan pode ter personalidades ainda desconhecidas — e que algumas delas podem ter cometido crimes ainda não descobertos".

— Antes que você diga qualquer coisa, Billy, acho que temos que estabelecer algumas regras. Quero ter certeza de que nada que você me contar possa ser usado para lhe fazer mal. Se estiver prestes a me contar alguma coisa que acha que pode ser usada contra você, só diz "Isso é confidencial" e eu desligo o gravador. Não vai haver nada nos meus arquivos que incrimine você. Se esquecer, eu te paro e desligo o gravador. Está claro?

Billy assentiu.

— Mais uma coisa. Se planejar violar a lei de alguma forma, não me conta. Se contar, vou ter que ir direto para a polícia. Caso contrário eu seria cúmplice.

Ele pareceu chocado.

— Não estou planejando cometer mais nenhum crime.

— Fico feliz em saber. Agora, sobre os dois nomes.

— Kevin e Philip.

— O que esses nomes significam para você?

Billy olhou para o espelho acima da mesa.

— Nada. Não consigo me lembrar. Mas uma coisa fica surgindo na minha cabeça: os "indesejáveis". Tem alguma coisa a ver com o Arthur, mas não sei o quê.

O escritor se curvou para a frente.

— Me conta sobre o Arthur. Que tipo de pessoa ele é?

— Não tem emoções. Ele me lembra o Spock de *Star Trek*. Ele é o tipo de pessoa que não hesita em reclamar em um restaurante. Não se dá ao trabalho de se explicar pras pessoas, mas fica irritado quando alguém não entende o que ele está dizendo. Não tem tempo pra ser tolerante. Diz que sua agenda é cheia: coisas pra marcar, planejar, organizar.

— Ele não relaxa nunca?

— Às vezes joga xadrez, normalmente com o Ragen, com o Allen movendo as peças, mas não acredita em desperdiçar tempo.

— Parece que você não gosta dele.

Billy deu de ombros.

— O Arthur não é alguém de quem se gosta ou desgosta. Ele é alguém que se respeita.

— Arthur tem aparência diferente da sua?

— Ele tem a minha altura e o meu peso: 1,83 metro, 86 quilos. Mas usa óculos com aro de metal.

Essa segunda entrevista durou três horas e passou por algumas das personalidades que tinham sido mencionadas nos jornais, fatos sobre a família real de Billy, lembranças da infância. O escritor se viu procurando um método para lidar com o material que estava por vir. Seu maior problema seria a amnésia. Com tantas lacunas na memória de Billy, seria impossível descobrir muita coisa sobre sua infância ou os cruciais sete anos em que Billy ficou dormindo enquanto as outras personalidades viviam sua vida. Embora pudesse dramatizar algumas experiências, o escritor estava determinado a sempre seguir os fatos. Exceto pelos crimes não solucionados, tudo seria como Billy relatasse. O problema era o seu receio de que aquela fosse uma história cheia de buracos inaceitáveis. Nesse caso, não poderia haver livro.

2

O dr. Caul olhou para a frente; as vozes altas do lado de fora da sala o estavam distraindo. A secretária estava falando com um homem com forte sotaque do Brooklyn.

— O dr. Caul está ocupado. Ele não pode recebê-lo agora.

— Aff, moça, eu tô pouco me fodendo se ele tá muito ocupado. Preciso falar com ele. Tenho uma coisa pra dar pra ele.

Caul começou a se levantar da cadeira, mas a porta do escritório se abriu e Billy Milligan apareceu.

— Você que é o médico de cabeça do Billy?

— Eu sou o dr. Caul.

— Ah, sim. Eu sou Philip. Alguns de nós acha que você devia ficar com isso.

Ele colocou uma folha de papel pautado na mesa, se virou e saiu. Caul olhou e viu na mesma hora que era uma longa lista de nomes: as dez personalidades de Billy e algumas outras. O último não era um nome, só "O Professor".

Caul pensou em ir atrás do paciente, mas achou melhor não. Pegou o telefone e pediu para falar com o técnico na área de equipamentos.

— George, tenho uma sessão planejada hoje com Billy Milligan e Dave Malawista. Gostaria que você filmasse.

Ele desligou e estudou a lista. Tantos nomes desconhecidos, 24 no total. Caul não ousou pensar no que estava começando a ficar claro para ele. Como se lidava com algo assim? E quem, em nome de Deus, era "O Professor"?

Depois do almoço, Caul foi para o ATI e bateu à porta do quarto de Milligan. Segundos depois, Billy Milligan a abriu, com olhos sonolentos e cabelo desgrenhado.

— O quê?

— A gente tem sessão hoje, Billy. Vamos, acorda.

— Ah, claro. Tudo bem, dr. Caul.

Billy seguiu o homenzinho enérgico escada acima e pela porta para fora do ATI.

Eles andaram pelo corredor até o prédio de geriatria moderna, passando pelas máquinas de refrigerantes e doces e pela porta que levava à sala chamada micro-ondas médico.

George estava dentro da sala, montando a câmera de filmagem, e assentiu quando Billy e o dr. Caul entraram. À direita, havia cadeiras reunidas como se para uma plateia inexistente. À esquerda, logo depois da porta sanfonada aberta, havia uma câmera e uma bancada com equipamento de monitoramento. Billy se sentou na cadeira que Caul indicou e George ajudou Billy a prender o fio do microfone no pescoço. Naquele momento, um homem jovem de cabelo escuro entrou na sala, e Caul se virou para cumprimentar Dave Malawista, um psicólogo sênior da equipe.

George indicou que a câmera estava pronta e Caul começou a sessão.

— Pode nos dizer, para registro, quem é você?

— Billy.

— Certo, Billy. Eu preciso de sua ajuda para obter algumas informações. Nós sabemos que há novos nomes do que você chama de "outras pessoas" que ficam aparecendo. É do seu conhecimento que há outros?

Billy pareceu surpreso e olhou de Caul para Malawista e de volta para o médico.

— Teve um psicólogo em Columbus que me perguntou sobre uma pessoa chamada "Philip".

Caul reparou que os joelhos de Billy estavam subindo e descendo em um movimento nervoso.

— Os nomes "Shawn", "Mark" ou "Robert" significam alguma coisa para você?

Billy pensou por um momento, ficou com uma expressão distante, os lábios se movendo em uma conversa interior. Ele murmurou:

— Acabei de ouvir uma conversa na minha cabeça. Arthur e alguém estavam discutindo. Os nomes são familiares. Não sei o que significam. — Ele hesitou. — O Arthur disse que "Shawn" não era deficiente. Não mentalmente. Ele nasceu surdo e acabou ficando mais lento. Ele não é normal pra idade... Tem uma guerra acontecendo em mim desde que a dra. Wilbur me acordou e antes de eu ir dormir.

Seus lábios se moveram de novo e Caul sinalizou com os olhos para George dar um close e pegar a expressão facial de Billy.

— Quer que alguém explique? — perguntou Billy, nervoso.

— Com quem você acha que eu devo falar?

— Não sei. Teve muito tempo confuso nos últimos dias. Não sei de quem você conseguiria tirar informação.

— Você consegue sair da frente sozinho, Billy?

Billy pareceu surpreso e meio magoado, como se achasse que o dr. Caul o estava mandando embora.

— Billy, eu não quis dizer...

Os olhos de Billy ficaram vidrados. Ele ficou rígido por alguns segundos. Depois olhou em volta como se desperto e alerta, desconfiado. Ele estalou os dedos e fez uma expressão hostil.

— Você fez muitos inimigos, dr. Caul.

— Pode explicar isso?

— Bom, eu não sou um no momento. Arthur é.

— Por quê?

— Teve penetração pelos indesejáveis.

— Quem são "os indesejáveis"?

— Os silenciados por Arthur porque as funções deles não mais necessárias.

— Se não eram mais necessários, por que ainda estão por aí?

Ragen o fuzilou com o olhar.

— O que quer que a gente faça? Matar eles?

— Entendi — disse o dr. Caul. — Continue.

— Eu não satisfeito com decisões do Arthur. Ele deveria ser protetor também, como eu. Não poder fazer tudo.

— Você pode me contar mais sobre esses indesejáveis? Eles são violentos? Criminosos?

— Sou único violento. E só com motivo. — De repente, ele reparou no relógio no pulso e pareceu surpreso.

— Esse relógio é seu? — perguntou Caul.

— Não ter ideia de onde veio. Billy deve ter comprado quando eu não estava olhando. Como falei, os outros não são ladrões. — Ele sorriu. — Arthur é pessoa desdenhosa com indesejáveis, e outras pessoas receberam ordem de nunca falar neles. Eles tinham que ficar em segredo.

— Por que não foi revelado antes que havia outros?

— Ninguém perguntou.

— Nunca?

Ele deu de ombros.

— Talvez pra Billy ou David, que não sabiam. Indesejáveis só podiam ser revelados quando confiança total.

— Então por que foram revelados a mim?

— Arthur está perdendo dominação. Indesejáveis estão agora em rebelião e decidiram se revelar pra você. Kevin escreveu lista. É passo muito necessário. Mas ruim revelar demais quando ainda tem falta de confiança. A gente perde mecanismo de defesa. Eu tive que jurar não contar, mas não ia mentir.

— O que vai acontecer, Ragen?

— A gente solidificado. Todos juntos. Em controle total. Não vai ter mais amnésia. Só um dominante.

— Quem vai ser?

— O Professor.

— Quem é o Professor?

— Ele é pessoa muito agradável. Tem lado bom e lado mau, como a maioria dos humanos. Sabe como Billy estar agora. As emoções dele mudam com circunstâncias. O Professor mantém o próprio nome em silêncio, mas sei quem Professor é. Se você souber quem Professor é, definitivamente nos classificaria todos como insanos.

— Como assim?

— Dr. Caul conheceu partes do Professor. Vamos dizer assim. Pergunta principal é: como todos aprendemos coisas que sabemos? Com o Professor. Ele ensinou Tommy, eletrônica e escapismo. Ensinou Arthur, biologia, física e química. Me ensinou sobre armas e como controlar adrenalina pra ter máximo de força. Ensinou todos nós a desenhar e pintar. O Professor sabe tudo.

— Ragen, quem é o Professor?

— O Professor é Billy inteiro. Billy não sabe.

— Por que você está na frente agora me contando isso, Ragen?

— Porque Arthur zangado. Cometeu erro de relaxar o controle e deixou Kevin e Philip revelar indesejáveis. Arthur é inteligente, mas humano. Agora, rebelião aqui dentro.

Caul fez sinal para Malawista puxar a cadeira mais para perto.

— Você se incomoda se Dave Malawista se juntar a nós?

— Billy ficou nervoso na frente de vocês dois, mas eu não ter medo. — Ragen olhou para os fios e equipamentos eletrônicos e balançou a cabeça. — Isso parece sala de brinquedos do Tommy.

— Você pode me contar mais sobre o Professor? — pediu Malawista.

— Vamos dizer assim. Billy criança prodígio quando pequeno. Ele era todos nós em um. Ele não sabe disso agora.

— Então por que precisou de você? — perguntou Malawista.

— Eu fui criado pra proteção física.

— Mas você sabe que é só um produto da imaginação do Billy, certo?

Ragen se encostou na cadeira e sorriu.

— Já me disseram. Aceitei ser produto da imaginação de Billy, mas Billy não aceitou. Billy falhou em muitas coisas. É por isso que existem indesejáveis.

— Você acha que Billy deveria saber que é o Professor? — perguntou Malawista.

— Ficaria abalado de saber. Mas quando falar com o Professor, você estará falando com Billy todo em uma pessoa só. — Ragen examinou o relógio de novo. — Não é justo gastar dinheiro do Billy sem ele saber. Mas isso vai permitir que ele saiba quanto tempo perde.

— Ragen, você não acha que está na hora de todos enfrentarem a realidade e trabalhar nos seus problemas? — perguntou Caul.

— Eu não *tenho* problema, eu sou *parte* do problema.

— Como você acha que Billy reagiria se soubesse que era o Professor?

— Seria destruição dele se descobre.

Na sessão de terapia seguinte, Ragen contou ao dr. Caul que ele e Arthur, depois de uma discussão longa e acalorada, tinham concordado que Billy deveria saber que era o Professor. No começo, Arthur achava que o choque seria demais para Billy suportar e que ficaria louco se descobrisse. Agora, os dois concordavam que, para Billy melhorar, era necessário que ele soubesse a verdade.

Caul ficou satisfeito com a decisão. O relatório de Ragen sobre o conflito entre ele e Arthur e a rebelião dos indesejáveis sugeria que as coisas estavam chegando a um ponto de crise. Sentia que tinha chegado a hora de Billy ver os outros e aprender que *ele* era o responsável por reunir todo o conhecimento, aprender todas as habilidades e passar tudo adiante. Ficaria mais forte ao descobrir que ele era o Professor.

Caul pediu para falar com Billy, e quando viu os joelhos tremendo e soube com quem estava falando, contou sobre a decisão de Arthur e Ragen. Caul viu a combinação de empolgação e medo quando Billy assentiu e disse que estava pronto. O médico pôs a fita no gravador, ajustou o som e se acomodou para observar as reações do paciente.

Billy, com um sorriso tímido, se viu no monitor. Quando viu a imagem das pernas tremendo e reparou que ainda estava fazendo a mesma coisa, botou as mãos nos dois joelhos para segurá-los. E quando o monitor mostrou seus lábios se movendo em silêncio, levou a mão à boca, os olhos arregalados, sem entender. O rosto de Ragen surgiu, idêntico ao dele, e a voz de Ragen, pela primeira vez fora de sua cabeça, na tela. E as palavras:

— Você fez muitos inimigos, dr. Caul.

Até aquele momento, Billy tinha aceitado de boa-fé o que os outros contaram: que tinha múltiplas personalidades, embora nada dentro dele fizesse com que sentisse que aquilo era verdade. Só sabia até ali que ocasionalmente ouvia vozes e perdia tempo. Acreditou no que os médicos lhe contaram, mas nunca tinha sentido. Agora, pela primeira vez, via com seus próprios olhos, e pela primeira vez entendia.

Observou, com temeroso fascínio, enquanto Ragen falava dos vinte e quatro nomes no papel e dos indesejáveis. Sua boca ficou aberta enquanto Ragen falava do Professor, que tinha ensinado a todo mundo tudo que sabiam. Mas quem era o Professor?

— O Professor é Billy inteiro. Billy não sabe — disse Ragen na tela.

Caul viu Billy ficar inerte. Ele parecia fraco. Estava suando.

Billy saiu da sala e subiu a escada para o terceiro andar. As pessoas passavam e o cumprimentavam, mas ele não as respondeu. Atravessou o saguão quase vazio do ATI. De repente se sentiu fraco e trêmulo, caindo em uma poltrona.

Ele era o Professor.

Ele é quem tinha a inteligência, o talento artístico, a força, as habilidades de escapismo.

Ele tentou entender. No começo, havia só o Billy original, o que nasceu, que tinha certidão de nascimento. Depois, partiu-se em muitos pedaços, mas o tempo todo, por trás desses muitos pedaços, havia uma presença sem nome, alguém que Ragen apontara como sendo o Professor. De certa forma, a coisa invisível, fragmentada, que mais parecia um espírito chamado Professor, tinha criado todos os outros, crianças e monstros também... e, portanto, carregava a responsabilidade pelos crimes deles.

Se as 24 pessoas se fundissem em uma, ela seria o Professor. Seria o Billy inteiro. Como seria? Ele saberia? O dr. Caul tinha que conhecer o Professor. Era importante para a terapia. E o escritor também precisava do Professor, para saber tudo que tinha acontecido...

Billy fechou os olhos e sentiu um calor estranho se espalhar das pernas para o tronco e os braços, até os ombros e a cabeça. Ele sentiu seu corpo vibrando, pulsando. Olhou para baixo e viu o ponto, a luz branca forte que machucou seus olhos. E, ao olhar para baixo, ele soube que tinham que ir para a frente, todos eles, todos juntos ao mesmo tempo, e aí estavam na frente, e ele estava na frente, e era a frente... e pela frente... caindo... despencando pelo espaço interno... todas as pessoas fluindo juntas... deslizando juntas... se interligando...

E ele saiu do outro lado.

Juntou suas mãos e as ergueu diante do rosto para observá-las. Agora, sabia por que não tinha ficado completamente integrado antes. Os outros não tinham sido revelados. Todos os outros que havia criado, todas as suas ações, seus pensamentos, lembranças, da primeira infância do Billy até aquele momento, agora voltaram para ele. Conhecia as bem-sucedidas assim como as que fracassaram; os indesejáveis que Arthur tinha tentado controlar e depois esconder em vão. Agora sabia sua história: seus absurdos, suas tragédias, seus crimes não revelados. E também sabia que, quando pensasse em alguma coisa ou lembrasse e falasse com o escritor, os outros 23 passariam a saber também, e aprenderiam a história das suas próprias vidas. Quando soubessem, quando a amnésia fosse apagada, eles nunca mais poderiam ser os mesmos. Isso o deixou triste, como se tivesse perdido alguma coisa. Mas por quanto tempo?

Ele percebeu alguém andando pelo saguão e se virou para ver quem estava vindo na sua direção. Partes dele, ele sabia, já conheciam o médico.

O dr. Caul andou pelo saguão do ATI até a estação de enfermagem e viu o que achou que era Billy, sentado na poltrona do lado de fora da sala de televisão. Mas assim que o paciente se levantou e se virou, Caul soube que não era Billy, nem qualquer outra das personalidades que tinha visto antes. Havia um relaxamento na postura, um olhar aberto que desarmava. Caul sentiu que alguma coisa havia acontecido e achou importante mostrar ao paciente que seu médico tinha a sensibilidade de saber sem perguntar ou ter que ser informado. Caul cruzou os braços sobre o peito e encarou diretamente os olhos penetrantes.

— Você é o Professor, não é? Eu estava esperando você.

O Professor olhou para ele e assentiu com uma força silenciosa no meio sorriso.

— Você tirou todas as minhas defesas, dr. Caul.

— Não fui eu. Você sabe. Foi o tempo.

— As coisas nunca mais vão poder ser as mesmas.

— Você quer que sejam?

— Acho que não.

— Então agora vai poder contar toda a história ao escritor. Até que ponto você consegue se lembrar?

O Professor olhou para ele com firmeza.

— Eu me lembro de tudo. Eu me lembro de Billy ser levado pra casa do hospital na Flórida quando tinha um mês e quase morreu porque houve uma obstrução na garganta dele. Eu me lembro do pai verdadeiro dele, Johnny Morrison, o comediante judeu e mestre de cerimônias, que cometeu suicídio. Eu me lembro do primeiro amiguinho imaginário do Billy.

Caul assentiu, sorrindo, e deu um tapinha no braço dele.

— É bom ter você com a gente, Professor. Nós todos temos muito a aprender.

LIVRO DOIS

TORNANDO-SE O PROFESSOR

CAPÍTULO 7

1

Dorothy Sands relembrou que, no mês de março de 1955, quando estava segurando o bebê de um mês nos braços depois de lhe um dar remédio, ela viu o rosto vermelho da criança e o aro branco em volta da boca.

— Johnny! A gente tem que levar o Billy pro hospital! — gritou ela.

Johnny Morrison entrou correndo na cozinha e Dorothy continuou:

— Ele não consegue segurar nada no estômago. Fica vomitando. E agora olha o que esse remédio está fazendo com ele.

Johnny gritou chamando Mimi, a empregada, para ela ficar de olho no bebê Jim, e saiu correndo para ligar o carro. Dorothy foi ao encontro dele com o bebê Billy nos braços, e eles rumaram para o Hospital Mount Sinai, em Miami Beach.

Na sala de emergência, um jovem residente olhou para o bebê e disse:

— Moça, você chegou tarde demais.

— Ele está vivo! Seu filho da puta, faz alguma coisa pelo meu bebê! — gritou ela.

Abalado pelas palavras da mãe, o residente pegou o bebê e gaguejou:

— Nós... nós vamos fazer o possível.

A enfermeira na recepção preencheu o formulário de entrada.

— Nome e endereço da criança?

— William Stanley Morrison. Rua North East 154, número 1311. North Miami Beach — disse Johnny.

— Religião?

Ele parou e olhou para Dorothy. Ela sabia que ele estava prestes a dizer "judeu", mas, ao ver a expressão no rosto dela, hesitou.

— Católico — disse ela.

Johnny Morrison se virou e andou para a sala de espera. Dorothy foi atrás, afundou no sofá de plástico e o viu fumar um cigarro atrás do outro. Achava que ele ainda estava se perguntando se Billy era mesmo seu filho. Era uma criança diferente de Jim, de cabelo escuro e pele escura, que tinha nascido quase um ano e meio antes. Johnny ficou tão feliz com Jimbo que falou em procurar a esposa e pedir divórcio. Mas nunca chegou a fazer isso. Ainda assim, tinha comprado a casa rosa com a palmeira no quintal porque, disse ele, era importante as pessoas no show business terem uma boa vida doméstica. Era uma vida melhor do que a que ela teve com o ex--marido, Dick Jonas, em Circleville, Ohio.

Mas Johnny estava passando por um momento ruim agora, ela percebeu. Suas piadas não estavam fazendo sucesso. Os comediantes mais jovens estavam conseguindo os melhores trabalhos e Johnny estava ficando esquecido. Ele era um músico e M.C. requisitado, mas agora, em vez de trabalhar na sua apresentação, ficava jogando e bebendo. Tinha chegado ao ponto em que tomava uma dose antes da primeira apresentação em casas noturnas "só para dar um gás" e acabava não conseguindo chegar ao último show. Apesar de ainda se autopromover como "meio músico, meio bobo", agora ele podia acrescentar "e uma dose de bourbon".

Não era o mesmo Johnny Morrison que ajudava nos arranjos de canto dela e a levava até em casa "para proteger minha fazendeira de Ohio de 20 anos e bochechas coradas". Não era o mesmo Johnny Morrison com quem ela sentia tanta segurança que avisava às garotas que se aproximavam dele que era para "tomar cuidado, eu sou a garota do Johnny Morrison".

Aos 36 anos, cego do olho esquerdo, atarracado e com corpo de lutador, Johnny era mais como um pai para ela, pensou Dorothy.

— Você não devia fumar tanto assim — disse ela.

Ele apagou o cigarro no cinzeiro e enfiou as mãos nos bolsos.

— Não estou com vontade de fazer o show hoje.

— Você perdeu muitos este mês, Johnny.

O olhar intenso dele interrompeu as palavras dela. Ele abriu a boca para dizer alguma coisa, e ela se preparou para uma grosseria, mas o médico apareceu na recepção.

— Sr. e sra. Morrison, acho que seu bebê vai ficar bem. Ele tem um tumor bloqueando o esôfago. Nós podemos controlar. A condição dele é estável. Vocês dois podem ir pra casa agora. Vamos telefonar se houver alguma mudança.

Billy sobreviveu. No primeiro ano, entrava e saía de hospitais em Miami. Quando Dorothy e Johnny tinham apresentações fora da cidade juntos, Billy e Jimbo ficavam com Mimi ou em uma creche.

Dorothy engravidou pela terceira vez um ano depois de Billy nascer. Johnny sugeriu um aborto em Cuba. Ela se recusou, contou aos filhos anos depois, porque era pecado mortal. Kathy Jo nasceu na véspera de Ano-Novo, no dia 31 de dezembro de 1956. Pagar os gastos médicos sobrecarregou Johnny. Ele pegou mais dinheiro emprestado, jogou mais, bebeu mais, e Dorothy descobriu que ele devia 6 mil dólares a agiotas. Eles brigaram. Johnny a agrediu.

Johnny foi hospitalizado por alcoolismo agudo e depressão no outono de 1956, mas pôde voltar para casa no dia 19 de outubro para a festa de aniversário de 5 anos de Jimbo, que seria no dia seguinte. Dorothy voltou do trabalho tarde da noite e o encontrou caído sobre a mesa, com meia garrafa de uísque e um frasco vazio de remédio para dormir no chão.

2

O Professor lembrava que o primeiro amigo dentro de Billy não tinha nome. Um dia, quatro meses antes de seu aniversário de 4 anos, quando Jimbo não quis brincar, Kathy ainda era pequena demais e o pai estava ocupado lendo um livro, Billy estava sozinho no quarto com seus brinquedos, solitário e entediado. Ele então viu um garotinho de cabelo preto e olhos escuros sentado diante dele, observando. Billy empurrou um soldadinho de brinquedo na direção dele. O garotinho o pegou, colocou no caminhão e o empurrou para a frente e para trás, para a frente e para trás. Eles não se falaram. Mesmo assim, era melhor do que ficar completamente sozinho.

Naquela noite, Billy e o garotinho sem nome viram o pai ir até o armário de remédios e pegar um frasco de comprimidos. O espelho refletiu o rosto do papai quando ele esvaziou o frasco de cápsulas amarelas na mão e as engoliu. O pai se sentou à mesa, Billy se deitou na caminha e o garotinho sem nome desapareceu. No meio da noite, o grito da mãe acordou Billy. Ele a viu correr para o telefone e chamar a polícia. Com Jimbo parado ao seu lado em frente à janela, Billy ficou olhando enquanto empurravam a maca e depois os carros com luzes piscando levaram seu pai.

Nos dias seguintes, o pai não voltou para brincar com ele, a mãe estava muito triste e ocupada, Jimbo não estava lá e Kathy era muito pequena. Billy queria brincar com Kathy, falar com ela, mas a mãe disse que ela era uma garotinha pequena e que ele tinha que tomar muito, muito cuidado. Então, quando tornava a se sentir solitário e entediado, ele fechava os olhos e dormia.

"Christene" abriu os olhos e foi até o berço de Kathy. Quando Kathy chorou, Christene soube pela expressão no rosto da menina exatamente o que ela queria e foi dizer para a moça bonita que Kathy estava com fome.

— Obrigada, Billy — disse Dorothy. — Você é um bom menino. Cuida da sua irmã que eu vou preparar o jantar. Depois leio uma história pra você dormir antes de ir trabalhar.

Christene não sabia quem era Billy nem por que estava sendo chamada assim, mas ficou feliz porque podia brincar com Kathy. Ela pegou um giz de cera vermelho e foi até a parede ao lado do berço para desenhar uma boneca para Kathy.

Ela ouviu alguém chegando; olhou para cima e viu a moça bonita olhando de cara feia para o desenho na parede e para o giz de cera vermelho na mão dela.

— Isso é feio! Feio! Feio! — gritou Dorothy.

Christene fechou os olhos e foi embora.

Billy abriu os olhos e viu a raiva no rosto da mãe. Ela o segurou e o sacudiu, e ele ficou com medo e chorou. Não sabia por que estava sendo punido. Mas viu o desenho na parede e se perguntou quem tinha feito aquela coisa errada.

— Eu não mau! — gritou ele.

— Você desenhou na parede! — gritou ela.

Ele fez que não.

— Não Billy. Foi Kathy — disse ele, apontando para o berço.

— É feio mentir — disse Dorothy, enfiando o indicador com força no peito do menininho. — Mentir... é... feio. Você vai pro inferno se for mentiroso. Agora, já pro seu quarto.

Jimbo não falou com ele. Billy se perguntou se Jimbo tinha feito o desenho na parede. Ele chorou por um tempo, fechou os olhos e dormiu...

Quando abriu os olhos, Christene viu um garoto maior dormindo do outro lado do quarto. Olhou em volta procurando uma boneca para brincar, mas só viu soldadinhos de chumbo e caminhões. Não queria aqueles brinquedos. Queria bonecas, mamadeiras com bicos e a boneca de pano macia da Kathy.

Ela saiu do quarto para procurar o berço de Kathy e espiou três aposentos antes de encontrar. Kathy estava dormindo, então Christene pegou a boneca de pano e voltou para a cama.

De manhã, Billy foi castigado por pegar a boneca de Kathy. Dorothy a encontrou na cama dele e o sacudiu e sacudiu até ele achar que sua cabeça ia cair.

— Nunca mais faça isso — disse ela. — Essa boneca é da Kathy.

Christene aprendeu que tinha que tomar cuidado com a forma como brincava com Kathy quando a mãe de Billy estava por perto. No começo, achou que o garoto na outra cama podia ser Billy, mas todo mundo o chamava de Jimbo, e ela entendeu que ele era o irmão mais velho. Seu nome era Christene, mas, como todo mundo a chamava de Billy, ela aprendeu a atender. Amava muito Kathy e, com o passar dos meses, brincou com ela, ensinou palavras, viu quando ela aprendeu a andar. Sabia quando Kathy estava com fome e de que alimentos ela gostava. Sabia quando alguma coisa a estava machucando e contava para Dorothy se havia algo errado.

Elas brincavam de casinha juntas e ela gostava de brincar de se vestir com Kathy quando a mãe dela não estava. Botavam as roupas e sapatos e chapéus de Dorothy e fingiam estar cantando numa casa noturna. Mais do que tudo, Christene gostava de desenhar para Kathy, mas não fazia mais isso na parede. Dorothy levou um montão de papel e giz de cera, e todo mundo dizia que Billy desenhava muito bem.

Dorothy ficou preocupada quando Johnny voltou do hospital. Ele parecia bem quando brincava com as crianças ou tentava compor músicas e material novo para o show. Quando ela dava as costas, ele ia para o telefone com os agenciadores de apostas. Tentou impedi-lo, mas ele a xingou e bateu nela. Johnny se mudou para o Midget Mansions Motel, perdeu o Natal com as crianças e o terceiro aniversário de Kathy na véspera de Ano-Novo.

No dia 18 de janeiro, Dorothy foi acordada por uma ligação da polícia. O corpo de Johnny tinha sido encontrado no carro, parado em frente ao motel, com uma mangueira que ia do escapamento até a janela de trás. Ele tinha deixado uma carta de suicídio de oito páginas atacando Dorothy e dando instruções para pagar algumas dívidas pessoais com o dinheiro do seguro.

Dorothy contou aos filhos que Johnny tinha ido para o céu. Jimbo e Billy foram para a janela e olharam para cima.

Na semana seguinte, os agiotas disseram a ela que precisava pagar a dívida de 6 mil dólares de Johnny, senão aconteceria alguma coisa a ela e aos filhos. Ela fugiu com as crianças — primeiro para a casa da irmã, Jo Ann Bussy, em Key Largo, depois de volta a Circleville, Ohio. Lá encontrou o ex-marido, Dick Jonas. Depois de alguns encontros e promessas de que ele mudaria, eles se casaram novamente.

3

Billy tinha quase 5 anos quando entrou na cozinha certa manhã e ficou na ponta dos pés para pegar o pano de prato na bancada. De repente, o pote de biscoito que estava lá se espatifou no chão. Ele tentou juntar os pedaços, mas não conseguiu. Ouviu alguém chegando e começou a tremer. Não queria ser punido. Não queria se machucar.

Sabia que tinha feito uma coisa feia, mas não queria saber o que ia acontecer, não queria ouvir a mãe gritando com ele. Ele fechou os olhos e dormiu...

"Shawn" abriu os olhos e observou o entorno. Viu o pote quebrado no chão e ficou olhando. O que era? Por que estava quebrado? Por que ele estava ali?

Uma moça bonita apareceu, olhou para ele de cara feia e moveu a boca, mas ele não ouviu som algum. Ela o sacudiu várias vezes e enfiou o indicador em seu peito, o rosto vermelho, a boca ainda se movendo. Não tinha ideia do motivo para ela estar com raiva dele. Ela o arrastou para um quarto, o empurrou para dentro e fechou a porta. Ficou sentado em silêncio, perguntando-se o que aconteceria em seguida. Ele foi dormir.

Quando Billy abriu os olhos, ele se encolheu, esperando levar uma surra por ter quebrado o pote de biscoitos, mas o tapas não vieram. Como ele tinha voltado para o quarto? Bem, estava se acostumando a estar em um lugar, fechar os olhos e, ao abrir, ver que estava em outro lugar, em outro momento. Achava que devia ser assim com todo mundo. Até o momento, ele se via em uma situação em que era chamado de mentiroso e era punido por uma coisa que não tinha feito. Aquela era a primeira vez que tinha feito alguma coisa, acordado e visto que nada havia acontecido. Perguntou-se quando sua mãe o puniria pelo pote de biscoito quebrado. Isso o deixou nervoso, e ele passou o restante do dia sozinho no quarto. Desejou que Jimbo voltasse logo da escola ou que pudesse ver o garotinho de cabelo escuro que brincava com os soldadinhos e caminhões dele. Billy apertou bem os olhos, pedindo para o garoto estar lá. Mas não houve nada.

O estranho era que ele não se sentia mais sozinho. Sempre que começava a se sentir solitário, entediado ou triste, ele fechava os olhos. Quando os abria, estava em outro lugar, e tudo estaria diferente. Às vezes, fechava os olhos quando o sol estava brilhando lá fora e, quando os abria novamente, já era noite. Às vezes, acontecia o contrário. Em outras ocasiões, estava brincando com Kathy ou Jimbo, piscava os olhos e estava sentado no chão sozinho. De vez em quando, percebia marcas vermelhas nos braços ou uma dor no traseiro, como se tivesse levado uma surra. Mas nunca mais levou surras nem foi sacudido.

Estava feliz porque ninguém mais o castigava.

4

Dorothy ficou com Dick Jonas por um ano. A situação começou a ficar insustentável e ela o deixou pela segunda vez. Ela se virou como garçonete no Lancaster Country Club e cantando em bares de hotéis como o Continental e o Top Hat. Colocou os filhos na escola St. Joseph, em Circleville, Ohio.

Billy se saiu bem no primeiro ano. As freiras o elogiaram por seu talento para o desenho. Ele desenhava rapidamente, e seu uso de luz e sombra era incomum para alguém de 6 anos. No segundo ano, a irmã Jane Stephens estava determinada a fazer com que ele só usasse a mão direita para escrever e desenhar.

— O diabo está na sua mão esquerda, William. Nós temos que expulsá-lo.

Ele a viu pegar a régua e fechou os olhos...

Shawn olhou em volta e viu a moça de vestido preto e peitilho branco engomado indo em sua direção com uma régua. Sabia que estava ali para ser punido por alguma coisa. Mas pelo quê? Ela moveu a boca, mas ele não conseguiu ouvir. Ele só se encolheu e olhou para aquele rosto vermelho e zangado. Ela segurou a mão esquerda dele, ergueu a régua e bateu na palma em silêncio, várias vezes.

Lágrimas desceram pelas bochechas dele, que novamente se perguntou por que estava ali para ser punido por algo que não tinha feito. Não era justo.

Shawn foi embora e Billy abriu os olhos. Viu a irmã Stephens se afastando. Olhou para a mão esquerda e viu as marcas vermelhas, e sentiu a ardência. Ele também sentiu uma coisa no rosto e tocou na bochecha com a mão direita. Lágrimas?

Jimbo nunca esqueceu que, apesar de ser um ano e quatro meses mais velho do que o irmão, foi Billy que, aos 7 anos, tentou convencê-lo a fugir de casa no verão. Eles pegariam comida, disse Billy, uma faca e algumas roupas, e sairiam para viver aventuras. Voltariam ricos e famosos. Impressionado com o planejamento e a determinação do irmãozinho, Jimbo aceitou ir junto.

Eles saíram de casa com as mochilas e andaram por Circleville e pelos arredores da cidade, passando pela área residencial até um campo grande cheio de trevos. Billy apontou para uma área com umas cinco ou seis macieiras no centro do campo e disse que eles parariam lá para almoçar. Jimbo foi atrás.

Eles se sentaram e recostaram nas árvores, comendo maçã e conversando sobre as aventuras que viveriam. Jimbo sentiu um vento forte chegando. As maçãs começaram a cair em volta deles.

— Ei — disse Jimbo. — Vai desabar uma tempestade.

Billy olhou em volta.

— E olha as abelhas!

Jimbo viu que o campo todo parecia cheio de abelhas zumbindo.

— Estão em toda parte. A gente vai morrer de picada. A gente tá preso. Socorro! Socorro! Alguém ajuda a gente! — gritou ele.

Billy arrumou as coisas rapidinho.

— Olha, a gente não foi picado quando entrou no campo. A melhor coisa a fazer é voltar por onde viemos. Mas a gente tem que ir correndo. Vamos agora!

Jimbo parou de gritar e foi atrás do irmão.

Saíram correndo pelo campo e voltaram para a estrada sem picadas.

— Você pensou rápido — disse Jimbo.

Billy olhou para o céu cada vez mais escuro.

— Está ficando feio. Nós fomos impedidos, então é melhor encerrar por hoje. Vamos voltar, mas sem dizer nada. A gente pode fazer isso outro dia.

No caminho de casa, Jimbo ficou se perguntando por que estava se deixando guiar pelo irmão mais novo.

Mais tarde, no mesmo verão, eles foram explorar o bosque em volta de Circleville. Quando chegaram ao riacho Hargis, viram uma corda pendurada em um galho acima da água.

— A gente pode passar se balançando — disse Billy.

— Deixa comigo. Eu sou mais velho. Eu vou primeiro. Se for seguro, você pode se balançar por cima da água depois de mim — disse Jimbo.

Jimbo puxou a corda, recuou para pegar impulso e se balançou. A três quartos do caminho, ele caiu na lama, que começou a puxá-lo.

— Areia movediça! — gritou Jimbo.

Billy agiu rápido, arrumou um galho comprido e jogou para o irmão. Ele subiu na árvore, seguiu por um galho, desceu pela corda e puxou Jimbo para a segurança. Quando estavam na margem, Jimbo ficou deitado olhando para ele.

Billy não disse nada, mas Jimbo passou o braço em volta do ombro do irmão mais novo.

— Você salvou a minha vida, Bill. Eu te devo uma.

Diferentemente de Billy e Jimbo, Kathy adorava a escola católica e admirava as irmãs. Ela decidiu que seria freira quando crescesse. Ela amava a lembrança do pai e tentou descobrir tudo que pudesse sobre Johnny Morrison. Sua mãe tinha dito aos filhos que o pai ficou doente e foi levado para o hospital, onde morreu. Agora que tinha 5 anos e estava na escola, sempre que ia fazer alguma coisa, Kathy se perguntava primeiro: "Era isso o que papai Johnny ia querer que eu fizesse?". Era algo que ela levaria para a idade adulta.

Dorothy guardou o dinheiro de suas apresentações e comprou uma parte do Top Hat Bar. Conheceu um jovem bonito, de fala rápida, que teve uma ideia maravilhosa de abrirem juntos um restaurante com eventos noturnos na Flórida. Precisavam se mudar rapidamente, explicou ele. Ela podia levar as crianças para a Flórida e visitar alguns lugares. Ele ficaria em Circleville, venderia a parte de Dorothy no bar e se juntaria a ela. Só precisava passar a parte dela para ele.

Ela fez o que o homem sugeriu, levou as crianças para a casa da irmã na Flórida, verificou alguns clubes à venda e esperou um mês. Ele nunca apareceu. Ao perceber que tinha sido enganada por um golpista, voltou para Circleville falida.

Em 1962, enquanto cantava em um lounge de boliche, Dorothy conheceu Chalmer Milligan, viúvo. Ele agora morava com a filha, Challa, que tinha a mesma idade que Billy. Sua outra filha, já adulta, era enfermeira. Ele começou a sair com Dorothy e a ajudou a conseguir um emprego na empresa onde era supervisor de prensa, fazendo peças de telefone.

Desde o começo, Billy não gostou de Chalmer Milligan. E disse para Jimbo:

— Eu não confio nele.

O Festival da Abóbora em Circleville, famoso no Meio-Oeste, era o momento mais aguardado do ano na cidade. Além de desfiles e carros alegóricos, as ruas eram transformadas em uma feira da abóbora, com vendedores em barracas exibindo donuts de abóbora, doces de abóbora e até hambúrguer de abóbora. A cidade era transformada em uma cidade de sonhos de abóbora, com luzes, decorações e brinquedos de parque de diversão. O Festival da Abóbora de outubro de 1963 foi uma época feliz.

Dorothy sentiu que sua vida dera uma boa guinada. Conhecera um homem com emprego fixo, que poderia cuidar dela e que disse que adotaria seus três filhos. Achava que ele seria um bom pai, e ela seria uma boa mãe para Challa. Em 27 de outubro de 1963, Dorothy se casou com Chalmer Milligan.

Três semanas depois do casamento, em um domingo, em meados de novembro, ele os levou para visitar a fazendinha do pai dele em Bremen, Ohio, a apenas quinze minutos de distância. As crianças adoraram visitar a casa branca, brincar no balanço da varanda, xeretar a casinha fresca junto ao riacho, nos fundos, e um velho celeiro vermelho, um pouco abaixo da colina. Os meninos teriam que ir aos fins de semana para trabalhar, disse Chalmer. Havia muito que fazer para preparar o solo e plantar hortaliças.

Billy olhou para as abóboras apodrecendo nos campos e fixou o celeiro e a paisagem na mente. Decidiu que, quando chegasse em casa, desenharia o local como presente para o novo papai Chal.

Na sexta-feira seguinte, a madre superiora e o padre Mason entraram na sala do terceiro ano e sussurraram algo para a irmã Jane Stephens.

— Todas as crianças podem se levantar e baixar a cabeça? — disse a irmã Stephens, com lágrimas descendo pelo rosto.

As crianças, intrigadas com a solenidade na voz do padre Mason, ouviram quando ele falou, a voz trêmula:

— Crianças, vocês talvez não entendam a situação do mundo agora. Não espero que entendam. Mas preciso contar que nosso presidente, John F. Kennedy, foi assassinado hoje de manhã. Faremos uma oração agora.

Depois que rezaram um pai-nosso, as crianças foram dispensadas e esperaram do lado de fora o ônibus que as levaria para casa. Sentindo a impressionante tristeza dos adultos, as crianças ficaram esperando em silêncio.

Naquele fim de semana, enquanto a família assistia ao noticiário e à procissão funerária na televisão, Billy viu que sua mãe estava chorando. Isso o fez sofrer. Ele não conseguia vê-la assim, nem ouvi-la chorando, então fechou os olhos...

Shawn veio e olhou para as imagens silenciosas na tela da televisão e para todo mundo assistindo. Foi até o aparelho e levou o rosto para bem perto, para sentir as vibrações. Challa o empurrou para que saísse da frente. Shawn foi para o quarto e se sentou na cama. Ele descobriu que, se soltasse o ar devagar pela boca, com os dentes apertados, podia sentir as mesmas vibrações engraçadas na cabeça, algo como *zzzzzzz*... Ele se sentou e fez isso sozinho no quarto por muito tempo. *Zzzzzzz*...

Chalmer tirou as três crianças do St. Joseph e as matriculou no sistema escolar da cidade de Circleville. Como protestante irlandês, não permitiria que alguém da sua família estudasse em uma escola católica; todos teriam que frequentar a igreja metodista.

As crianças se ressentiram de ter que mudar as orações da ave-maria e pai-nosso, orações de adultos com as quais já estavam acostumadas, para as orações infantis em que Challa dizia principalmente: "Agora que me deito para dormir".

Billy decidiu que, se fosse mudar de religião, seria o que o pai dele, Johnny Morrison, era: judeu.

CAPÍTULO 8

1

Pouco depois do casamento, quando todos se mudaram para a cidade próxima de Lancaster, Dorothy descobriu que Chalmer era atipicamente rigoroso com os quatro filhos. Ninguém podia falar à mesa de jantar. Ninguém podia rir. O sal tinha que ser passado no sentido horário. Quando havia visita, as crianças tinham que se sentar eretas, os pés tocando o chão, as mãos nos joelhos.

Kathy não tinha permissão de se sentar no colo da mãe.

— Você está grande demais para isso — disse Chalmer para a menina de 7 anos.

Uma vez, Jimbo pediu a Billy para passar o sal. Billy, sem conseguir alcançar o saleiro, o empurrou sobre a mesa. Chalmer gritou:

— Você não sabe fazer nada direito? Um garoto de 9 anos agindo como um bebê.

Eles passaram a ter medo do papai Chal. Era pior ainda quando ele tomava cerveja.

Com medo de demonstrar raiva, Billy se retraiu para dentro de si. Não entendia o rigor, a hostilidade, as punições. Certa vez, quando Chalmer gritou com ele e Billy olhou diretamente para seu rosto, o tom de Chalmer mudou para um chiado gelado:

— Abaixe os olhos quando eu falar com você.

A voz fez Billy se encolher e olhar para baixo.

Muitas vezes, quando Shawn abria os olhos e observava as coisas ao redor, alguém estava olhando para ele com os lábios se movendo, o rosto zangado. Às vezes, era a moça bonita. Às vezes, uma das garotas, ou o garoto, que era um pouco maior do que ele e o empurrava ou tirava seu brinquedo. Quando eles moviam os lábios, ele movia o dele também e fazia o zumbido por entre os dentes. Eles riam quando ele fazia isso. Mas não o homem grande e zangado. O homem olhava para ele de cara feia. Shawn chorava, e isso causava uma sensação estranha na cabeça dele, então ele fechava os olhos e ia embora.

Kathy depois se lembrou da brincadeira favorita de Billy na infância.

— Faz a abelha, Billy — disse Kathy. — Mostra pra Challa.

Billy olhou para elas, intrigado.

— Que abelha?

— A coisa de abelha que você faz. Você sabe. Zzzzzzzz!

Sem entender nada, Billy imitou o zumbido de uma abelha.

— Você é engraçado — disse Kathy.

— Por que você faz esse zumbido de noite? — perguntou Jimbo mais tarde, no quarto. Eles dormiam juntos em uma cama de casal de madeira antiga, e Jimbo tinha sido acordado várias vezes pelo irmão fazendo o som de zumbido.

Constrangido por Jimbo ter mencionado o zumbido, assim como as garotas tinham feito, algo do qual Billy não sabia nada, ele pensou rapidamente:

— Foi uma brincadeira que eu inventei.

— Como é a brincadeira?

— Chama-se "Abelhinha". Vou mostrar. — Ele colocou as duas mãos embaixo da coberta e as moveu em círculos. — Zzzzzzzz... Está vendo, tem uma família de abelhas aqui embaixo.

Para Jimbo, era quase como se o som de zumbido *estivesse* vindo de debaixo da coberta. Billy tirou uma das mãos fechada em concha e pareceu que o zumbido vinha de dentro da mão. Com os dedos, passeou com a abelha pelo travesseiro e pela coberta. Ele fez isso várias vezes, com várias abelhas, até que Jimbo sentiu um beliscão no braço.

— Ai! Por que você fez isso?

— Foi uma das abelhas que picou você. Agora você tem que pegar ela. Tem que matar a abelha com um tapa ou segurar ela com a mão.

Várias vezes, Jimbo deu tapas ou segurou uma abelha que o picou. Uma vez, quando ele prendeu uma abelha, o zumbido encheu o quarto escuro, foi ficando mais alto e mais furioso, e a outra mão apareceu e o beliscou com mais e mais força.

— *Ai! Ai!* Ei, você está me machucando.

— Não fui eu — disse Billy. — Você prendeu a Abelhinha. O papai e o irmão mais velho dela vieram zumbindo pra castigar você.

Jimbo soltou a Abelhinha, e Billy fez a família toda de abelhas circular em volta da Abelhinha no travesseiro.

— Que brincadeira legal. Vamos fazer de novo amanhã à noite — disse Jimbo.

Billy ficou deitado no escuro antes de adormecer, pensando que aquela devia ser a verdadeira explicação para o zumbido. Ele devia ter inventado a brincadeira na cabeça, fazendo os sons de zumbido sem perceber que os outros da casa ouviam. Isso devia acontecer com muita gente. Assim como perder tempo. Ele achava que todo mundo perdia uma parte do tempo. Costumava ouvir sua mãe ou uma das vizinhas dizer "Deus, eu não sei aonde o tempo foi parar" ou "Já é tarde assim?" ou "Aonde o dia foi parar?".

2

O Professor se lembrava vividamente de um domingo. Foi uma semana depois do Primeiro de Abril. Billy, que tinha feito 9 anos sete semanas antes, tinha reparado que papai Chal o observava constantemente. Ele apanhou uma revista e a folheou. Quando ergueu o olhar, viu Chalmer encarando, sentado com uma expressão pétrea, a mão no queixo, os olhos azul-esverdeados vazios observando tudo o que ele fazia. Billy se levantou, colocou a revista na mesa de centro e se sentou no sofá do jeito que tinha sido instruído a fazer, com os pés tocando completamente o chão, as mãos nos joelhos. Mas Chalmer continuou olhando, e ele se levantou e foi para a varanda dos fundos. Inquieto, sem saber o que fazer, pensou em brincar com Blackjack. Todos diziam que Blackjack era um cachorro feroz, mas Billy se dava bem com ele. Quando ergueu o olhar, viu Chalmer novamente olhando para ele, pela janela do banheiro.

Assustado, querendo se afastar do olhar de Chalmer, ele contornou a casa até o jardim da frente e lá se sentou, tremendo, apesar de ser uma noite quente. O entregador de jornal jogou o *Gazette* na sua direção. Billy se levantou e se virou para levá-lo para dentro de casa, mas lá estava Chalmer, olhando para ele pela janela da frente.

Durante todo o resto daquele domingo e naquela noite, Billy sentiu os olhos de Chalmer nele. Começou a tremer, sem saber o que Chalmer faria. Chalmer não disse nada, mas seus olhos estavam lá, seguindo cada movimento de Billy.

A família assistia a *Walt Disney's Wonderful World of Color* e Billy se deitou no chão. De tempos em tempos, olhava para trás e via o olhar frio e vazio de Chalmer. Quando se moveu para se sentar perto da mãe no sofá, Chalmer se levantou e saiu batendo os pés.

Billy não conseguiu dormir direito naquela noite.

Na manhã seguinte, antes do café da manhã, Chalmer entrou na cozinha com cara de quem não tinha dormido muito e anunciou que ele e Billy iriam para a fazenda. Havia muito a ser feito.

Chalmer dirigiu pelo caminho mais longo, o dos fundos, até a fazenda, sem dizer uma única palavra a viagem toda. Ele abriu a garagem e dirigiu o trator para dentro do celeiro. Billy fechou os olhos. Ele sentiu dor...

A declaração do dr. George Harding para o tribunal reconta o evento: "O paciente relata [...] que sofreu abuso sádico e sexual, inclusive penetração anal da parte do sr. Milligan. De acordo com o paciente, isso ocorreu quando ele tinha 8 ou 9 anos, ao longo de um ano, geralmente em uma fazenda em que ficava sozinho com o padrasto. Ele indica que tinha medo de ser morto pelo padrasto, que ameaçava 'enterrá-lo no celeiro e contar para a mãe que ele tinha fugido'".

... e, naquele momento, sua mente, suas emoções e sua alma se partiram em 24 partes.

3

Kathy, Jimbo e Challa confirmaram depois a lembrança do Professor da primeira surra da mãe. De acordo com Dorothy, Chalmer tinha ficado furioso depois que a viu falando com um colega no trabalho, em uma bancada próxima — um homem negro. Ela estava operando uma furadeira controlada por fita e, quando reparou que o homem estava pegando no sono na linha de montagem, foi até ele e o sacudiu, e lhe disse que aquilo era perigoso. Ele sorriu e agradeceu.

Quando voltou para sua bancada de trabalho, viu Chalmer olhando para ela de cara feia. No caminho para casa, ele ficou em silêncio, emburrado.

Em casa, ela perguntou:

— Qual é o problema? Quer conversar?

— Você e aquele crioulo — disse Chalmer. — O que está acontecendo?

— Acontecendo? Sobre o que você está falando, pelo amor de Deus?

Ele bateu em Dorothy. As crianças viram tudo da sala. Billy ficou parado, apavorado, querendo ajudar, querendo impedir que Chalmer machucasse sua mãe. Mas sentiu o cheiro de bebida e teve medo de Chalmer o matar e o enterrar no celeiro, e dizer para sua mãe que ele tinha fugido.

Billy correu para o quarto, bateu a porta, recostou-se nela e cobriu os ouvidos com as mãos. Mas não conseguiu isolar os gritos da mãe. Chorando, ele foi descendo lentamente pela porta até estar sentado no chão. Fechou bem os olhos e, na surdez de Shawn, tudo ficou em silêncio...

Essa foi a primeira parte dos tempos ruins e confusos, relembrou o Professor. A vida ficou confusa com Billy vagando por aí, perdendo tempo, sem saber qual era o dia, a semana ou o mês. Seus professores do quarto ano notaram o comportamento estranho, e quando uma das personalidades, sem saber o que estava acontecendo, dizia algo estranho ou se levantava e andava pela sala, Billy ficava de castigo, em pé, num canto. Christene, de 3 anos, era quem ficava com a cara virada para a parede.

Ela conseguia ficar muito tempo lá sem dizer nada, mantendo Billy longe de confusão. Mark, que tinha atenção curta para qualquer coisa que não tivesse a ver com trabalhos manuais, teria saído andando. Tommy teria se rebelado. David teria sofrido. Jason, a válvula de escape, teria gritado. Bobby teria se perdido em uma fantasia. Samuel, que era judeu, como Johnny Morrison, teria feito uma oração. Qualquer um deles ou dos outros poderia ter feito algo errado e metido Billy em uma confusão maior. Só Christene, que sempre teve 3 anos de idade, podia suportar com paciência, sem dizer nada.

Christene era a criança do canto.

Ela também foi a primeira a ouvir um dos outros. Estava indo para a escola certa manhã e parou para colher um ramo de flores selvagens no campo. Encontrou sumagre e amoreira e tentou fazer um buquê. Se levasse para a professora do quarto ano, a sra. Roth, talvez ela não fosse colocada no canto com tanta frequência. Quando passou pela macieira, decidiu levar uma fruta. Jogou as flores fora e tentou alcançar uma maçã. Ela ficou triste porque estava muito no alto e ficou com os olhos cheios d'água.

— O que foi, garotinha? Por que você chora?

Ela olhou em volta, mas não viu ninguém.

— A árvore não quer me dar uma maçã — disse ela.

— Não chora. Ragen pega maçã.

Ele subiu na árvore e, reunindo toda a sua força, "Ragen" quebrou um galho grosso e o levou para baixo.

— Aqui — disse ele. — Eu pega maçãs pra você. — Ele encheu os braços de maçãs e levou Christene para a escola.

Quando Ragen foi embora, Christene as deixou cair no meio da rua. Um carro estava indo a toda velocidade na direção da maçã maior, a mais brilhosa, a que ela queria dar para a sra. Roth. Quando tentou pegá-la, Ragen a empurrou para longe e a salvou de ser atropelada. Ela viu o carro esmagar a maçã bonita e chorou, mas Ragen pegou outra, não tão bonita, limpou-a e a entregou para Christene levar para a escola.

Quando ela colocou a maçã na mesa, a sra. Roth disse:

— Ora, obrigada, Billy.

Isso chateou Christene porque *ela* é quem tinha levado a maçã. Foi para o fundo da sala, pensando em onde se sentar. Sentou-se no lado esquerdo da sala, mas alguns minutos depois um garoto grande disse:

— Sai do meu lugar.

Ela se sentiu mal, mas percebeu que Ragen estava indo bater no garoto, então se levantou rapidamente e andou até outra carteira.

— Ei, esse é o meu lugar — gritou uma garota que estava escrevendo no quadro. — O Billy tá sentado no meu lugar.

— Você não sabe o seu lugar, Billy? — perguntou a sra. Roth.

Christene fez que não.

A sra. Roth apontou para um lugar vazio no lado direito da sala.

— Seu lugar é ali, Billy. Vai pra lá.

Christene não sabia por que a sra. Roth estava com raiva. Tinha se esforçado tanto para fazer a professora gostar dela. Em meio às lágrimas, sentiu Ragen aparecer para fazer alguma coisa ruim com a professora. Ela apertou bem os olhos, bateu os pés e fez Ragen parar. Em seguida, foi embora também.

Billy abriu os olhos, olhou ao redor, atordoado, e se viu na aula. Deus, como tinha ido parar lá? Por que estavam olhando para ele? Por que estavam rindo?

Quando estava saindo da sala, ele ouviu a sra. Roth lhe dizer:

— Obrigada pela maçã, Billy. Foi muita gentileza sua. Lamento ter precisado dar uma bronca em você.

Ele a viu seguir pelo corredor e se perguntou do que ela estava falando.

4

Na primeira vez que ouviram o sotaque britânico, Kathy e Jimbo acharam que Billy estava brincando. Jimbo estava na sala com ele, separando as roupas limpas de cada um. Kathy apareceu à porta para ver se Billy estava pronto para ir com ela e Challa até a escola.

— Qual é o problema, Billy? — perguntou ela ao ver a expressão atordoada no rosto dele.

Ele olhou para Kathy, e então olhou em volta, e para o outro garoto, que também estava olhando para ele. Não fazia ideia de quem eram aqueles dois, nem por que estava ali. Não conhecia ninguém chamado Billy. Só sabia que seu nome era Arthur e que era de Londres.

Ele olhou para baixo e viu as meias que estava usando, uma preta e a outra roxa.

— Ah, vejam bem, essas duas definitivamente não formam um par.

A garota riu e o garoto também.

— Ah, que bobo, Billy. Essa foi boa. Você falou igual ao dr. Watson naqueles filmes de Sherlock Holmes que você sempre vê, né, Jimbo?

Ela saiu saltitando, e o outro garoto chamado Jimbo saiu correndo, gritando:

— Melhor você vir logo, pra não se atrasar.

Por que, perguntou-se ele, o estavam chamando de Billy se seu nome era Arthur?

Seria ele um impostor? Teria se infiltrado naquela casa, entre aquelas pessoas, como espião? Detetive? Seria necessário certo pensamento lógico para juntar as peças daquele quebra-cabeça. Por que estava usando meias de cores diferentes? Quem as tinha colocado? O que estava acontecendo?

— Você vem, Billy? Sabe o que papai Chal vai fazer se você se atrasar de novo.

Arthur decidiu que, se era para ser um impostor, poderia muito bem fazer o serviço completo. Juntou-se a Challa e Kathy no caminho até a escola Nicholas Drive, mas não falou nada no caminho até lá. Quando passaram por uma sala, Kathy falou:

— Aonde você vai, Billy? É melhor você entrar aqui.

Ele ficou para trás até conseguir entender, pelo último lugar vazio, onde seria seguro se sentar. Andou até lá sem olhar para a direita nem para a esquerda, com a cabeça erguida, sem ousar falar; tinha entendido que os outros riram dele porque falava diferente.

A professora distribuiu uma prova de matemática mimeografada e disse:

— Quando acabarem, podem deixar as provas dentro do livro e sair para o recreio. Quando voltarem, verifiquem suas respostas. Depois vou recolher as provas e dar as notas.

Arthur olhou para a prova e fez uma expressão de desprezo para os problemas de multiplicação e divisão longa. Pegou um lápis e logo começou a escrever, resolvendo os problemas na cabeça e anotando as respostas. Quando terminou, colocou a folha de papel dentro do livro, cruzou os braços e olhou para o nada.

Era tudo tão básico.

No pátio, as crianças barulhentas o irritaram, e ele fechou os olhos...

Depois do recreio, a professora disse:

— Peguem as provas dentro do livro agora.

Billy ergueu o rosto, sobressaltado.

O que ele estava fazendo na aula? Como tinha chegado lá? Ele se lembrava de ter acordado de manhã, mas não de ter se vestido e ido para a escola. Não tinha ideia do que havia acontecido entre acordar em casa e aquele momento.

— Vocês podem verificar as respostas antes de entregarem as folhas da prova de matemática.

Que prova de matemática?

Não tinha ideia do que estava acontecendo, mas decidiu que, se ela perguntasse por que não estava com a prova, diria que esqueceu ou que perdeu lá fora. Ele abriu o livro e olhou sem acreditar: lá estava a prova, com todas as respostas escritas, dos cinquenta problemas. Reparou que não era sua caligrafia; parecia a sua, mas como se tivesse sido feita com rapidez. Era comum encontrar papéis nas suas coisas e supor que eram dele. Mas sabia que não havia como, no mundo inteiro, alguém tão ruim em matemática como ele ter resolvido aqueles problemas. Espiou por cima da carteira ao lado da dele e viu uma menina fazendo a mesma prova. Ele deu de ombros, pegou um lápis e escreveu "Billy Milligan" no alto. Não tinha a menor intenção de verificar nada. Como poderia verificar respostas se não sabia fazer os problemas?

— Já terminou?

Ele olhou para cima e viu a professora ao seu lado.

— Terminei.

— Você quer dizer que não verificou as respostas?

— Não.

— Você tem *tanta* confiança assim de que vai tirar nota boa?

— Sei lá — disse Billy. — O único jeito de descobrir é corrigindo.

Ela levou a prova para a mesa e, alguns segundos depois, ele viu a testa da professora se franzir. Ela voltou até a carteira dele.

— Me mostra seu livro, Billy.

Ele o entregou. A mulher o folheou.

— Me mostra suas mãos.

Ele mostrou as mãos. Ela pediu para ver os punhos da camisa e o que ele tinha no bolso e na parte de baixo da carteira.

— Bem — disse ela, por fim —, não entendo. Não tem como você ter as respostas, porque eu acabei de passar a prova no mimeógrafo hoje de manhã e o único gabarito está na minha bolsa.

— Eu passei? — perguntou Billy.

Ela devolveu a prova para ele, com relutância.

— Você gabaritou.

Os professores de Billy reclamavam que ele matava aula, o chamavam de bagunceiro e mentiroso. Do quarto ao oitavo ano, ele vivia entrando e saindo de salas de orientadores, do diretor, do psicólogo da escola. Crescer era uma batalha constante de inventar histórias, distorcer a verdade, manipular explicações para evitar admitir que a maior parte do tempo não sabia o que tinha acontecido com ele em dias, horas, mesmo minutos antes. Todo mundo reparava nos seus transes. Todo mundo dizia que ele era estranho.

Quando entendeu que era diferente das outras pessoas, que nem todo mundo perdia tempo, que todos ao redor concordavam que ele tinha feito e dito coisas que só ele não conseguia lembrar, Billy supôs que era louco. E escondeu isso tudo.

De alguma forma, ele guardou o segredo.

Foi na primavera de 1969, lembrou o Professor, quando Billy tinha 14 anos e estava no oitavo ano, que Chalmer o levou para a fazenda, depois do milharal, entregou-lhe uma pá e o mandou começar a cavar...

A dra. Stella Karolin mais tarde descreveria esse suposto evento em sua declaração lida nos autos do julgamento: "[O padrasto dele] abusou sexualmente de Billy e ameaçou enterrá-lo vivo se ele contasse para a mãe. Ele até enterrou a criança e deixou um cano sobre o rosto dele para a entrada de ar [...]. Antes de tirar a terra de cima de Billy, ele urinou pelo cano no rosto da criança" (*Newsweek*, 18 de dezembro de 1978).

... e, a partir daquele dia, Danny passou a ter medo de terra. Ele nunca mais se deitaria na grama, tocaria no chão ou pintaria uma paisagem.

5

Vários dias depois, Billy foi para o quarto e esticou a mão para acender o abajur da mesa de cabeceira. Não aconteceu nada. Ele apertou repetidamente o interruptor. Nada. Ele foi até a cozinha, pegou uma lâmpada nova e voltou para trocá-la, como tinha visto a mãe fazer. Levou um choque que o jogou na parede.

"Tommy" abriu os olhos e olhou em volta, sem saber o que esperar. Ele viu a lâmpada na cama, pegou-a, olhou embaixo da cúpula do abajur e começou a enroscá-la. Quando tocou na base de metal, levou um choque. Filho da puta! Que merda era aquela? Ele puxou a cúpula do abajur e olhou no buraco. Tocou nele e sentiu o choque de novo. Ficou sentado lá tentando entender. De onde estava vindo aquela merda? Ele seguiu o fio até a tomada. Soltou o plugue e tocou no metal de novo. Nada. Então a porcaria do choque estava vindo da parede. Ele olhou nos dois buraquinhos, levantou-se e correu até o andar de baixo. Seguiu os fios do teto até a caixa de luz, seguiu o cabo da caixa até o lado de fora da casa e parou, com espanto, ao ver as linhas indo até os postes telefônicos na rua. Então era pra isso que aquelas porcarias serviam!

Tommy seguiu os postes para ver aonde levavam. Estava quase escuro quando ele se viu do lado de fora do prédio com arame farpado em volta e uma placa dizendo OHIO POWER. Tudo bem, pensou ele, e onde *conseguem* as coisas que acendem as luzes e dão os choques na gente?

Em casa, ele pegou a lista telefônica, pesquisou "Ohio Power" e anotou o endereço. Estava escuro, mas na manhã seguinte ele iria ver de onde a energia vinha.

No dia seguinte, Tommy foi até a Ohio Power. Ele entrou e ficou olhando, estupefato. Só tinha um monte de gente em suas mesas, atendendo telefones e datilografando. Um escritório! Deus do céu, sem resposta de novo! Enquanto andava pela rua tentando decidir como ia descobrir de onde vinha a energia, passou pela placa da biblioteca na frente de um prédio governamental.

Tudo bem, ele procuraria nos livros. Foi até o segundo andar, pesquisou o cartão com a palavra "energia", encontrou os livros e começou a ler. Ficou atônito ao descobrir sobre barragens, energia hidrelétrica e a queima de carvão e outros combustíveis para criar energia para fazer o maquinário funcionar e acender as luzes.

Ele leu até escurecer. Depois, andou pelas ruas de Lancaster, olhando para todas as luzes que tinham sido acesas, empolgado porque agora sabia de onde a energia vinha. Aprenderia tudo sobre as máquinas e tudo que tivesse a ver com eletricidade. Ele parou na frente da vitrine de uma loja e olhou para os equipamentos eletrônicos. Havia uma multidão reunida em volta das televisões na vitrine, vendo o homem de roupa espacial descer a escada.

— Dá pra acreditar? Ir para a Lua? — disse alguém.

— ... *um enorme passo para a humanidade* — disse a voz da televisão.

Tommy olhou para a Lua e para a tela da televisão. Havia mais uma coisa para ele aprender.

Ele viu o reflexo de uma mulher no vidro.

— Billy, você tem que ir pra casa agora — disse Dorothy.

Olhou para a bonita mãe de Billy e tentou dizer a ela que seu nome era Tommy, mas ela colocou a mão no ombro dele e o levou até o carro.

— Você precisa parar de ficar andando pela cidade, Billy. Você tem de estar em casa antes que Chal volte do trabalho, senão já sabe o que vai acontecer.

No caminho de volta, no carro, Dorothy ficou olhando para ele de soslaio, como se tentando avaliá-lo, mas o menino ficou em silêncio.

Ela deu uma coisa para Tommy comer e falou:

— Por que não vai pintar, Billy? Isso sempre deixa você mais calmo. Você parece tenso.

Ele deu de ombros e foi para o quarto onde estava o material de arte. Com pinceladas rápidas, pintou um cenário noturno de uma estrada com postes telefônicos. Quando acabou, afastou-se e olhou para o quadro. Muito bom para um iniciante. Na manhã seguinte, levantou-se cedo e pintou uma paisagem com a Lua aparecendo, apesar de ser uma cena diurna.

6

Billy amava flores, poesia e ajudar a mãe com a casa, mas sabia que Chalmer o chamava de "maricas" e "meio desviado". Por isso, parou de ajudar a mãe e de escrever poesia. "Adalana" foi fazer essas coisas por ele em segredo.

Uma noite, Chalmer se acomodou para assistir a um filme sobre a Segunda Guerra Mundial no qual um interrogador da Gestapo batia na vítima com uma mangueira. Quando o filme acabou, Chalmer foi para o quintal e cortou um pedaço de pouco mais de um metro de mangueira de jardim, dobrou-a e enrolou as pontas cortadas com fita preta para fazer um cabo.

Quando voltou para dentro de casa, viu Billy lavando a louça.

Antes que soubesse o que estava acontecendo, Adalana sentiu um golpe na lombar que a derrubou no chão.

Chalmer pendurou a mangueira pela ponta enrolada na porta do quarto e foi para a cama.

Adalana aprendeu que todos os homens eram violentos e odiosos e não mereciam confiança. Desejou que Dorothy ou uma das meninas, Kathy ou Challa, fosse abraçá-la e beijá-la, e fizesse o medo e o sentimento ruim passarem. Mas sabia que isso causaria confusão, então foi para a cama e chorou até dormir.

Chalmer usava a mangueira com frequência, a maioria das vezes em Billy. Dorothy se lembrava de pendurar o robe ou a camisola por cima dela na parte de trás da porta do quarto na esperança de que, se não a visse, Chalmer não a usaria. Um dia, depois de não ter sido usada por muito tempo, ela jogou a mangueira fora. Ele nunca soube o que tinha acontecido.

Além de brincar secretamente com motores e equipamento elétrico, Tommy começou a estudar métodos de fuga. Ele leu sobre os grandes artistas do escapismo, Houdini e Sylvester, e ficou decepcionado ao descobrir que algumas das grandes proezas deles não passavam de truques.

Anos depois, Jimbo se lembrou do irmão dizendo a ele para amarrar suas mãos com força com uma corda e sair. Quando Tommy ficava sozinho, ele estudava os nós e descobria o jeito mais fácil de girar os pulsos para deixá-los maleáveis, para que as cordas escorregassem. Ele praticou amarrando um pulso com uma corda e depois a desamarrando com a mão nas costas.

Depois de ler sobre armadilhas para capturar macacos africanos quando enfiavam os braços por buracos estreitos para pegar comida e não conseguiam soltar o pulso preso, Tommy começou a pensar na estrutura da mão humana. Estudou as imagens da estrutura óssea numa enciclopédia e lhe ocorreu que, se a mão pudesse ser comprimida a ponto de ficar menor do que o pulso, sempre poderia se soltar. Ele mediu suas próprias mãos e pulsos e começou uma série de exercícios apertando e condicionando seus ossos e juntas. Quando finalmente chegou ao ponto de conseguir comprimir as mãos para ficarem menores do que seus pulsos, ele soube que nada poderia segurá-lo.

Tommy decidiu que também precisava saber como sair de salas trancadas. Quando a mãe do Billy saía e o deixava sozinho em casa, ele pegava uma chave de fenda e soltava a placa da fechadura da porta para estudar o mecanismo e ver como funcionava. Desenhou uma imagem da parte interna da tranca e memorizou as formas. Sempre que via uma fechadura diferente, ele a desmontava, estudava e montava de volta.

Um dia, ele andou pelo centro e entrou na loja de um chaveiro. O homem idoso o deixou olhar os diferentes tipos de fechadura para memorizar como funcionavam. Ele até emprestou a Tommy um livro sobre cilindros magnéticos, cilindros giratórios, e tipos diferentes de cofre. Tommy estudava muito e se testava constantemente. Na loja de equipamentos esportivos, viu algemas e decidiu que, assim que tivesse dinheiro, compraria um par para aprender como destrancar isso também.

Certa noite, Chalmer estava particularmente desagradável no jantar e Tommy procurou uma forma de machucá-lo sem ser pego. Ele teve uma ideia.

Ele pegou uma lixa na caixa de ferramentas, tirou a cobertura do barbeador elétrico de Chalmer e lixou com cuidado todas as três lâminas até ficarem cegas. Botou a cobertura de volta e saiu.

Na manhã seguinte, ele parou do lado de fora do banheiro enquanto Chalmer estava se barbeando. Ele ouviu o clique do barbeador e os gritos de dor quando as lâminas cegas arrancaram os pelos em vez de cortá-los.

Chalmer saiu correndo do banheiro.

— O que você está olhando, seu idiota? Não fica me encarando como se fosse burro!

Tommy enfiou as mãos nos bolsos e saiu andando, virando a cabeça para que Chalmer não o visse sorrindo.

A primeira vez de "Allen" na frente foi quando ele tentou convencer os valentões do bairro a não o jogarem em um buraco num local de construção cavado para a base de um prédio. Ele argumentou usando todas as suas habilidades de golpista, mas não adiantou. Eles o jogaram no buraco mesmo assim e arremessaram pedras nele. Bem, pensou Allen, não adiantava nada ficar por ali...

Danny ouviu o barulho da pedra batendo no chão na frente dele. Depois outra e outra. Olhou para cima e viu a gangue de garotos no alto da escavação atirando pedras nele. Uma o acertou na perna e outra o atingiu no flanco. Danny correu para o outro lado seguindo em círculos, tentando encontrar uma saída. Finalmente, ao perceber que as laterais eram íngremes demais para subir, sentou-se no chão e cruzou as pernas...

Tommy olhou para cima quando uma pedra o atingiu nas costas. Avaliando rapidamente a situação, percebeu que era necessário escapar. Vinha praticando arrombar fechaduras e desamarrar cordas, mas aquele era um tipo diferente de fuga. Precisaria de força...

Ragen se levantou, pegou o canivete e subiu, correndo na direção dos garotos. Enquanto abria a lâmina, olhou de um valentão para o outro, controlando a raiva, esperando para ver qual pularia em cima dele primeiro. Não hesitaria em esfaquear qualquer um de seus agressores. Eles tinham escolhido alguém trinta centímetros mais baixo do que eles, mas não esperavam ser confrontados. Os garotos saíram correndo e Ragen foi para casa.

Jimbo lembrou depois que quando os pais dos garotos reclamaram que Billy tinha ameaçado seus filhos com uma faca, Chalmer ouviu o lado deles, levou Billy para os fundos e bateu no garoto.

7

Dorothy sabia que o filho mais novo tinha mudado e estava agindo de um jeito estranho.

— Billy não era Billy às vezes — lembrou ela depois. — Ele tinha mudanças de humor, ficava na dele. Eu dizia alguma coisa e ele não respondia, como se estivesse longe pensando no nada, olhando para o vazio. Saía andando pela cidade como fazia quando era sonâmbulo. Ele fazia isso na escola. Às vezes, se o pegavam na escola antes de ele ter a oportunidade de sair andando, ficavam com ele lá e me telefonavam para ir buscá-lo. Às vezes, ele saía e me ligavam. Eu o procurava por toda parte, o encontrava andando pelo centro, levava para casa e dizia a ele "Está bem, Billy, vai se deitar". Mas aquela criança nem sabia em que direção ficava o quarto. Eu entrava lá e pensava: *Meu Deus!* Quando ele acordava, eu perguntava "Como você está se sentindo?". Ele parecia muito atordoado e dizia "Eu fiquei em casa hoje?".

Ela continuou:

— Eu dizia "Não, Billy, você não ficou em casa hoje. Não lembra que fui atrás de você? Você estava na escola e o sr. Young me ligou e eu fui para a escola procurar você. Não se lembra de vir pra casa comigo?". Ele parecia atordoado, assentia e dizia algo. "Você não se lembra?", eu perguntava. "Acho que eu não estava me sentindo bem hoje."

Dorothy se lembra do que falaram para ela.

— Tentaram me dizer que tinha relação com drogas, mas eu sabia que não era. Aquele garoto nunca usou drogas. Ele não tomava nem aspirina. Eu tinha que brigar pra ele tomar remédio. Às vezes, ele voltava pra casa sozinho, confuso e em transe. Só falava comigo depois de tirar um cochilo. Aí ele acordava e era o *meu* Billy de novo. Eu falei. Eu falei pra todo mundo: "Esse menino precisa de ajuda".

8

Arthur aparecia na escola ocasionalmente para corrigir um professor quando eles estavam estudando História Geral, principalmente quando o assunto era a Inglaterra e as colônias. Ele passava a maior parte do tempo na Biblioteca Pública de Lancaster, lendo. Aprendia mais com livros e experiências em primeira mão do que com aqueles professores provincianos de mente limitada.

A explicação do professor sobre a Festa do Chá de Boston deixou Arthur com raiva. Ele tinha lido a verdade em um livro canadense chamado *The Raw Facts*, que destruía a explicação patriota falsa para o que tinha sido na verdade um grupo de marinheiros bêbados. Mas, quando Arthur falou, todos riram, e ele saiu da sala, deixando os sons de risos para trás. Voltou para a biblioteca, onde sabia que a bibliotecária bonita não riria de seu sotaque.

Arthur sabia muito bem que havia outros por perto porque, quando olhava as datas no calendário, percebia que havia algo errado. De acordo com tudo que lia e observava, as outras pessoas não dormiam tanto quanto ele parecia estar dormindo.

Ele começou a fazer perguntas para as pessoas.

— O que eu fiz ontem? — perguntava ele para Kathy, Jim, Challa ou Dorothy.

As descrições sobre seu comportamento eram completamente estranhas para ele. Teria que confirmar por dedução lógica.

Um dia, quando estava quase dormindo, sentiu a presença de outra pessoa em sua mente e se forçou a ficar acordado.

— Quem é você? — perguntou ele. — Exijo saber quem você é.

Ele ouviu a voz responder:

— E quem é você?

— Meu nome é Arthur. E você?

— Tommy.

— O que você está fazendo aqui, Tommy?

— O que *você* está fazendo aqui?

As perguntas ficaram indo e vindo na mente dele.

— Como você chegou aqui? — perguntou Arthur.

— Sei lá. Você sabe?

— Não, mas eu preciso descobrir.

— Como?

— Nós temos que usar a lógica. Eu tive uma ideia. Vamos prestar atenção no tempo em que estamos acordados, pra ver se corresponde a todas as horas do dia.

— Ei, é uma boa ideia.

— Faz uma marca dentro da porta do armário pra cada hora que você puder registrar. Vou fazer a mesma coisa. A gente vai somar, conferir no calendário e ver se corresponde a todo o tempo.

Não correspondia.

Devia haver outros.

Arthur passava cada momento consciente trabalhando no enigma do tempo perdido e procurando outras pessoas que parecessem estar compartilhando da mente e do corpo dele. Depois de conhecer Tommy, descobriu todos os outros, um a um. Eram 23, contando com ele mesmo e aquele que as pessoas do lado de fora chamavam de Billy ou Bill. Deduzira quem eles eram, como se comportavam e as coisas que faziam.

Antes de Arthur, só a criança chamada Christene parecia ter estado ciente da existência de outros. Ele descobriu que ela conseguia vivenciar o que acontecia na mente dos outros quando estavam conscientes. Arthur se perguntou se era uma habilidade capaz de ser desenvolvida.

Ele tocou no assunto com aquele que se chamava Allen, o manipulador que estava sempre lá para usar a lábia e sair de alguma situação complicada.

— Allen, na próxima vez que você estiver com a consciência, quero que você pense muito e me conte tudo que está acontecendo ao seu redor.

Allen concordou em tentar e, quando percebeu que estava lá fora, contou a Arthur tudo que via. Arthur visualizou até entrar em foco e, com esforço tremendo, conseguiu ver através dos olhos de Allen. Descobriu, entretanto, que só funcionava quando prestava atenção e estava acordado, ainda que não estivesse na consciência. Ele tinha alcançado seu primeiro triunfo intelectual da mente sobre a matéria.

Arthur percebeu que, por causa de seu conhecimento, agora era responsável por uma "família" grande e diversa. Todos estavam envolvidos com o mesmo corpo, e algo tinha que ser feito para criar ordem a partir do que estava se mostrando ser uma situação caótica. Como ele era o único capaz de lidar com a tarefa sem envolvimento emocional, botaria a cabeça para trabalhar e pensaria em algo que seria justo, funcional e, acima de tudo, lógico.

9

As crianças na escola zombavam de Billy quando ele andava pelos corredores, em transe. Elas o viam falando sozinho, comportando-se às vezes como uma garotinha, e pegavam no pé dele. Em uma tarde fria, durante o recreio, alguns garotos começaram a provocá-lo no pátio da escola.

Jogaram uma pedra nele e o acertaram no flanco. Ele não entendeu o que havia acontecido, mas sabia que não tinha permissão de demonstrar raiva, senão Chalmer o puniria.

Ragen apareceu e olhou de cara feia para os garotos que estavam rindo. Um deles pegou uma pedra e a atirou, mas Ragen a apanhou e jogou de volta rapidamente, acertando o garoto na cabeça.

Atônitos, os outros recuaram enquanto Ragen puxava um canivete do bolso e se aproximava deles. Eles fugiram. Ragen ficou olhando em volta, tentando entender onde estava e como tinha ido parar lá. Guardou a lâmina no bolso e saiu andando. Não tinha ideia de o que estava acontecendo.

Mas Arthur o observou — a rapidez, a raiva — e deduziu por que Ragen estava lá. Percebeu que as explosões emocionais súbitas de Ragen teriam que ser resolvidas. Mas seria necessário estudá-lo e entendê-lo antes de ele se apresentar. O que o surpreendeu mais do que tudo foi que Ragen pensava com sotaque eslavo. Arthur achava que os eslavos tinham sido os primeiros bárbaros. Ao lidar com Ragen, estaria lidando com um bárbaro. Perigoso, mas o tipo de pessoa que talvez fosse necessário em momentos de perigo, uma força a ser controlada. Arthur esperaria e o abordaria quando achasse que era a hora certa.

Várias semanas depois, "Kevin" se juntou a uns garotos violentos em uma guerra de bolas de lama contra garotos de outro bairro. O campo de batalhas era um monte de terra atrás de um poço grande onde havia um condomínio de casas em construção. Kevin estava se sentindo bruto e corajoso ao jogar as bolas de lama, rindo quando errava e as via explodir como bombas de lama.

Ele ouviu uma voz estranha vinda de algum lugar ao seu lado dizer:

— Mais baixo! Joga mais baixo!

Ele parou e olhou em volta, mas não tinha ninguém perto. Então ouviu de novo:

— Mais baixo... só um bocado... joga mais baixo. — Era uma voz como a dos soldados do Brooklyn no filme de guerra que ele tinha visto na televisão. — Você devia jogar essas bolotas de lama um cado mais baixo!

Kevin ficou perplexo. Ele parou e se sentou na pilha de terra, para entender quem estava falando com ele.

— Onde você está? — perguntou Kevin.

— Onde *você* está? — ecoou a voz.

— Eu estou na lama atrás do poço.

— Ah, é? Eu também.

— Qual é seu nome? — perguntou Kevin.

— Philip. Qual é o seu?

— Kevin.

— Que nome engraçado.

— É? Eu quebraria a sua cara se pudesse ver você.

— Onde cê mora? — perguntou Philip.

— Na rua Spring. De onde você é?

— Eu sou do Brooklyn, Nova York, mas agora eu também moro na rua Spring.

— É no número 933. Uma casa branca. O dono é um cara chamado Chalmer Milligan — disse Kevin. — Ele me chama de Billy.

— Caramba, eu moro lá também. Conheço o mesmo cara. Ele me chama de Billy também. Nunca vi você lá.

— Também nunca te vi lá — retrucou Kevin.

— Mas que merda, cara — disse Philip. — Vamos quebrar umas janelas da escola.

— Legal — disse Kevin, e eles correram até a escola e quebraram umas dez janelas.

Arthur ouviu tudo e os observou. Decidiu que aqueles dois definitivamente eram tipos criminosos e poderiam ser um problema muito sério.

Ragen sabia quem eram algumas das outras pessoas que compartilhavam seu corpo: Billy, que tinha conhecido desde o começo da própria consciência; David, que aceitava a dor; Danny, que vivia com medo constante; e Christene, de 3 anos, que ele adorava. Mas sabia que havia outros, muitos outros que ainda não tinha conhecido. As vozes e as coisas que aconteciam não podiam ser explicadas só pela existência daqueles cinco.

Sabia que seu sobrenome era Vadascovinich, que vinha da Iugoslávia e que seu objetivo de vida era sobreviver e usar qualquer meio para proteger os outros, principalmente as crianças. Estava ciente de sua grande força e sua habilidade de sentir o perigo como uma aranha sente a presença formigante de um invasor na teia. Conseguia absorver o medo de todos os outros e transformá-lo em ação. Prometeu treinar, aperfeiçoar o corpo, estudar artes marciais. Mas isso não era o suficiente naquele mundo hostil.

Ele foi até a loja de artigos esportivos e comprou uma faca de arremesso. Depois, foi para o bosque a fim de treinar: puxava a faca rapidamente da bota e a arremessava em uma árvore. Quando ficou escuro demais para enxergar, ele foi para casa. Enquanto enfiava a faca de volta na bota, decidiu que nunca mais andaria desarmado.

A caminho de casa, ouviu uma voz estranha com sotaque britânico. Virou-se rapidamente, curvou-se e sacou a faca. Mas não havia ninguém atrás dele.

— Eu estou na sua cabeça, Ragen Vadascovinich. Nós estamos compartilhando o mesmo corpo.

Arthur falou com ele enquanto caminhavam, explicando o que tinha descoberto sobre as outras pessoas dentro.

— Você estar mesmo na minha cabeça? — perguntou Ragen.

— Isso mesmo.

— E sabe o que eu estar fazendo?

— Eu venho observando você ultimamente. Você é muito bom com a faca, mas não deveria se limitar a apenas uma arma. Além da habilidade com artes marciais, também deveria aprender sobre armas de fogo e bombas.

— Não ser bom com explosivos. Não entender sobre fios e conexões.

— O Tommy pode se especializar nisso. O rapaz é bom com coisas eletrônicas e mecânicas.

— Tommy?

— Qualquer dia desses vou apresentar vocês. Se queremos sobreviver neste mundo, vamos ter que dar certa ordem a esse caos.

— O que querer dizer com "caos"?

— Quando Billy anda por aí e uma pessoa atrás da outra aparece na frente dos outros, começando coisas e não terminando, entrando em confusões que os demais precisam fazer malabarismos mentais para se livrar, eu chamo isso de caos. Tem que haver um jeito de controlar as coisas.

— Não gostar de controle demais — disse Ragen.

— A coisa mais importante é aprender a controlar eventos e pessoas, para podermos sobreviver. Isso eu coloco como prioridade.

— E a outra coisa mais importante?

— Automelhoria.

— Concordo — disse Ragen.

— Vou contar sobre um livro que eu li que explica como é possível controlar a adrenalina e canalizá-la para poder máximo.

Ragen ouviu quando Arthur descreveu suas leituras sobre biologia, principalmente seu interesse na ideia de controlar o medo e transformá-lo em energia por secreção de adrenalina e tireoide. Ragen se viu irritado com o ar de superioridade de Arthur, mas não pôde negar que o inglês sabia muita coisa de que ele nunca tinha ouvido falar.

— Você joga xadrez? — perguntou Arthur.

— Claro — disse Ragen.

— Tudo bem, então. Peão para a linha quatro da coluna do rei.

Ragen pensou por um momento e respondeu:

— Rei pra linha três do bispo da dama.

Arthur visualizou o tabuleiro e disse:

— Ah, defesa indiana. Muito bom.

Arthur venceu o jogo, e todos os jogos de xadrez que eles jogaram depois disso. Ragen tinha que admitir que, quando se tratava de concentração mental, Arthur era superior. Ele se consolou sabendo que Arthur não conseguiria lutar nem se sua vida dependesse disso.

— Nós vamos precisar de você para nos proteger — disse Arthur.

— Como conseguir ler minha mente?

— É uma técnica simples. Você vai aprender qualquer dia desses.

— Billy sabe de nós?

— Não. Ele ouve vozes de tempos em tempos e tem visões, mas não tem noção de que existimos.

— Ele não deveria ser informado?

— Acho que não. Acredito que isso o enlouqueceria.

CAPÍTULO 9

1

Em março de 1970, Robert Martin, psicólogo da escola Stanbery Junior High, relatou:

> Em várias ocasiões, Bill não conseguia lembrar onde estava, não sabia onde estavam seus pertences e não conseguia andar sem ajuda. Suas pupilas estavam bem fechadas nessas ocasiões. Recentemente, Bill teve altercações frequentes com professores e colegas, que resultaram na sua saída de sala de aula. Durante esses episódios, ele fica deprimido, chora e se torna incomunicável. Certa vez, Bill foi visto tentando entrar na frente de um carro em movimento. Ele foi levado a um médico por causa desse comportamento. Foi relatado que o diagnóstico foi "transe psíquico".
>
> Durante a minha avaliação, ele pareceu deprimido, mas estável. A avaliação revelou uma forte aversão ao padrasto e à casa onde mora. Bill vê o padrasto como um indivíduo extremamente rígido e tirânico, com pouco sentimento pelos outros. Essa impressão foi confirmada pela mãe de Bill em uma reunião de pais. Ela relatou que o pai biológico de Bill cometeu suicídio e que o padrasto costumava comparar Bill ao pai biológico. Ele declara com frequência que Bill e a mãe foram responsáveis pelo suicídio do pai biológico (afirmação da mãe).

2

John W. Young, diretor da Stanbery Junior High, descobriu que Billy Milligan matava aula com frequência e ficava sentado nos degraus do lado de fora da sala dele ou nos fundos do auditório. Young sempre se sentava ao lado do garoto e conversava com ele.

Às vezes, Billy falava sobre o falecido pai e dizia que gostaria de ser artista quando crescesse. Falava de como as coisa eram ruins em casa. Mas, com frequência, o diretor Young percebeu, o garoto ficava em transe. Ele levava Billy até o carro e o deixava em casa. Depois de muitos desses episódios, o diretor Young o indicou para a Clínica de Orientação e Saúde Mental Fairfield.

O dr. Harold T. Brown, psiquiatra e diretor, viu Billy Milligan pela primeira vez no dia 6 de março de 1970. Brown, um homem pequeno com costeletas grisalhas e queixo retraído, olhou para o garoto através dos óculos de aros pretos. Ele viu um menino de 15 anos magro e de boa aparência, saudável, sentado passivamente, nem tenso nem ansioso, mas evitando olhar nos olhos dele.

"A voz dele é suave", escreveu o dr. Brown nas anotações, "com pouca modulação, quase em transe."

Billy o encarou.

— Como são seus sentimentos? — perguntou Brown.

— Parecem um sonho que vem e vai. Meu pai me odeia. Eu o escuto gritando. Tem uma luz vermelha no quarto. Vejo um jardim e uma estrada, com flores, água, árvores e ninguém lá pra gritar comigo. Vejo muitas coisas que não são reais. Tem uma porta com um monte de trancas e alguém batendo nela, querendo sair. Vejo uma mulher caindo, e de repente ela está virando uma pilha de metal e eu não consigo alcançá-la. Eu sou o único garoto que consegue ter uma viagem sem LSD.

— O que você sente em relação aos seus pais? — perguntou Brown.

— Tenho medo de ele matar ela. É por minha causa. Eles brigam por minha causa porque ele me odeia muito. Eu tenho pesadelos que não consigo descrever. Às vezes, meu corpo fica com uma sensação engraçada, como se eu estivesse leve, arejado. Tem vezes que acho que consigo voar.

Em seu primeiro relatório, Brown fez esta observação: "Apesar das experiências relatadas, ele parece conhecer a realidade, e nenhuma ideação claramente psicótica foi provocada. Ele é razoavelmente capaz de se concentrar e prestar atenção. Não está desorientado. Sua memória é boa. O julgamento está severamente afetado pela ideação acima e sua aparente necessidade de ser dramático. Percepção é insuficiente para modificar comportamento. *Impressão diagnóstica*: neurose histérica severa com reações de conversão — Código APA 300.18".

De acordo com o Professor, que relembrou a sessão mais tarde, o dr. Brown não entrevistou Billy. Foi Allen, descrevendo os pensamentos e visões de David.

Cinco dias depois, Milligan chegou à clínica sem hora marcada, mas o dr. Brown, ao notar que ele estava em transe, aceitou vê-lo. Ele observou que o garoto parecia saber onde estava e que conseguia seguir a instruções.

— Primeiro nós temos que telefonar para sua mãe e contar pra ela que você está na clínica — disse Brown.

— Tudo bem — disse David, que se levantou e saiu.

Foi Allen quem voltou alguns minutos depois e esperou ser chamado para uma entrevista. Brown o viu se sentar silenciosamente e olhar para o outro lado da sala.

— O que aconteceu hoje? — perguntou Brown.

— Eu estava na escola — disse Allen. — Eram umas 11h30 e eu comecei a sonhar. Quando acordei, estava no alto do prédio Hickle olhando para baixo, como se estivesse me preparando pra pular. Eu desci, fui até a delegacia e falei pra ligarem para escola, para que não ficassem preocupados comigo. Aí vim pra cá.

Brown o observou por muito tempo enquanto coçava as costeletas.

— Billy, você usa alguma droga?

Allen fez que não.

— Agora, você está com olhar fixo. O que está vendo?

— Eu vejo rostos de pessoas, mas só olhos, narizes e cores esquisitas. Eu vejo coisas ruins acontecendo com pessoas. Elas caem na frente de carros, caem de penhascos, estão se afogando.

O dr. Brown observou Milligan sentado em silêncio, como se observando uma tela interior.

— Me conta sobre as coisas em casa, Billy. A família.

— Chalmer gosta do Jim. Ele me odeia. Grita comigo o tempo todo. Ele inferniza duas pessoas. Eu perdi meu emprego no mercado. Queria ser demitido para poder ficar em casa com a minha mãe, então fingi roubar uma garrafa de vinho e fui mandado embora.

No dia 19 de março, Brown reparou que o paciente estava com camisa de gola alta e um casaco azul que davam a ele uma aparência quase efeminada. "É minha opinião", escreveu ele depois da sessão, "que esse paciente não deveria mais ficar como externo e poderia se beneficiar de terapia residencial na Unidade de Crianças e Adolescentes do Hospital Estadual de Columbus. Arranjos para a internação dele foram feitos com o dr. Raulj. O diagnóstico final é neurose histérica com muitas características passivo-agressivas."

Cinco semanas depois do décimo quinto aniversário, Billy Milligan foi internado por Dorothy e Chalmer na unidade infantil do Hospital Estadual de Columbus como paciente "voluntário". Billy acreditou que, por causa de suas reclamações e do seu mau comportamento, sua mãe tinha decidido ficar com Chalmer e abrir mão dele.

3

REGISTRO DO HOSPITAL ESTADUAL DE COLUMBUS — CONFIDENCIAL

24 de março, 16h — Lesão ocorreu durante uma briga entre o paciente e outro, Daniel M. A lesão envolveu um corte embaixo do olho direito. A lesão ocorreu em uma briga no corredor dos dormitórios no RV3 por volta das 16h. Aparentemente, William e Daniel estavam brincando. William ficou com raiva e acertou Daniel, e Daniel acertou William. Os pacientes foram separados.

25 de março — O paciente foi encontrado com um canivete. Também foi encontrada uma pequena lixa na ala, que ele tinha tirado da oficina de carpintaria. O dr. Raulj conversou com o paciente e ele declarou que queria se matar. Foi colocado em isolamento e com precauções contra suicídio.

26 de março — O paciente tem cooperado bastante. Reclama periodicamente de ver coisas estranhas. Paciente não participou da recreação. Só ficou sentado sozinho na maior parte do tempo.

1º de abril — Paciente ficou gritando que as paredes estavam se fechando sobre ele e que não queria morrer. O dr. Raulj o levou para o isolamento e o advertiu sobre ter cigarros e fósforos.

12 de abril — Paciente começou a reclamar da hora de dormir nas últimas noites. Pergunta se está em transe. Paciente queria medicação adicional à noite. Eu expliquei ao paciente que ele deveria tentar dormir. Paciente ficou hostil e beligerante.

4

Era "Jason" quem tinha os ataques de birra, a válvula de escape que conseguia botar para fora o excesso de pressão com berros e gritos. Ele era introvertido, até chegar a hora de libertar tensão. Jason é quem estava no isolamento no "quarto silencioso" do Hospital Estadual de Columbus.

Jason tinha sido criado com 8 anos, pronto para explodir de emoção, mas nunca tinha permissão de sair. Se saísse, Billy seria punido. No Hospital Estadual de Columbus, quando o medo e a pressão passavam dos limites, Jason chorava, berrava e botava as emoções para fora.

Ele fez isso quando ouviu na televisão sobre a morte dos quatro alunos na Universidade Estadual de Kent. Os funcionários o trancaram.

Quando descobriu que trancavam Jason sempre que ele explodia, Arthur decidiu agir. Ali não era diferente de casa. Demonstrar raiva não era permitido; se um fizesse, todos eram punidos. Então forçou Jason a sair da consciência, designou-o como "indesejável" e informou que ele jamais voltaria à consciência. Jason ficaria nas sombras, longe da frente.

Os outros se mantinham ocupados com a terapia artística. Quando não estava arrombando portas, Tommy pintava paisagens. Danny pintava naturezas-mortas. Allen pintava retratos. Até Ragen tentou se aventurar pela arte, mas se limitou a desenhar em preto e branco. Foi nessa ocasião que Arthur descobriu que Ragen era daltônico e, relembrando as meias que não combinavam, deduziu que ele é quem as tinha calçado. Christene desenhava flores e borboletas para o irmão, Christopher.

Os funcionários relataram que Billy Milligan parecia mais calmo e mais cooperativo. Ele passou a ter alguns privilégios e, quando o tempo ficou mais quente, teve permissão de sair e desenhar.

Alguns dos outros apareceram, deram uma olhada, não gostaram do que viram e foram embora. Só Ragen, impressionado com o nome e o sotaque eslavo do dr. Raulj, tomava o Thorazine, do composto clorpromazina, e obedecia às suas instruções. Danny e David, como crianças obedientes, também tomavam a medicação antipsicótica. Mas Tommy ficava de boca fechada e cuspia o remédio. Arthur e os outros também.

Danny fez amizade com um garotinho negro e os dois conversavam e brincavam juntos. Eles ficavam até tarde descrevendo por horas as coisas que gostariam de fazer quando crescessem. Foi a primeira vez que Danny riu.

Certo dia, o dr. Raulj transferiu Danny do RB-3 para o RB-4, onde todos os garotos eram maiores. Danny não conhecia ninguém nem tinha com quem conversar, então foi para o quarto chorando porque estava se sentindo solitário.

Danny ouviu uma voz dizer:

— Por que você está chorando?

— Vai embora e não enche o meu saco — disse Danny.

— Pra onde eu posso ir?

Danny olhou ao redor rapidamente e viu que não havia mais ninguém no quarto.

— Quem falou isso?

— Eu falei. Meu nome é David.

— Onde você está?

— Não sei. Acho que estou onde você está.

Danny olhou embaixo da cama, no armário, mas a voz não estava em lugar nenhum.

— Estou ouvindo — disse ele —, mas onde você está?

— Eu estou bem aqui.

— Ok, mas eu não estou vendo nada. Onde você está?

— Fecha os olhos — disse David. — Eu estou vendo você agora.

Eles passaram muitas horas conversando em particular sobre coisas que tinham acontecido no passado, se conhecendo, sem perceber que Arthur estava ouvindo o tempo todo.

5

Philip conheceu uma paciente loura de 14 anos que era tão linda que todos admiravam sua beleza. Andava e falava com ele, tentando excitá-lo, apesar de Philip nunca ter dado em cima dela. Ela o viu sentado com um bloco de desenho em uma mesa de piquenique perto do lago. Normalmente, não havia mais ninguém por perto.

Em um dia quente do começo de junho, ela se sentou ao lado dele e olhou o desenho que ele tinha feito de uma flor.

— Nossa, ficou bom, Billy.

— Não ficou nada.

— Você é um artista de verdade.

— Ah, para.

— Não, estou falando sério. Você é diferente dos outros garotos aqui. Eu gosto de garotos que não têm só uma coisa na cabeça.

Ela colocou a mão na perna dele.

Philip deu um pulo.

— Ei, por que você tá fazendo isso?

— Você não gosta de garotas, Billy?

— Claro que gosto. Eu não sou bicha. É que eu... eu não... eu...

— Você parece agitado, Billy. O que foi?

Ele se sentou ao lado dela de novo.

— Eu não sou muito dessas coisas de sexo.

— Como assim?

— Bom... Nós... quer dizer, quando eu era pequeno, eu fui estuprado por um homem.

Ela o observou, chocada.

— Eu achava que só garotas podiam ser estupradas.

Philip balançou a cabeça.

— Bom, pensa melhor. Eu fui espancado e estuprado. E isso fez alguma coisa com a minha cabeça. Isso eu posso dizer. Sonho muito com o que aconteceu. Uma parte de mim sonha. A vida toda eu sempre achei que sexo era doloroso e sujo.

— Você quer dizer que nunca fez sexo tradicional com uma garota?

— Eu nunca fiz sexo tradicional com ninguém.

— Não dói, Billy.

Ele corou quando se afastou dela.

— Vamos nadar — disse ela.

— É, boa ideia — disse ele, pulando e correndo para mergulhar no lago.

Quando subiu para a superfície, percebeu que ela deixara o vestido na margem do lago e estava entrando nua na água.

— Puta merda! — disse ele, e mergulhou para o fundo.

Quando subiu, ela esticou os braços e os passou em volta dele. Sentiu as pernas dela em volta dele na água, sentiu-a passando os seios em seu peito, esticando a mão para tocar nele.

— Não vai doer, Billy — disse ela. — Eu prometo.

Nadando com uma das mãos, ela o levou na direção da enseada, para uma pedra grande e plana inclinada na direção da água. Ele subiu depois dela e ela puxou o short dele. Ele sabia que estava sendo desajeitado quando tocou nela, e teve medo de que, se fechasse os olhos, tudo fosse desaparecer. Ela era tão linda. Não queria se ver em outro lugar sem lembrar o que estava acontecendo; queria se lembrar daquele momento. Estava se sentindo bem. Ela o abraçou e o apertou quando ele começou, e quando acabou ele teve vontade de pular e gritar de alegria. Quando saiu de cima dela, perdeu o equilíbrio e deslizou pela pedra molhada e escorregadia até cair na água.

Ela riu. Ele se sentiu bobo. Mas estava feliz. Não era mais virgem nem era bicha. Ele era um homem.

6

No dia 19 de junho, a pedido da mãe, Billy Milligan foi dispensado do hospital pelo dr. Raulj. O resumo da assistente social da dispensa dizia:

> Antes da dispensa, Bill era manipulador com membros da equipe e com os pacientes. Mentia com malícia para fugir de problemas, afetando a reputação de qualquer um sem sentir remorso. Suas relações com os colegas do grupo eram superficiais de sua parte e os colegas não confiavam nele por causa das constantes mentiras.
>
> Recomendações da equipe: o comportamento do paciente ficou cada vez mais disruptivo do programa da ala; portanto, o paciente está sendo dispensado com a recomendação de procurar tratamento externo e orientação para os pais.
>
> Medicação na ocasião da liberação: Thorazine 25 mg, três vezes por dia.

De volta em casa, em depressão profunda, Danny pintou uma natureza-morta de 22 por 30 centímetros: uma flor amarela murchando em um copo rachado com fundo preto e azul-marinho. Levou a pintura para o andar de cima, para mostrar à mãe de Billy o que tinha feito, mas ficou paralisado. Chalmer estava lá. O homem tirou a pintura das mãos dele, olhou para a tela e a jogou no chão.

— Você é um mentiroso — disse ele. — Você não fez isso.

Danny pegou a pintura e lutou contra as lágrimas enquanto a levava para a sala de pintura no andar de baixo. Pela primeira vez, assinou uma obra: "Danny 1970". Atrás da tela, ele preencheu as informações requeridas:

ARTISTA	Danny
TEMA	Morrendo sozinho
DATA	1970

A partir daquele momento, diferentemente de Tommy e Allen, que continuaram procurando aprovação para suas pinturas, Danny nunca mais tentou mostrar seus quadros de natureza-morta para ninguém.

No outono de 1970, Billy entrou na Lancaster High School, o complexo de vidro e concreto feito de prédios modernos no lado norte de Lancaster. Billy não se saiu bem nas aulas. Odiava os professores e odiava a escola.

Arthur matava muitas aulas do ensino médio para estudar livros de medicina na biblioteca e ficou especialmente fascinado pelo estudo de hematologia.

Tommy passava o tempo consertando aparelhos e treinando procedimentos de fuga. Naquela época, nenhuma corda era capaz de segurá-lo. Ele conseguia usar as mãos para desfazer qualquer nó ou deslizar por qualquer corda que o amarrasse. Comprou uma algema para praticar: ele a tirava usando o corpo quebrado de uma caneta esferográfica como chave. Fez uma nota mental de que sempre seria melhor ter duas chaves de algema o tempo todo, uma no bolso da frente e outra no bolso de trás, para poder alcançar pelo menos uma da maneira que estivesse algemado.

Em janeiro de 1971, Billy conseguiu um emprego de meio período como entregador do mercado IGA. Ele decidiu usar uma parte do dinheiro do primeiro pagamento para comprar um filé para Chalmer. As coisas tinham ido bem nas festas de Natal. Achou que, se agora demonstrasse ao padrasto que gostava dele, talvez Chalmer parasse de implicar com ele.

Ele subiu pelos degraus dos fundos e viu que a porta da cozinha tinha sido arrancada das dobradiças. Vovó e vovô Milligan estavam lá, assim como Kathy, Challa e Jim. Sua mãe estava segurando uma toalha ensanguentada na cabeça. O rosto estava azulado e preto.

— Chalmer a jogou pela porta — disse Jim.

— Arrancou o cabelo da cabeça dela — disse Kathy.

Billy não disse nada. Ele só olhou para a mãe, jogou o filé na mesa, foi até o quarto e fechou a porta. Ficou sentado no escuro por muito tempo, os olhos fechados, tentando entender por que havia tanta dor e sofrimento naquela família. Se pelo menos Chalmer morresse, todos os problemas deles seriam resolvidos.

A sensação de vazio tomou conta...

Ragen abriu os olhos, sentindo a raiva que não podia mais ser contida. Pelo que Chalmer tinha feito com Danny e com Billy, e agora com a mãe do Billy, aquele homem tinha que morrer.

Ele se levantou lentamente e foi até a cozinha, ouvindo as vozes baixas na sala. Abriu a gaveta onde ficavam as facas, pegou uma de quinze centímetros, guardou-a na camisa e voltou para o quarto. Colocou a faca embaixo do travesseiro e se deitou para esperar. Depois que todos fossem dormir, cravaria a faca no coração de Chalmer. Ou talvez cortasse sua garganta. Ficou deitado ensaiando na mente, esperando que a casa ficasse em silêncio. À meia-noite, ainda estavam acordados, falando. Ele adormeceu.

A luz da manhã acordou Allen e ele pulou da cama, sem saber onde estava e o que tinha acontecido. Foi rapidamente para o banheiro, e Ragen lhe contou o que tinha planejado. Quando saiu, Dorothy estava em seu quarto. Tinha começado a arrumar a cama, mas agora ela estava segurando uma faca.

— Billy, o que é isso?

Ele olhou calmamente para a faca e disse sem entonação:

— Eu ia matar ele.

Ela ergueu o olhar de imediato, surpresa com o tom baixo e sem emoção na voz.

— O que você quer dizer?

Allen a encarou.

— Seu marido tinha que estar morto esta manhã.

Ela ficou pálida e levou a mão ao pescoço.

— Ah, meu Deus, Billy, o que você está dizendo? — Ela segurou o braço dele e o sacudiu, sibilando as palavras suavemente para mais ninguém ouvir. — Você não pode dizer isso. Não pode pensar isso. Olha o que faria com você. O que aconteceria com você?

Allen olhou para ela e falou, calmo:

— Olha o que aconteceu com você. — Ele deu as costas e foi embora dali.

Na sala de aula, Billy tentou ignorar as risadinhas e provocações das outras crianças. O boato de que ele era paciente de uma clínica psiquiátrica tinha se espalhado. Havia risadinhas e dedos girando apontando para têmporas. Garotas mostravam a língua para ele.

Entre as aulas, várias garotas se reuniram em volta dele no corredor perto do banheiro das meninas.

— Vem cá, Billy. A gente quer mostrar uma coisa pra você.

Ele sabia que elas estavam de provocação, mas era tímido demais para resistir a garotas. Elas o empurraram para o banheiro e formaram uma barreira, sabendo que ele não ousaria tocar nelas.

— É verdade que você é virgem, Billy?

Ele corou.

— Você nunca fez com uma garota?

Sem saber sobre a experiência de Philip com uma garota no hospital, ele fez que não.

— Ele deve ter feito com animais na fazenda.

— Você brinca com os animais na fazenda em Bremen, Billy?

Antes que ele soubesse o que estavam fazendo, elas o empurraram contra a parede e puxaram sua calça. Ele desceu até o chão, tentando segurar a calça, mas elas a tiraram e saíram correndo, deixando-o sentado no banheiro feminino de cueca. Ele começou a chorar.

Uma das professoras entrou. Quando o viu, ela saiu e voltou um tempo depois com a calça.

— Aquelas garotas tinham que apanhar, Billy — disse ela.

— Acho que foram os meninos que mandaram — disse Billy.

— Você é um menino grande e forte — disse ela. — Como pôde deixar que elas fizessem isso com você?

Ele deu de ombros.

— Eu não podia bater numa garota.

Ele saiu andando, sabendo que nunca mais teria coragem de olhar para as garotas na sala de aula. Andou pelos corredores. Não havia sentido em continuar vivendo. Olhou para cima e reparou que os funcionários tinham deixado aberta a passagem que levava ao telhado. Nessa hora, ele soube. Lentamente, passou pelos corredores vazios, subiu a escada e saiu pela porta para o telhado. Estava frio. Ele se sentou e escreveu um bilhete dentro do livro: "Tchau, desculpa, mas eu não aguento mais".

Botou o livro no parapeito e recuou para pegar impulso. Preparou-se, respirou fundo e correu...

Antes que chegasse na beira do telhado, Ragen o derrubou no chão.

— Essa foi por pouco — sussurrou Arthur.

— O que fazer? — perguntou Ragen. — É perigoso deixar ele andar por aí assim.

— Ele é um perigo pra todos nós. Nesse estado de depressão, ele pode conseguir se matar.

— Qual solução?

— Deixar ele dormindo.

— Como?

— A partir deste momento, Billy não vai mais ficar com a consciência.

— Quem controlar?

— Você ou eu. Vamos dividir a responsabilidade. Vou espalhar para os outros que ninguém pode deixar que ele assuma a consciência sob nenhuma circunstância. Quando as coisas estiverem seguindo um rumo normal, em relativa segurança, eu controlo tudo. Se estivermos em um ambiente perigoso, você assume. Vamos determinar quem pode ou não ficar com a consciência.

— Concordo — disse Ragen. Ele olhou para a página do livro em que Billy tinha escrito o bilhete suicida. Arrancou a página, rasgou-a em pedacinhos e a jogou ao vento. — Eu vou ser protetor. Não foi certo Billy botar vidas de crianças em perigo.

Ragen pensou em uma coisa.

— Quem falar? Outras pessoas rir do meu sotaque. E do seu.

Arthur assentiu.

— Eu já pensei nisso. Allen tem o dom da oratória. Ele pode falar por nós. Acho que, desde que controle as coisas e esconda o segredo do resto do mundo, a gente vai conseguir sobreviver.

Arthur explicou tudo para Allen. Em seguida, falou com as crianças e tentou ajudá-las a entender o que estava acontecendo.

— Pensem como se todos nós, um monte de gente, inclusive algumas que vocês não conhecem, estivessem em uma sala escura. No centro dessa sala tem um holofote apontando para o chão. Quem ficar sob essa luz, na frente, está no mundo real e fica com a consciência. É essa a pessoa que os outros veem e à qual reagem. O restante de nós pode seguir os interesses de sempre... estudar, dormir, conversar ou brincar. Mas quem está lá fora precisa tomar muito cuidado para que ele ou ela não revele a existência dos outros. É um segredo de família.

As crianças entenderam.

— Tudo bem — disse Arthur. — Allen, volte para a aula.

Allen foi para a frente, pegou os livros e desceu.

— Mas cadê o Billy? — perguntou Christene.

Os outros ouviram a resposta de Arthur, que balançou a cabeça com seriedade, levou o dedo aos lábios e sussurrou:

— Não devemos acordá-lo. Billy está dormindo.

CAPÍTULO 10

1

Allen conseguiu um emprego em uma floricultura em Lancaster, e as coisas começaram bem. "Timothy", que adorava flores, fazia a maior parte do trabalho, mas Adalana aparecia de tempos em tempos para fazer os arranjos. Allen convenceu o dono de que seria uma boa ideia pendurar alguns quadros dele na vitrine e, se um deles fosse vendido, ele poderia ficar com uma comissão. A ideia de ganhar dinheiro com arte motivava Tommy, que, depois das primeiras pinturas vendidas, trabalhou mais arduamente do que nunca, investindo uma parte da renda para comprar mais tintas e pincéis. Ele criou dezenas de paisagens, que venderam mais rapidamente do que os retratos de Allen e as naturezas-mortas de Danny.

Numa sexta-feira de junho, à noite, após fechar o estabelecimento, o dono, um homem de meia-idade, chamou Timothy para a sala dos fundos e deu em cima dele. Assustado, Timothy saiu da frente e se retraiu para um mundo próprio. Danny olhou para cima e viu o que o homem estava tentando fazer. Lembrando o que tinha acontecido na fazenda, Danny gritou e fugiu.

Na segunda-feira seguinte, ansioso para ver se algum dos quadros seria vendido naquele dia, Tommy encontrou a loja vazia. O dono tinha se mudado sem deixar endereço e levado todos os quadros.

— Maldito filho da puta — gritou Tommy para a vitrine vazia. — Eu vou pegar você, desgraçado! — Ele apanhou uma pedra, atirou-a na vitrine e se sentiu melhor.

— O sistema capitalista podre é culpado — disse Ragen.

— Eu não vejo a lógica disso — disse Arthur. — O homem estava com medo de ser exposto como homossexual. O que a desonestidade de um homem assustado tem a ver com o sistema econômico?

— Resultado da motivação de lucro. Contamina cabeça de gente jovem como Tommy.

— Ora, eu não sabia que você era um comunista safado.

— Um dia — disse Ragen —, todas as sociedades capitalistas ser destruídas. Você capitalista, Arthur, mas aviso. Todo o poder pertence ao povo.

— Seja como for — disse Arthur com voz entediada —, a floricultura já era e alguém vai ter que arrumar outra porcaria de emprego.

Allen conseguiu um emprego no turno da noite na Casa de Repouso Homestead, na extremidade leste de Lancaster. Era um prédio de tijolos baixo e moderno com saguão amplo de vidro, sempre cheio de residentes idosos de babador, em cadeiras de rodas. A maior parte do trabalho era simples, e "Mark" lidava com tudo sem reclamar: varria e passava esfregão no chão, trocava os lençóis e as comadres.

Arthur estava mais interessado nos aspectos médicos do trabalho. Quando via que alguns dos enfermeiros e atendentes ficavam enrolando, jogando cartas, lendo ou cochilando, Arthur fazia as rondas e cuidava dos doentes e moribundos. Ouvia as reclamações deles, limpava escaras infeccionadas e se dedicava ao que sentia ser sua vocação.

Uma noite, enquanto via Mark de joelhos, esfregando o chão de um quarto que havia sido desocupado, Arthur balançou a cabeça.

— Você vai passar a vida fazendo só isso, trabalho manual. Um trabalho escravo maldito que poderia ser feito por um zumbi.

Mark olhou para o pano, para Arthur e deu de ombros.

— Para controlar o próprio destino é preciso uma mente brilhante. Para escutar o plano é preciso um tolo.

Arthur ergueu as sobrancelhas. Ele não tinha dado crédito a Mark para esse tipo de percepção. Mas tornou tudo pior ver uma mente com uma fagulha de inteligência desperdiçada em trabalho braçal.

Arthur balançou a cabeça e foi ver os pacientes. Ele sabia que o sr. Torvald estava morrendo. Entrou no quarto do homem idoso e se sentou ao lado da cama, como tinha feito em todas as noites da última semana. O sr. Torvald falava dos tempos de juventude antes de ir para os Estados Unidos e fixar residência nas terras em Ohio. Piscando com os olhos pesados cheios de catarata, ele disse com cansaço:

— Sou um homem velho. Eu falo demais.

— De jeito nenhum, senhor — disse Arthur. — Sempre acreditei que as pessoas mais velhas, que são mais sábias e tiveram muitas experiências, deveriam ser ouvidas. Seu conhecimento, que não pode ser escrito em livros, precisa ser passado aos jovens.

O sr. Torvald sorriu.

— Você é um bom garoto.

— Está com muita dor?

— Eu não acredito em reclamar. Tive uma boa vida. Estou pronto para morrer agora.

Arthur colocou a mão no braço murcho.

— O senhor está morrendo de forma muito elegante — disse ele —, com grande dignidade. Eu teria tido orgulho de tê-lo como pai.

O sr. Torvald tossiu e apontou para a jarra de água vazia.

Arthur foi enchê-la e, quando voltou, viu o sr. Torvald olhando para cima com uma expressão vazia. Ficou parado por um momento, olhando o rosto sereno do velho. Em seguida, tirou o cabelo dos olhos do homem e os fechou.

— Allen — sussurrou ele —, chame as enfermeiras. Diga que o sr. Torvald faleceu.

Allen foi para a frente e apertou o botão acima da cama.

— Isso é um procedimento adequado — sussurrou Arthur, chegando para trás.

Allen pensou por um momento que a voz de Arthur estava rouca de emoção. Mas sabia que não podia ser isso. Antes que Allen pudesse questionar, Arthur tinha sumido.

O emprego em Homestead durou três semanas. Quando a administração descobriu que Milligan tinha só 16 anos, ele foi informado de que era novo demais para trabalhar no turno da noite e o dispensaram.

Algumas semanas depois que o semestre de outono começou, Chalmer disse que Billy tinha que ir para a fazenda naquele sábado para ajudar a cortar a grama. Tommy viu Chalmer dar à ré no novo trator-cortador amarelo subindo por duas tábuas na caçamba da picape.

— Pra que você precisa de mim? — perguntou Tommy.

— Não faz perguntas idiotas. Você vai. Se quer comer, vai trabalhar. Preciso de alguém pra recolher as folhas antes de eu cortar. É só pra isso que você serve mesmo.

Tommy viu Chalmer prender o trator na picape colocando-o com a ré engatada e enfiando o pino em forma de U no lugar para impedir que o câmbio se soltasse.

— Agora pega a porcaria das tábuas e coloca na picape.

Vai se foder, pensou Tommy, *pega você*. E saiu da frente.

Danny ficou ali parado, se perguntando por que Chalmer estava olhando de cara feia para ele.

— Anda, pega as tábuas, seu idiota.

Danny lutou com as duas tábuas enormes, apesar de serem grandes e pesadas para um garoto tão novo.

— Desgraçado desajeitado — disse Chalmer. Empurrou o menino para o lado e empurrou ele mesmo as tábuas. — Entra antes que eu dê uma surra em você.

Danny se sentou no banco e ficou olhando para a frente. Ouviu Chalmer abrindo uma lata de cerveja e, quando sentiu o cheiro da bebida, um medo gelado percorreu seu corpo. Ao chegar à fazenda, Danny ficou aliviado ao ser colocado para varrer as folhas.

Chalmer cortou a grama, e Danny ficou com medo quando a máquina chegou perto demais dele. Já morria de medo de tratores antes. O trator amarelo de Chalmer o assustava muito. Ele mudou para David e depois para Shawn, mudando e mudando, até o trabalho estar terminado e Chalmer gritar:

— Tira as tábuas da picape. Anda!

Danny tropeçou para a frente, ainda morrendo de medo do trator, e usou toda a força que tinha para tirar as tábuas pesadas da picape. Com as tábuas no lugar, Chalmer deu à ré no trator para subir na picape de volta. Depois de colocar as tábuas no lugar, Danny esperou que Chalmer abrisse outra lata de cerveja e a terminasse antes de estar pronto para sair.

Tommy, que tinha visto o que acontecera, assumiu a frente. Aquele trator filho de uma puta deixava o Danny se borrando e tinha que sumir. Rapidamente, quando Chalmer estava de costas, Tommy subiu na picape, puxou o pino em forma de U e enfiou o câmbio no neutro. Chalmer contornou para o banco do motorista e Tommy pulou da picape e jogou o pino no mato. Foi para o banco, ficou olhando para a frente e esperando. Sabia que assim que Chalmer desse uma arrancada com a picape o trator ficaria para trás.

Chalmer saiu devagar e dirigiu sem parar até Bremen. Nada aconteceu. Tommy achou que seria depois que eles parassem diante da fábrica da General Mills. Mas Chalmer partiu bem devagar e dirigiu tranquilo até Lancaster. Tudo bem, pensou Tommy, vai acontecer quando ele parar no primeiro sinal vermelho.

Aconteceu em Lancaster. Quando o sinal ficou verde, Chalmer arrancou, cantando pneus, e Tommy soube que o trator já era. Ele tentou ficar sério, mas não conseguiu. Olhou para longe, na direção da janela, para que o velho fedorento não visse seu sorriso. Quando olhou de volta, viu o tratorzinho amarelo caindo na rua, de frente. E viu Chalmer olhar pelo retrovisor, a boca escancarada. Ele enfiou o pé nos freios, parou a picape, saiu do carro e correu para recolher os pedaços de metal espalhados na rua.

Tommy caiu na gargalhada.

— Filho da puta — disse ele. — Esse trator nunca mais vai machucar o Danny e o David. — Vingança dupla com apenas um golpe. Ele tinha acabado com a máquina e, ao mesmo tempo, feito Chalmer de idiota.

A maior parte das notas no boletim de Billy era C, D e F. Em todos os seus anos escolares, ele só tirou um A: em biologia, no primeiro trimestre do primeiro ano do ensino médio. Arthur, que tinha desenvolvido interesse pelo assunto, começou a prestar atenção na aula e a fazer os deveres de casa.

Sabendo que as pessoas ririam se ele falasse, Arthur fazia com que Allen desse as respostas. Ele impressionou a professora pela mudança súbita e pelo talento. Apesar de Arthur nunca ter perdido o interesse em biologia, as coisas em casa ficaram tão ruins que a frente ficava mudando. Para a tristeza da professora de biologia, a chama se apagou e os outros dois trimestres foram um fracasso. Arthur foi estudar sozinho e o boletim final mostrava um D.

Arthur estava muito ocupado com os outros indo e vindo da frente de forma cada vez mais frequente. Ele diagnosticou esse período de instabilidade como "tempo confuso".

Certa vez, a escola precisou ser evacuada por causa de uma ameaça de bomba. Todos desconfiaram que tinha sido Billy Milligan, embora ninguém pudesse provar. Tommy negou ser o responsável. Não era uma bomba de verdade, de qualquer modo, embora pudesse ter sido se o líquido na garrafa fosse nitrogênio, e não água. Tommy não tinha mentido sobre não ter feito aquilo. Ele jamais mentiria. Apesar de ter ensinado um dos garotos a fazer, e até ter desenhado um diagrama, ele nunca tocou em nada. Não era tão burro assim.

Tommy gostou da agitação e da irritação no rosto do diretor Moore, que aparentava ter muitos problemas, alguém que não era capaz de resolver todas as coisas que o incomodavam.

Então resolveu uma delas expulsando Milligan, o arruaceiro.

Portanto, cinco semanas depois de Billy Milligan ter feito 17 anos, e uma semana antes de Jim partir para a Força Aérea, Tommy e Allen entraram para a Marinha.

CAPÍTULO 11

1

No dia 23 de março de 1972, Allen foi com Dorothy para a central de recrutamento, e ele e Tommy assinaram os papéis de alistamento. Dorothy estava em dúvida sobre deixar o filho mais jovem entrar para a Marinha, mas sabia que era importante tirá-lo de casa, levá-lo para longe de Chalmer. A expulsão da escola tinha piorado as coisas.

O oficial de alistamento cuidou rapidamente da papelada e das perguntas. Dorothy respondeu a maior parte.

— Você já esteve em uma instituição psiquiátrica ou foi diagnosticado com alguma doença mental?

— Não — disse Tommy. — Eu, não.

— Espera só um minuto — disse Dorothy. — Você passou três meses no Hospital Estadual de Columbus. O dr. Brown disse que era neurose histérica.

O recrutador ergueu o olhar, a caneta em posição.

— Ah, nós não precisamos anotar isso. Todo mundo é meio neurótico.

Tommy olhou para Dorothy com expressão triunfante.

Quando chegou a hora de fazer o Teste de Educação e Desenvolvimento Geral, Tommy e Allen deram uma olhada. Ao verem que não tinha nada a ver com nenhum dos conhecimentos e habilidades de Tommy, Allen decidiu fazer o teste. Mas aí Danny apareceu e olhou a prova, sem saber o que fazer.

O inspetor, ao ver a expressão confusa dele, sussurrou:

— Vá em frente, só pinta suas respostas de preto nos quadradinhos.

Danny deu de ombros e, sem ler nenhuma pergunta, percorreu as colunas e pintou os quadradinhos.

Ele passou.

Em uma semana, Allen estava a caminho do Centro de Treinamento Naval em Great Lakes, Illinois, e foi designado para a Companhia 109, Batalhão 21, para começar o treinamento básico.

Como Milligan tinha sido da Patrulha Aérea Civil quando estava no ensino médio, Allen acabou designado como suboficial recruta, encarregado de 160 recrutas. Era um disciplinador rigoroso.

Allen soube que a companhia mais eficiente do manual de dezesseis itens seria considerada a companhia de honra. Por isso, ele e Tommy começaram a trabalhar para descobrir como cortar minutos da programação matinal.

— Corta o banho — sugeriu Tommy.

— Regulamento — disse Allen. — Eles têm que entrar no chuveiro, mesmo que não usem sabonete.

Tommy elaborou um método de banho estilo linha de montagem.

Na noite seguinte, Allen instruiu os homens:

— Vocês enrolam a toalha e colocam na mão esquerda. Seguram o sabonete com a direita. Tem dezesseis chuveiros deste lado, doze atravessados lá na frente e dezesseis do outro. Todos têm temperatura morna e ninguém vai se queimar nem passar frio. Vocês vão andando, e continuam andando, enquanto lavam o lado esquerdo do corpo. Quando chegarem no canto, passem o sabonete para a outra mão e continuem a andar, voltando pra lavar o outro lado do corpo e o cabelo. Quando chegarem ao último chuveiro estarão enxaguados e prontos pra secar.

Os recrutas olharam Milligan, atônitos, enquanto ele, de uniforme, de olho no relógio, demonstrava como andar pelos chuveiros.

— Assim, cada um leva só 45 segundos tomando banho. Os 160 devem conseguir passar pelos chuveiros e se vestir em menos de dez minutos. Eu quero que sejamos a primeira companhia no pátio de manhã. Vamos ser a companhia de honra.

Na manhã seguinte, a companhia de Milligan foi a primeira no pátio de desfile. Allen ficou satisfeito e Tommy disse que estava trabalhando em alguns outros métodos para poupar tempo. Ele ganhou uma Medalha de Serviço por boa conduta.

Duas semanas depois, as coisas começaram a ficar ruins. Allen ligou para casa e soube que Chalmer estava batendo em Dorothy de novo. Ragen ficou com raiva. Arthur, claro, não se importou. Mas isso incomodou muito Tommy, Danny e Allen. Eles ficaram deprimidos e houve outro tempo confuso.

Shawn começou a usar os sapatos nos pés errados e a deixá-los desamarrados. David ficou desleixado. Philip descobriu onde estava e não se importou. Os homens da Companhia 109 logo perceberam que havia algo errado com o sargento-ajudante. Um dia, ele era um líder ativo; no outro, ficava sentado falando e deixando a papelada empilhar.

Observaram que ele começou a andar enquanto dormia. Alguém falou com ele sobre isso, e Tommy começou a se amarrar na cama à noite. Quando foi dispensado do serviço de sargento-ajudante, Tommy ficou deprimido e Danny ia para a enfermaria sempre que podia.

Arthur ficou interessado no laboratório de hematologia.

A Marinha enviou o capitão Simons para observá-lo certo dia. Ele encontrou Philip deitado na cama de uniforme, o chapéu branco nos pés, virando cartas de cima de um baralho.

— O que está acontecendo aqui? — perguntou Simons.

— Fica de pé, homem — disse o assessor dele.

— Vai se foder! — disse Philip.

— Eu sou capitão. Como você se atreve...

— Não tô nem aí se você é o próprio Jesus Cristo! Sai daqui. Você tá me fazendo errar.

Quando o suboficial chefe chegou, Philip disse a mesma coisa.

No dia 12 de abril de 1972, duas semanas e quatro dias depois que Tommy entrou para a Marinha, Philip foi designado para a Unidade de Avaliação de Recrutas.

O relatório do comandante da companhia declarava: "Este homem foi meu suboficial-recruta no começo, mas depois não fez nada além de tentar mandar em todo mundo o tempo todo. Em seguida, começou a se declarar adoentado depois que eu o removi da função. Foi ficando pior a cada dia, e em todas as aulas arrumava um motivo para sair. Esse homem está muito atrás do restante da companhia e seguindo ladeira abaixo. Necessitará de observação".

Um psiquiatra entrevistou David, que não entendeu o que estava acontecendo. Depois de uma verificação dos registros de Ohio, a Marinha descobriu que ele tinha passado por um hospital psiquiátrico e mentido nos formulários. O relatório psiquiátrico declarava: "Ele não tem a maturidade nem a estabilidade necessárias para funcionar de forma eficiente na Marinha. É recomendado que seja dispensado por seu temperamento inadequado para prosseguir no treinamento".

No dia 1º de maio, um mês e um dia depois do alistamento, William Stanley Milligan foi dispensado da Marinha dos Estados Unidos "sob condições honoráveis".

Ele recebeu o pagamento e uma passagem de avião para Columbus. Mas, a caminho de Great Lakes para o aeroporto O'Hare, em Chicago, Philip soube que dois outros recrutas de licença para irem para casa estavam a caminho de Nova York. Em vez de usar a passagem da United Airlines, Philip entrou no ônibus com eles. Ele visitaria Nova York, o lugar de onde sabia que era, mas que nunca tinha visto.

2

Na rodoviária de Nova York, Philip se despediu dos companheiros de viagem, pendurou a bolsa no ombro e saiu andando. Ele pegou mapas e livretos no balcão de informações e foi para Times Square. Sentia-se em casa. As ruas, as vozes que soavam naturais aos seus ouvidos, garantiam que lá era o lugar dele.

Philip passou dois dias explorando a cidade. Fez um passeio na balsa em Staten Island e um para ver a Estátua da Liberdade. Em seguida, começando em Battery, ele andou pelas ruas estreitas no entorno de Wall Street e caminhou até o Greenwich Village. Comeu em um restaurante grego e dormiu em um hotel barato. No dia seguinte, foi para a Quinta Avenida com a rua 34 e admirou o Empire State Building. Fez o passeio até o topo e observou a cidade.

— De que lado fica o Brooklyn? — perguntou à guia.

Ela apontou.

— Ali. Dá pra ver as três pontes: Williamsburg, Manhattan e Brooklyn.

— É pra lá que eu vou agora — disse ele.

Desceu de elevador, chamou um táxi e disse:

— Me leva até a ponte do Brooklyn.

— Ponte do Brooklyn?

Philip colocou a bolsa de viagem dentro do táxi.

— Foi o que eu falei.

— Você vai pular de lá ou vai comprá-la? — perguntou o motorista.

— Vai se foder, meu camarada. Só dirige e guarda as piadas engraçadinhas pra quem é de fora.

O motorista o deixou na ponte e Philip começou a atravessá-la. Havia uma brisa fresca e ele se sentia bem; porém, quando chegou à metade, parou e olhou para baixo. Tanta água. Deus, como era lindo. De repente, ficou muito deprimido. Não sabia por quê, mas, no meio daquela linda ponte, ele se sentiu tão mal que não conseguiu seguir em frente. Pendurou a bolsa no ombro e se virou para Manhattan.

Sua depressão ficou mais profunda. Era Nova York, mas não estava se divertindo. Havia uma coisa que ele tinha que ver, um lugar que tinha que encontrar, mas não sabia o quê, nem onde ficava. Pegou um ônibus, foi até o ponto final, mudou para outro ônibus e depois para outro, olhando as casas e as pessoas, mas sem saber aonde estava indo nem o que estava procurando.

Desceu em um shopping center. No meio do shopping, viu uma fonte dos desejos. Jogou duas moedas. Quando foi jogar a terceira, sentiu alguém puxando sua manga. Um garotinho negro estava olhando para ele com olhos suplicantes.

— Ah, merda — disse Philip, jogando a moeda para ele. O garoto sorriu e saiu correndo.

Philip pegou a bolsa de viagem. A depressão começou a corroer suas entranhas com uma sensação de dor tão grande que só ficou parado, tremendo, e então saiu da frente...

David cambaleou com o peso da bolsa de viagem e a largou. Era pesada demais para um garoto de 8 anos, quase 9. Ele a arrastou enquanto olhava as vitrines, perguntando-se onde estava e como tinha ido parar ali. Sentou-se em um banco, olhou em volta e viu as crianças brincando. Desejou poder brincar com elas. Levantou-se e saiu puxando a bolsa de novo, mas estava pesada demais, então ele a largou e seguiu adiante.

Foi até uma loja do Exército e da Marinha e olhou os uniformes e sirenes descartados. Pegou uma bola de plástico grande e apertou um botão. Uma sirene disparou e a luz vermelha dentro começou a piscar. Apavorado, largou a bola e saiu correndo, derrubando uma bicicleta de vendedor de sorvete parada do lado de fora e arranhando o cotovelo. Ele continuou correndo.

Quando viu que não havia ninguém atrás dele, David parou de correr e andou pelas ruas, se perguntando como voltaria para casa. Dorothy devia estar preocupada. E ele estava ficando com fome. Queria um sorvete. Se encontrasse um policial, perguntaria como ir para casa. Arthur sempre dizia que, se estivesse perdido, era para pedir ajuda a um policial...

Allen piscou.

Ele comprou um picolé de um vendedor e, desembrulhando-o, viu uma garotinha de rosto sujo olhando para ele.

— Ah, meu Deus do céu — disse ele, entregando o picolé para ela. Era mole com crianças, principalmente as que tinham grandes olhos famintos.

Ele voltou até o vendedor.

— Me dá outro.

— Garoto, você deve estar com fome.

— Cala a boca e me dá o sorvete.

Enquanto andava, tomando o picolé, decidiu que tinha que fazer alguma coisa sobre deixar que crianças o afetassem. Que tipo de golpista deixa que crianças o façam de otário?

Ele andou pela cidade, olhando os prédios grandes do que achava que era Chicago, e pegou um ônibus para o centro. Sabia que estava tarde para chegar ao aeroporto O'Hare. Teria que passar a noite em Chicago e pegar o avião para Columbus de manhã.

De repente, viu um painel eletrônico em um prédio que exibiu: 5 DE MAIO, TEMPERATURA $20°$ C. Cinco de maio? Ele pegou a carteira e olhou dentro. Uns quinhentos dólares de rescisão. Sua dispensa estava datada de 1ª de maio. A passagem de avião de Chicago para Columbus estava com data de 1ª de maio. Como assim? Ele tinha perambulado por Chicago durante quatro dias desde a dispensa sem saber. Onde estava a bolsa de viagem? Sentiu um vazio no estômago. Olhou para o uniforme azul. Estava imundo. Os cotovelos estavam rasgados e o braço esquerdo, arranhado.

Tudo bem. Comeria alguma coisa, dormiria e pegaria o voo para Columbus de manhã. Comprou dois hambúrgueres, encontrou uma pensão e gastou 9 dólares em um quarto.

Na manhã seguinte, chamou um táxi e falou para o motorista o levar para o aeroporto.

— La Guardia?

Respondeu que não. Ele não sabia que havia um La Guardia em Chicago.

— Não, o outro, o grandão.

Durante toda a viagem até o aeroporto ele tentou entender o que tinha acontecido. Fechou os olhos e tentou chegar até Arthur. Nada. Ragen? Não estava por perto. Foi mais um tempo confuso.

No aeroporto, aproximou-se do balcão da United Airlines e entregou a passagem à funcionária.

— Quando eu posso sair daqui? — perguntou ele.

Ela olhou para a passagem e de volta para ele.

— Esta passagem é de um voo de Chicago para Columbus. Você não pode ir daqui pra Ohio com isto.

— O que você quer dizer?

— Chicago — disse ela.

— Sim? O que tem?

Um supervisor se aproximou e examinou a passagem. Allen não entendeu qual era o problema.

— Está tudo bem, marinheiro? — perguntou o homem. — Você não pode viajar de Nova York para Columbus com isto.

Allen passou a mão no rosto barbado.

— Nova York?

— Isso mesmo. Aeroporto Kennedy.

— Ah, meu Deus!

Allen respirou fundo e começou a falar rápido:

— Bom, olha, o que aconteceu é que alguém cometeu um erro. Eu fui dispensado. — Ele apanhou os papéis. — Eu peguei o avião errado, entende. E era pra me levar pra Columbus. Alguém deve ter colocado alguma coisa no meu café, porque eu fiquei inconsciente e, quando voltei a mim, estava aqui, em Nova York. Deixei minhas malas no avião e tudo. Vocês vão ter que fazer alguma coisa. É culpa da linha aérea.

— Tem uma taxa pra mudar a passagem — disse a mulher.

— Bom, então liga pra Marinha em Great Lakes. São eles que têm que me mandar de volta pra Columbus. Manda a conta pra eles. Um oficial de serviço a caminho de casa tem o direito de receber transporte adequado sem ser incomodado. Pega o telefone e liga pra Marinha.

O homem olhou para ele e falou:

— Tudo bem. Por que você não espera aqui enquanto eu vejo o que posso fazer por um oficial?

— Onde fica o banheiro masculino? — perguntou Allen.

Ela apontou e Allen foi até lá rapidamente.

Depois que entrou, ao ver que não havia ninguém lá dentro, ele pegou um rolo solto de papel higiênico e jogou do outro lado do espaço.

— Merda! Merda! Merda! — gritou ele. — Maldição, eu não aguento mais essa merda!

Quando se acalmou, lavou o rosto, ajeitou o cabelo para trás e colocou o chapéu branco em um ângulo torto para enfrentar as pessoas do balcão de passagens.

— Tudo bem — disse a mulher. — Foi resolvido. Vou emitir uma passagem nova. Você tem lugar no próximo voo. Sai em duas horas.

Durante o voo até Columbus, Allen ficou pensando em como era irritante ter passado cinco dias em Nova York sem ver nada além do interior de um táxi e o Aeroporto Internacional Kennedy. Ele não fazia ideia de como tinha ido parar lá, quem roubou o tempo nem o que aconteceu. Perguntou-se se algum dia descobriria. No ônibus até Lancaster, acomodou-se para cochilar e murmurou, torcendo para que Arthur ou Ragen ouvisse:

— Alguém fez merda.

3

Allen conseguiu um emprego na Interstate Engineering, vendendo de porta em porta aspiradores e compactadores de lixo. O falante Allen se saiu bem por um mês. Ele observou seu colega Sam Garrison ter encontros com garçonetes e secretárias, assim como clientes. Allen admirou suas atividades.

No dia 4 de julho de 1972, Garrison perguntou:

— Por que você não sai com nenhuma dessas garotas?

— Eu não tenho tempo — disse Allen. Ele se remexeu, sempre incomodado quando a conversa se voltava para sexo. — Não estou tão interessado assim.

— Você não é bicha, é?

— Não, porra.

— Dezessete anos e você não está interessado em garotas?

— Olha, tem outras coisas na minha cabeça.

— Pelo amor de Deus, você nunca trepou?

— Eu não quero falar sobre isso. — Sem saber da experiência de Philip com a garota no hospital psiquiátrico, Allen sentiu o rosto ficar vermelho e se virou.

— Não vai me dizer que você é virgem.

Allen não disse nada.

— Ora, meu garoto — disse Garrison. — Vamos ter que resolver isso. Deixa com o Sam. Vou buscar você em casa hoje, às sete.

Naquela noite, Allen tomou banho, vestiu-se e passou um pouco da colônia do irmão do Billy. Jim estava na Força Aérea agora e não sentiria falta.

Garrison chegou na hora e o levou para a cidade. Eles pararam na frente do Hot Spot, na rua Broad, e Garrison disse:

— Espera no carro. Já volto com uma coisa.

Allen ficou sobressaltado quando Garrison voltou alguns minutos depois com duas jovens com cara de tédio.

— Oi, querido — disse a loura, apoiando-se na janela do carro. — Sou Trina e esta é Dolly. Você é um sujeito bonitão. — Dolly jogou o cabelo preto comprido para trás e entrou na frente com Garrison. Trina entrou atrás com Allen.

Eles dirigiram para o campo, conversando e rindo o caminho todo. Trina ficava botando a mão na perna de Allen e brincando com o zíper dele. Quando chegaram a um ponto deserto, Garrison saiu da estrada.

— Vem, Billy — disse ele. — Tem uns cobertores no porta-malas. Me ajuda a pegar.

Allen foi até o porta-malas com Garrison, que lhe entregou dois pacotinhos metalizados bem finos.

— Sabe o que fazer com isso, né?

— Sei — disse Allen. — Mas não preciso botar duas, né?

Garrison deu um soquinho no braço dele.

— Sempre brincalhão. Uma é para Trina e a outra para Dolly. Falei que a gente ia trocar. A gente vai comer as duas.

Allen olhou dentro do porta-malas e viu um rifle de caça. Ergueu o rosto rapidamente, mas Sam lhe entregou um cobertor, pegou outro e fechou o porta-malas. Ele e Dolly foram para trás de uma árvore.

— Vem, é melhor a gente começar — disse Trina, abrindo o cinto de Allen.

— Ei, não precisa fazer isso — disse Allen.

— Bom, se você não está interessado, querido...

Algum tempo depois, Sam chamou Trina, e Dolly foi até Allen.

— E aí? — perguntou Dolly.

— "E aí" o quê?

— Você consegue fazer de novo?

— Olha — disse Allen —, como falei pra sua amiga ali, você não precisa fazer nada e nós podemos continuar amigos.

— Bom, querido, você pode fazer o que quiser, mas não quero que Sam fique com raiva. Você é um cara legal. Ele está meio ocupado com Trina, então acho que não vai reparar.

Quando terminou, Sam foi até o porta-malas, tirou umas cervejas do cooler e passou uma para Allen.

— E aí — disse ele —, gostou das garotas?

— Eu não fiz nada, Sam.

— *Você* não fez nada ou *elas* é que não fizeram nada?

— Eu falei para elas que não precisavam. Quando estiver pronto, vou me casar.

— Puta merda.

— Tá tudo bem, calma — disse Allen. — Tá tudo bem.

— Tudo bem porra nenhuma! — Ele foi até as garotas. — Eu falei que esse cara era virgem. Que cabia a vocês duas deixarem ele excitado.

Dolly andou até o carro onde Garrison estava e viu o rifle no porta-malas.

— Você tá encrencado, amigão.

— Merda. Entra no carro — disse Garrison. — Vamos levar você de volta.

— Eu não vou entrar no carro.

— Bom, então vai se foder!

Garrison fechou o porta-malas e pulou atrás do volante.

— Vem, Billy. Vamos deixar as piranhas voltarem andando.

— Por que vocês não entram? — perguntou Allen. — Não vão querer ficar aqui sozinhas.

— A gente consegue voltar — disse Trina. — Mas vocês vão pagar por isso.

Garrison acelerou e Allen entrou no carro.

— A gente não devia deixar as duas aqui sozinhas.

— Porra, cara, são só duas vagabundas.

— Não foi culpa delas. Eu é que não quis.

— Bom, pelo menos não custou nada.

Quatro dias depois, em 8 de julho de 1972, Sam Garrison e Allen foram até a delegacia de Circleville responder a algumas perguntas. Os dois foram presos por sequestro, estupro e agressão com arma mortal.

O juiz do condado de Pickaway ouviu os fatos no pré-julgamento, retirou a acusação de sequestro e determinou uma fiança de 2 mil dólares. Dorothy conseguiu 200 dólares de taxa do fiador e levou o filho para casa.

Chalmer queria que ele fosse mandado de volta para a prisão, mas Dorothy combinou com a irmã de receber Billy na casa dela em Miami, Flórida, até a audiência em outubro na Corte Juvenil do Condado de Pickaway.

Com Billy e Jim fora, as garotas começaram a falar com Dorothy. Kathy e Challa lhe deram um ultimato: se não entrasse com o divórcio litigioso contra Chalmer, elas sairiam de casa. Dorothy acabou concordando que ele precisava ir embora.

Na Flórida, Allen foi à escola e se saiu bem. Arrumou um emprego em uma loja de material de pintura e impressionou o dono com sua capacidade de organização. "Samuel", o judeu religioso, soube que o pai de Billy era judeu. Junto com muitos dos outros residentes judeus de Miami, estava revoltado com a morte dos onze atletas israelenses na Vila Olímpica de

Munique. Samuel ia a serviços nas sextas à noite para fazer preces pelas almas deles e pela alma do pai de Billy. Ele também pedia a Deus para que o tribunal considerasse Allen inocente.

Quando voltou ao condado de Pickaway, no dia 20 de outubro, Milligan foi entregue à Comissão de Juventude de Ohio para uma avaliação. Ele ficou na Prisão do Condado de Pickaway de novembro de 1972 a 16 de fevereiro de 1973, dois dias depois de seu décimo oitavo aniversário. Apesar de ter feito 18 anos ainda preso, o juiz concordou que ele devia ser julgado como menor de idade. O advogado de sua mãe, George Kellner, disse ao juiz que, independentemente da decisão do tribunal, era imperativo que aquele jovem não fosse enviado de volta para o ambiente destrutivo de sua casa.

O juiz deu o veredito: culpado. Ordenou que William S. Milligan fosse enviado a uma instituição da Comissão de Juventude de Ohio por período indefinido. No dia 12 de março, o mesmo dia em que Allen foi transportado para o Campo de Jovens de Zanesville, Ohio, o divórcio de Dorothy e Chalmer Milligan foi decretado. Ragen debochou de Samuel e disse que Deus não existia.

CAPÍTULO 12

1

Arthur decidiu que os mais jovens deveriam ficar na frente no Campo de Jovens de Zanesville. Afinal, daria a eles as experiências que todas as crianças deveriam ter: caminhada, natação, equitação, acampamento, esportes.

Ele aprovou Dean Hughes, o diretor de recreação negro e alto com cabelo de corte reto no alto e a barba Vandyke. Ele parecia um jovem simpático e confiável. De um modo geral, não parecia haver perigo ali.

Ragen concordou.

Mas Tommy reclamou das regras. Ele não gostou de ter que cortar o cabelo, de ter que usar roupas fornecidas pelo estado. Não gostou de estar ali com trinta delinquentes juvenis.

Charlie Jones, o assistente social, explicou o funcionamento para os garotos novos. O acampamento era dividido em quatro zonas de progresso, e a expectativa era a de que eles passassem por uma zona por mês. As zonas 1 e 2 eram os alojamentos na ala da esquerda do prédio em formato de T. As zonas 3 e 4 eram na ala direita.

A zona 1, admitiu, era "o poço". Todo mundo pegava no seu pé e você tinha que usar cabelo curtinho. Na zona 2, os garotos podiam usar o cabelo um pouco mais comprido. Na zona 3, podiam usar as próprias roupas em vez das fornecidas pelo estado depois das tarefas diárias. Na zona 4, em vez de morar em um alojamento, podiam ter cubículos particulares. Os garotos da zona 4 não precisavam participar das atividades marcadas regularmente. A maioria era de confiança e nem precisava ir aos bailes no Campo de Garotas de Scioto Village.

Os garotos riram disso.

Eles passariam das zonas 1 a 4, explicou o sr. Jones, por sistema de mérito. Cada um deles começava o mês com 120 méritos de crédito, mas precisavam ter 130 para ir para a zona seguinte. Um garoto podia ganhar créditos fazendo trabalhos especiais ou por bom comportamento, ou podia perder por desobediência ou comportamento antissocial. Méritos podiam ser removidos pela equipe ou por um dos garotos de confiança da zona 4.

Se alguma daquelas pessoas dissesse a palavra "Ei", isso custava um mérito. Se alguém dissesse "Ei, calma", dois méritos eram perdidos. "Ei, calma, cama" significava que, além de perder dois méritos, o infrator tinha que ficar na cama por duas horas. Se saísse da cama e alguém dissesse "Ei, calma, cama! Ei, calma", eram três méritos perdidos. Mas se dissessem "Ei, calma, cama! Ei, calma, condado", eram quatro. E "condado" significava que o garoto tinha que se acalmar na prisão do condado.

Tommy teve vontade de vomitar.

Havia muitas coisas para fazer lá, disse Charlie Jones. Ele esperava que os garotos se dedicassem e se comportassem.

— Se algum de vocês se acha bom demais ou inteligente demais para este lugar ou tentar fugir, o estado do Ohio tem outro lugar pra vocês. O Instituto de Treinamento de Hospital Psiquiátrico Central de Ohio, com abreviatura TICO. E se forem enviados para o TICO, vocês vão desejar voltar para cá. Agora peguem a roupa de cama no depósito e vão para o refeitório bater um rango.

Naquela noite, Tommy estava sentado na cama pensando quem o tinha metido naquilo e por que fora mandado para lá. Ele não estava nem aí para méritos e regras e zonas. Assim que tivesse a chance, cairia fora. Não estava na frente quando chegou e não sabia qual era o caminho de saída, mas reparou que não havia arame farpado nem muros em volta do campo, só bosque. Não devia ser difícil fugir.

Quando passou pelo refeitório, sentiu cheiro de comida boa. Ora, não fazia sentido pular na fogueira até ele saber o que havia na frigideira.

Um dos outros novos internos da zona 1 era um garotinho de óculos que não podia ter mais do que 14 ou 15 anos. Tommy tinha reparado nele na fila e se perguntado se uma brisa levaria o garoto voando. Ele estava com dificuldade de carregar o peso do colchão e da roupa de cama quando outro garoto alto de cabelo comprido e músculos de fisiculturista o fez tropeçar. Ele se levantou do chão e deu uma cabeçada na barriga do grandão, derrubando-o.

O fortão pareceu surpreso ao olhar para o garoto de pé na frente dele com os punhos pequenos fechados.

— Seu babaquinha — disse o fortão. — Ei!

— Enfia no cu! — disse o garoto.

— Ei, calma! — disse o grandão, levantando-se e limpando o corpo.

O garotinho estava com lágrimas nos olhos.

— Vem brigar, seu filho da mãe.

— Ei, calma, cama!

Outro garoto, magrelo, mas mais alto e dois ou três anos mais velho, puxou o garotinho.

— Para, Tony — disse ele. — Você já perdeu dois méritos e agora vai ter que ficar duas horas na cama.

Tony se acalmou e pegou o colchão.

— Droga, Gordy, eu nem tava com fome mesmo.

No refeitório, Tommy comeu em silêncio. A comida não era tão ruim. Mas estava começando a ficar preocupado com aquele lugar. Se deixavam que os grandes agredissem e tirassem seus méritos, ele sabia que teria que tomar muito cuidado com seu temperamento.

No alojamento, ele reparou que o garoto magrelo chamado Gordy estava na cama ao lado da dele e tinha levado uma parte do jantar para o menor. Eles estavam sentados conversando.

Tommy se sentou na cama e ficou olhando. Sabia que uma das regras era não comer no alojamento. Com o canto do olho, viu o fortão aparecer à porta.

— Cuidado! — sussurrou ele. — O filho da mãe grandão está chegando.

O garoto chamado Tony enfiou o prato embaixo da cama e se inclinou para trás. Quando olhou tudo e ficou satisfeito de ver que o garoto estava na cama, o fortão foi embora.

— Valeu — disse o garoto. — Eu sou Tony Vito. Qual é seu nome?

Tommy o encarou.

— Me chamam de Billy Milligan.

— Este aqui é Gordy Kane — disse ele, apontando para o magrelo. — Ele está aqui por vender maconha. Pegaram você por qual motivo?

— Estupro — disse Tommy —, mas eu não fiz nada.

Tommy percebeu pelos sorrisos que eles não acreditavam. Bom, não estava nem aí.

— Quem é o valentão? — perguntou ele.

— Jordan. Da zona 4.

— A gente vai acertar as contas com o filho da mãe — disse Tommy.

Tommy ficava na frente a maior parte do tempo e falava com a mãe de Billy quando ela o visitava. Ele gostava dela, e sentia pena. Quando Dorothy contou que tinha se divorciado de Chalmer, ele ficou feliz.

— Ele também me machucou — disse Tommy.

— Eu sei. Ele sempre cismou com você, Billy. Mas o que eu podia fazer? Precisava de um teto pra nós. Três filhos meus, além de Challa, que é como se fosse minha própria filha. Mas agora Chalmer foi embora. Seja um bom menino e faça o que eles mandarem, e aí você vai poder voltar logo pra casa.

Tommy a viu ir embora e decidiu que ela era a mãe mais bonita que já tinha visto. Queria que fosse mãe dele. Perguntou-se quem era sua mãe e como ela era.

2

Dean Hughes, o jovem diretor de recreação, reparou que Milligan ficava à toa a maior parte do tempo, lendo ou olhando para o nada, como se em transe. Uma tarde, ele se aproximou do garoto diretamente.

— Você está aqui — disse Hughes. — Vai ter que fazer o melhor possível. Seja feliz. Se envolva com alguma coisa. O que você gosta de fazer?

— Eu gosto de pintar — disse Allen.

Na semana seguinte, do próprio bolso, Dean Hughes comprou tintas, pincéis e telas para Milligan.

— Quer que eu pinte um quadro pra você? — perguntou Allen, colocando a tela na mesa. — O que você gostaria que eu pintasse?

— Um celeiro velho — disse Hughes. — Com as janelas quebradas. Um pneu pendurado em uma árvore velha. Uma estrada velha de interior. Faz com que pareça que acabou de chover.

Allen trabalhou o dia inteiro e seguiu noite adentro para terminar o quadro. Na manhã seguinte, entregou-o a Dean Hughes.

— Cara, que beleza — disse Hughes. — Você poderia ganhar muito dinheiro com sua arte.

— Adoraria — disse Allen. — Eu amo pintura.

Hughes percebeu que teria que trabalhar para tirar Milligan do comportamento de transe. Em uma manhã de sábado, ele levou o garoto para o Parque Estadual Blue Rock. Hughes supervisionou enquanto Milligan pintava. As pessoas iam olhar, e Hughes vendia algumas obras de arte. Hughes levou Milligan de novo no dia seguinte, e na noite de domingo eles tinham vendido quatrocentos dólares em quadros.

"Shawn."
Pintura a óleo feita por Allen.

"Ragen segurando Christine."
Desenho a lápis feito por Allen.
(Christine escreve o nome com
"e", Christene, enquanto as outras
personalidades escrevem do jeito
comum, com "i".)

"Adalana."
Pintura a óleo feita por Allen.

"A vaca: Retrato de April."
Pintura a óleo feita por Allen.

"Christine."
Desenho a lápis feito por Allen.

"Boneca de Pano de Christine."
Desenhada por Ragen na Prisão
do Condado de Franklin (Christine
está segurando essa boneca de pano no
desenho acima).

De Christene

Bilhete de Christine para a advogada Judy Stevenson.

Tradução: Por que eu tem que ficar numa jaula e não pode brincar
Você gosta de sovete
Eu te amo
Meu Arthur diz que você vai nos ajudar
Um grande abraço e um beijo para a srta. Judey

"Dr. David Caul."
Pintura a óleo feita por Allen.

"Paisagem."
Pintura a óleo feita por Tommy.

"A graça de Cathleen." Pintura a óleo, feita na cela de Billy na prisão Lebanon por Allen e Danny. (Originalmente assinada por Billy, mas repare no canto inferior direito, onde Allen e Danny assinaram seus nomes depois.)

Da esquerda para a direita:
Jim, Kathy, Billy. Centro,
embaixo: Dorothy.

Billy em 1965, aos 10 anos.

Billy no Centro Forense de Dayton, 20 de fevereiro de 1981.

Na segunda-feira de manhã, o diretor chamou Hughes em sua sala e lhe informou que, como Milligan era encarregado do estado, era contra as regras vender obras de arte. Ele tinha que fazer contato com as pessoas, devolver o dinheiro e pegar os quadros de volta.

Hughes não sabia das regras e aceitou devolver o dinheiro. Na saída, perguntou:

— Como você soube das vendas?

— As pessoas estão ligando pra cá — disse o diretor. — Elas querem mais quadros de Milligan.

Abril passou rapidamente. Quando o tempo foi esquentando, Christene foi brincar no jardim. David correu atrás de borboletas. Ragen se exercitou na academia. Danny, que ainda tinha medo de estar ao ar livre por ter sido enterrado vivo, ficou entocado e pintou naturezas-mortas. Christopher, que tinha 13 anos, andou a cavalo. Arthur passou a maior parte do tempo na biblioteca lendo estatutos de leis no Código Revisado de Ohio, dizendo que só subiria em um cavalo se fosse para jogar polo. Todos ficaram felizes em ir para a zona 2.

Milligan e Gordy Kane foram designados para trabalhar na lavanderia, onde Tommy gostava de mexer na máquina de lavar velha e na secadora a gás. Ele estava ansioso para ir para a zona 3, onde poderia usar roupas próprias à noite.

Uma tarde, Frank Jordan, o fortão, entrou com uma carga de roupa suja.

— Quero isto lavado imediatamente. Estou esperando companhia amanhã.

— Legal — disse Tommy, continuando a trabalhar.

— Eu estou falando pra lavar agora — disse Jordan.

Tommy o ignorou.

— Eu sou de confiança da zona 4, escrotinho. Posso tirar seus méritos. Você nem vai chegar na zona 3.

— Olha — disse Tommy. — Não estou nem aí se você é da zona sinistra. Eu não tenho que lavar suas malditas roupas.

— Ei!

Tommy olhou para ele com raiva. Que direito aquele ladrão comum tinha de tirar seus méritos?

— Enfia no cu — disse Tommy.

— Ei, calma!

Tommy cerrou os punhos, mas Jordan foi correndo contar ao encarregado que Milligan havia recebido três "ei, calma". Quando voltou para o alojamento, Tommy soube que Jordan dera a Kane e Vito a mesma punição, só porque ele sabia que os três eram amigos.

— A gente tem que fazer alguma coisa — disse Kane.

— Eu vou fazer alguma coisa — retrucou Tommy.

— O quê? — perguntou Vito.

— Deixa — respondeu Tommy. — Vou pensar em alguma coisa.

Tommy se deitou na cama e quanto mais pensava, mais raiva sentia. Finalmente, ele se levantou, foi até os fundos, encontrou um pedaço de madeira e foi até a zona 4.

Arthur explicou a situação para Allen e disse que era melhor ir para lá antes que Tommy se encrencasse.

— Não faz isso, Tommy — disse Allen.

— Merda, eu não vou deixar aquele filho da mãe grandalhão se safar de tirar meus méritos e me chutar da zona 3.

— Você está se precipitando e vai quebrar a cara.

— Eu vou quebrar a cara é daquele filho da puta.

— Ei, Tommy, calma.

— Não diz essas palavras pra mim! — gritou Tommy.

— Desculpa. Mas você está lidando com isso do jeito errado. Deixa que eu resolvo.

— Merda — disse Tommy, jogando a tábua de lado. — Você não consegue resolver nem seu próprio rabo.

— Você sempre teve a boca suja — continuou Allen. — Some daqui.

Tommy saiu da frente. Allen voltou para o alojamento da zona 2 e se sentou com Kane e Vito.

— A gente vai fazer assim... — retomou Allen.

— Eu sei como a gente vai fazer — interrompeu Kane. — A gente vai explodir a administração.

— Não — disse Allen. — A gente vai reunir fatos e números e amanhã entrar na sala do sr. Jones para contar para ele como é injusto que nossos próprios colegas, garotos que são criminosos comuns, nada melhores do que nós, nos julguem.

Kane e Vito ficaram olhando para Allen, boquiabertos. Eles nunca o tinham ouvido falar daquele jeito, suave e malandro.

— Preciso de papel e lápis — continuou Allen. — Vamos planejar isso direito.

Na manhã seguinte, os três, com Allen como porta-voz, foram falar com Charlie Jones, o assistente social.

— Sr. Jones — disse Allen —, você disse que, quando a gente vem aqui, pode expor nossos sentimentos sem se meter em encrenca.

— Isso mesmo.

— Bom, nós temos uma reclamação desse sistema de os companheiros nos punirem e tirarem nossos méritos. Se você der uma olhada neste gráfico que eu fiz, vai ver como é injusto.

Allen repassou a contagem dos "ei, calma" que Frank Jordan dera a eles, descrevendo em cada caso como acabaram sendo resultado de ressentimento, recusa de fazer suas tarefas ou de fazer o que ele mandava.

— Nós usamos esse sistema há muito tempo, Bill — disse Jones.

— Isso não quer dizer que é bom. Um lugar assim deveria nos preparar pra entrar na sociedade. Como pode fazer isso se nos mostra que a sociedade é injusta? Como pode ser certo colocar garotos como o Vito aqui à mercê de um valentão como o Frank Jordan?

Jones puxou a orelha enquanto pensava. Allen ficava repetindo sobre a injustiça do sistema, enquanto Kane e Vito ficavam em silêncio, impressionados com a fala rápida do porta-voz.

— Olha só — disse Jones. — Me deixa pensar sobre isso. Volte na segunda e eu vou dizer que decisão tomei.

Na noite de domingo, Kane e Vito estavam jogando cartas na cama de Kane. Tommy estava deitado, tentando entender o que tinha acontecido na sala do sr. Jones pelo que Kane e Vito estavam dizendo.

Kane ergueu o rosto e disse:

— Olha o que o gato trouxe.

Frank Jordan foi até Vito e largou um par de sapatos cheios de lama em cima das cartas.

— Preciso disto engraxado até hoje à noite.

— Bom, então engraxa você — disse Vito. — Eu que não vou engraxar seus sapatos.

Frank deu um soco na lateral da cabeça de Vito e o derrubou da cama. Vito começou a chorar. Quando Frank saiu, Tommy agiu rapidamente. Na metade do corredor, cutucou Frank no ombro. Quando ele se virou, Tommy o esmurrou com tudo, acertou seu nariz e o jogou contra a parede.

— Você vai para o condado, filho da mãe! — gritou Frank.

Kane, que tinha ido atrás, esticou o pé, passou uma rasteira em Frank e o fez cair entre duas camas. Tommy e Kane pularam em cima dele e largaram o braço sobre Frank.

Ragen ficou assistindo a Tommy lutar para ter certeza de que ele não estava em perigo. No caso de uma ameaça real, ele teria se intrometido.

Não teria socado loucamente e com raiva, como Tommy fez. Teria se aproximado, planejado onde bater e quais ossos quebrar. Aquilo não era da conta dele e não era necessário aparecer.

Na manhã seguinte, Allen decidiu que tinham que contar ao sr. Jones o que aconteceu antes que Frank Jordan contasse sua versão.

— Dá pra ver a cabeça do Vito inchada onde Frank o acertou sem provocação — disse Allen para o assistente social. — Ele tem se aproveitado de um sistema que lhe dá autoridade sobre garotos como Vito. Como dissemos outro dia, é errado e potencialmente perigoso colocar esse tipo de poder nas mãos de criminosos.

Na quarta-feira, o sr. Jones anunciou que dali em diante a redução de méritos seria feita apenas pelos profissionais da equipe. Os méritos que Frank Jordan tinha removido injustamente dos outros seriam devolvidos e os dele, diminuídos. Jordan caiu para a zona 1. Vito, Kane e Milligan agora tinham méritos suficientes para ir para a zona 3.

3

Um dos privilégios da zona 4 era poder ir para casa em visitas estipuladas. Tommy estava ansioso por esse benefício. Quando chegou a hora, ele fez a mala e esperou que Dorothy o buscasse. Mas quanto mais pensava em sair, mais confuso ficava. Ele gostava dali, mas queria voltar à rua Spring, sabendo que Chalmer nunca mais estaria lá. Só ele, Challa e Kathy. Haveria bons momentos em casa, finalmente.

Dorothy o pegou e eles foram até Lancaster sem falar muito. Ele ficou surpreso quando, alguns minutos depois de chegar em casa, um homem que nunca tinha visto antes apareceu para uma visita. Era um sujeito grande, de rosto largo, com peito amplo. E fumava um cigarro atrás do outro.

— Billy, este é Del Moore. Ele é dono do boliche e da casa onde eu cantava em Circleville. Ele vai ficar para o jantar — disse Dorothy.

Tommy percebeu pela forma como se olhavam que havia algo entre eles. Merda! Chalmer tinha saído de casa havia pouco mais de dois meses e já tinha outro homem rondando o lugar.

Naquela noite, no jantar, Tommy anunciou:

— Não vou voltar pra Zanesville.

— O que você está dizendo? — perguntou Dorothy.

— Não aguento mais aquele lugar.

— Isso não está certo, Billy — disse Del Moore. — Sua mãe me disse que só falta um mês.

— Isso é problema meu.

— Billy! — disse Dorothy.

— Bom, eu sou amigo da família agora — disse Del. — Não é certo causar tanta preocupação à sua mãe. Você tem pouco tempo a cumprir. É melhor você voltar para lá ou vai ter que passar por cima de mim.

Tommy olhou para o prato e comeu em silêncio.

Mais tarde, perguntou a Kathy:

— Qual é a desse cara?

— É o namorado novo da mamãe.

— Bom, ele fica agindo como se achasse que pode me dizer o que fazer. Ele vem muito aqui?

— Ele tem um quarto na cidade — disse Kathy —, acho que é pra ninguém poder dizer que eles estão morando juntos. Mas eu tenho olhos.

Durante a saída do fim de semana seguinte, Tommy conheceu o filho de Del Moore, Stuart, e gostou dele na mesma hora. Da mesma idade de Billy, Stuart era jogador de futebol americano e atleta. Mas o que Billy mais gostou em Stuart foi do modo como ele mexia na motocicleta. Ele conseguia daquela moto coisas que Tommy nunca tinha visto.

Allen também gostou de Stuart, e Ragen o respeitou pela capacidade atlética, seu talento e ousadia. Foi um fim de semana animado, e todos se viram ansiosos para passar mais tempo com o novo amigo, que os aceitou sem questionar seu comportamento estranho. Stuart não chamou nenhum deles de distraído ou mentiroso. Tommy achou que gostaria de ser como Stuart um dia.

Tommy disse para Stuart que, depois que saísse do campo de jovens, não poderia mais morar com a mãe. Ele não achava certo, com Del passando tanto tempo lá. Stuart disse que, quando chegasse a hora, eles dividiriam um apartamento.

— Você está falando sério? — perguntou Tommy.

— Eu falei com o Del — disse Stuart —, e ele acha uma ótima ideia. Disse que vamos ficar de olho um no outro.

Mas, algumas semanas antes de ele ser liberado de Zanesville, Tommy soube que Dorothy não faria a visita de sempre.

No dia 5 de agosto, Stuart Moore estava andando de motocicleta em Circleville. Ao dobrar uma esquina em alta velocidade, bateu em um barco preso em um trailer; a moto e o barco pegaram fogo com a colisão. Stuart morreu na mesma hora.

Quando soube, Tommy ficou em choque. Stuart, seu amigo corajoso e sorridente que conquistaria o mundo, engolido por chamas. Tommy não suportou. Não queria mais estar ali. David foi sentir a dor por Stuart e chorar as lágrimas de Tommy...

CAPÍTULO 13

1

Um mês depois da morte de Stuart, Billy Milligan foi liberado de Zanesville. Alguns dias depois de sua volta, Allen estava lendo no quarto quando Del Moore entrou e perguntou a ele se gostaria de ir pescar. Sabia que Del estava tentando agradar Dorothy; Kathy disse que eles provavelmente se casariam.

— Claro — disse Allen. — Eu adoro pescar.

Del preparou tudo, tirou o dia seguinte de folga e passou para buscar Billy.

Tommy olhou para ele com repulsa.

— Pescar? Porra, eu não quero ir pescar.

Ao sair do quarto, Tommy foi confrontado por Dorothy pela falta de consideração, de primeiro prometer ir pescar com Del e depois mudar de ideia. Tommy olhou para os dois, atônito.

— Meu Deus! Ele nem me *perguntou* se eu queria ir pescar.

Del saiu da casa furioso, jurando que Bill era o maior mentiroso que ele já tinha visto.

— Não aguento mais — disse Allen para Arthur quando estava sozinho no quarto. — A gente tem que sair daqui. Eu me sinto um intruso com Del por perto o tempo todo.

— Eu também — disse Tommy. — Dorothy tem sido como uma mãe pra mim, mas, se ela vai se casar com Del, eu quero pular fora.

— Tudo bem — disse Arthur. — Vamos arrumar um trabalho, guardar uma grana e arrumar um apartamento.

Os outros aplaudiram a ideia.

Allen arrumou um emprego na Lancaster Eletro-Plating no dia 11 de setembro de 1973. Não pagava muito e era um trabalho horrível, não o tipo de emprego que Arthur tinha em mente.

Era Tommy quem fazia o trabalho chato de operador de tanque de zinco; ele puxava a jaula que pendia da corrente móvel no alto e a abaixava até o ácido para ser banhada. Ia de um tanque quadrado para o seguinte; eles ficavam enfileirados no comprimento de uma pista de boliche. Abaixa, espera, levanta, move, abaixa, espera.

Com desprezo por esse trabalho inferior, Arthur voltou a atenção para outros assuntos. Ele tinha que preparar seu pessoal para se virar sozinho.

Durante o tempo em Zanesville, estudou o comportamento daqueles que permitia ficarem na frente e estava começando a entender que a chave para a sobrevivência em sociedade era o autocontrole. Sem regras, haveria caos, o que colocaria todos em perigo. Ocorreu-lhe que as regras do campo de jovens tiveram um efeito benéfico. A ameaça constante de ser rebaixado para a zona 1 ou 2 mantivera os rapazes descontrolados no lugar. Isso seria necessário quando estivessem sozinhos.

Ele explicou seu código de comportamento para Ragen.

— Porque alguém se meteu com mulheres de reputação ruim — disse Arthur —, nós fomos acusados de estupro por aquelas duas mulheres no condado de Pickaway, um crime que nós não cometemos, e nos mandaram pra prisão. Isso não pode mais acontecer.

— Como você impedir?

Arthur andou de um lado para o outro.

— Eu normalmente consigo impedir que alguém vá para a frente. E já observei sua capacidade de tirar alguém de lá logo depois do momento vulnerável da troca. Juntos, acho que nós devíamos controlar a consciência. Decidi que certos indivíduos indesejáveis devem ser banidos de forma permanente da frente. O restante de nós vai ter que viver seguindo um código de conduta. Nós somos como uma família. Temos que ser rigorosos. Uma única infração pode resultar em alguém ser classificado como indesejável.

Com a anuência de Ragen, Arthur comunicou as regras para todos os outros:

PRIMEIRA: *Nunca mentir.* Durante toda a vida, eles foram acusados injustamente de mentirosos patológicos por negarem conhecimento das coisas que um dos outros tinha feito.

SEGUNDA: *Comportar-se de forma adequada com damas e crianças.* Isso incluía evitar palavrões e seguir a etiqueta adequada, como abrir portas. As crianças tinham que se sentar eretas à mesa, com guardanapos no colo. Mulheres e crianças tinham que ser protegidas o tempo todo, e todos deviam agir em defesa delas. Se alguém visse uma mulher ou uma criança sofrendo fisicamente nas mãos de um homem, ele ou ela tinha que sair da frente na mesma hora e deixar que Ragen lidasse com a situação. (Se um deles estivesse sofrendo perigo físico, isso não seria necessário, pois Ragen assumiria a frente automaticamente.)

TERCEIRA: *Ser celibatário.* Os homens nunca mais deveriam ser colocados em posição de poder ser acusados de estupro.

QUARTA: *Passar o tempo todo trabalhando no próprio desenvolvimento.* Ninguém deveria perder tempo com quadrinhos ou televisão, mas cada um deveria estudar sua especialidade.

QUINTA: *Respeitar a propriedade particular de cada membro da família.* Isso deveria ser garantido de forma mais rigorosa em relação à venda das pinturas. Qualquer um podia vender um quadro sem assinatura ou que fosse assinado como "Billy" ou "Milligan". Mas os quadros particulares feitos e assinados por Tommy, Danny ou Allen eram pessoais, e ninguém poderia vender algo que não pertencesse a ele ou ela.

Qualquer um que violasse as regras seria banido para sempre da frente e relegado às sombras com os outros indesejáveis.

Ragen pensou e perguntou:

— Quem ser esses... como você chamar? Indesejáveis?

— Philip e Kevin, os dois inconfundíveis tipos antissociais e criminosos, estão banidos da frente.

— E Tommy? Ele ser antissocial às vezes.

— É — concordou Arthur —, mas a beligerância do Tommy é necessária. Alguns dos mais novos são tão obedientes que machucariam a si mesmos se um estranho mandasse. Desde que ele não viole as outras regras nem use seus talentos de fuga e arrombamento de fechaduras com objetivos criminosos, Tommy pode ir para a berlinda. Mas vou deixar claro de tempos em tempos que estamos de olho nele.

— E eu? Sou criminoso. Sou violento e antissocial.

— Não pode haver violação da lei, nada de crimes. Nem crimes ditos sem vítimas, por nenhum motivo.

— Você saber que é sempre possível para mim estar em situação em que crime seria necessário pra defesa, sobrevivência. A necessidade ignora leis.

Arthur uniu a ponta dos dedos por alguns momentos e considerou o argumento de Ragen. E assentiu.

— Você vai ser a exceção à regra. Por causa da sua grande força e poder, só você pode ter o direito de machucar outras pessoas, mas só em legítima defesa ou em defesa de mulheres e crianças. Como protetor da família, só você pode cometer crimes sem vítimas ou crimes necessários à sobrevivência.

— Então aceitar a ideia de regras — disse Ragen suavemente. — Mas sistema não vai funcionar sempre. Durante tempos confusos, as pessoas roubam tempo. A gente não sabe, nem você, nem eu, nem Allen, o que estar acontecendo.

— Verdade, mas temos que fazer o melhor que pudermos com o que temos. Parte do desafio vai ser manter a família estável e impedir os tempos confusos.

— Difícil. Você vai ter que comunicar isso aos outros. Eu ainda não conheço toda... como você dizer? Família. Eles vêm, eles vão. Não sei às vezes se alguém é pessoa de fora ou um de nós.

— Isso é natural. É como foi no hospital ou no campo de jovens. Um aprende o nome de algumas pessoas que vivem ao redor e fica ciente da existência de outros. Mas com frequência nem as pessoas de fora se comunicam umas com as outras, apesar de estarem vivendo perto. Eu vou me comunicar com cada uma das nossas pessoas e dizer o que elas precisam saber.

Ragen refletiu.

— Eu ser forte, mas, com todas as coisas que descobriu, você ganhou muito poder.

Arthur assentiu.

— E é por isso que eu ainda ganho de você no xadrez.

Arthur falou com os outros, um por um, e explicou o que era esperado dele ou dela. Além do código de comportamento, havia outras responsabilidades para os que estavam na berlinda.

Christene tinha ficado com 3 anos e os constrangia com frequência. Mas Ragen insistiu, e ficou combinado que, como tinha sido a primeira e ainda era "o bebê" da família, jamais seria removida nem classificada como indesejável. Ela talvez até fosse útil às vezes numa necessidade de ter alguém na frente que não fosse capaz de se comunicar nem saber o que estava acontecendo. Mas ela também tinha que trabalhar pelos próprios objetivos. Com a ajuda de Arthur, aprenderia a ler e escrever e lutaria para superar a dislexia.

Tommy tinha que se aprofundar em seu interesse por eletrônica e fortalecer a capacidade com mecânica. Apesar de ser capaz de arrombar fechaduras e abrir cofres, as técnicas que tinha aprendido deveriam ser usadas com um só propósito: não para invadir, mas para escapar. Ele jamais deveria ajudar alguém a roubar. Não seria ladrão. Tinha que praticar o saxofone tenor no tempo livre e aperfeiçoar seu talento na pintura de paisagens. Tinha que controlar a atitude beligerante, mas usá-la para lidar com outras pessoas quando necessário.

Ragen tinha que fazer aulas de caratê e judô, correr e manter o corpo em condição física perfeita. Com a ajuda e instrução de Arthur, aprenderia a controlar o fluxo de adrenalina para concentrar todas as energias em momentos de estresse e perigo. Tinha que continuar estudando munição e demolição. Parte do salário seguinte seria para comprar uma arma para Ragen treinar tiro ao alvo.

Allen precisava praticar a habilidade verbal e se concentrar em pintar retratos. Ele tocaria bateria para ajudar a liberar o excesso de tensão. Seria o líder de um modo geral, para ajudar a manipular os outros quando necessário. Como o mais sociável, era importante que saísse e conhecesse pessoas.

Adalana continuaria escrevendo poemas e aperfeiçoando o talento na cozinha para quando saíssem de casa e tivessem um apartamento só deles.

Danny se concentraria em naturezas-mortas e aprenderia a controlar o aerógrafo. Como era adolescente, bancaria a babá, para ajudar a cuidar dos menores.

Arthur se concentraria nos estudos científicos, principalmente nas artes médicas. Ele já tinha comprado um curso por correspondência sobre os fundamentos da hematologia clínica. Também usaria a lógica e o raciocínio claro para estudar direito.

Todos os outros ficaram cientes da necessidade de usar cada momento do tempo para se aprimorar e expandir seu conhecimento. Não deveriam ficar parados, avisou Arthur, não deveriam perder tempo, não deveriam permitir que a mente estagnasse. Cada membro da família deveria lutar para alcançar seus objetivos e, ao mesmo tempo, ser educado e ter cultura. Deviam pensar nessas coisas mesmo quando não estivessem na frente e praticá-las intensamente quando estivessem com a consciência.

Os mais novos nunca poderiam dirigir um carro. Se algum deles fosse parar atrás de um volante, tinha que mudar para o banco do passageiro e esperar alguém mais velho aparecer e dirigir.

Todo mundo concordou que Arthur tinha sido bem detalhista e pensado em tudo de forma lógica.

Samuel lia o Velho Testamento, só comia comida kosher e amava esculpir arenito e entalhar madeira. Assumiu a frente no dia 27 de setembro, Rosh Hashanah, o ano novo judaico, e fez uma prece em memória do pai judeu de Billy.

Ele sabia da regra rigorosa de Arthur sobre a venda de quadros, mas um dia, quando precisava de dinheiro e não tinha ninguém da família por perto para dar conselho ou dizer o que estava acontecendo, ele vendeu um nu assinado por Allen. Os nus ofendiam sua sensibilidade religiosa, e ele não queria mais ver aquele quadro. Ele falou para o comprador:

— Eu não sou o artista, mas o conheço.

Depois, vendeu a pintura de Tommy de um celeiro, um quadro que tinha uma atmosfera patente de medo.

Arthur ficou furioso quando soube o que Samuel tinha feito. Ele deveria ter percebido que estava vendendo quadros pelos quais os outros tinham apreço, quadros tão pessoais que não eram para os olhos de estranhos. Arthur mandou que Tommy encontrasse a criação favorita de Samuel, uma Vênus coberta cercada de cupidos, feita de gesso.

— Destrua — disse Arthur.

Tommy a levou para os fundos e a quebrou com uma marreta.

— Por esse crime horrível de vender a arte dos outros, Samuel está de agora em diante na categoria de indesejável. Ele está banido da frente.

Samuel tentou argumentar. Disse a Arthur que não deveria ser banido, pois era o único dentre todos que acreditava em Deus.

— Deus foi inventado por quem tem medo do desconhecido — disse Arthur. — As pessoas idolatram figuras como Jesus Cristo só porque têm medo do que pode acontecer com elas depois que morrerem.

— Exatamente — disse Samuel. — Mas, olha, não seria uma ideia tão terrível ter uma certa garantia. Se depois que a gente morrer descobrir que Deus *existe*, que mal haveria se ao menos um de nós acreditasse n'Ele? Assim, um de nós tem a chance de levar a alma para o céu.

— Se existir alma.

— Então para que se arriscar? Que mal faria me dar outra chance?

— Eu criei a regra e minha decisão continua valendo. O dia 6 de outubro é seu dia mais sagrado, o Yom Kippur. Você pode ir para a frente para fazer jejum no seu Dia do Perdão, mas depois está banido.

Mais tarde, ele admitiu para Tommy que, ao tomar essa decisão com raiva, cometera um erro. Como não tinha como ter certeza de que Deus não existia, não deveria ter agido de forma tão precipitada e banir da frente o único deles que acreditava.

— Você pode mudar de ideia e deixar Samuel ir pra frente às vezes — disse Tommy.

— Não enquanto eu dominar a consciência — disse Arthur. — Admito que cometi um erro ao permitir que as minhas emoções afetassem minhas decisões. Mas, como decidi, não voltarei atrás.

Pensar sobre céu e inferno incomodava Tommy. Ele se viu repassando a ideia sem parar e se perguntou se haveria como escapar caso eles fossem enviados para o inferno.

2

Alguns dias depois, Allen encontrou um colega de escola no centro da cidade. Lembrava-se vagamente de que Barry Hart era amigo de alguém que ele conhecia. Agora, com o cabelo comprido, parecia hippie. Barry Hart o convidou para ir à casa dele tomar uma cerveja e conversar.

Era um apartamento grande e velho. Enquanto Allen estava na cozinha, conversando com Hart, tinha gente chegando e saindo, e Allen teve a impressão de que havia um intenso tráfico de drogas acontecendo. Quando ele se levantou para ir embora, Hart disse que receberia muitos amigos na noite de sábado para uma festa e Allen estava convidado.

Ele aceitou. Haveria jeito melhor de seguir as instruções de Arthur de sair e socializar?

Mas quando chegou lá na noite de sábado, Allen não gostou do que viu. Era uma cena pesada de drogas, com pessoas bebendo, fumando maconha e tomando comprimidos. A maioria, pensou ele, estava fazendo papel de trouxa. Ele ficaria só um pouco e tomaria uma cerveja. Mas, depois de alguns minutos, ficou tão incomodado que saiu da frente.

Arthur olhou em volta, repugnado com o que estava acontecendo, mas decidiu ficar observando aqueles espécimes de vida inferior. Era interessante ver como pessoas diferentes se faziam de bobas com o efeito de drógas diferentes: beligerantes com álcool, rindo à toa com maconha, parecendo em transe com anfetaminas, viajando com LSD. Ele decidiu que era um laboratório de abuso de drogas.

Ele reparou em um casal sentado separado, como ele estava. A garota, alta e magra, com cabelo escuro comprido, lábios carnudos e olhos enevoados, ficava olhando para ele. Arthur teve a impressão de que ela falaria algo em breve. A ideia o irritava.

O sujeito com quem ela estava agiu primeiro.

— Você vem sempre nas festas do Hart? — perguntou o jovem.

Arthur deixou Allen voltar para a berlinda. Ele olhou em volta, atordoado.

— O que você disse?

— Minha amiga disse que acha que já viu você em uma festa aqui — disse o jovem. — Eu tenho a sensação de que também já vi. Qual é seu nome?

— Me chamam de Billy Milligan.

— Irmão da Challa? Ei, sou Walt Stanley. Conheço sua irmã.

A jovem se aproximou e Stanley disse:

— Marlene, este é Billy Milligan.

Stanley se afastou e Marlene conversou com Allen por quase uma hora, trocando observações sobre as pessoas na sala. Allen a achou divertida e calorosa. Percebeu que ela estava atraída por ele. Os olhos escuros de gata lhe davam uma sensação estranha e ele se sentiu atraído por Marlene. Mas sabia que, por causa das regras de Arthur, não aconteceria nada.

— Ei, Marlene! — gritou Stanley do outro lado da sala. — Quer ir embora?

Ela o ignorou.

— Seu namorado está chamando — disse Allen.

— Ah, ele não é meu namorado — disse ela, sorrindo.

Ela o estava deixando nervoso. Tinha acabado de sair de Zanesville depois de cumprir pena por uma acusação falsa de estupro e aquela garota estava dando em cima dele.

— Com licença, Marlene — disse ele. — Eu tenho que ir.

Ela pareceu surpresa.

— Quem sabe a gente se vê por aí qualquer hora.

Allen foi embora rapidamente.

No domingo seguinte, Allen decidiu que era um dia perfeito de outono para jogar golfe. Ele colocou os tacos no carro, foi até o Country Clube de Lancaster e alugou um carrinho elétrico. Jogou por vários buracos, mas se saiu mal; quando deu a terceira tacada em um banco de areia, ficou tão irritado consigo mesmo que saiu da frente.

"Martin" abriu os olhos, surpreso de se ver com um taco de golfe na mão, batendo em uma bola. Ele bateu e terminou o buraco. Sem saber quantas tacadas tinha levado para acertar, ele marcou como sendo três.

Ficou irritado quando viu como a parte seguinte estava cheia e reclamou alto que as jogadas lentas estavam estragando o jogo para jogadores melhores como ele.

— Eu sou de Nova York — disse ele para um homem de meia-idade com um grupo de quatro pessoas na frente — e estou acostumado com clubes particulares que são bem mais exclusivos do que isto, e seletivos com a classe de pessoas que permitem jogar.

O homem pareceu nervoso e Martin se adiantou.

— Você não se importa se eu passar na frente, né? — E, sem esperar resposta, adiantou-se um passo, deu uma tacada, jogou a bola no lugar certo e seguiu em frente no carrinho.

Ele passou na frente de outro grupo de três, mas jogou a bola na água. Parou o carrinho perto do lago para ver se conseguia recuperá-la. Como não conseguiu encontrá-la, lançou uma segunda bola por cima do lago e voltou para o carrinho, mas bateu com o joelho na lateral ao entrar.

David foi receber a dor, perguntando-se onde estava e por que estava naquele carrinho. Quando a dor passou, David ficou brincando com o volante, fazendo barulhos de motor com a boca e batendo com os pés nos pedais. O freio soltou e o carrinho rolou até as rodas da frente afundarem no lago. Assustado, David foi embora e Martin voltou, sem saber o que tinha acontecido. Ele levou quase meia hora sacudindo o carrinho para soltar as rodas da frente da lama e ficou furioso conforme os grupos foram passando na frente.

Quando o carrinho estava de novo em terreno seco, Arthur assumiu a frente e disse para Ragen que baniria Martin como indesejável.

— Punição severa por erro de carrinho de golfe no lago.

— Não é esse o motivo — disse Arthur. — Martin é um fanfarrão inútil. Desde Zanesville, ele só pensa em usar roupas bonitas e dirigir carrões. Ele se acha. Não pensa em se aprimorar nem em ser criativo. Ele é uma fraude, uma enganação e, pior de tudo, esnobe.

Ragen sorriu.

— Não sabia ser esnobe motivo para ser indesejável.

— Meu querido camarada — disse Arthur com frieza, sabendo a que Ragen estava se referindo —, ninguém tem o direito de ser esnobe, a menos que seja muito inteligente. Eu tenho esse direito; Martin não tem.

Arthur jogou pelos últimos quatro buracos.

No dia 27 de outubro de 1973, quase dez anos depois do dia em que se casou com Chalmer Milligan, Dorothy se casou com o quarto marido: Delmos A. Moore.

Ele tentou ser um pai para Billy e as garotas, mas eles tinham muito ressentimento. Quando começou a estabelecer regras, Arthur debochou dele.

Uma das coisas que Dorothy proibiu o filho mais novo de fazer era andar de motocicleta. Tommy sabia que era por causa de Stuart, mas não achava certo ter de se privar por causa do que tinha acontecido com outra pessoa.

Um dia, ele pegou emprestada uma Yamaha 350 de um amigo e passou na porta de casa. Quando estava voltando pela rua Spring, Tommy olhou para baixo e viu que o escapamento estava se soltando. Se batesse no chão...

Ragen se jogou da moto.

Ele se levantou, limpou a calça jeans e empurrou a moto até o pátio. Em seguida, entrou em casa para lavar o sangue da testa.

Quando saiu do banheiro, Dorothy começou a gritar com ele:

— Eu falei que não queria você numa moto! Você está fazendo isso pra me atormentar!

Del entrou em casa e gritou:

— Você fez de propósito! Sabe o que eu penso sobre motocicletas desde que...

Ragen balançou a cabeça e saiu da frente. Ele deixaria que Tommy explicasse sobre o escapamento.

Tommy ergueu o rosto e viu Dorothy e Del olhando para ele de cara feia.

— *Foi* de propósito, não foi? — perguntou Del.

— Isso é loucura — disse Tommy, olhando os machucados. — O escapamento soltou e...

— Outra mentira. Eu saí e olhei a moto. Não tem como aquele escapamento ter soltado e virado a moto sem se dobrar no meio. Aquele escapamento não está dobrado.

— Não me chama de mentiroso! — gritou Tommy.

— Você é um maldito mentiroso! — gritou Del.

Tommy saiu batendo os pés. De que adiantaria dizer que só não estava dobrado porque Ragen percebeu o que ia acontecer e jogou a moto longe a tempo de impedir coisa pior? Por mais que explicasse, eles continuariam dizendo que era mentira.

Ao sentir a raiva aumentando, forte demais para ele aguentar, Tommy saiu da frente...

Dorothy, percebendo a fúria no filho, seguiu-o quando ele foi para a garagem. Ela ficou do lado de fora olhando para ele, sem ser vista, pela janela. Viu a expressão de fúria assassina quando ele foi até a pilha de tábuas, pegou um pedaço de cinco por dez centímetros e o partiu no meio. Repetidamente, ele quebrou pedaços de madeira, botando para fora uma raiva profunda e violenta.

Arthur tomou uma decisão. Eles tinham que sair de casa.

Alguns dias depois, Allen encontrou um apartamento, de dois aposentos e meio, barato o suficiente, em uma casa branca na rua Broad, número 808, perto de onde Dorothy morava. Era um lugar velho, mas tinha geladeira e fogão. Ele acrescentou um colchão, duas cadeiras e uma mesa. Dorothy deixou que ele comprasse um Pontiac Grand Prix em nome dela desde que ele pagasse as parcelas.

Ragen comprou um rifle calibre 30 com pente de nove balas e uma semiautomática calibre 25.

No começo, a liberdade de ter seu próprio apartamento foi extasiante. Ele poderia pintar quando quisesse, sem ninguém o incomodar.

Arthur teve o cuidado de comprar aspirina e outros remédios em frascos com tampas à prova de criança, para que os pequenos não os pegassem. Até insistiu para que Ragen encontrasse uma tampa de proteção que pudesse ser adaptada à garrafa de vodca e lhe disse para ter cuidado e manter as armas sempre trancadas a chave.

Uma rivalidade se desenvolveu entre Adalana e "April" na cozinha. Apesar de Arthur sentir que haveria problema, ele decidiu não tomar partido. Já tinha pouco tempo para seus estudos, pesquisar e planejar o futuro; por isso, tentou não prestar atenção nas mulheres discutindo no fundo de sua mente. Quando a situação ficou insuportável, ele sugeriu que Adalana cozinhasse e April costurasse e lavasse, e deixou por isso mesmo.

Arthur tinha ficado encantado pela garota magra de cabelo preto e olhos castanhos chamada April quando a descobriu em meio aos outros. Ela era mais atraente do que a simples e quase desajeitada Adalana, e certamente mais inteligente. Quase tão inteligente quanto Tommy ou Allen, ou mesmo o próprio Arthur. E ele ficou intrigado no começo com seu sotaque de Boston. Mas tinha perdido o interesse nela quando ficou ciente de seus pensamentos. April era obcecada por ideias de torturar e matar Chalmer.

Ela desenvolvia as coisas em sua mente. Se pudesse atrair Chalmer até o apartamento, ela o amarraria na cadeira e queimaria seu corpo aos poucos com um lança-chamas. Ela o manteria acordado à base de anfetaminas, e o calor do lança-chamas amputaria cada dedo do pé e da mão, cauterizando ao mesmo tempo, de forma que não haveria sangue. Queria que ele sofresse ali antes de ir para o inferno.

April começou a fazer a cabeça de Ragen.

Ela sussurrou no ouvido dele:

— Você precisa matar Chalmer. Precisa pegar uma das suas armas e atirar nele.

— Não sou assassino.

— Não seria assassinato. Seria justiça pelo que ele fez.

— Não sou lei. Justiça é para tribunal. Uso força só pra defender criança e mulher.

— Eu sou mulher.

— Você é mulher maluca.

— Você só precisaria pegar seu rifle e se esconder na colina em frente ao lugar onde ele mora agora com a nova esposa e poderia atirar nele. Ninguém saberia quem foi.

— Não ter mira para rifle. Seria longe demais. Nós sem dinheiro pra comprar mira.

— Você é engenhoso, Ragen — sussurrou ela. — Nós temos um telescópio. Você pode adaptá-lo e fazer uma mira.

Ragen a mandou embora.

Mas April sempre voltava e lembrava Ragen das coisas que Chalmer tinha feito, principalmente com as crianças. Sabendo o quanto ele gostava de Christene, ela fez questão de lembrar sobre os abusos sofridos pela menina.

— Eu faço — disse ele.

Ele tirou dois fios de cabelo da própria cabeça e os grudou com cuidado dentro do visor. Em seguida, foi para o telhado e, olhando pela mira telescópica improvisada, deu tiros em um pontinho preto no chão abaixo. Quando sentiu que estava precisa o suficiente para o serviço, grudou os fios de cabelo cruzados, botou o visor no rifle e o levou para o bosque para um teste. Conseguiria acertar Chalmer do morro em frente a sua casa nova.

Na manhã seguinte, uma hora antes do horário em que Chalmer costumava sair para trabalhar como capataz em Columbus, Ragen foi de carro até o bairro dele, estacionou e entrou na área de bosque em frente à casa. Posicionou-se atrás da árvore e esperou Chalmer sair. Apontou a mira para a porta pela qual ele sabia que Chalmer teria que passar para ir até o carro.

— Não faça isso — disse Arthur em voz alta.

— Ele ter que morrer — disse Ragen.

— Isso não entra na categoria "necessário pra sobrevivência".

— Entra na categoria proteger mulheres e crianças. Ele machucou crianças. Precisa morrer pra pagar.

Arthur, sabendo que a discussão era inútil, levou Christene para perto da frente e mostrou a ela o que Ragen estava fazendo. Ela chorou, esperneou e suplicou para Ragen não fazer coisas malvadas.

Ragen trincou os dentes. Chalmer estava saindo pela porta. Ragen esticou a mão e tirou o pente de nove balas. Com a câmara do rifle vazia, ele olhou pela mira, colocou Chalmer no centro e puxou delicadamente o gatilho. Colocou o rifle no ombro, voltou para o carro e dirigiu até o apartamento novo.

Nesse dia, Arthur disse:

— April é maluca, uma ameaça para todos nós.

E a baniu da frente.

3

"Kevin" estava sozinho no apartamento quando a campainha tocou. Ele abriu a porta e viu uma jovem bonita sorrindo para ele.

— Eu liguei para o Barry Hart — disse Marlene — e ele me disse que você morava aqui sozinho. Gostei da nossa conversa na festa dele naquela vez e pensei em vir ver como você estava.

Kevin não tinha ideia sobre o que ela estava dizendo, mas fez sinal para que entrasse.

— Eu estava bem pra baixo — disse ele — até abrir esta porta.

Marlene passou a noite com ele, olhando os quadros e falando das pessoas que eles conheciam. Ela ficou feliz de ter dado o primeiro passo e ter ido vê-lo. Fez com que ela se sentisse muito próxima dele.

Quando Marlene se levantou para ir embora, ele perguntou se ela poderia ir até lá vê-lo de novo. Ela disse que iria se ele quisesse.

No dia 16 de novembro, o dia em que foi oficialmente dispensado da custódia da Comissão de Juventude de Ohio, Kevin se sentou em um bar do bairro e se lembrou das palavras de Gordy Kane no dia em que ele foi embora do Campo de Jovens de Zanesville. "Se precisar de um contato de drogas", dissera Kane, "me procura."

Bom, era isso que ele pretendia fazer.

No fim da tarde, dirigiu até a área de Reynoldsburg, no lado leste de Columbus. O endereço que ele tinha de Kane era uma casa estilo rancho com aparência de cara em um terreno de esquina.

Gordy Kane e a mãe ficaram felizes de vê-lo. Julia Kane disse com a voz rouca e sexy que ele era bem-vindo em sua casa a qualquer momento.

Enquanto Julia estava ocupada preparando uma xícara de chá, Kevin perguntou a Gordy se podia emprestar-lhe dinheiro para fazer uma compra e começar a traficar. Ele estava sem dinheiro, mas pagaria depois.

Kane o levou até uma casa no bairro onde um conhecido vendeu 350 dólares de maconha para ele.

— Você deve conseguir vender isso por mais de mil — disse Kane. — Pode me pagar depois que vender.

As mãos de Kane estavam tremendo e ele parecia aéreo.

— Que drogas você usa? — perguntou Kevin.

— Morfina, quando consigo arranjar.

No fim da semana, Kevin vendeu a maconha para alguns amigos de Hart em Lancaster e conseguiu um lucro de 700 dólares. Kevin voltou para o apartamento, fumou um baseado e ligou para Marlene.

Ela foi até lá e disse que estava preocupada com uma coisa que tinha ouvido de Barry: que ele estava vendendo maconha.

— Eu sei o que estou fazendo — respondeu. Ele a beijou, apagou a luz e a puxou para o colchão. Mas assim que seus corpos se tocaram Adalana fez Kevin sair da frente. Era disso que ela precisava. Abraços e carinho.

Adalana entendia a regra de Arthur de celibato. Tinha ouvido quando ele disse para os homens que uma única violação os tornaria indesejáveis. Mas, sendo o cavalheiro britânico que Arthur era, nunca tinha passado pela cabeça dele falar com *ela* sobre sexo. *Ela* não tinha concordado com aquelas regras puritanas e ele provavelmente nunca desconfiaria.

Allen acordou na manhã seguinte sem saber o que tinha acontecido. Viu o dinheiro na gaveta e ficou preocupado, mas não conseguiu falar com Tommy, Ragen ou Arthur para obter uma explicação.

Vários amigos de Barry Hart passaram lá de tarde atrás da droga, mas Allen não sabia do que eles estavam falando. Alguns ficaram bravos, enfiaram dinheiro na cara dele, e Allen começou a desconfiar que alguém da família estava traficando.

Quando voltou à casa de Hart, um dos homens lhe mostrou uma Smith & Wesson calibre 38. Ele não sabia por que a queria, mas ofereceu cinquenta dólares, e o homem aceitou e até incluiu algumas balas.

Allen levou a arma para o carro e a colocou debaixo do banco...

Ragen esticou a mão e pegou a 38. Ele queria que Allen a comprasse. Não era sua arma favorita. Ele teria preferido uma 9 milímetros. Mas seria um bom acréscimo à sua coleção de armas.

Allen decidiu se mudar do pequeno apartamento. Enquanto olhava os anúncios de apartamento no *Lancaster Eagle-Gazette*, ele viu um número de telefone familiar.

Procurou no caderno de telefones até o encontrar e ver que nome o acompanhava: George Kellner, o advogado que tinha feito o pedido de acordo para que ele fosse para Zanesville. Allen mandou Dorothy ligar para ele e pedir para alugar o apartamento para o filho dela. Kellner concordou por 80 dólares por mês.

O apartamento na avenida Roosevelt, número 803 ½, era claro, tinha um quarto e ficava no segundo andar de uma casa branca afastada da rua, atrás de outra construção. Allen se mudou uma semana depois e arrumou o local. Nada de se meter com drogas, decidiu ele. Nós temos que ficar longe dessa gente.

Ficou atônito quando Marlene, que ele não via desde a noite da festa na casa de Barry, foi lá um dia e ficou bem à vontade. Ele não tinha ideia de qual dos outros estava saindo com ela, mas decidiu que não era seu tipo e não queria saber dela.

Marlene ia depois do trabalho, fazia o jantar para ele, passava uma parte da noite e ia para a casa dos pais, onde morava. Estava praticamente morando ali, e isso tornava tudo um pouco mais complicado do que Allen gostaria.

Sempre que ela começava a ficar carinhosa, ele saía da frente. Não sabia quem entrava em seu lugar e não ligava.

Marlene achou o apartamento ótimo. As mudanças periódicas de Billy para linguagem chula e as explosões de raiva a chocaram no começo, mas ela se acostumou às flutuações de humor dele: um minuto carinhoso e afetuoso, no seguinte zangado e batendo os pés pela casa, depois engraçado, inteligente e articulado. Sem aviso, às vezes, ele ficava estabanado e patético, como um garotinho que não sabia qual pé enfiar no sapato. Ela sabia que Billy precisava de alguém que cuidasse dele. Eram as drogas que ele usava e as pessoas com quem andava. Se ela pudesse convencê-lo de que os amigos de Barry Hart o estavam usando, talvez ele visse que não precisava deles.

Às vezes, as coisas que ele fazia davam medo nela. Ele falava sobre se preocupar de outras pessoas aparecerem e causarem confusão se a encontrassem lá. Ele dava a entender que era "a família", e ela supunha que ele estava bancando o importante e se gabando de estar trabalhando para a máfia. Mas quando ele teve um trabalhão para elaborar um sinal, ela se viu acreditando que *era* a máfia. Sempre que estava no apartamento, ele colocava um quadro na janela. Ele dizia que seria uma mensagem para os "outros" de que ela estava lá e tinham que ficar longe.

Quando fazia amor com ela, costumava começar com linguagem chula e palavras ríspidas, mas depois ficava carinhoso e afetuoso. No entanto, algo a incomodava no sexo. Apesar de ele ser forte e masculino, tinha a sensação de que ele estava fingindo a paixão, que nunca chegava ao clímax. Ela não tinha certeza, mas sabia que o amava e decidiu que tudo precisaria de tempo e compreensão.

Certa noite, Adalana se afastou e David se viu na frente, assustado e chorando.

— Eu nunca vi um homem chorar — sussurrou Marlene. — O que houve?

David ficou em posição fetal, com lágrimas descendo pelo rosto. Ela se sentiu tocada, e íntima, com ele tão vulnerável assim. Ela o aninhou nos braços.

— Você precisa me contar, Billy. Não posso ajudar se você não disser qual é o problema.

Sem saber o que dizer, David saiu da frente. Tommy se viu nos braços de uma mulher bonita. Ele se desvencilhou.

— Se você vai agir assim, melhor eu ir pra casa — disse ela, zangada por ele estar tentando fazê-la de boba.

Tommy a viu andar até o banheiro.

— Puta merda! — sussurrou ele, olhando em volta, em pânico. — Arthur vai me matar!

Pulou da cama, vestiu a calça jeans e ficou andando de um lado para o outro, tentando entender.

— Quem é ela?

Viu a bolsa dela na cadeira da sala e a examinou rapidamente. Leu o nome *Marlene* na carteira de habilitação e a enfiou de volta na bolsa.

— Arthur? — sussurrou ele. — Se você estiver ouvindo, eu não tive nada a ver com isso. Eu não toquei nela. Acredita em mim. Não sou eu quem está violando as regras.

Ele foi até o cavalete e pegou um pincel para trabalhar em uma paisagem que tinha começado. Arthur saberia que ele estava fazendo o que tinha que fazer, aperfeiçoando seus talentos.

— Você liga mais para sua pintura do que para mim.

Tommy se virou e viu que Marlene estava vestida, penteando o cabelo. Ele não disse nada e continuou pintando.

— Pintar, pintar, você só pensa em pintar. Fala comigo, Billy.

Lembrando-se da regra de Arthur sobre ser educado com mulheres, Tommy botou o pincel de lado e se sentou na cadeira em frente a ela. Marlene era linda. Apesar de estar totalmente vestida agora, ele visualizou o corpo magro, cada curva, cada vão. Ele nunca tinha pintado um nu; adoraria pintá-la. Mas sabia que não faria isso. Era Allen que pintava retratos.

Conversou com ela por um tempo, fascinado pelos olhos escuros, pelos lábios carnudos e projetados, pelo pescoço comprido. Sabia que, quem quer que ela fosse, o que quer que a tivesse levado até ali, ele era louco por ela.

4

Ninguém conseguiu entender por que Billy Milligan começou a faltar dias de trabalho, nem por que ficou tão desastrado e burro. Uma vez, subiu para consertar a corrente sobre os tanques e caiu no banho ácido. Teve que ser mandado para casa. Em uma ocasião, ele saiu no meio do expediente. No dia 21 de dezembro de 1973 foi despedido da Lancaster Electro-Plating. Ele tinha ficado em casa, pintando por alguns dias. E então, um dia, Ragen pegou as armas e dirigiu para o bosque para treinar tiro ao alvo.

Àquela altura, Ragen já tinha comprado várias armas. Além do rifle calibre 30, da semiautomática calibre 25 e da Smith & Wesson calibre 38, ele tinha uma Magnum 375, um M-14, uma Magnum 44 e um M-16. Ele gostava das armas israelenses porque eram compactas e silenciosas.

Também tinha comprado um tambor de Thompson 45, que ele via como item de colecionador.

Quando o tempo confuso chegou ao auge, Kevin pediu a Gordy Kane para ser apresentado à conexão dele. Kevin estava preparado para traficar drogas em tempo integral. Kane ligou uma hora depois e deu a ele instruções para chegar em Blacklick Woods, perto de Reynoldsburg, a leste de Columbus.

— Eu falei sobre você pra ele. Quer te ver sozinho pra poder te avaliar. Se for com a sua cara, você está feito. Ele usa o nome Brian Foley.

Kevin foi de carro, seguindo as instruções com cuidado. Nunca tinha ido àquela área, mas chegou cedo ao local indicado, perto de uma vala. Estacionou e esperou dentro do carro. Quase meia hora depois, um Mercedes se aproximou e dois homens saíram. Um era alto, com o rosto todo cheio de furos e jaqueta de couro marrom. O outro era de altura mediana, de barba e terno risca de giz. Alguém estava olhando do banco de trás do carro. Kevin não gostou daquilo, nem um pouco. Ele ficou atrás do volante, suando, perguntando-se em que tinha se metido e se devia ir embora.

O homem alto com o rosto cheio de furinhos se inclinou e olhou para ele. A jaqueta apertada do homem exibia um volume debaixo da axila esquerda.

— Você é Milligan?

Kevin assentiu.

— O sr. Foley quer falar com você.

Kevin saiu de trás do volante. Quando se virou, viu que Foley tinha saído do banco de trás do Mercedes e estava encostado na porta. Não parecia mais velho do que Billy, com uns 18 anos. O cabelo louro ia até os ombros e se mesclava com um casaco de pele de camelo e um cachecol combinando amarrado no pescoço.

Kevin começou a andar na direção dele, mas, de repente, foi virado e empurrado contra o próprio carro. O homem alto apontou uma automática para a cabeça dele, enquanto o barbudo o revistava. Kevin sumiu...

Ragen segurou a mão do homem barbudo, virou-o e o jogou no alto com a arma. Ele atacou o homem, arrancou a arma da mão dele e o segurou como escudo enquanto apontava a arma para Foley, que estava olhando do Mercedes.

— Melhor não se mexer — disse ele calmamente. — Eu botar três balas entre seus olhos antes de você dar passo.

Foley levantou as mãos.

— Você — disse Ragen para o homem barbudo. — Pegar a arma dentro de paletó com dois dedos e colocar no chão.

— Faz o que ele diz — ordenou Foley.

Quando o homem se moveu devagar, Ragen disse:

— Faz agora ou você vai se dar mal.

O homem abriu o paletó, tirou a arma e a colocou no chão.

— Agora, com o pé, chutar arma devagar pra cá.

O homem chutou a arma na direção dele. Ragen soltou o prisioneiro e pegou a segunda arma, apontando para os três.

— Não é educado tratar visitante assim.

Ele esvaziou os dois pentes, girou as duas armas, segurando-as pelos canos, e as ofereceu para os donos. Deu as costas para eles e foi na direção de Foley.

— Eu diria que você precisar guarda-costas melhores.

— Guardem suas armas — disse Foley. — E vão pra perto do carro dele. Eu vou ter uma conversa com o sr. Milligan.

Ele fez sinal para Ragen entrar no banco de trás do carro e se sentou ao seu lado. Apertou um botão e um bar portátil se abriu.

— O que você bebe?

— Vodca.

— Eu esperava isso, pelo seu sotaque. Então você não é irlandês, como seu nome sugere.

—Iugoslavo. Nomes não dizer nada.

— Você consegue usar a arma tão bem quanto as mãos?

— Você ter arma pra demonstração?

Foley enfiou a mão sob o assento e entregou uma .45 para Ragen.

— Boa arma — disse Ragen, testando o peso e o equilíbrio. — Preferir 9 milímetros, mas isto servir. Escolhe alvo.

Foley apertou um botão e abriu a janela.

— Aquela lata de cerveja do outro lado da estrada, perto do...

Antes de ele terminar, a mão de Ragen se moveu e atirou. A lata estalou. Ele a acertou mais duas vezes quando ela saiu quicando.

Foley sorriu.

— Um homem como você pode ser útil, sr. Milligan, ou seja lá qual for seu nome.

— Eu precisar de dinheiro. Se tem trabalho, eu fazer — disse Ragen.

— Você tem alguma objeção a violar a lei?

Ragen fez que não.

— Menos uma coisa. Eu não machucar pessoas, a não ser que minha vida em perigo, e não machucar mulheres.

— Tudo bem. Agora volta para o seu carro e nos segue de perto. Nós vamos pra minha casa, onde podemos negociar.

Os dois guarda-costas olharam de cara feia para Ragen quando ele passou na direção do carro.

— Se fizer isso de novo — disse o alto —, eu vou matar você.

Ragen o segurou e o virou rapidamente contra o carro, torcendo o braço dele para cima, a uma fração de quebrá-lo.

— Pra isso, precisar ser mais rápido e mais inteligente. Toma cuidado. Sou pessoa muito perigosa.

Foley o chamou do carro.

— Murray, seu maldito, vem pra cá. Deixa o Milligan em paz. Ele trabalha para mim agora.

Quando chegaram ao carro, Ragen foi atrás dele, querendo saber o que estava acontecendo e por que ele tinha ido até lá.

Ficou surpreso quando o carro parou diante de uma propriedade luxuosa, não muito longe de Reynoldsburg. Havia um alambrado em volta e, atrás da cerca, três dobermanns corriam para lá e para cá.

Era uma mansão vitoriana grande, com tapetes grossos e decorada com um estilo moderno simples, com quadros e obras de arte. Foley mostrou a casa para Ragen, orgulhoso. Em seguida, levou-o até o bar na sala e lhe serviu uma vodca.

— Agora, sr. Milligan...

— Pessoas me chamam de Billy — disse Ragen. — Não gosto nome Milligan.

— Entendo. Imagino que não seja seu nome real. Tudo bem, Billy. Um homem como você, rápido, inteligente, forte e ótimo com armas, pode ser bem útil pra mim. Preciso de alguém que possa servir de acompanhante.

— O que é "servir de acompanhante"?

— Estou no mercado de entregas e meus motoristas precisam de proteção.

Ragen assentiu, sentindo o efeito caloroso da vodca no peito.

— Sou protetor — disse ele.

— Que bom. Vou precisar de um número de contato. Um dia ou dois antes de cada entrega, você vai dormir aqui. Nós temos muitos quartos. Você não vai saber o que vai ser entregue nem em que lugar até estar na rua com o motorista. Assim, tem menos chance de vazamento.

— Parece bom — disse Ragen, bocejando.

A caminho de Lancaster, Ragen dormiu enquanto Allen dirigia para casa, perguntando-se onde estivera e o que teria feito.

Nas semanas seguintes, Ragen escoltou diversas entregas de narcóticos para vários traficantes e clientes em Columbus e pelas redondezas. Ele achou engraçado ver maconha e cocaína sendo enviadas para pessoas proeminentes cujos nomes ele tinha visto constantemente nos jornais.

Acompanhou uma entrega de M-1 para um grupo de homens negros de West Virginia e se perguntou para que eles queriam as armas.

Várias vezes, Ragen tentou falar com Arthur, mas ou Arthur estava sendo teimoso e não queria saber dele, ou era um tempo confuso bem ruim. Sabia que Philip e Kevin estavam roubando tempo porque ocasionalmente encontrava recipientes de barbitúricos e anfetaminas abertos no apartamento. E uma vez descobriu que uma de suas armas tinha sido deixada na cômoda. Ele ficou furioso, porque o descuido de alguém podia fazer mal às crianças.

Decidiu que, da próxima vez que um dos indesejáveis fosse para a frente, tentaria estar alerta e os jogar na parede para dar uma lição. Drogas eram ruins para o corpo; vodca e erva em moderação, por terem ingredientes naturais, não eram. Mas ele não queria saber de drogas pesadas. Começou a desconfiar que Philip ou Kevin tinha experimentado LSD.

Uma semana mais tarde, depois de voltar da entrega de um carregamento de maconha para um vendedor de carros em Indiana, Ragen parou em Columbus para jantar. Quando estava saindo do carro, viu um homem e uma mulher mais velhos distribuindo folhetos do partido comunista. Em volta, vários baderneiros os incomodavam e Ragen perguntou ao casal se podia ajudá-los.

— Você é solidário à nossa causa? — perguntou a mulher.

— Sou — disse Ragen. — Comunista. Já vi trabalho escravo em indústria.

O homem entregou a ele uma pilha de folhetos descrevendo a filosofia do partido comunista e atacando os Estados Unidos por apoiar ditaduras. Ragen andou pela rua Broad, colocando-os nas mãos de passantes.

Quando chegou ao último folheto, decidiu guardar. Procurou o casal idoso, mas eles tinham ido embora. Andou por vários quarteirões à procura dos dois. Se conseguisse descobrir onde eram as reuniões, entraria para o partido comunista. Ele tinha visto Tommy e Allen na Lancaster Electro-Plating e soube que o único jeito de melhorar a situação das massas oprimidas era pela revolução do povo.

Viu o adesivo no carro dele: TRABALHADORES DO MUNDO, UNI-VOS! O casal idoso devia tê-lo colocado ali. As palavras lhe causaram um arrepio. Ele se ajoelhou e, no canto inferior direito do adesivo, viu o nome de uma empresa de impressão de Columbus. Alguém lá poderia dizer a ele onde o grupo comunista local se reunia.

Ele pesquisou o endereço na lista telefônica e descobriu que a empresa não ficava longe. Foi até lá e, do carro, observou a loja por alguns minutos. Depois, foi até a cabine telefônica no começo do quarteirão e, usando seus cortadores de cabos, cortou os fios. Fez a mesma coisa com a outra cabine telefônica, a dois quarteirões dali. Em seguida, voltou até a loja.

O dono, um homem de uns 60 anos, óculos grossos e cabelo branco, negou ter feito os adesivos para o partido comunista.

— Foi encomendado por uma gráfica no norte de Columbus — disse ele.

Ragen bateu com o punho na bancada.

— Dá o endereço.

O homem fez uma pausa, nervoso.

— Você tem algum documento?

— Não! — disse Ragen.

— Como eu vou saber que você não é do FBI?

Ragen o segurou pela frente da camisa e o puxou para perto.

— Velho, pra onde você mandar adesivos?

— Por quê?

Ragen pegou a arma.

— Procuro minha gente e não encontrar. Me dá informação ou procura buraco no seu corpo.

O homem olhou com nervosismo por cima dos óculos.

— Tudo bem. — Ele pegou um lápis e anotou um endereço.

— Ver registro pra ter certeza — disse Ragen.

O homem apontou para o livro de encomendas na mesa.

— Os registros ficam ali, mas... mas...

— Eu sei — disse Ragen. — Endereço do cliente comunista não estar lá. — Ele apontou a arma para o homem de novo. — Abre cofre.

— Você está me assaltando?

— Só ter informações corretas.

O homem abriu o cofre, pegou uma pilha de papéis e a colocou na bancada. Ragen verificou o que havia neles. Satisfeito por ter o endereço certo, Ragen arrancou o fio do telefone da parede.

— Se quiser ligar pra eles antes de eu chegar lá, usa telefone público a dois quarteirões daqui.

Ragen foi até o carro. Ele estimava que a gráfica ficava a uns seis quilômetros. Teria tempo de chegar lá antes que o homem encontrasse um telefone que não tivesse sido cortado.

O endereço era uma residência com uma plaquinha na janela do primeiro andar: GRÁFICA. Dentro, ele reparou que o negócio era feito na sala da frente. Havia uma mesa comprida, uma pequena prensa móvel e um mimeógrafo. Ragen ficou surpreso por não haver nenhum pôster com a foice e o martelo. Parecia uma operação simples. Mas a vibração sob seus pés deixou claro que havia prensas móveis trabalhando no porão.

O homem que passou pela porta tinha uns 45 anos, corpulento, com uma barbicha bem-cuidada.

— Sou Karl Bottorf. O que posso fazer por você?

— Quero trabalhar pra revolução.

— Por quê?

— Porque "governo americano" é outra palavra pra "máfia". Eles pegam trabalho de trabalhadores e usam dinheiro pra apoiar ditaduras. Acredito em igualdade.

— Entre, meu jovem. Vamos conversar um pouco.

Ragen foi atrás dele até a cozinha e se sentou à mesa.

— De onde você é? — perguntou Bottorf.

— Da Iugoslávia.

— Eu *achei* que você era eslavo. Claro que vamos ter que verificar, mas não vejo motivo pra você não poder se juntar a nós e ajudar nossa causa.

— Gostaria de ir a Cuba um dia. Tenho grande admiração por dr. Castro. Ele levar grupo de trabalhadores rebeldes de campos de cana-de-açúcar pra colinas e criar revolução. Agora, todas as pessoas em Cuba iguais.

Ele falou por um tempo e Bottorf o convidou a ir à reunião da célula comunista da região naquela tarde.

— É aqui? — perguntou Ragen.

— Não. É perto de Westerville. Você pode me seguir no seu carro.

Ragen seguiu Karl Bottorf até um bairro aparentemente abastado. Ragen ficou decepcionado; esperava um bairro pobre.

Ele foi apresentado como "o iugoslavo" para várias pessoas comuns e se sentou ao fundo para observar a reunião. Mas, conforme os falantes foram discursando sobre suas abstrações e slogans, sua mente divagou. Ele lutou para ficar acordado por um tempo, mas acabou cedendo. Só um cochilinho e ele estaria alerta de novo. Tinha encontrado sua gente. Era daquilo que ele sempre quis fazer parte, a luta do povo contra o sistema capitalista opressivo. Sonolento, deu uma cabeçada...

Arthur se sentou ereto, alerta, tenso. Tinha observado apenas a parte final do trajeto e ficado fascinado ao ver Ragen seguir outro carro. Mas agora estava impressionado de um sujeito tão inteligente se deixar levar por tudo aquilo. Comunismo! Teve vontade de se levantar e dizer para aqueles robôs desmiolados que a União Soviética não passava de uma ditadura monolítica que nunca tinha entregado o poder para o povo. O capitalismo era o sistema que tinha levado liberdade de consciência e oportunidade para as pessoas do mundo todo de uma forma que o comunismo nunca poderia esperar fazer. O iugoslavo era tão inconsistente que roubava bancos, vivia dos frutos do tráfico de narcóticos e ainda assim se convencia de que estava envolvido com a libertação do povo.

Arthur se levantou, lançou um olhar fulminante para todo o grupo e, com um tom monótono e sem emoção, disse:

— Que disparate.

Os outros se viraram e ficaram olhando, estupefatos, enquanto ele saía.

Ele encontrou o carro e ficou sentado por alguns momentos atrás do volante. Odiava dirigir do lado direito da rua. Mas, por mais que tentasse, não conseguiu encontrar ninguém para assumir o volante.

— Que se danem esses malditos tempos confusos! — disse ele.

Ele se acomodou atrás do volante lentamente e, esticando o pescoço para ver a linha central, se afastou do meio-fio. Dirigiu de forma tensa a trinta quilômetros por hora.

Arthur olhou as placas nas ruas e passou pela cabeça dele que a estrada Sunbury podia ser na região do reservatório Hoover. Ele encostou no meio--fio, pegou o mapa rodoviário e procurou as coordenadas. Estava mesmo perto da barragem que pretendia visitar havia muito tempo.

Ele tinha ouvido que, desde que o corpo de engenheiros do Exército tinha construído a barragem, havia lodo acumulado na estrutura. Estava se digladiando com uma dúvida: será que aquela área lodosa, com suas formas variadas de vida microscópica, poderia acabar sendo um local bom para a reprodução de mosquitos? Se descobrisse que aquela era mesmo uma área infestada, informaria às autoridades que algo precisava ser feito. O importante era pegar algumas amostras do lodo e examiná-las no microscópio, em casa. Não era um projeto grandioso, percebeu, mas alguém tinha que o fazer.

Estava mergulhado em pensamentos, dirigindo lenta e cuidadosamente, quando o caminhão passando por ele desviou na pista, jogou um carro mais adiante para fora da estrada e seguiu viagem. O carro bateu na proteção e caiu na vala, capotado. Arthur logo parou no acostamento. Saiu com calma e desceu. Havia uma mulher se mexendo, rastejando para fora do carro acidentado.

— Não se mexa mais — disse ele. — Vou ajudar você.

Ela estava sangrando e Arthur fez pressão sobre o machucado para estancar o sangramento. A mulher começou a sufocar e ele viu que seus dentes tinham quebrado e por isso ela estava engasgando. Depois de descartar a ideia de fazer uma traqueostomia, decidiu criar uma passagem de ar. Remexeu nos bolsos e encontrou uma caneta esferográfica de plástico. Tirou a carga de tinta e, usando o isqueiro do cachimbo, amoleceu o plástico e o curvou. Em seguida, enfiou o tubo improvisado na garganta da mulher para ajudá-la a respirar, virando a cabeça dela para o lado a fim de permitir que o sangue escorresse da boca.

Um breve exame revelou que sua mandíbula estava quebrada, assim como o pulso. Seu flanco estava lacerado e ele desconfiou que suas costelas tivessem sido esmagadas. Ela devia ter se chocado com o volante quando foi jogada para a frente.

Quando a ambulância chegou, ele contou rapidamente para o motorista o que acontecera e o que fizera. Em seguida, sumiu no meio da multidão.

Ele descartou a ideia de ir até a barragem. Estava ficando tarde e precisava chegar em casa antes de escurecer. Não gostava da ideia de dirigir do lado errado da estrada à noite.

CAPÍTULO 14

1

Arthur se viu cada vez mais irritado com o jeito como as coisas estavam. Allen tinha sido demitido do último emprego, preenchendo notas e carregando caminhões no centro de distribuição da J. C. Penney, quando David entrou na frente inesperadamente e bateu com uma empilhadeira em um pilar de aço. Tommy percorreu Lancaster e Columbus procurando um novo emprego, sem sucesso. Ragen estava trabalhando para Foley com regularidade, protegendo entregas de armas e drogas, e bebendo vodca demais e fumando maconha demais. Depois de passar quatro dias em Indianápolis rastreando um carregamento de armas confiscado, Ragen foi parar em Dayton. Alguém se entorpeceu demais e Tommy, ao se ver na Interestadual 70 tonto e enjoado, cedeu a frente para David, que foi preso por uma queixa de um dono de hotel. No hospital, fizeram lavagem estomacal em David e o trataram para overdose, mas a polícia o soltou quando o dono do hotel decidiu não registrar a queixa. Ao voltar para Lancaster, Marlene ficou com Allen. Um dos indesejáveis — o de sotaque do Brooklyn que se revelou ser Philip — tomou uma overdose de cápsulas vermelhas. Marlene ligou para a emergência e o levou para o hospital. Depois que fizeram lavagem estomacal nele de novo, ela ficou para confortá-lo.

Ela contou que sabia que ele estava metido com gente ruim e que tinha medo de que ele fosse se meter em mais problemas; mas, mesmo que acontecesse, permaneceria ao seu lado. Arthur se irritou com a ideia e sabia que encontrar um deles impotente e vulnerável assim despertava o instinto maternal de Marlene. Ele não conseguia tolerar.

Marlene começou a passar mais e mais tempo no apartamento, tornando a vida bem difícil. Arthur tinha que estar constantemente vigilante para ter certeza de que ela não descobriria o segredo. Cada vez mais havia tempo perdido que ele não conseguia identificar. Tinha certeza de que alguém estava traficando drogas (encontrara um recibo no bolso) e soube que um deles fora preso por tentar obter remédios controlados. Ele também tinha quase certeza de que alguém estava fazendo sexo com Marlene.

Arthur decidiu que precisava ir para longe de Ohio, e que aquela seria a hora certa para usar um passaporte que tinha pedido a Ragen comprar de uma de suas conexões no submundo.

Ele examinou os dois passaportes que Ragen tinha comprado por meio de Foley, um no nome de Ragen Vadascovinich e o outro no nome de Arthur Smith. Eram roubados e alterados ou falsificações estupendas. Certamente passariam por escrutínio atento.

Ele ligou para a Pan American Airlines, reservou uma passagem só de ida para Londres, pegou o dinheiro que conseguiu encontrar em armários, gavetas e livros, e fez as malas. Arthur iria para casa.

O voo para Nova York e depois sobre o Atlântico foi tranquilo. Quando colocou a mala na bancada no aeroporto de Heathrow, o agente da alfândega fez sinal para ele passar.

Em Londres, Arthur se hospedou em um hotelzinho acima de um pub em Hopewell Place, achando que o nome poderia ser profético. Ele almoçou sozinho em um restaurante pequeno e seleto e pegou um táxi para o Palácio de Buckingham. Tinha perdido a troca da guarda, mas planejava vê-la outro dia. Sentiu-se à vontade andando pelas ruas da cidade e cumprimentava os passantes com expressões tipicamente inglesas. Ele decidiu que no dia seguinte compraria um chapéu-coco e um guarda-chuva.

Pela primeira vez, que Arthur se lembrasse, havia pessoas ao redor que falavam como ele. O trânsito seguia pelo lado correto da rua e os policiais inspiravam segurança.

Ele visitou a Torre de Londres e o Museu Britânico e jantou peixe empanado com batata frita e cerveja inglesa quente. Quando voltou para o quarto naquela noite, lembrando-se dos seus filmes favoritos de Sherlock Holmes, tomou uma nota mental de visitar a rua Baker 221b no dia seguinte. Ele olharia o local e verificaria se estava sendo cuidado como um memorial adequado ao grande detetive. Ele sentia que finalmente estava em casa.

Na manhã seguinte, o tiquetaquear alto do relógio de parede foi a primeira coisa que Allen ouviu. Ele abriu os olhos e observou o ambiente. Pulou da cama. Era um hotel antiquado, com cama de ferro, papel de parede estampado e um tapete puído no chão. Não era nenhum Holiday Inn. Ele procurou o banheiro, mas não havia nenhum. Allen vestiu a calça e olhou o corredor.

Onde estava? Ele voltou para o quarto, vestiu-se e desceu para ver se conseguia identificar os arredores. Na escada, passou por um homem subindo com uma bandeja.

— Café da manhã, meu senhor? — perguntou o homem. — Está um dia adorável.

Allen desceu a escada correndo, saiu na rua e olhou em volta. Ele viu os táxis pretos com placas grandes, o letreiro do pub, o trânsito no lado errado da rua.

— Puta merda! O que está acontecendo? Qual é o problema comigo?

Ele correu de um lado para o outro, gritando, apavorado e zangado ao mesmo tempo. As pessoas se viraram para olhar, mas ele não se importou. Odiou a si mesmo por acordar em lugares diferentes o tempo todo, por não conseguir se controlar. Não aguentava mais aquilo. Ele queria morrer. Caiu de joelhos e bateu com os punhos no meio-fio, com lágrimas descendo pelas bochechas.

Mas ao perceber que, se um policial aparecesse, ele seria levado para o manicômio, Allen se levantou. Correu para o quarto, onde encontrou na mala um passaporte com o nome "Arthur Smith". Dentro estava o recibo da passagem para Londres. Allen se sentou na cama. O que Arthur tinha na cabeça? Filho da mãe maluco!

Depois de revirar os bolsos, ele encontrou 75 dólares. Onde conseguiria dinheiro para voltar para casa? Uma passagem de volta custaria uns trezentos ou quatrocentos dólares.

— Que droga! Deus do céu! Mas que inferno!

Ele começou a arrumar as roupas de Arthur para ir embora, mas parou.

— Que vá para o inferno. Bem feito pra ele.

Ele deixou a mala e as roupas.

Pegou o passaporte, saiu do hotel sem pagar e chamou um táxi.

— Me leva para o aeroporto internacional.

— Heathrow ou Gatwick?

Ele abriu o passaporte e olhou a passagem de ida.

— Heathrow — disse ele.

Durante o caminho, pensou em como resolveria a situação. Só 75 dólares não o levariam longe, mas, se usasse o cérebro e passasse uma boa imagem, tinha que haver um jeito de pegar um avião para casa. No aeroporto, ele pagou o motorista e correu para o terminal.

— Meu Deus do céu! — gritou ele. — Não sei o que aconteceu! Eu desci do avião na hora errada! Estava drogado. Deixei minha passagem, minha bagagem, tudo no avião. Ninguém me disse que não era pra eu descer. Devem ter colocado alguma coisa na minha comida ou na minha bebida. Eu peguei no sono e, quando acordei, saí pra esticar as pernas. Ninguém me disse que não era pra eu sair do avião. Minhas passagens, meus cheques de viagem, tudo já era.

Um guarda tentou acalmá-lo e o levou para a sala de controle de passaportes.

— Eu desci do avião na hora errada! — gritou ele. — Estava vindo pra cá. Era pra ir pra Paris. Mas desci do avião na hora errada. Eu estava andando, atordoado. Tinha alguma coisa na minha bebida. Culpa da companhia aérea. Tudo está no avião. Eu só tenho uns poucos dólares no bolso. Como é que eu vou voltar para os Estados Unidos? Ah, meu Deus, eu estou preso. Não tenho dinheiro pra comprar uma passagem pra casa! Eu não sou caloteiro. Olha, eu não inventaria alguma coisa pra vir pra cá passar um dia em Londres. Vocês precisam me ajudar a voltar pra casa.

Uma jovem solidária ouviu as súplicas e disse que faria o que pudesse por ele. Ele esperou no lounge, andando para lá e para cá, fumando um cigarro atrás do outro enquanto a via fazer várias ligações.

— Tem uma coisa que dá para fazer — disse ela. — Nós podemos botar você como stand-by em um voo de volta para os Estados Unidos. Quando chegar em casa, é só pagar pela passagem de volta.

— Claro! — disse ele. — Não estou tentando fugir disso. Eu tenho dinheiro em casa. Só quero voltar, e vou pagar imediatamente.

Ele ficou falando com quem quisesse ouvir, e acabou vendo que estavam desesperados para se livrar dele. Era com isso que estava contando. Ele acabou realocado em um 747 de volta para os Estados Unidos.

— Graças a Deus! — sussurrou ele quando se acomodou no assento e fechou o cinto de segurança.

Não confiava em si mesmo dormindo e por isso ficou acordado lendo todas as revistas a bordo. Quando chegou em Columbus, um oficial de segurança o levou de carro até Lancaster. Allen encontrou o dinheiro de uns quadros que tinha vendido no lugar onde o tinha escondido, atrás de uma tábua solta no armário de vassouras, e pagou pela passagem.

— Eu quero agradecer — disse ele ao homem que o acompanhou. — A PanAm foi muito compreensiva. Assim que tiver oportunidade, vou escrever uma carta para o presidente da sua companhia e dizer que trabalho maravilhoso você fez.

Sozinho no apartamento, Allen ficou muito deprimido. Tentou se comunicar com Arthur. Demorou muito tempo, mas ele finalmente apareceu e olhou em volta. Quando viu que não estava mais em Londres, recusou-se a falar com todo mundo.

— Vocês são um bando de destruidores inúteis — resmungou ele.

Ele deu as costas e amarrou a cara.

2

No final de setembro, Allen foi contratado pela enorme Anchor Hocking Glass Corporation, onde Kathy, irmã de Billy, já tinha trabalhado. Sua função era embalar coisas de vidro quando as mulheres as retiravam da esteira rolante. Mas às vezes ele trabalhava como seletor e examinava o produto saído da esteira. Era um trabalho tortuoso ficar ali de pé, com os ouvidos ensurdecidos pelo rugido dos jatos de chamas e jatos de ar, pegar os vidros ainda quentes, examiná-los em busca de defeitos e os empilhar em bandejas abertas para os embaladores os removerem. Havia muita troca entre Tommy, Allen, Philip e Kevin.

Com a aprovação de Arthur, Allen tinha alugado um apartamento de dois andares e três quartos em um Somerford Square, na parte nordeste de Lancaster: Sheridan Drive, 1270K. Todo mundo gostou do lugar. Allen gostou da cerca cinza e velha que escondia os apartamentos da vista do estacionamento e da rodovia. Tommy tinha um quarto só para seus equipamentos eletrônicos, e havia um quarto separado para servir de ateliê. Em um quarto de cima, Ragen tinha um armário que podia trancar, onde guardava todas as armas, exceto a automática de 9 milímetros. Essa ficava em cima da geladeira, onde nenhuma das crianças a veria ou alcançaria.

Marlene ia ao apartamento todas as noites depois do trabalho na loja de departamentos Hecks. Quando trabalhava no segundo turno, ela esperava que ele chegasse em casa por volta da meia-noite e ficava até bem de madrugada. Antes de amanhecer, sempre voltava para a casa dos pais.

Marlene estava achando Billy mais mal-humorado e imprevisível do que nunca. Às vezes, ele andava pelo apartamento quebrando coisas. Olhava para as paredes em transe ou ia até o cavalete e pintava furiosamente. Mas ele ainda era um amante atencioso e de fala mansa.

Tommy não disse para ela que estava ficando trêmulo. Estava faltando ao trabalho. E havia tempo sumindo. Essas coisas pareciam estar acontecendo com intervalos cada vez menores; haveria outro tempo confuso bem ruim em breve. Arthur deveria estar no controle, mas, por algum motivo, estava perdendo o domínio. Não tinha ninguém cuidando das coisas.

Arthur culpava Marlene pela confusão e insistia para que o relacionamento terminasse. Tommy sentiu o coração palpitar. Queria protestar, mas morria de medo de Arthur e não queria lhe dizer que tinha se apaixonado por Marlene. Sabia que havia chegado perto de violar as regras várias vezes a ponto de estar correndo perigo de ser classificado como indesejável. Ele ouviu a voz de Adalana.

— Não é justo — disse ela.

— Eu sempre sou justo — disse Arthur.

— Não é justo você fazer as regras e romper todos os laços de amor e afeto entre nós e as pessoas lá fora.

Ela está certa, pensou Tommy, mas ficou em silêncio.

— Marlene está suprimindo os talentos e habilidades de todos nós — disse Arthur. — Ela faz acusações, ocupa tempo com brigas bobas e interfere com a expansão de nossas mentes.

— Não acho certo mandá-la embora — insistiu Adalana. — Ela é uma pessoa amorosa.

— Pelo amor de Deus! Tommy e Allen ainda trabalham em uma maldita *fábrica*. Minha expectativa era que eles ficassem lá no máximo alguns meses, usando isso como uma base para encontrar um emprego estratégico ou técnico decente que utilizasse e expandisse suas habilidades. Ninguém está mais expandindo a mente.

— O que é mais importante: expandir a mente ou demonstrar sentimentos? Talvez essa seja a pergunta errada, porque *você* não tem sentimentos. Ah, talvez seja possível se tornar uma pessoa muito produtiva e incrível suprimindo as emoções e vivendo só com a lógica, mas você vai ficar tão solitário que não vai valer nada pra ninguém.

— A Marlene vai embora — disse Arthur. Já tinha se rebaixado por tempo suficiente ao discutir com Adalana. — Não quero saber quem vai resolver isso, mas esse relacionamento precisa acabar.

Posteriormente, Marlene descreveu os eventos daquela noite antes do primeiro rompimento. Tinham discutido. Ele vinha agindo de um jeito estranho e ela achou que ele estava usando drogas. Estava deitado no chão, com muita raiva dela por alguma coisa; Marlene não tinha ideia do que era. Ele estava com a arma na mão, girando-a no dedo, apontando para a própria cabeça.

Ele nunca apontava a arma para ela; não estava com medo por si mesma, só por ele. Viu que ele olhava para um abajur que tinha levado para casa certa noite; ele deu um salto e atirou no abajur, que explodiu. Fez um buraco na parede.

Ele colocou a arma no balcão do bar e, quando se virou, Marlene a pegou e saiu correndo do apartamento. Tinha descido a escada e entrado no carro quando ele a alcançou. Assim que se afastou do meio-fio, ele pulou no capô e ficou olhando para Marlene pelo para-brisa com uma expressão de fúria no rosto. Estava com o que parecia ser uma chave de fenda na mão e batia-a contra o vidro. Ela parou o carro, saiu e entregou a arma para ele, que a apanhou e voltou para dentro sem dizer nada.

Ela dirigiu para casa, supondo que as coisas entre eles tinham acabado.

Mais tarde, Allen foi até o Grilli's e pediu para viagem um sanduíche "Stromboli hero": linguiça italiana, provolone e molho de tomate extra. Ele viu o atendente embrulhar o sanduíche quente em papel-alumínio e colocar em um saco de papel branco.

No apartamento, colocou o saco de papel na bancada e foi até o quarto trocar de roupa. Estava com vontade de pintar. Tirou os sapatos e entrou no closet, curvando-se para procurar os chinelos. Assim que se levantou, bateu com a cabeça na prateleira e se abaixou, zangado e atordoado. A porta do closet tinha se fechado atrás dele. Tentou abrir a porta, mas estava emperrada

— Ah, Jesus Cristo! — murmurou ele quando deu um pulo e bateu com a cabeça de novo...

Ragen abriu os olhos e se viu com a mão na cabeça, sentado no chão em meio a um monte de sapatos. Ele se levantou, arrombou a porta com um chute e olhou em volta. Estava irritado. Esses tempos confusos estavam ficando mais incômodos e caóticos a cada dia. Pelo menos ele tinha se livrado daquela mulher.

Andou pelo apartamento tentando resolver as coisas. Se conseguisse falar com Arthur, talvez pudesse descobrir o que estava acontecendo. Bom, ele precisava de uma bebida. Foi até a cozinha e reparou no saco de papel branco na bancada. Não se lembrava de tê-lo visto antes. Olhou para o saco de cara feia e pegou uma garrafa de vodca do bar. Enquanto a servia com gelo, ouviu um barulho estranho vindo do saco. Recuou e o observou se mover delicadamente, balançando de um lado para o outro.

O saco se moveu de novo e ele soltou o ar devagar, andando para trás. Lembrou-se de uma cobra sem presas que tinha deixado uma vez em um saco de papel na frente da porta de um senhorio de um cortiço como aviso. Talvez aquela não estivesse sem presas. Ele passou a mão em cima da geladeira e procurou a arma. Pegou-a rapidamente, mirou e disparou.

O saco de papel voou da bancada e bateu na parede. Ele se abaixou atrás do bar e olhou com cautela, mantendo a arma apontada para o saco. Estava caído no chão. Com muito cuidado, contornou o bar e usou o cano da arma para rasgar a parte de cima do saco. Lá ele viu uma sujeirada sanguinolenta, deu um pulo para trás e atirou de novo, gritando:

— Eu atiro de novo, filho da mãe!

Chutou o saco algumas vezes, mas, como não se mexeu mais, ele o abriu e olhou sem acreditar: era um sanduíche de molho de tomate e queijo com um buracão no meio.

Ele riu. Deu-se conta de que o calor do Stromboli no papel-alumínio o tinha feito se mexer. Sentindo-se bobo de desperdiçar duas balas em um sanduíche, colocou o saco na bancada da cozinha, pôs a arma em cima da geladeira e bebeu a vodca. Serviu outra, levou-a para a sala e ligou a TV. Era hora do noticiário e ele pensou que descobriria que dia era. Antes de o noticiário acabar, ele caiu no sono...

Allen acordou, perguntando-se como tinha saído do closet. Passou a mão na cabeça. Só um galo pequeno. Bom, que diabos, pintaria um retrato da irmã de Billy, Kathy, que ele estava planejando. Foi na direção do ateliê, mas lembrou que ainda não tinha comido.

No bar, ele se serviu de coca-cola e procurou o sanduíche. Tinha certeza de que o tinha deixado no bar. Foi quando o viu na bancada. O maldito saco estava amassado. O que era aquilo? O sanduíche estava todo destruído, com o papel-alumínio amassado e rasgado, molho de tomate para todo lado. Que tipo de sanduíche de Stromboli era aquele?

Ele pegou o telefone, telefonou para o Grilli's e, quando o gerente atendeu, ele gritou:

— Eu compro um sanduíche e ele vem todo esmagado. Parece que passou num liquidificador.

— Sinto muito, senhor. Se você o trouxer de volta, podemos fazer outro.

— Não, obrigado. Só queria que você soubesse que perdeu um cliente.

Ele bateu o telefone e foi para a cozinha fritar uns ovos. Ele que não daria mais nada para o Grilli's.

Duas semanas depois, Tommy se aproveitou do tempo confuso e ligou para Marlene. Havia algumas coisas dela no apartamento, ele disse. Precisava que ela fosse lá buscar. Marlene apareceu depois do trabalho e eles conversaram por boa parte da noite. E ela começou a ir lá regularmente de novo.

As coisas tinham voltado ao que eram antes, e Ragen culpava a incapacidade de Arthur de controlar a família.

CAPÍTULO 15

1

"Walter" acordou no apartamento no fim da tarde de 8 de dezembro, ansioso para ir caçar, desejando a emoção da perseguição. Adorava estar na floresta sozinho com uma arma.

Walter não se via na frente com frequência e sabia que seria convocado quando seu senso de direção impressionante, uma habilidade especial que tinha adquirido caçando na floresta em seu país natal, Austrália, fosse necessário. A última vez que tinha aparecido fora anos antes, quando Billy e o irmão, Jim, estavam em um bivaque de verão com a Patrulha Aérea Civil. Por causa da habilidade de rastreamento de Walter, ele tinha sido colocado a serviço como batedor.

Mas ele não caçava havia muito tempo.

Por isso, naquela tarde, decidiu pegar a arma de Ragen em cima da geladeira. Apesar de não ser uma boa substituta para um rifle, era melhor do que nada. Ele ouviu a previsão do tempo; ao descobrir que estava frio, apanhou um casaco e luvas. Sem conseguir encontrar o chapéu australiano com a aba presa, usou uma máscara de esquiar. Embalou o almoço e partiu para o sul, pela rodovia 664. Soube instintivamente que direção seguir. O sul o levaria para áreas de bosque onde poderia caçar à vontade até satisfazer seu coração. Saiu da rodovia e seguiu as placas para o Parque Estadual Hocking, perguntando-se que animais encontraria.

Ele entrou na floresta e estacionou. Conforme penetrava no bosque, as agulhas de pinheiro ficaram escorregadias sob seus pés. Ele respirou fundo. Era bom estar na frente, movendo-se pelo silêncio da natureza.

Caminhou por quase uma hora. Fora uma movimentação ocasional que indicava que havia esquilos por perto, não havia sinal de caça. Já era quase noite. Ele estava ficando impaciente quando viu um corvo preto e gordo no galho de um abeto. Mirou rapidamente e disparou. O pássaro caiu. De repente, ficou tonto e saiu da frente...

— Bárbaro — disse Arthur com frieza. — Matar animais é contra as regras.

— Por que ele pegar minha arma? — perguntou Ragen.

— Você a deixou desprotegida — disse Arthur. — Isso também é contra as regras.

— Não ser verdade. Concordamos que arma devia sempre estar disponível, longe de crianças, em caso de invasão. Walter não tinha direito.

Arthur suspirou.

— Eu gosto muito do sujeito. É um jovem enérgico e confiável. Tem bom senso de direção. Sempre lendo sobre a Austrália e, afinal, *é* parte do Império Britânico. Certa vez sugeriu que eu investigasse a evolução do canguru. Agora, infelizmente, ele é um indesejável.

— Penalidade severa pra corvo — disse Ragen.

Arthur olhou para ele com expressão fulminante.

— Talvez chegue a hora em que você tenha que matar um ser humano em legítima defesa, mas não vou tolerar que tirem a vida de uma pobre criatura irracional.

Arthur enterrou o corvo e voltou andando para o carro. Allen, que tinha ouvido a parte final da conversa, foi para a frente, já ao volante, e dirigiu para casa.

— Mata um corvo estúpido e acha que é um grande caçador. Que idiota.

2

Enquanto dirigia de volta para Lancaster à noite, Allen se sentiu grogue. Ele botou de lado a garrafa de Pepsi da qual estava bebendo e, quando as luzes iluminaram a placa de área de descanso, decidiu que era melhor encostar um pouco. Parou perto do banheiro masculino, balançou a cabeça e fechou os olhos...

Danny ergueu o rosto, perguntando-se o que estava fazendo atrás do volante. Lembrando-se das instruções de Arthur, foi para o lado do passageiro a fim de esperar que alguém aparecesse para dirigir. Mas percebeu que estava na parada com o banheiro que tinha usado muitas vezes. Reparou em dois outros carros com pessoas dentro. Num deles havia uma mulher com chapéu de aba larga. No outro, um homem. Estavam apenas lá, sentados. Talvez tivessem mudado a frente também e então esperado alguém que dirigisse para levá-los embora.

Ele queria muito que alguém aparecesse. Estava cansado e tinha que ir ao banheiro. Quando saiu do carro para ir ao banheiro masculino, reparou na mulher saindo do carro.

Danny parou no mictório baixo dos garotinhos, abriu o zíper e tremeu no ar frio de dezembro. Ouviu os passos e o rangido da dobradiça da porta. A mulher entrou. Isso o surpreendeu. Ele corou e se virou para que ela não o visse fazendo xixi.

— Oi, querido — disse a moça. — Você é gay?

A voz tinha um tom grave. Era um homem vestido de mulher, com chapéu de aba larga e batom, muita maquiagem e um ponto preto no queixo. Ela parecia a Mae West nos filmes.

— Ei, garotão — disse a travesti —, me deixa chupar seu pau.

Danny balançou a cabeça e começou a passar, mas um homem entrou.

— Ei — disse ele —, esse é bonito. Vamos fazer uma festa.

O homem segurou Danny pela gola e o empurrou contra a parede. A travesti agarrou a parte da frente da jaqueta dele e esticou a mão para o zíper. Danny sentiu medo com toda aquela grosseria e fechou os olhos...

Ragen segurou a mão, girou-a e empurrou o homem contra a parede. Quando o homem se curvou, Ragen o acertou no peito com o joelho e um golpe de caratê na lateral do pescoço.

Ele se virou, viu a mulher e parou. Jamais poderia bater em uma mulher. Mas quando a ouviu dizer "Ah, meu Deus, seu filho da mãe", percebeu que era uma travesti. Esticou a mão, girou o braço dela e a pressionou contra a parede com o cotovelo, observando para ver se o outro se levantaria.

— No chão com seu amigo! — ordenou Ragen, dando um soco forte no estômago da travesti. Ela se curvou e caiu no chão. Ragen pegou suas carteiras, mas, quando começou a se afastar com as identidades, a travesti pulou e o segurou pelo cinto.

— Me dá isso, filho da mãe.

Ragen se virou e a acertou na virilha com o pé. Quando ela caiu, Ragen a chutou com o outro pé, acertando a cara. Jorrou sangue do nariz e ela engasgou com seus dentes quebrados.

— Vai sobreviver — disse Ragen calmamente. — Eu tomar muito cuidado com ossos que quebro.

Ele olhou o outro homem no chão. Apesar de ele não ter levado nenhum golpe na cara, havia sangue escorrendo da boca. Quando Ragen calculou onde acertar, o golpe no plexo solar tinha colocado pressão na epiglote e rompido vasos sanguíneos. Ele também sobreviveria. Ragen tirou o relógio Seiko do pulso do homem.

Do lado de fora, Ragen reparou nos dois carros vazios. Ele pegou uma pedra e quebrou os faróis. Não poderiam seguir pela rodovia sem luz.

Ragen dirigiu para casa, entrou no apartamento, olhou em volta para ter certeza de que estava em segurança e saiu da frente...

Allen abriu os olhos, perguntando-se se deveria se dar ao trabalho de usar o banheiro. Balançou a cabeça quando se viu em casa. Não precisava mais mijar. E os nós dos dedos estavam machucados. E o que era aquilo no sapato direito? Ele tocou na substância e a examinou.

— Meu Deus do céu! — gritou ele. — De quem é esse sangue? Quem se meteu em briga? Eu quero saber. Tenho o direito de saber o que está acontecendo.

— Ragen teve que proteger Danny — disse Arthur.

— O que aconteceu?

Arthur explicou para todos eles:

— É muito importante para os mais novos saber que as áreas de descanso na estrada são lugares perigosos à noite. É um fato conhecido que predadores frequentam esses lugares depois de escurecer. Ragen teve que tirar Danny de uma situação perigosa na qual Allen deixou que ele se metesse.

— Bom, Deus do céu, não foi culpa minha. Eu não *pedi* pra sair da frente, e não fiz Danny aparecer. Quem sabe quem vem e quem vai e o que todo mundo está fazendo durante um tempo confuso?

— Devia estar lá — disse Philip. — Eu queria pegar aqueles viados.

— Você teria morrido — disse Allen.

— Ou teria feito alguma idiotice — disse Arthur —, tipo matar um deles. E aí nós enfrentaríamos uma acusação de assassinato.

— Ahhh...

— Além do mais, você não tem permissão de ir para a frente — disse Arthur com firmeza.

— Eu sei, mas eu teria gostado de estar lá mesmo assim.

— Estou começando a desconfiar que você anda roubando tempo, aproveitando os períodos confusos pra fazer suas coisas antissociais.

— Quem, eu? Que nada.

— Eu sei que você anda saindo. Você é um viciado em drogas e anda abusando do seu corpo e da sua mente.

— Você está me chamando de mentiroso?

— Esse é um dos seus atributos. Você é um androide defeituoso e garanto que, enquanto estiver ao meu alcance impedir, nunca mais vai ficar na consciência.

Philip resvalou de volta para a escuridão, perguntando-se o que era um androide. Não pediria a Arthur para explicar. Não daria ao inglês a satisfação de pegar no pé dele de novo. Sabia que, desde Zanesville, a dominação de Arthur tinha enfraquecido. Enquanto houvesse maconha ou speed ou até LSD, ele sairia escondido e manteria o durão Arthur desequilibrado.

Na semana seguinte, enquanto Philip estava na frente, ele contou a Wayne Luft, um dos seus clientes de drogas, o que tinha acontecido na área de descanso de Lancaster.

— Merda — disse Luft. — Você não sabia que as áreas de descanso de estrada são infestadas de bichas?

— Me pegou de surpresa — disse Philip. — Viados filhos da puta caçando. Eu odeio eles.

— Não mais do que eu.

— Por que a gente não arrebenta alguns? — perguntou Philip.

— Como?

— A gente sabe que eles sempre param perto das áreas de descanso de estrada à noite. É só ir lá e acabar com eles. A gente podia limpar essas áreas infectadas.

— E podia roubar também. Pegar uma grana de presente de Natal pelo tempo gasto e nos livrar dos gays. Deixar o lugar seguro pra gente decente.

— É. — Philip riu. — Como nós.

Luft pegou o mapa rodoviário e fez marcas nas áreas de descanso de estrada nos condados de Fairfield e Hocking.

— A gente vai no meu carro — disse Philip. — É rápido.

Philip pegou uma espada decorativa que encontrou no apartamento.

Na área de descanso de estrada perto de Rockbridge, no condado de Hocking, ele reparou em um único fusca com dois ocupantes, parado na frente do banheiro masculino. Philip parou o Grand Prix do outro lado da rodovia, virado na direção oposta. Tomou dois Preludins, do composto fenmetrazina, que Luft entregou a ele. Eles ficaram meia hora sentados, olhando o fusca. Ninguém entrou nem saiu.

Luft disse:

— Devem ser. Quem mais ficaria parado por tanto tempo às 2 da madrugada na frente do banheiro masculino?

— Eu vou primeiro — disse Philip. — Com a minha espada. Se eles me seguirem pra dentro, você vem por trás com o trabuco.

Philip se sentiu bem quando atravessou a rodovia, a espada debaixo do casaco, até o banheiro masculino. Como ele esperava, os dois homens foram atrás.

Quando se aproximaram, ele sentiu um arrepio. Não tinha certeza se era por causa deles ou porque o speed estava agindo, mas puxou a espada e segurou a princesa. O cara com ele era um gordo otário. Quando Luft apareceu e encostou a arma nas costas do cara, a bicha ficou parada, atordoada e tremendo como uma montanha de geleia.

— Muito bem, seus viados! — gritou Luft. — Deitem na porra do chão.

Philip tirou a carteira do gordo, junto com um anel e um relógio. Luft fez o mesmo com o outro.

E Philip mandou que entrassem no carro.

— Aonde vocês vão levar a gente? — perguntou o gordo, chorando.

— Pra dar um passeio no bosque.

Eles dirigiram para longe da rodovia em uma estrada deserta, onde largaram os dois homens.

— Essa foi fácil — disse Luft.

— Foi moleza — disse Philip. — É o crime perfeito.

— Quanto a gente conseguiu?

— Muito. Eles estavam cheios da grana. E de cartões de crédito.

— Porra, cara — disse Luft. — Eu vou parar de trabalhar e fazer isso pra me sustentar.

— Serviço público — disse Philip, sorrindo.

No apartamento, Philip contou a Kevin sobre o crime perfeito. Ele sabia que ia apagar. Tomou dois calmantes para ajudá-lo a embarcar suavemente...

3

Tommy montou uma árvore de Natal, pendurou luzinhas e arrumou os presentes que tinha feito para Marlene e a família. Ele estava ansioso para ir à rua Spring mais tarde para ver a mãe, Del, Kathy e o namorado dela, Rob.

O começo da noite na rua Spring foi bem até Rob e Kathy aparecerem na sala e Kevin estar na frente.

— Ei, que jaqueta de couro bonita — disse Rob. — E reparei que você está usando um Seiko novo.

Kevin exibiu o relógio.

— O melhor que tem.

— Eu ando pensando nisso, Billy — disse Kathy. — Você não ganha tanto na Anchor Hocking. Onde está conseguindo dinheiro?

Kevin sorriu.

— Eu descobri o crime perfeito.

Kathy olhou para ele rapidamente. Sentiu que havia algo diferente de novo, aquela atitude debochada de sangue-frio.

— Do que você está falando?

— Eu tirei de umas bichas em uma área de descanso na estrada. Não tem como descobrirem quem foi. Não deixei digitais nem nada. E os caras não vão se atrever a reclamar com a polícia. Eu peguei dinheiro e cartões de crédito. — Ele exibiu o relógio.

Ela não acreditou no que estava ouvindo. Não era típico do Billy falar assim.

— Você está brincando, não está?

Ele sorriu e deu de ombros.

— Talvez esteja, talvez não.

Quando Del e Dorothy chegaram, Kathy pediu licença e foi para o closet do saguão. Como não encontrou nada na jaqueta nova, ela foi até o carro. Havia mesmo uma carteira no porta-luvas. Também havia cartões de crédito, uma habilitação e a identificação de um enfermeiro. Então ele não estava brincando. Ela ficou sentada no carro por um tempo, pensando no que fazer. Botou a carteira na bolsa e decidiu que tinha que falar com alguém.

Depois que Billy foi embora, ela mostrou o que tinha encontrado para sua mãe e Del.

— Meu Deus do céu. Não acredito — disse Dorothy.

Del olhou para a carteira.

— Por que não? Eu acredito. Agora sabemos como ele compra todas essas coisas.

— Você tem que ligar para o Jim — disse Kathy. — Ele tem que vir pra casa pra ver o que pode fazer pra dar um jeito no Billy. Eu tenho dinheiro no banco. Eu pago a passagem dele.

Dorothy fez a ligação interurbana e suplicou para Jim pegar uma licença de emergência para ir para casa.

— Seu irmão está com problemas. Ele se meteu em uma coisa muito ruim. Se não conseguir resolver, acho que nós vamos ter que procurar a polícia.

Jim pediu uma licença de emergência na Força Aérea e voltou para casa dois dias antes do Natal. Del e Dorothy mostraram para ele a carteira e os recortes do *Lancaster Eagle-Gazette* sobre os roubos em áreas de descanso.

— Você tem que ver o que pode fazer — disse Del para Jim. — Deus sabe que eu tentei ser como um pai. Pensei por um tempo depois de Zanesville que Billy poderia tomar o lugar do meu garoto, que ele descanse em paz, mas Billy não aceita que ninguém diga nada para ele.

Jim olhou a carteira, foi até o telefone e ligou para o número na identificação. Ele tinha que verificar.

— Você não me conhece — disse ele quando um homem atendeu —, mas estou com uma coisa que pode ser importante pra você. Eu preciso fazer uma pergunta hipotética. Se alguém soubesse que você é enfermeiro pela sua carteira de identidade, o que diria sobre isso?

Depois de um momento, a voz respondeu:

— Eu diria que a pessoa que sabe disso está com a minha carteira.

— Certo — disse Jim. — Pode me dizer como é sua carteira e o que mais tem dentro?

O homem descreveu o conteúdo.

— Como você a perdeu?

— Eu estava em uma área de descanso entre Athens e Lancaster com um amigo. Dois caras entraram no banheiro. Um tinha uma pistola e o outro, uma espada. Eles pegaram nossas carteiras, relógios e anéis, depois nos levaram até o bosque e nos deixaram lá.

— Qual era o carro?

— O cara da espada estava dirigindo um Pontiac Grand Prix azul. — Ele disse a placa para Jim.

— Como você tem tanta certeza do carro e do número?

— Eu vi o carro de novo em uma loja no centro outro dia. Fiquei a menos de quinze metros do cara que estava com a espada, e o segui até o carro. Era o mesmo.

— Por que não o denunciou?

— Porque estou quase conseguindo um emprego novo importante e porque eu sou homossexual. Se eu denunciar esse incidente, vou expor não só a mim, mas vários dos meus amigos.

— Certo, já que você não quer denunciar esse incidente, nem se expor ou expor seus amigos, vou cuidar pra que receba sua carteira e seus itens pessoais. Vamos manter tudo anônimo. Vai recebê-la de volta pelo correio.

Quando desligou o telefone, ele se encostou na parede e respirou fundo. Olhou para a mãe, Del e Kathy.

— O Billy está encrencado — disse ele, e pegou o telefone de novo.

— Pra quem você está ligando agora?

— Vou ligar para o Billy e avisar que eu gostaria de ir lá amanhã pra ver a casa.

— Eu vou com você — disse Kathy.

Na noite seguinte, véspera de Natal, Tommy recebeu Kathy e Jim à porta, descalço. Atrás dele, no canto, estava a árvore de Natal iluminada cercada de presentes. Na parede havia uma placa com espadas cruzadas decorativas.

Enquanto Jim e Tommy conversavam, Kathy pediu licença e subiu a escada. Ela ia ver se conseguia encontrar mais provas do que ele andava fazendo.

— Ei, só uma pergunta — disse Jim quando eles estavam sozinhos. — Onde você está conseguindo grana pra isto tudo: apartamento, todos aqueles presentes, roupas, esse relógio aí...?

— Minha garota está trabalhando — disse Tommy.

— Marlene está pagando por tudo?

— Bom, uma boa parte está no crédito.

— Esses cartões de crédito vão te pegar se você não tomar cuidado. Espero que não esteja se enrolando demais.

Jim, que tinha acabado de concluir um curso da Força Aérea sobre técnicas de interrogatório, decidiu usar sua habilidade para ajudar o irmão. Se pudesse fazê-lo falar, admitir que estava errado, talvez ainda houvesse um jeito de impedir que ele fosse para a prisão.

— Carregar cartões de crédito por aí é perigoso — disse Jim. — As pessoas os roubam e estouram o limite e você tem que pagar...

— Ah, tem uma taxa de cinquenta dólares. Depois disso, é a empresa que paga. E eles podem pagar.

— Tipo como eu li no jornal, sobre as pessoas que foram atacadas nas áreas de descanso da estrada e tiveram seus cartões de crédito roubados, sabe? Pode acontecer com você.

Jim viu a expressão estranha nos olhos de Bill, uma névoa, um transe. Lembrou a ele o rosto de Chalmer Milligan antes dos ataques de fúria.

— Ei, tudo bem?

Kevin olhou para Jim e se perguntou o que ele fazia ali, havia quanto tempo estava no apartamento. Olhou rapidamente para o relógio novo, 9h45.

— O quê? — perguntou Kevin.

— Eu perguntei "Tudo bem?".

— Claro. Por que não estaria?

— Eu estava falando pra você tomar cuidado com seus cartões de crédito. Você sabe, houve vários roubos em áreas de descanso nas rodovias e tudo mais.

— É, eu li a respeito.

— Soube que alguns dos caras roubados eram homossexuais.

— É. Eles mereceram.

— Como assim?

— Por que as bichas deveriam ter tanto dinheiro?

— Mas quem fez isso precisa tomar cuidado. Pode ficar preso por muito tempo.

Kevin deu de ombros.

— Teriam que encontrar os caras. E provar.

— Ora, você, por exemplo, tem uma espada na parede igual à que um dos caras descreveu.

— Não dá pra conectar a minha espada com a que estava lá.

— Pode ser, mas uma arma também foi usada no roubo.

— Ei, eu não segurei nada. Eles não podem me pegar.

— É, mas vão pegar o outro cara, e aí quem estava com ele vai cair junto.

— Não podem me ligar a isso — insistiu Kevin. — Não é o tipo de coisa que as bichas vão denunciar. Não tem digitais nem nada do tipo.

Kathy desceu e se sentou com eles por alguns minutos. Quando Billy subiu para ir ao banheiro, ela entregou a Jim o que tinha encontrado.

— Meu Deus do céu — murmurou Jim. — Tantos cartões de crédito com nomes diferentes. Como a gente vai tirar ele dessa?

— A gente tem que ajudar ele, Jim. Isso não é coisa do Billy.

— Eu sei. Talvez a única saída seja confrontá-lo diretamente.

Quando Kevin desceu a escada, Jim lhe mostrou os cartões de crédito.

— Era disso que eu estava falando, Billy. Você cometeu os roubos e está com as provas no seu apartamento.

Kevin ficou furioso e gritou:

— Você não tinha o direito de entrar na minha casa e mexer nas minhas coisas!

— Billy, a gente está tentando ajudar você — disse Kathy.

— Aqui é minha propriedade e vocês vieram aqui e a revistaram sem mandado.

— Eu sou seu irmão. Kathy é sua irmã. Nós só estamos tentando...

— Provas obtidas sem mandado de busca não seriam admitidas em um tribunal.

Jim mandou Kathy esperar no carro para o caso de a coisa ficar feia. Quando o confrontou de novo, Kevin foi para a cozinha.

— Billy, você está comprando essas coisas todas nos cartões de crédito. Pegariam você por isso.

— Nunca vão saber — insistiu Kevin. — Eu vou e compro uma ou duas coisas e jogo o cartão fora. Só roubo os viados e pessoas que machucam outras pessoas.

— Isso é crime, Billy.

— Um problema meu.

— Mas você está se metendo em confusão.

— Olha, você não tem o direito de vir de Spokane e pegar no meu pé por causa do que estou fazendo. Eu cuido da minha vida. Já tenho idade. Já saí de casa. O que eu faço é problema meu. Além do mais, você abandonou a família muito tempo atrás.

— Verdade, mas eu me importo com você.

— Não pedi pra você vir aqui. Quero que saia daqui agora.

— Billy, eu só saio quando a gente resolver isso.

Kevin pegou a jaqueta de couro.

— Bom, então vai se foder. Eu vou embora.

Jim, que sempre foi mais forte do que o irmão mais novo e tinha treinado artes marciais na Força Aérea, ficou entre Kevin e a porta. Eles brigaram e Jim o jogou para trás. Não pretendia ser tão violento, mas Kevin caiu na árvore de Natal e derrubou-a na parede e nos presentes. Caixas foram esmagadas. Lâmpadas quebraram. O fio foi arrancado da tomada e as luzes se apagaram.

Kevin se levantou e foi na direção da porta de novo. Não era bom de briga nem tinha intenção de confrontar Jim, mas precisava sair dali. Jim o segurou pela camisa e o jogou no bar.

Kevin perdeu a frente...

Ragen se chocou com o bar e viu muito rapidamente quem o estava atacando, embora não tivesse ideia do motivo. Nunca gostou de Jim. Nunca o perdoara por ter ido embora de casa, por ter deixado as mulheres e Bill sozinhos com Chalmer. Ao ver que Jim estava barrando a passagem, Ragen esticou a mão para trás, pegou uma faca em cima do bar e a arremessou com tanta força que a cravou na parede ao lado da cabeça de Jim.

Jim ficou paralisado. Nunca tinha visto um ódio tão frio no semblante de Billy, nem uma reação tão rápida e violenta como aquela. Ele olhou para a faca ainda balançando na parede, a centímetros de sua cabeça, e percebeu que seu irmão o odiava a ponto de matá-lo. Deu um passo para o lado a fim de que Ragen passasse. Ele então saiu para a neve, em silêncio e descalço...

Danny se viu do lado de fora, perguntando-se por que estava andando na rua congelada com a camisa rasgada e sem sapatos e luvas. Virou-se e voltou para dentro de casa, chocado ao ver Jim à porta olhando em sua direção como se ele fosse um lunático.

Olhou ao redor e viu a árvore de Natal caída e os presentes amassados. Danny sentiu um medo repentino.

— Não pretendia derrubar a sua árvore — disse Jim, sobressaltado por outra mudança incrível no rosto do irmão. Aquela fúria cáustica havia sumido e agora Billy estava acovardado, tremendo.

— Você quebrou minha árvore de Natal — disse Danny, soluçando.

— Desculpa.

— Espero que tenha um Natal muito feliz, porque você estragou o meu — choramingou Danny.

Kathy, que estava esperando no carro, entrou correndo, com o rosto pálido.

— A polícia está vindo.

Segundos depois, houve uma batida à porta. Kathy olhou para Jim e para Billy, que estava chorando como um garotinho.

— O que a gente vai fazer? — perguntou ela. — E se eles...

— Deixa comigo — disse Jim.

Ele abriu a porta e recebeu dois policiais.

— Recebemos uma denúncia de perturbação — disse um deles, olhando para a sala.

— Seus vizinhos fizeram uma reclamação — disse o outro.

— Desculpe, policial.

— É véspera de Natal — disse o primeiro. — As pessoas estão com os filhos. O que está acontecendo?

— Só uma briga de família — disse Jim. — Acabou. Nós não sabíamos que tinha sido tão alto.

O policial fez uma anotação no caderno.

— Bom, tenham calma. Não façam tanto barulho.

Depois que eles foram embora, Jim pegou o casaco.

— Tudo bem, Billy. Acho que vou ter que me despedir. Só vou ficar mais dois dias em Lancaster, depois preciso voltar pra base.

Jim e Kathy foram embora e seu irmão ainda estava chorando.

A porta bateu e Tommy olhou em volta, sobressaltado. Sua mão estava sangrando. Ele tirou os cacos de vidro da palma da mão e lavou os cortes, perguntando-se para onde Kathy e Jim tinham ido e por que o lugar estava uma bagunça. Dedicara-se tanto a arrumar a árvore de Natal e olhe como ela estava agora. Todos os presentes tinham sido feitos com as próprias mãos por ele e os outros; nenhum era comprado. Ele tinha um quadro no andar de cima, uma paisagem marinha que sabia que Jim amaria, e queria ter dado para ele.

Levantou a árvore caída e tentou fazer com que ficasse apresentável de novo, mas a maioria dos ornamentos estava quebrada. Era uma árvore de Natal tão linda. Só teve tempo de arrumar o presente de Marlene antes de ela chegar. Decidira convidá-la para passar a véspera de Natal com ele.

Marlene ficou chocada ao ver a bagunça no apartamento.

— O que houve?

— Não sei e, para falar a verdade, não ligo. Eu só sei que amo você — respondeu Tommy.

Ela o beijou e o levou para o quarto. Ela sabia que em horas assim, quando tudo parecia confuso em sua mente, ele ficava mais vulnerável e precisava dela.

Tommy corou e fechou os olhos. Perguntou-se, ao segui-la, por que nunca tinha ficado na frente por tempo suficiente para passar pela porta do quarto.

No dia de Natal, Allen, que não tinha ideia do que acontecera na noite anterior, desistiu de tentar entender a bagunça na sala. Perguntou para os de dentro, mas ninguém respondeu. Meu Deus, como ele odiava esses tempos confusos. Salvou os presentes que pôde, reembrulhou pacotes rasgados e os colocou, junto com o quadro que Tommy tinha feito para Jim, dentro do carro.

Quando chegou à rua Spring, rapidamente começou a entender o que tinha acontecido na véspera. Jim estava magoado com ele por ter arremessado a faca e Kathy, Del e sua mãe pularam em cima dele por causa de uns roubos.

— Você cometeu aqueles roubos — gritou Del — e usou um carro registrado no nome da sua mãe.

— Não sei do que você está falando — gritou Allen. Ele levantou as mãos em repulsa e subiu a escada.

Enquanto ele estava no andar de cima, Del remexeu nos bolsos da jaqueta e encontrou a chave do carro. Ele, Kathy, Jim e Dorothy foram lá fora olhar o porta-malas. Encontraram cartões de crédito, habilitações e um mapa rodoviário. As áreas de descanso ao longo da rodovia 33 estavam marcadas com X.

Quando se viraram, eles o viram à porta, observando.

— Foi você — disse Del, sacudindo as provas na cara dele.

— Não há nada com que se preocupar — disse Kevin. — Não vou ser descoberto. É o crime perfeito. Não deixei digitais nem nada, e as bichas não vão denunciar.

— Seu idiota cretino — gritou Del. — Jim ligou para o cara de quem você roubou a carteira. Ele viu você na cidade. Você arrastou essa família toda para o seu maldito "crime perfeito".

Eles viram o rosto dele mudar: pânico substituiu a frieza.

Decidiram, por fim, ajudar Billy a se livrar das provas. Jim levaria o Grand Prix para Spokane e continuaria fazendo os pagamentos das prestações. Billy se mudaria de Somerford Square para um apartamento menor, na avenida Maywood.

No meio de todo esse alarde, Danny apenas ouviu, perguntando-se do que eles estavam falando e quando todo mundo abriria os presentes.

CAPÍTULO 16

1

Na quarta-feira, 8 de janeiro, quando Tommy foi se encontrar com Marlene no Memorial Plaza Shopping Center, ele viu uma van de entregas parar em frente à farmácia Gray. Enquanto via o entregador entrar na loja com uma caixa grande, Tommy murmurou:

— Entrega de narcóticos. O farmacêutico vai trabalhar até tarde hoje.

Marlene olhou para ele com curiosidade. Ele não sabia por que tinha dito aquilo.

Kevin estava planejando assaltar a loja. Ele tinha se juntado a Wayne Luft e outro amigo, Roy Bailey, e explicado para eles. Executariam o roubo e dividiriam o dinheiro e as drogas. Pelo planejamento, ele ficaria com 20%.

Naquela noite, seguindo as instruções de Kevin, os dois homens esperaram até 1h30, forçaram o farmacêutico a voltar para dentro da loja sob a mira de uma arma e roubaram o cofre e o armário de narcóticos.

Ainda seguindo o plano, dirigiram até o bosque, pintaram o Dodge de preto com tinta spray e foram buscar Kevin. Na casa de Bailey, Kevin verificou as drogas para eles: Ritalina (metilfenidato), Preludin (fenmetrazina), Demerol (petidina), Seconal (secobarbital), Quaalude (metaqualona), Dilaudid (hidromorfona) e mais.

Ele estimava que as drogas valeriam de 30 a 35 mil nas ruas, e viu o rosto deles mudar de curiosidade para ganância. Com o passar da noite, todos ficaram bem chapados. Cada um dos comparsas de Kevin sugeriu, às escondidas, cortar o outro parceiro fora. De manhã, quando Bailey e Luft estavam apagados, Kevin enfiou o dinheiro e as drogas em duas malas e partiu para Columbus sozinho. Ele sabia que nenhum dos dois teria coragem de o enfrentar; tinham medo dele. Falaram diversas vezes sobre como ele era louco, que tinha aberto um rombo em uma porta com apenas um soco e usado uma metralhadora Thompson para atirar no carro de um cara.

Eles dariam a dica para a polícia. Esperava que fizessem isso. Mas, quando se livrasse das drogas, não haveria nada que pudessem fazer; o farmacêutico tinha visto a cara deles, não a dele. Nada o ligava ao roubo.

Quando Marlene pegou o *Lancaster Eagle-Gazette* no dia seguinte e leu sobre o roubo da farmácia Gray, teve uma sensação ruim.

Alguns dias depois, Tommy foi se encontrar com ela para almoçar. Ela ficou surpresa de ver que ele tinha pintado o Dodge velho de preto, e de forma muito descuidada.

— Foi você, não foi? — sussurrou ela.

— O quê? Que pintou o carro? — perguntou Tommy, inocente.

— Foi você que roubou a farmácia Gray.

— Ah, pelo amor de Deus! Agora você está me chamando de criminoso? Marlene, eu não sei nada sobre isso. Juro!

Ela estava confusa. Algo lhe dizia que ele era culpado, mas ele pareceu genuinamente chateado com a acusação. A não ser que fosse o melhor ator do mundo, ele devia estar falando a verdade.

— Só espero que você não esteja envolvido — disse ela.

Quando se despediram, Allen ficou nervoso com a acusação de Marlene. Tinha a sensação de que algo estava errado. Quando voltou para o trabalho de carro, decidiu que precisava de ajuda.

— Vamos lá, pessoal — disse ele em voz alta. — Estamos encrencados.

— Tudo bem, Allen — disse Arthur. — Continue dirigindo.

— Você não quer assumir?

— Eu prefiro não dirigir. Nunca me saio bem nas ruas dos Estados Unidos. Só continue.

— Você tem alguma ideia do que está acontecendo? — perguntou Allen.

— Eu ando tão preocupado com a minha pesquisa nesse tempo confuso que não sei, mas desconfio que alguns dos indesejáveis andam roubando tempo e cometendo crimes.

— Eu tentei avisar você.

— Eu sinto de verdade que precisamos de Ragen — disse Arthur. — Você consegue encontrá-lo?

— Já tentei. Meu Deus, ele nunca está por perto quando a gente precisa.

— Vou tentar. Só mantenha a atenção voltada para a direção.

Arthur revirou a mente, espiou na escuridão lá dentro, depois da frente. Ele viu imagens dos outros, alguns dormindo na cama, alguns sentados na sombra. Os indesejáveis se recusaram a olhar para ele; depois de bani-los da frente, Arthur não tinha mais controle sobre eles. Finalmente, ele encontrou Ragen... brincando com Christene.

— Você é necessário, Ragen. Acredito que tenham cometido um crime ou vários crimes, e agora podemos estar em perigo.

— Problema não ser meu — disse Ragen. — Não cometi esses crimes.

— Sei que é verdade, mas gostaria de lembrar que, se uma das nossas pessoas for mandada para a prisão, as crianças também vão. Imagine Christene naquele ambiente, uma garotinha bonita trancada com tantos maníacos sexuais e pervertidos.

— Tudo bem. Você conhecer meu ponto fraco.

— Temos que entender exatamente o que está acontecendo.

Arthur começou uma investigação geral. Uma após a outra, ele questionou as várias pessoas lá dentro e, embora tivesse certeza de que alguns dos indesejáveis estavam mentindo, começou a montar uma imagem. Tommy contou que Marlene desconfiava do envolvimento dele no assalto à farmácia Gray e que havia visto um carregamento de drogas mais cedo.

Walter negou ter tocado nas armas de Ragen desde que foi banido da frente por ter atirado em um corvo, mas se lembrava de ter ouvido uma voz com sotaque do Brooklyn falando sobre um crime perfeito em uma área de descanso de beira de estrada. Philip finalmente admitiu ter cometido as agressões nas áreas de descanso, mas negou qualquer envolvimento com o assalto à farmácia Gray.

Kevin contou então que tinha planejado tudo.

— Mas eu não estava lá. Só organizei tudo e depois tirei tudo dos caras. Foi um golpe, só isso. Talvez aqueles caras tenham contado pra polícia, mas eu tô limpo. Não tem como a polícia me conectar àquele assalto.

Arthur contou tudo para Allen e Ragen.

— Agora pensem, os dois: tem alguma coisa com a qual possam nos conectar, alguma coisa pela qual possam nos prender?

Até onde sabiam, não havia nada.

Vários dias depois, Billy Milligan foi apontado por um receptador de Columbus que devia um favor a um detetive da divisão de narcóticos. O receptador relatou que uma quantidade de drogas que batia com a descrição das que foram roubadas da farmácia Gray tinha sido vendida para ele por Milligan. A notícia foi passada para a polícia de Lancaster. Foi emitido um mandado para a prisão de Billy.

2

Quando Marlene foi ao apartamento na segunda-feira depois do trabalho, Tommy deu um anel de noivado a ela.

— Quero dar isto para você, Marvene — disse ele, chamando-a pelo apelido. — Se alguma coisa acontecer comigo, quero que você saiba que eu sempre vou amar você.

Ela ficou olhando para o anel sem acreditar, enquanto ele o colocava em seu dedo. Era um momento com o qual sonhava havia muito tempo, mas foi doloroso. Ele tinha saído para comprar o anel porque esperava que alguma coisa acontecesse? Sentiu lágrimas nos olhos, mas tentou não demonstrar. Não importava o que ele tinha feito, não importava o que fizessem a ele: ela ficaria ao seu lado.

No calendário, no dia 20 de janeiro de 1975, ela escreveu: "Fiquei noiva. Quase caí dura de surpresa".

Danny foi preso no dia seguinte.

Ele foi colocado em uma viatura e levado para a Prisão do Condado de Fairfield. Leram os direitos dele e começaram a interrogá-lo. Não sabia do que estavam falando.

O interrogatório se prolongou por horas. A partir do que os detetives disseram, Danny começou a encaixar as peças. Wayne Luft tinha sido preso por dirigir bêbado e, no seu interrogatório, acusou Milligan e Roy Bailey de terem roubado a farmácia.

Danny olhou para eles, atordoado. Queriam que Danny desse uma declaração voluntária. Enquanto faziam perguntas, ele ouviu a voz de Allen na sua cabeça dizendo exatamente o que responder. Quando o interrogatório acabou, pediram a Danny que assinasse uma declaração. Com cuidado, com a língua entre os dentes, Danny apertou bem a caneta ao assinar o nome "William Stanley Milligan".

— Agora eu posso ir para casa? — perguntou ele.

— Se você puder pagar 10 mil dólares de fiança.

Danny balançou a cabeça, ainda muito confuso com tudo, e o levaram de volta à cela.

Mais tarde, Marlene arrumou um empréstimo para pagar a fiança. Tommy foi ficar com Dorothy e Del, que fizeram contato com George Kellner, o advogado que o representou no caso de estupro no condado de Pickaway dois anos antes.

Enquanto esperava julgamento, Arthur soube de outras acusações contra Milligan. Duas vítimas o tinham identificado como um dos agressores em uma área de descanso de estrada. No dia 27 de janeiro de 1975, a patrulha rodoviária estadual adicionou dez acusações adicionais de roubo qualificado de motoristas nas áreas de descanso de estrada nas áreas dos condados de Fairfield e Hocking.

Milligan foi levado de volta para a Prisão do Condado de Fairfield exatamente dois anos depois de ter sido enviado ao Campo de Jovens de Zanesville.

3

Allen queria testemunhar em defesa própria. Arthur queria ser seu próprio advogado para provar que não estava perto da farmácia Gray na noite do assalto.

— E os ataques na área de descanso? — perguntou Allen.

— Foi Ragen. Mas aquilo foi legítima defesa.

— Dizem que houve outros. Só roubos.

— Não — insistiu Ragen. — Não roubei ninguém.

— Bom, alguém roubou — disse Allen.

— Podem provar? — perguntou Ragen.

— Como é que eu vou saber? — disse Allen. — Eu não vi.

— O que fazer agora? — perguntou Ragen.

— É uma confusão estapafúrdia — disse Arthur. — Podemos confiar nesse advogado? Ele não nos impediu de sermos enviados pra Zanesville pela Comissão de Juventude de Ohio dois anos atrás.

— Desta vez ele diz que podemos fazer um acordo — disse Allen. — Da forma como entendo, se eu me declarar culpado do roubo da farmácia Gray, vão me dar condicional de choque e provavelmente não vamos ter que cumprir pena na prisão.

— O que é condicional de "choque"?

— É quando prendem você sem dizer quanto tempo você vai ficar lá, e dão um choque em você com a soltura inesperada para que fique grato e não se meta mais em confusão.

— Bom, se for esse o caso — disse Arthur —, vamos seguir o conselho do advogado. É para isso que estamos pagando.

— Tudo bem — disse Allen. — Então vai ser assim. Vamos nos declarar culpados em troca de condicional.

No dia 27 de março de 1975, William Stanley Milligan se declarou culpado e foi condenado por roubo e roubo qualificado. Dois meses depois, Allen soube que o tribunal deu condicional de choque só pelos ataques da área de descanso, mas não pela acusação menor. Ele teria que cumprir uma sentença de dois a cinco anos pelo roubo da farmácia Gray. Todos ficaram perplexos.

No dia 9 de junho, depois de 45 dias no Reformatório Mansfield, Allen foi colocado em um ônibus azul do Reformatório do Estado de Ohio com 59 outros detentos algemados em pares para serem transportados para o Instituto Correcional Lebanon.

Tentou evitar os olhos do guarda armado sentado na jaula na frente do ônibus. Como sobreviveria por dois anos? Seu medo cresceu quando o ônibus chegou à prisão e ele viu a cerca de arame farpado e as torres de vigia nos muros de Lebanon. Os prisioneiros foram levados para fora do ônibus até a entrada.

A primeira das duas portas de controle remoto chiou ao se abrir, depois se fechou quando eles passaram. Allen se lembrou do chiado de Chalmer, e o medo em seu estômago explodiu. Ele nem chegou à segunda porta...

Ragen ouviu um chiado quando a segunda porta se abriu. Ele assentiu e andou pela prisão na fila de prisioneiros algemados. Agora, Arthur não tinha mais o domínio. Ali, sabia Ragen, ele finalmente mandaria. Ele, e só ele, decidiria quem entrava e saía da frente pelo período de dois a cinco anos. Ragen Vadascovinich ouviu um ruído alto quando a porta de ferro se fechou atrás deles.

CAPÍTULO 17

1

Ragen achou Lebanon um avanço em comparação ao Reformatório Mansfield. Era mais novo, mais limpo e mais iluminado. Na sessão de orientação do primeiro dia, ele ouviu as palestras sobre regras e regulamentos, as descrições das escolas e os trabalhos da prisão.

Um homem grande com papada e pescoço de jogador de futebol americano se levantou e, de braços cruzados, se balançou para a frente e para trás.

— Muito bem — disse ele. — Sou o capitão Leach. Então vocês se acham o máximo? Bom, agora vocês são meus! Vocês fizeram merda na rua, mas, se arrumarem confusão aqui, vou quebrar a cabeça de vocês. Pro inferno com os direitos civis, os direitos humanos, todos os outros direitos. Aqui vocês não passam de um pedaço de carne. Se saírem da linha, eu vou moer todos vocês...

O capitão ficou martelando na cabeça dos detentos por quinze minutos. Ragen entendeu que o homem estava tentando botar todos na linha com palavras, só na saliva.

Também notou que o psicólogo, um homem magro de cabelo claro e óculos, seguiu a mesma abordagem.

— Vocês não são nada agora. Só números. Não têm identidade. Ninguém liga para quem vocês são, nem de estarem aqui. Vocês não passam de criminosos e condenados.

Enquanto o homenzinho os insultava, vários dos novos prisioneiros se aborreceram e começaram a gritar de volta.

— Quem é você pra nos dizer isso?

— Que merda é essa, cara?

— Eu não sou número nenhum!

— Você tá maluco, cara!

— Vai dar esse cu, psicólogo!

Ragen observou a reação dos detentos à agressão verbal. Desconfiava que o psicólogo estava fazendo provocações intencionais.

— Viram? — perguntou o psicólogo, apontando para eles com o indicador. — Olha só o que está acontecendo. Vocês não conseguem se encaixar na sociedade porque, quando são colocados em situação de pressão, não sabem se controlar. Reagem a uma declaração verbal com hostilidade e violência. Talvez possam ver agora por que a sociedade quer vocês trancados em uma cela até aprenderem a se ajustar.

Os homens, ao perceberem que estavam recebendo uma lição, sossegaram e sorriram uns para os outros, envergonhados.

No corredor principal, alguns dos detentos veteranos olhavam e gritaram quando os novatos saíram da sala de orientação.

— Ei, olha. Carne nova!

— Ei, vadias, a gente se vê mais tarde.

— Aquela ali é bonita. Ela é minha.

— Ei, eu vi primeiro, ela é minha.

Ragen sabia que estavam apontando para ele e retribuiu o olhar friamente.

Naquela noite, na cela, ele discutiu algumas questões com Arthur.

— Você está no comando aqui — disse Arthur —, mas gostaria de observar que boa parte daquela provocação e daquelas brincadeiras não passa de prisioneiros soltando um pouco da tensão em uma situação estressante. Qualquer coisa para conseguir umas risadas. Seria bom você diferenciar os comediantes daqueles que realmente podem ser perigosos.

Ragen assentiu.

— Exatamente o que eu pensar.

— Tenho outra sugestão.

Ragen ouviu com um meio sorriso. Achava graça em Arthur dar sugestões em vez de ordens.

— Eu reparei que os detentos usando uniformes verdes de hospital são os únicos fora os guardas que podem andar no centro dos corredores. Quando chegar a hora de se candidatar a algum trabalho, talvez seja aconselhável que Allen peça para ser designado para o hospital da prisão.

— Por quê?

— Trabalhar como médico daria uma margem de segurança, principalmente para as crianças. Em uma comunidade prisional, um atendente médico é respeitado, pois todos os detentos sabem que um dia podem precisar de tratamento de emergência. Eu faria o trabalho, usando Allen na comunicação.

Ragen concordou que era uma boa ideia.

No dia seguinte, quando os guardas falaram com os prisioneiros novos sobre experiências de trabalho e especializações prévias, Allen disse que gostaria de trabalhar no hospital da prisão.

— Você tem treinamento? — perguntou o capitão Leach.

Allen respondeu como Arthur havia orientado:

— Quando eu estava na Marinha, havia uma escola de farmácia na Base Naval de Great Lakes. Trabalhei no hospital de lá.

Não era exatamente mentira. Arthur tinha estudado aquelas coisas sozinho. Ele não tinha dito que fora treinado como médico.

Na semana seguinte, veio um chamado do hospital da prisão. O dr. Harris Steinberg, diretor médico, queria ver Milligan. Enquanto andava pelos corredores amplos, Allen reparou que Lebanon era disposto na forma de um caranguejo gigante de nove patas. O corredor central era cheio de escritórios, mas em intervalos variados o corredor de celas se abria em todas as direções. No hospital, Allen esperou na sala externa separada por divisórias de vidro inquebráveis, vendo o dr. Steinberg, um homem idoso de cabelo branco, rosto gentil e corado, e um sorriso gentil. Allen reparou que havia quadros nas paredes.

Finalmente, o dr. Steinberg fez sinal para ele entrar.

— Soube que você tem experiência de laboratório.

— Sempre quis ser médico — disse Allen. — Achei que, com uma população prisional grande dessas, você precisaria de alguém que pudesse fazer exames de sangue e de urina.

— Você já fez isso?

Allen assentiu.

— Claro que foi há muito tempo e eu devo ter esquecido um monte de coisas, mas posso reaprender. Sou rápido. E, como falei, trabalhar nesse campo é minha grande ambição quando sair daqui. Tenho livros de medicina em casa. Já estudei por conta própria. Tenho interesse em hematologia e, se você me der oportunidade, vou agradecer.

Allen percebeu que Steinberg não se deixou levar por seu rápido palavreado e procurou outras formas de impressionar o doutor.

— Esses quadros são fascinantes — disse Allen, olhando rapidamente para a parede. — Prefiro tinta a óleo em vez da acrílica, mas quem fez isso tem olho bom para detalhe.

Ele viu a expressão de Steinberg mudar para interesse.

— Você pinta?

— A vida toda. Medicina é a carreira que eu escolhi, mas desde que era criança as pessoas dizem que tenho talento natural para pintura. Quem sabe um dia permita que eu pinte seu retrato. Você tem um rosto forte.

— Eu coleciono arte — disse Steinberg. — E pinto um pouco também.

— Sempre achei que arte e medicina se complementavam.

— Já vendeu algum quadro seu?

— Ah, vários. Paisagens, natureza-morta, retratos. Espero ter a chance de pintar enquanto estiver aqui.

Steinberg brincou com a caneta.

— Tudo bem, Milligan. Vou dar uma chance de você trabalhar no laboratório. Pode começar passando pano no chão e, quando terminar, arrume o local. Você vai trabalhar com Stormy, o enfermeiro. Ele vai ensinar tudo a você.

2

Arthur ficou feliz da vida. Não se importava de acordar mais cedo do que os outros prisioneiros para fazer os exames de sangue. Consternado com o que considerava registros médicos inadequados, começou a fazer gráficos próprios dos quatorze diabéticos que ele logo começou a ver como seus pacientes. Ele passava a maior parte do dia no laboratório, trabalhando com o microscópio e preparando lâminas. Quando voltava para a cela, às 15h30, cansado e feliz, não prestava muita atenção ao novo colega de cela, um homem magro e taciturno.

Adalana decorou a cela vazia espalhando toalhas estampadas no chão e as pendurando nas paredes. Allen logo começou a negociar, trocando uma toalha florida por um maço de cigarros, depois emprestando cigarros com juros 50% e acabando com dois maços no fim da semana. Ele fazia esquema de pirâmide. Junto com o que sua mãe e Marlene enviavam e levavam para ele, conseguia comprar comida na lojinha e evitar o refeitório à noite. Fechava a pia com uma rolha de borracha emprestada do laboratório, enchia de água quente e deixava uma lata de frango e bolinhos, sopa ou ensopado de carne esquentar até estar num ponto palatável.

Ele usava o uniforme verde com orgulho, satisfeito com o privilégio de poder andar e até correr pelo corredor principal em vez de se mover como uma barata, colado na parede. Gostava de ser chamado de "doutor" e mandava para Marlene nomes de livros médicos, para que pudesse comprar para ele. Arthur estava levando o estudo de medicina a sério.

Quando soube que muitos dos outros prisioneiros tinham namoradas nas listas de visitantes como esposas para poderem ter mais intimidade na prisão, Tommy falou para Ragen que queria colocar Marlene como esposa.

Arthur se opôs no começo, mas Ragen falou mais alto. Como esposa de Milligan, ela poderia levar coisas para a prisão.

— Diz pra trazer laranjas. Primeiro usar agulha e injetar vodca nas laranjas. Fica muito bom — disse Ragen.

"Lee" assumiu a frente pela primeira vez em Lebanon. Comediante, espertinho, piadista, exemplificava a teoria de Arthur de que rir era uma válvula de escape apreciada pela maioria dos detentos. As provocações dos demais detentos que antes tinham assustado Danny e irritado Ragen agora eram praticadas por Lee. Ragen tinha ouvido falar do pai de Billy, o comediante de stand-up e mestre de cerimônia, que se intitulava "meio músico, meio bobo". Ragen decidira que Lee tinha um papel a desempenhar na prisão.

Mas Lee ia além de histórias engraçadas. Adulterava os cigarros de Allen raspando o enxofre de alguns fósforos, mergulhando um palito em água com açúcar, enrolando-o em enxofre e enfiando no tabaco. Carregava alguns desses no maço de Allen e, quando um detento pedia um cigarro, Lee entregava um adulterado. Quando estava no final do corredor ou saindo do refeitório, ouvia o grito de raiva da vítima quando o cigarro pegava fogo. Vários explodiram na cara de Allen.

Uma manhã, quando o trabalho no laboratório de sangue tinha acabado, Arthur, pensando na incidência de anemia falciforme entre detentos negros, saiu da frente. Lee, ao se ver à toa, decidiu aprontar. Abriu um pote de extrato de óleo de cebola, mergulhou um cotonete e passou na borda dos visores do microscópio.

— Ei, Stormy — disse ele, entregando uma lâmina ao enfermeiro —, o dr. Steinberg quer essa contagem de glóbulos brancos feita rapidamente. É melhor você olhar no microscópio.

Stormy colocou a lâmina no microscópio e ajeitou o foco. De repente, levantou a cabeça, os olhos cheios de lágrimas.

— Qual é o problema? — perguntou Lee com ar de inocência. — É triste assim?

Sem conseguir se controlar, Stormy caiu na gargalhada em meio às lágrimas.

— Filho da puta do caralho. Você é um babaca engraçadinho, né? — Ele foi até a pia e lavou os olhos.

Um tempinho depois, Lee viu um prisioneiro chegar e dar cinco pratas para Stormy, que pegou a garrafa 11-C em uma prateleira lotada, tirou a rolha e deu a garrafa para o homem, que tomou um gole grande.

— O que é isso? — perguntou Lee quando o prisioneiro saiu.

— Destilado. Eu mesmo faço. Cobro cinco pratas por gole. Se eu não estiver por aqui e aparecer um cliente, pode cuidar do negócio pra mim e te dou um dólar.

Lee disse que ficaria feliz em ajudar.

— Olha — continuou Stormy —, o dr. Steinberg quer aquele armário de primeiros socorros arrumados. Você pode cuidar disso? Eu tenho umas coisas pra resolver.

Enquanto Lee rearrumava o material de primeiros socorros, Stormy pegou a garrafa 11-C na prateleira, colocou o álcool em um béquer e a encheu de água. Em seguida, passou um concentrado agridoce no gargalo.

— Tenho que ir falar com o dr. Steinberg — disse para Lee. — Cuida de tudo aqui, tá?

Dez minutos depois, um prisioneiro negro enorme apareceu no laboratório e disse:

— Me dá a 11-C, cara. Paguei dez pratas ao Stormy por dois goles. Ele disse que você sabe onde tá.

Lee entregou a garrafa para o homem negro, que logo a colocou na boca e virou para cima. De repente, seus olhos se arregalaram e ele cuspiu e engasgou.

— Seu branquelo filho da puta! Que merda é essa que você está aprontando pra mim? — Ele ficava projetando os lábios, fazendo movimentos estranhos, tentando tirar o gosto com a manga.

Ele pegou a garrafa pelo gargalho, bateu-a com força na mesa, quebrou o fundo e derramou o líquido no uniforme de Lee. E brandiu a borda irregular.

— Vou te cortar, branquelo!

Lee recuou até a porta.

— Ragen — sussurrou ele. — Ei, Ragen.

Lee, sentindo o terror crescer, esperava que Ragen aparecesse em sua defesa. Mas ninguém veio. Ele saiu correndo pela porta e pelo corredor com o homem negro logo atrás.

Ragen começou a assumir a frente, mas Arthur disse:

— Lee precisa aprender uma lição.

— Não posso deixar que ele seja cortado — disse Ragen.

— Se ele não aprender a se controlar — disse Arthur —, talvez corra mais perigo no futuro.

Ragen aceitou a sugestão e não fez nada para intervir enquanto Lee corria pelo corredor, apavorado, gritando:

— Cadê você, Ragen?

Ragen, enfim, sentiu que Lee havia passado pelo suficiente e que a situação estava ficando perigosa demais, e o tirou da frente. Quando o homem negro chegou ao lado de uma maca, Ragen parou e virou a cama de hospital direto no caminho de seu perseguidor. O homenzarrão foi empurrado com a maca e caiu na garrafa quebrada, cortando o braço.

— *Acabou!* — rugiu Ragen.

O homem negro deu um pulo, tremendo de raiva. Ragen o pegou, jogou-o na sala de raio x e o empurrou com força contra a parede.

— Chega — disse Ragen. — Se não parar, acabar com você!

O homem arregalou os olhos com a mudança repentina. No lugar do garoto branco assustado, ele se viu encurralado por um maluco com sotaque russo e expressão selvagem nos olhos. Estava preso em um mata-leão poderoso, um braço esmagando seu pescoço.

— *Parar agora* — sussurrou Ragen no ouvido dele. — É necessário limpar isso.

— Tá, cara, tudo bem, tudo bem...

Ragen o soltou. O homem negro recuou.

— Agora eu vou, cara. Sem ressentimento. Tá tudo bem... — Ele saiu andando rápido.

— Essa foi uma forma bárbara de lidar com a situação — disse Arthur.

— O que você fazer? — perguntou Ragen.

Arthur deu de ombros.

— Se eu tivesse a sua capacidade física, provavelmente a mesma coisa.

Ragen assentiu.

— E Lee? — perguntou Arthur. — Decisão ser sua.

— Ele é indesejável.

— É. De que adianta pessoa com vida feita de truques? Um androide inútil.

Lee foi banido. E em vez de viver no limbo da escuridão ao redor da consciência, sem conseguir enfrentar uma existência sem pegadinhas e comportamento cômico, ele se fez desaparecer completamente.

Por muito tempo, ninguém riu.

3

As cartas de Tommy começaram a exibir umas viradas imprevisíveis de humor. Ele escreveu para Marlene "meus dedos estão inchados" e descreveu uma briga com alguns detentos que estavam roubando seus selos. No dia 6 de agosto, jurou que cometeria suicídio. Cinco dias depois, escreveu pedindo para ela enviar tinta acrílica a fim de começar a pintar de novo.

Arthur capturou quatro ratos e os mantinha como animais de estimação. Estudou seu comportamento e começou a escrever um longo relatório sobre a possibilidade de enxertar pele de rato em vítimas humanas de queimadura. Uma tarde, no laboratório, quando fazia anotações, três detentos entraram. Um ficou montando guarda e os outros dois o confrontaram.

— Me dá o pacote — disse um deles. — A gente sabe que tá com você. Entrega.

Arthur balançou a cabeça e voltou a fazer anotações. Os dois prisioneiros contornaram a mesa e o seguraram...

Ragen derrubou os dois homens, chutou um e depois o outro. Quando o detento que estava montando guarda lá fora foi para cima dele com uma faca, Ragen quebrou o pulso dele. Os três fugiram gritando:

— Você é um homem morto, Milligan. Vou pegar você.

Ragen perguntou a Arthur se ele sabia o que estava acontecendo.

— Um pacote — disse Arthur. — Pelo jeito como agiram, imagino que deve ser de drogas.

Ele procurou no laboratório e no depósito. Finalmente, atrás de uns livros e papéis em uma prateleira do alto, ele encontrou um saco plástico com pó branco.

— É heroína? — perguntou Allen.

— Vou ter que fazer uns testes para ter certeza — disse Arthur, colocando o pacote na balança. — Tem meio quilo aqui.

Ele descobriu que era cocaína.

— O que você vai fazer com isso?

Arthur abriu o pacote e virou o pó branco na privada.

— Alguém vai ficar muito aborrecido — disse Allen.

Mas Arthur já estava pensando de novo no relatório sobre enxerto de pele.

Arthur tinha ouvido falar da tristeza da prisão estadual. A maioria dos prisioneiros passava por um período de ansiedade durante o processo de ser institucionalizado. Conforme o detento enfrentava a perda da independência e a identidade e era obrigado a aceitar a supressão, a mudança costumava levar à depressão e crise emocional. Para Milligan, causou um tempo confuso.

As cartas para Marlene mudaram. Philip e Kevin, que andavam escrevendo obscenidades e desenhando coisas pornográficas, pararam. Agora, as cartas exibiam o medo da insanidade. As cartas de Tommy diziam que ele estava tendo alucinações estranhas e que estava estudando livros de medicina dia e noite. Quando tivesse a condicional, escreveu ele, estudaria medicina, "mesmo que leve quinze anos". Eles se casariam, ele prometeu, e teriam uma casa, e ele faria pesquisas e seria especialista. "Que tal isso?", escreveu ele, "Dr. e sra. Milligan."

No dia 4 de outubro, por causa do episódio da cocaína, Milligan foi transferido para o bloco C e mantido à parte, em isolamento protetor. Seus livros médicos e a televisão portátil foram tirados dele. Ragen arrancou o estrado de aço da cama da parede e enfiou as ripas na porta, que teve de ser removida para ele conseguir sair da cela.

Tinha dificuldade de dormir e reclamava de frequentes vômitos e visão borrada. O dr. Steinberg o via de tempos em tempos e administrava sedativos leves e antiespasmódicos. Apesar de achar que os problemas de Milligan eram essencialmente psicológicos, no dia 13 de outubro ordenou que ele fosse levado de Lebanon para o Centro Médico Central de Columbus para tratamento.

Enquanto Allen esteve lá, ele escreveu para a União Americana de Liberdade Civil pedindo ajuda, mas não deu em nada. Depois de dez dias em Columbus, foi descoberto que ele estava com uma úlcera péptica. Colocaram-no em uma dieta líquida e em isolamento de proteção em Lebanon de novo. Soube que só estaria apto a pedir condicional em abril de 1977, um ano e meio depois.

4

O Natal e o Ano-Novo chegaram e passaram. No dia 27 de janeiro de 1976, Allen participou de uma greve de fome com outros detentos. Ele escreveu para o irmão:

Querido Jim,

Deitado aqui na minha cela, meus pensamentos estão em nós dois quando éramos crianças. Conforme meu tempo passa, minha alma ganha ódio pela vida. Peço desculpas, pois é culpa minha a sua família estar dividida, uma família da qual quase não fui parte. Você tem uma vida incrível pela frente, com muitos objetivos. Não a estrague como eu fiz. Se me odiar por isso, sinto muito. Mas continuo respeitando você como respeito o vento e o Sol. Jim, eu juro por Deus como minha testemunha que não fiz isso de que me acusam. Deus diz que todo mundo tem lugar e destino. Acho que esse é o meu! Peço desculpas pela vergonha que causei a você e a todo mundo ao meu redor.

Bill

Tommy escreveu para Marlene:

Para minha Marvene,

Olha, Marv, tem uma greve de fome e uma grande revolta começando. Estou mandando esta carta para você para o caso de os detentos assumirem. Nenhuma correspondência vai sair se isso acontecer. Os gritos e vidros quebrados estão ficando mais altos. Eu seria morto se tentasse pegar comida no carrinho...

Alguém acendeu fogo! Mas acabaram apagando. Os guardas estão arrastando gente para fora a torto e a direito. O movimento é lento, mas os detentos provavelmente vão dominar tudo até metade da semana que vem. Eu avisei!!! Estão parados lá fora com fuzis, mas isso não faz esses caras pararem. Sinto sua falta, Marvene! Eu só quero morrer. As coisas estão ficando ruins. Nos próximos dias, essa coisa pode sair no noticiário principal da TV. Agora, só saiu na rádio. Se a coisa explodir, não venha. Teremos milhares de pessoas lá fora e você não chegaria nem perto do portão. Eu amo você, Marvene, e sinto saudades. Me faz um favor. Os caras ao meu redor me disseram pra mandar isso pra rádio da minha cidade. Eles precisam de apoio público para conseguir o que querem. Manda pra W.H.O.K. Obrigado, de todos os caras. Bom, Marv, eu amo você muito muito muito, se cuida.

Com amor, Bill
Se tudo ficar bem, traz chocolate quente.

"Bobby" entalhou seu nome na cama de aço da solitária. Lá, ele pôde se entregar às suas fantasias. Ele se via como ator em um filme ou na televisão, viajando para lugares distantes e vivendo heroicas aventuras.

Ele odiava ser chamado de "Robert" pelos outros e insistia:

— Meu nome é *Bobby*!

Ele tinha complexo de inferioridade, nenhuma ambição própria e vivia como uma esponja, absorvendo ideias e pensamentos dos outros e fingindo que eram dele. Mas quando sugeriam que fizesse alguma coisa, ele dizia "Eu não consigo". Não tinha confiança em sua capacidade de executar um plano.

Quando soube da greve de fome, Bobby se imaginou liderando-a, sendo exemplo para os outros prisioneiros. Como o grande Mahatma Gandhi, da Índia, faria as autoridades repressoras caírem de joelhos com seu jejum. A greve, por fim, terminou uma semana depois, porém Bobby decidiu que não pararia. Ele perdeu muito peso.

Uma noite, quando um guarda abriu a porta da cela para levar a bandeja de comida, Bobby a empurrou em sua direção e virou a gororoba na cara do sujeito.

Arthur e Ragen concordaram que, embora as fantasias de Bobby ajudassem na sobrevivência deles nos longos meses de prisão, o jejum estava enfraquecendo o corpo. Ragen o declarou indesejável.

Tommy saiu da sala de visitas uma tarde depois de uma visita da mãe de Billy, que tinha ido comemorar o vigésimo primeiro aniversário do filho. Ele olhou pela janela e viu uma coisa que nunca tinha notado: em partes diferentes da sala, havia prisioneiros sentados ao lado das mulheres, as mãos fora do campo de visão atrás das mesas quadradas, sem conversar nem se olhar, só olhando para a frente com indiferença, com olhos quase vidrados.

Quando ele comentou com Jonsie, um prisioneiro da cela ao lado dele, Jonsie riu.

— Cara, você não entendeu? Ora, é Dia dos Namorados. Eles tão fodendo com as mãos.

— Não acredito.

— Cara, quando se tem uma mulher que faria qualquer coisa por você, ela vem de saia em vez de calça e também sem calcinha. Na próxima vez que estivermos com visita na mesma hora, vou mostrar a bunda da minha gata pra você.

Na semana seguinte, ele estava indo ver a mãe de Billy quando Jonsie e sua bonita namorada ruiva estavam saindo. Jonsie piscou e levantou a parte de trás da saia, mostrando a bunda nua.

Tommy corou e se virou.

Naquela noite, no meio da carta de Tommy para Marlene, a caligrafia mudou. Philip escreveu: "Se você me ama, na próxima vez que vier, venha de saia, mas não vista calcinha".

5

Em março de 1976, Allen começou a ter esperanças de conseguir condicional em junho. Contudo, o comitê de condicional adiou a audiência em mais dois meses e ele ficou preocupado. Tinha ouvido pelas fofocas da prisão que a única forma de garantir a condicional era subornando o funcionário que preenchia a candidatura no escritório central. Allen negociou e conversou, desenhou de lápis e carvão, vendeu desenhos para detentos e guardas por itens que pudessem ser acumulados e trocados. Ele escreveu para Marlene, suplicando para ela levar laranjas batizadas com vodca injetada de novo. Uma era para Ragen e as outras para vender.

No dia 21 de junho, oito meses depois de ter sido colocado em isolamento de proteção pela primeira vez, ele escreveu para Marlene dizendo que tinha certeza de que o atraso na audiência de condicional era algum tipo de teste psicológico "ou então eu estou tão louco que não sei que porra estou fazendo". Ainda isolado, ele foi levado para a "fileira psiquiátrica" do bloco C, um grupo de dez celas reservadas para detentos com problemas mentais. Danny meteu uma faca em si mesmo pouco tempo depois e, quando recusou tratamento, foi novamente levado para o Centro Médico Central de Columbus. Depois de uma breve estadia, ele voltou para Lebanon.

Durante sua permanência no bloco C, Allen ficava mandando bilhetes para o diretor Dallman, mensagens oficiais protestando contra o isolamento, que ele tinha ouvido falar que precisava ser voluntário. Seus direitos constitucionais estavam sendo violados, escreveu ele, e ameaçou processar todo mundo. Depois de algumas semanas, Arthur sugeriu uma mudança de tática: silêncio. Não falar com ninguém, nem detentos nem guardas. Sabia que isso os preocuparia. E as crianças se recusavam a comer.

Em agosto, depois de onze meses de isolamento de proteção, sendo levado para lá e para cá da fileira psiquiátrica, disseram que ele poderia retornar ao convívio da população prisional.

— Nós poderíamos colocar você para trabalhar onde não é muito perigoso — disse o diretor Dallman. Ele indicou os desenhos a lápis na parede da cela. — Soube do seu talento artístico. E se você fosse trabalhar na aula de arte do sr. Reinert?

Allen assentiu com alegria.

No dia seguinte, Tommy foi para a sala de artes. Era um lugar movimentado, cheio de pessoas trabalhando em silkscreen, caligrafia, fotografia e uma prensa móvel. O homem magro e alto chamado sr. Reinert olhou para Tommy de canto de olho, sempre pensativo, sem muito interesse no que estava acontecendo ao redor nos primeiros dias.

— O que você gostaria de pintar? — perguntou Reinert.

— Eu só gostaria de pintar. Sou bom em tinta a óleo.

Reinert inclinou a cabeça e o observou.

— Nenhum dos prisioneiros pinta com tinta a óleo.

Tommy deu de ombros.

— É o que eu faço.

— Tudo bem, Milligan. Vem comigo. Acho que sei onde podemos conseguir umas coisas para você.

Tommy teve sorte: o projeto de artes da Instituição Correcional Chillicothe tinha fechado recentemente. Assim, enviaram tintas a óleo, telas e chassis para esticar telas para Lebanon. Reinert o ajudou a montar um cavalete e disse para ele pintar.

Meia hora depois, Tommy apareceu com uma paisagem pintada e Reinert ficou perplexo.

— Milligan, eu nunca vi uma pessoa pintar tão rápido. E ficar bom.

Tommy assentiu.

— Eu tive que aprender a pintar rápido para poder terminar as coisas.

Apesar de pintura a óleo não ser parte do programa e não costumar ser feito nas aulas de artes gráficas, Reinert percebeu que Milligan ficava mais à vontade com um pincel na mão; portanto, durante a semana, ele tinha permissão de pintar o quanto quisesse. Os prisioneiros, os guardas e até alguns funcionários administrativos admiraram as paisagens de Tommy. Ele pintou coisas rápidas para trocar, que assinou como "Milligan"; outros, ele pintou para si, e teve permissão de enviá-los para fora da prisão durante as visitas de sua mãe ou de Marlene.

O dr. Steinberg começou a aparecer na unidade de artes de tempos em tempos para pedir conselhos a Milligan sobre suas pinturas. Tommy mostrou como lidar com perspectiva, como pintar rochas para fazer com que parecessem estar embaixo da água. Steinberg ia à prisão em horários livres no fim de semana e fazia com que Milligan fosse tirado da cela para os dois pintarem juntos. Sabendo que Milligan odiava a comida da prisão, o médico sempre levava sanduíches ou bagels com cream cheese e salmão defumado.

— Eu queria poder pintar na cela — disse Tommy para Reinert um fim de semana.

Reinert fez que não.

— Não com dois prisioneiros em uma cela. É contra as regras.

Mas a regra não valeu por muito tempo. Várias noites depois, dois guardas foram revistar a cela de Milligan e encontraram maconha.

— Não é minha — disse Milligan, com medo de não acreditarem nele e o jogarem no "buraco", uma cela vazia e isolada de punição. Quando interrogaram seu colega de cela, o jovem desmoronou e admitiu que tinha fumado porque estava chateado; sua esposa o havia abandonado. Ele foi enviado para a solitária e Milligan ficou sozinho na cela por um tempo.

Reinert falou com o tenente Moreno, o oficial encarregado do bloco de celas, e sugeriu que Milligan tivesse permissão de pintar na cela até colocarem outro prisioneiro com ele. Moreno concordou. Assim, todos os dias depois que a sala de artes era fechada às 15h30, Milligan voltava para a cela para pintar até a hora de dormir. Os dias passavam rápido. Era fácil cumprir a pena assim.

Um dia, um guarda mencionou que um novo prisioneiro seria colocado na cela de Milligan. Allen parou na sala do tenente Moreno.

— Sr. Moreno, se colocar outra pessoa comigo, não vou poder pintar meus quadros.

— Bom, você vai ter que pintar em outro lugar.

— Posso explicar uma coisa?

— Volta mais tarde e a gente conversa.

Depois do almoço, Allen voltou da sala de artes com um quadro que Tommy tinha acabado de fazer. Moreno olhou para ele.

— Você fez isso? — perguntou ele. O tenente ergueu a pintura e olhou a paisagem verde com o rio serpenteando nas profundezas. — Nossa, eu adoraria ter um desses.

— Eu pintaria um para você — disse Allen. — Só que não posso mais pintar na minha cela.

— Ah... hum, espera um minuto. Você pintaria um quadro para mim?

— Sem cobrar.

Moreno ligou para o assistente.

— Casey, tira o nome daquele cara novo da vaga na cela do Milligan. Coloca uma ficha em branco lá e escreve um X. — Ele se virou para Allen.

— Não se preocupe. Você tem uns nove meses e aí vai pro comitê. Não vai ter mais ninguém na sua cela.

Allen ficou feliz da vida, e Tommy e Danny e ele pintaram o tempo todo, cuidando para não terminar nenhum quadro.

— Você precisa tomar cuidado — sugeriu Arthur. — Assim que Moreno tiver o quadro, ele pode voltar atrás.

Allen enrolou Moreno por quase duas semanas, depois entrou na sala do tenente e ofereceu uma pintura de um píer com barcos amarrados. Moreno ficou feliz da vida.

— Tem certeza de que isso vai impedir que outra pessoa vá para minha cela? — perguntou Allen.

— Eu botei no quadro de avisos. Pode ir olhar.

Allen foi até a sala de segurança e, embaixo do nome dele, viu uma tira de papel com a anotação "Não colocar detento na cela de Milligan". Estava coberta de fita transparente e parecia permanente.

Milligan pintou em um frenesi de produtividade. Pinturas para os guardas, para os administradores, para sua mãe e Marlene levarem para casa e vender. Um dia, pediram a ele que fizesse um quadro para o saguão de entrada, e Tommy pintou uma tela enorme que ficaria pendurada atrás da recepção. Cometeu o erro de assinar o próprio nome, mas, antes de entregá-lo, Allen descobriu o erro, cobriu o nome e assinou como "Milligan".

A maioria desses quadros não o satisfez. Eram para ser trocados ou vendidos rapidamente. Mas um dia ficou envolvido em um quadro que era muito importante para ele, adaptado de um quadro que tinha visto em um livro de arte.

Allen, Tommy e Danny se revezaram para trabalhar em "A graça de Cathleen". Era para ser uma dama aristocrática do século 17 segurando um bandolim. Allen trabalhou no rosto e nas mãos. Tommy trabalhou no fundo. Danny pintou os detalhes. Quando chegou a hora de botar o bandolim nas mãos dela, Danny percebeu que não sabia como era esse instrumento, então pintou uma partitura. Por 48 horas sem parar, eles se revezaram no trabalho. E, quando terminaram, Milligan desmoronou na cama e dormiu.

"Steve" não tinha passado muito tempo na frente antes de Lebanon. Motorista profissional e ousado, estivera atrás de um volante algumas vezes quando era mais novo e se gabava de ser o melhor motorista do mundo. Porque Steve também tinha a capacidade de fazer as pessoas rirem, Ragen permitiu que ele fosse para a frente em Lebanon depois que Lee foi banido. Steve gostava de se gabar de ser um dos melhores mímicos do mundo. Ele conseguia imitar qualquer pessoa e fazer uma plateia de detentos ter espasmos de tanto rir. As imitações eram seu jeito de debochar das pessoas. Steve era o causador do caos, o impostor perpétuo.

Ragen ficava com raiva quando Steve imitava seu sotaque iugoslavo, e Arthur ficava furioso quando Steve debochava dele falando com sotaque britânico de classe baixa.

— Eu não falo assim — insistia Arthur. — Eu não tenho sotaque *cockney*.

— Ele vai nos meter em confusão — disse Allen.

Uma tarde, Steve estava no corredor atrás do capitão Leach, os braços cruzados, imitando o jeito de Leach de se balançar para a frente e para trás nos calcanhares. Leach se virou e o flagrou no ato.

— Muito bem, Milligan, pode ir praticar sua imitação no buraco. Pode ser que uns dez dias de isolamento te ensinem uma lição.

— Allen nos avisou que alguma coisa ia acontecer — disse Arthur para Ragen. — Steve é inútil. Não tem ambição nem talento. Ele só ri das pessoas, e, enquanto observadores podem rir de suas peripécias, o indivíduo que é alvo do deboche se torna nosso inimigo. Você está no domínio, mas eu lhe digo que não precisamos de mais inimigos.

Ragen concordou que Steve era indesejável e disse que ele estava banido. Steve se recusou a sair da frente e, debochando do sotaque de Ragen, rosnou:

— O que você querer dizer? Você não existir. Nenhum de vocês. Vocês todos ser produto da minha imaginação. Ser único aqui. Ser a única pessoa real. Resto de vocês ser alucinação.

Ragen o jogou na parede e deixou sua testa ensanguentada. Steve saiu da frente.

A pedido de Arthur, Allen se candidatou para fazer cursos ministrados na prisão por instrutores do campus de Shaker Valley da faculdade comunitária. Ele se matriculou em Inglês, Desenho Industrial, Matemática Básica e Propaganda Industrial. Tirou A nas aulas de Arte e B+ em Inglês e Matemática. Suas avaliações nas aulas de artes eram todas do melhor nível: "excepcional", "altamente produtivo", "aprende rápido", "altamente confiável", "excelentes relações", "altamente motivado".

No dia 5 de abril de 1977, Allen compareceu perante o comitê de condicional e ouviu que seria liberado em três semanas.

Quando finalmente recebeu a carta de soltura, Allen ficou tão feliz que não conseguiu ficar parado. Andou para lá e para cá na cela. Acabou pegando a carta e fez um avião de papel. No dia anterior à soltura, ao passar pela sala do capitão Leach, ele assobiou. Leach olhou e Allen jogou a carta em forma de avião na direção dele e saiu andando com um sorriso.

O último dia em Lebanon, 25 de abril, se arrastou. Allen tinha ficado acordado até as 3h da madrugada na noite anterior, andando de um lado para outro da cela. Ele falou para Arthur que achava que sua opinião devia valer mais sobre quem estava na frente ou fora dela agora que sairiam de novo.

— Sou eu que tenho que lidar com pessoas — disse Allen —, o que tem que sair das situações na lábia.

— Vai ser difícil para Ragen ceder o domínio — disse Arthur — depois de dois anos de controle absoluto. Ele não aceitaria um triunvirato numa boa. Acredito que Ragen pretende continuar no comando.

— Bom, você vai ser o chefe assim que sairmos por aquela porta. Eu que vou ter que arrumar um emprego e nos reajustar à sociedade. Preciso ter mais opinião sobre as coisas.

Arthur repuxou os lábios.

— Não é um pedido absurdo, Allen. Apesar de eu não poder falar por Ragen, você vai ter meu apoio.

No andar de baixo, um guarda lhe entregou um terno novo e Allen ficou impressionado com a qualidade e o caimento.

— Foi sua mãe quem mandou — disse o guarda. — É um dos seus.

— Ah, é — disse Allen, fingindo se lembrar.

Outro guarda chegou com um voucher para ele assinar. Antes que pudesse ir embora, teve de pagar trinta centavos por um copo de plástico que sumiu de sua cela.

— Tiraram de mim quando saí do isolamento — disse Allen — e nunca devolveram.

— Não sei disso, não. Você tem que pagar por ele.

— Bom, eu também posso fazer esse jogo! — gritou Allen. — Eu não vou pagar!

Levaram-no para a sala do sr. Dunn, e o administrador perguntou qual era o problema justo no seu último dia.

— Querem me cobrar por um copo de plástico que tiraram de mim. Eu não tive nada a ver com essa coisa ter desaparecido.

— Você tem que pagar os trinta centavos — disse Dunn.

— Eu que não vou pagar.

— Você só pode sair se pagar.

— Eu posso acampar aqui — disse Allen, se sentando. — Eu não vou pagar por algo que não fiz. É o princípio da coisa.

Dunn finalmente o deixou ir. Quando foi até a cela temporária onde encontraria a mãe, Marlene e Kathy, Arthur lhe perguntou:

— Você precisava fazer aquilo?

— Como eu falei para Dunn, é o princípio da coisa.

Bob Reinert foi se despedir dele, assim como o dr. Steinberg, que lhe deu um dinheirinho como pagamento final por um dos quadros.

Allen estava ansioso para ir embora, impaciente enquanto a mãe de Billy falava com o dr. Steinberg.

— Anda — disse Allen para Dorothy. — Vamos.

— Só um minuto, Billy — disse ela. — Eu estou conversando.

Ele ficou esperando, agitado, vendo-a falar sem parar.

— A gente já pode ir?

— Tudo bem, só relaxa um minuto.

Ele andou de um lado para o outro, resmungando, enquanto a mãe continuava conversando. Finalmente, ele gritou:

— Mãe, eu vou embora. Se você quiser ficar, pode ficar.

— Hã, bem, tchau, dr. Steinberg. Quero agradecer por tudo que você fez pelo meu Billy.

Ele foi na direção da porta e ela foi atrás. A porta de aço soltou um chiado atrás deles, e Allen reparou que na entrada não tinha ouvido aquela segunda porta se fechar.

Kathy levou o carro e Allen ainda estava irritado. Quando um homem está saindo da prisão, pensou, o que se faz é abrir a porta e deixar que ele saia correndo. Não se segura o homem lá dentro para ficar fofocando. Já era ruim quando a lei prendia você no local, mas quando sua mãe tagarela era quem o fazia, isso já era demais. Ele ficou emburrado no carro.

— Para no banco em Lebanon — disse ele. — Melhor eu trocar meu cheque da prisão lá. Não faz sentido trocar em Lancaster, para todo mundo saber que eu acabei de sair da cadeia.

Ele entrou, endossou o cheque e o colocou no balcão. O caixa lhe entregou cinquenta dólares e ele guardou as cédulas na carteira junto com o dinheiro que o dr. Steinberg lhe dera. Ainda com raiva e agora ficando com mais raiva por estar com raiva, Allen não queria lidar com aquela situação...

Tommy olhou em volta e se perguntou o que fazia dentro de um banco. Estava entrando ou saindo? Ele abriu a carteira, viu quase duzentos dólares e a enfiou de volta no bolso. Concluiu que estava saindo. Ao olhar pela janela, viu a mãe e Marlene esperando no carro, e Kathy atrás do volante, e então se deu conta de que dia devia ser. Ele verificou o calendário no balcão do caixa. Era o dia em que sairia da prisão.

Ele saiu correndo pela porta do banco, fingindo estar segurando alguma coisa nas mãos.

— Rápido, vamos fugir. Me esconde. Me esconde. — Ele apertou Marlene, deu uma risada e se sentiu bem.

— Meu Deus, Billy — disse ela. — Inconstante, como sempre.

Elas tentaram contar para ele todas as coisas que tinham acontecido em Lancaster nos dois anos que passaram, mas ele não ligava. Só queria passar um tempo com Marlene. Depois de todas aquelas vezes na sala de visitas da prisão, ele desejava estar sozinho com ela.

Quando chegaram a Lancaster, Marlene disse para Kathy:

— Me deixa no Lancaster Shopping Center. Tenho que trabalhar.

Tommy a encarou.

— Trabalhar?

— É. Eu tirei a manhã de folga, mas preciso voltar.

Tommy ficou atordoado e magoado. Achou que ela ia querer ficar com ele no seu primeiro dia fora da prisão. Mas não disse nada. Piscou para segurar as lágrimas e o vazio dentro dele era tão doloroso que saiu da frente...

Quando estava no quarto, Allen disse em voz alta:

— Sempre soube que ela não prestava para ele. Se realmente gostasse de Tommy, teria tirado o resto do dia de folga. Sugiro que a gente não tenha mais nada com ela.

— Essa é a minha posição desde o começo — disse Arthur.

CAPÍTULO 18

1

Algumas semanas antes da condicional de Billy, Kathy voltou a morar em Lancaster e a trabalhar no antigo serviço, no Anchor Hocking. A única coisa que tornava o emprego tolerável era a nova amiga, Bev Thomas. Elas trabalhavam juntas no departamento de seleção e empacotamento, examinando os vidros que passavam pela esteira, falando acima do rugido dos queimadores e sopradores. Quando Kathy saiu da Anchor Hocking para começar a estudar na Universidade de Ohio, em Athens, as duas garotas mantiveram a amizade.

Bev era uma atraente jovem divorciada, da idade de Billy, com cabelo castanho-claro e olhos verdes. Kathy achava Bev independente, tolerante e direta. Bev se interessava por psicologia, dizia que tentava entender a maldade alheia e que o passado das pessoas fazia com que elas agissem como agiam.

Kathy contou a ela que a família, principalmente Billy, tinha sofrido com a violência de Chalmer. Convidou Bev para ir à casa de sua mãe, mostrou os quadros de Billy e contou sobre os crimes que o levaram à prisão. Bev disse que gostaria de conhecê-lo.

Kathy combinou de Billy dar uma volta de carro com elas pouco depois de sua volta para casa. No fim da tarde, Bev parou na frente da casa da rua Spring com o Mercury Montego branco, e Kathy chamou Billy, que estava trabalhando no Volkswagen dele. Ela os apresentou, mas Billy só assentiu e voltou para o que estava fazendo.

— Vamos, Billy — disse Kathy. — Você prometeu que a gente ia dar uma volta.

Ele olhou para Bev, depois para o Volkswagen, e fez que não.

— Ora essa, eu não me sinto confiante para pegar no volante. Ainda não. Kathy riu.

— Ele está com o humor britânico — disse ela para Bev. — Ah, ora essa.

Ele olhou para as duas com uma expressão de arrogância e Kathy ficou irritada. Não queria que Bev achasse que seu irmão era falso.

— Vamos — insistiu Kathy. — Você não pode fazer palhaçada só para não cumprir a promessa. Dois anos sem dirigir não é tanto tempo. Se estiver com medo de dirigir, eu dirijo.

— Ou a gente pode ir no meu carro — sugeriu Bev.

— Eu dirijo — disse ele, por fim.

Foi para o lado do passageiro do Volkswagen e segurou a porta para elas.

— Pelo menos você não esqueceu os bons modos na prisão — disse Kathy.

Kathy sentou no banco de trás e Bev, no da frente. Billy contornou o carro, entrou, sentou no banco do motorista e ligou o motor. Soltou a embreagem rápido demais; o Volkswagen deu um pulo e saiu do lado errado da rua.

— Acho que eu devia dirigir — disse Kathy.

Ele não disse nada, mas se curvou sobre o volante, foi para a direita e dirigiu bem devagar. Depois de vários minutos dirigindo em silêncio, ele parou em um posto.

— Creio que preciso abastecer — disse ele para o frentista.

— Ele está bem? — sussurrou Bev.

— Ele vai ficar bem — disse Kathy. — Ele fica assim de vez em quando. Daqui a pouco ele sai.

Enquanto elas olhavam, os lábios dele se moveram em silêncio. Ele olhou ao redor e avaliou onde estava. Ao ver Kathy no banco de trás do carro, assentiu e sorriu.

— Oi — disse ele. — Lindo dia para um passeio de carro.

— Aonde nós vamos? — perguntou Kathy quando ele começou a dirigir com calma e confiança.

— Quero ver Clear Creek — disse ele. — Sonhei com esse lugar muitas vezes nos últimos dois anos na... na...

— Bev sabe — disse Kathy. — Eu expliquei para ela tudo que você fez.

Ele olhou para Bev, pensativo.

— Não são muitas as pessoas que sairiam com um ex-presidiário em condicional.

Kathy percebeu que Bev o encarava.

— Não julgo as pessoas dessa forma — respondeu Bev —, assim como não quero ser julgada.

Pelo retrovisor, Kathy viu Billy erguer as sobrancelhas e repuxar os lábios. Notou que o comentário de Bev o impressionara.

Ele dirigiu até Clear Creek, onde costumava acampar com bastante frequência, e olhou para lá como se estivesse observando a paisagem pela primeira vez. Kathy viu a água do riacho cintilar na luz do sol em meio às árvores e entendeu por que ele adorava aquele lugar.

— Tenho que pintar isso de novo, mas vou fazer diferente agora. Quero ver todos os lugares que conheci e fazer de novo — disse ele.

— Nada mudou — disse Bev.

— Mas eu mudei.

Depois de dirigirem pela região por duas horas, Bev os convidou para jantar em seu trailer naquela noite. Voltaram para a rua Spring, para ela pegar seu carro, e Bev deu instruções de como eles podiam chegar ao Campo de Trailers Morrison.

Kathy ficou feliz ao ver Billy usando o terno risca de giz novo para o jantar. Ele ficava bonito e digno quando se arrumava, aparava o bigode e penteava o cabelo para trás. No trailer, Bev apresentou Billy para seus filhos — Brian, de 5 anos, e Michelle, de 6 —, e ele voltou sua atenção para eles na mesma hora, colocou um em cada joelho, contou piadas e fingiu ser criança.

Depois de ela dar comida às crianças e colocá-las na cama, Bev disse para ele:

— Você tem jeito com crianças. Michelle e Brian gostaram de você imediatamente.

— Eu adoro crianças. E as suas são uns amores — disse ele.

Kathy sorriu, feliz de ver Billy com um humor encantador.

— Convidei outro amigo para jantar — disse Bev. — Steve Love mora aqui no campo de trailers também, mas está separado da esposa. Somos melhores amigos. Eu achei que você ia gostar de conhecê-lo. Ele é uns dois anos mais novo do que Billy, meio cherokee, um cara ótimo.

Steve Love chegou um pouco depois e Kathy ficou impressionada com sua pele escura bonita, a cabeleira preta e o bigode, e os olhos azuis mais escuros que já tinha visto. Ele era mais alto do que Billy.

Durante o jantar, Kathy sentiu que Billy gostou de Bev e de Steve. Quando Bev perguntou sobre a vida em Lebanon, ele contou sobre o dr. Steinberg e o sr. Reinert, e como poder pintar finalmente tornou a prisão suportável. Depois do jantar, ele contou sobre algumas das coisas que o meteram em confusão, e Kathy teve a sensação de que ele estava se gabando. De repente, Billy deu um pulo e disse:

— Vamos dar uma volta de carro.

— A essa hora? Já passou da meia-noite — disse Kathy.

— Ótima ideia — disse Steve.

— Vou pedir para a sobrinha dos vizinhos ficar de babá. Ela sempre fica de babá para mim — disse Bev.

— Aonde a gente vai? — perguntou Kathy.

— Vamos procurar um parquinho. Estou com vontade de brincar no balanço — disse Billy.

Depois que a babá chegou, eles se enfiaram no carro, Kathy e Steve Love atrás, Bev ao lado de Billy na frente.

Eles foram para o parquinho de uma pequena escola. Às 2h da manhã, brincaram de pique e nos balanços. Kathy ficou feliz porque Billy estava se divertindo. Era importante para ele ter novos amigos, para não voltar a se envolver com as pessoas com quem andava antes de ser preso. Essa foi uma das coisas que o oficial de condicional tentou dizer para a família.

Às 4h da madrugada, depois de deixarem Bev e Steve no campo de trailers, Kathy perguntou a Billy o que ele tinha achado da noite.

— Um pessoal legal. Sinto que fiz novos amigos — disse Billy.

Ela apertou o braço dele.

— E aquelas crianças — disse ele. — Adorei as crianças.

— Você vai ser um bom pai um dia, Billy.

Ele fez que não.

— Isso é fisicamente impossível.

Marlene sentiu uma mudança em Billy. Ele era uma pessoa diferente agora, pensava ela, com uma atitude mais bruta; ele pareceu se afastar, como se quisesse evitá-la. Isso doeu, porque o tempo todo em que ele esteve em Lebanon, ela não saiu com mais ninguém e só se dedicou a Billy.

Uma noite, depois da soltura, ele foi buscá-la no trabalho. Parecia ser ele mesmo de novo, com fala suave, educado, do jeito que ela gostava, e ficou feliz. Eles foram para Clear Creek, um dos passeios favoritos deles, e voltaram para a rua Spring. Dorothy e Del tinham saído, e eles foram para o quarto de Billy. Era a primeira vez que ficavam sozinhos, sem brigar, desde que ele voltara; a primeira vez que se abraçavam. Ela estava com medo havia tanto tempo.

Ele talvez tenha sentido o medo dela, porque recuou.

— Qual é o problema, Billy?

— Qual é o problema com *você*?

— Eu estou com medo — disse ela. — Só isso.

— De quê?

— Tem mais de dois anos que nós não ficamos juntos.

Ele saiu da cama e se vestiu.

— Bom — resmungou ele —, isso realmente acaba com meu desejo.

O rompimento veio de repente.

Billy surpreendeu Marlene quando apareceu na loja certa tarde, pedindo para ela ir até Athens e passar a noite com ele. Eles pegariam Kathy na faculdade na manhã seguinte e voltariam para Lancaster.

Marlene disse que não estava com vontade de ir.

— Eu vou ligar para você depois, para ver se você mudou de ideia — disse ele.

Mas ele não ligou. E, alguns dias depois, ela soube que Bev Thomas tinha feito a viagem com ele.

Furiosa, Marlene ligou para ele e disse que não continuaria assim.

— Melhor a gente esquecer — disse ela. — Não tem nada aí.

Ele concordou.

— Algo pode acontecer e eu tenho medo de você se magoar. Eu não quero ver você sofrer mais.

Ela soube que agora teria de acreditar na palavra dele, e sentiu a dor de romper com alguém por quem tinha esperado por mais de dois anos.

— Tudo bem. Vamos terminar — disse ela.

O que mais incomodava Del em Billy eram as mentiras. O garoto fazia coisas burras ou loucas e mentia para evitar as consequências. O dr. Steinberg tinha dito para ele não deixar mais Billy se safar das mentiras.

Del disse para Dorothy:

— Ei, ele não é tão burro. Ele é inteligente demais para fazer coisas tão idiotas.

O que ouvia de Dorothy era sempre a mesma resposta:

— Bom, esse não é o meu Bill. Esse é o outro Bill.

Parecia a Del que Billy não tinha habilidade ou aptidão para nada exceto pintar. E ele nunca aceitava conselhos nem ouvia instruções.

— Billy ouviria um estranho, mas não ouviria alguém que tem o bem-estar dele em mente — disse Del.

Quando Del perguntava quem eram as pessoas que davam informações e conselhos a ele, Billy sempre dizia:

— Um cara que eu conheço me disse.

Nunca havia um nome, nem explicação de quem era ou onde tinha conhecido essa pessoa.

Del ficava irritado porque Billy nem se dava ao trabalho de responder a perguntas simples e preferia sair em silêncio do aposento ou dar as costas. Del também ficou com raiva dos medos e fobias de Billy. Ele sabia, por exemplo, que Billy morria de medo de armas, apesar de o garoto não saber nada sobre elas. Até onde Del sabia, Billy não tinha conhecimento de nada.

Mas havia uma coisa em Billy que ele nunca conseguia explicar. Del sabia que era muito mais forte do que ele; repetidamente, eles faziam queda de braço, e não havia dúvida em sua mente de que Billy não era páreo. Mas uma noite, quando o desafiou para uma queda de braço, Del ficou atônito quando Billy o venceu.

— Vamos de novo, mas agora com a mão direita — insistiu Del.

Billy o venceu de novo, sem dizer nada, e se levantou para ir embora.

— Um cara grande e forte como você deveria estar trabalhando — disse Del. — Quando vai arrumar um emprego?

Billy olhou para ele, confuso, e disse que *estava* procurando emprego.

— Você é um mentiroso. Se realmente estivesse procurando trabalho a sério, você conseguiria arrumar um emprego — gritou Del.

A discussão se prolongou por mais de uma hora. Billy acabou pegando as roupas e a maioria de suas coisas e saiu de casa.

2

Bev Thomas estava morando agora com Steve Love, que tinha sido despejado do trailer dele. Ela soube dos problemas de Billy em casa e o convidou para morar com eles. Billy verificou com o oficial de condicional e teve autorização.

Ela gostava de morar com dois homens. Ninguém acreditaria que não havia nada de sexual acontecendo, que eram só três melhores amigos que iam para toda parte juntos, faziam tudo juntos e se divertiam mais juntos do que Bev já tinha se divertido na vida.

Billy era ótimo com Michelle e Brian. Ele sempre os levava para nadar, ou comprava sorvete, ou os levava ao zoológico. Gostava daquelas crianças como se fossem seus filhos. E Bev ficava impressionada porque, quando ela chegava do trabalho, a casa estava arrumada, exceto pela louça. Ele nunca lavava a louça.

Às vezes, ele agia de um jeito tão feminino que ela e Steve se perguntavam se Billy era gay. Muitas vezes, Bev e Billy dormiam na mesma cama, mas ele nunca tocava nela. Quando perguntou um dia, ele disse que era impotente.

Não importava. Ela gostava de Billy. E amava as coisas que eles faziam juntos, como ir passar três dias em Burr Oak Lodge para acampar e gastar cinquenta dólares em comida. Ou caminhar pelo bosque de Clear Creek no meio da noite, Billy segurando uma lanterna e bancando James Bond, tentando encontrar maconha escondida. Era divertida a forma como ele falava com o sotaque britânico, recitando os nomes latinos de todas as plantas. Era tudo loucura, as coisas que eles faziam juntos, mas Bev se sentia livre e feliz pela primeira vez em muito tempo com aqueles dois homens maravilhosos.

Um dia, Bev voltou para casa e descobriu que ele tinha pintado o Volkswagen verde de preto com uns desenhos prateados malucos.

— Não tem nenhum Volkswagen no mundo igual a esse agora — disse ele.

— Por que fez isso, Billy? — perguntaram Bev e Steve.

— Bom, a delegacia está de olho em mim. Isso vai facilitar o trabalho deles.

O que ele não contou era que Allen estava cansado de entrar em pânico quando não conseguia lembrar onde tinham parado o carro. O desenho preto e prateado distinto facilitaria o processo de encontrá-lo.

Alguns dias depois, Billy conheceu o irmão de Steve, Bill Love, e viu a van dele. Acabou trocando o Volkswagen por ela. Em seguida, trocou a van com um amigo de Steve por uma moto que não funcionava. Mas Steve, que também tinha uma moto e era especialista em conserto, começou a trabalhar nela com Billy.

Steve descobriu que às vezes Billy andava na moto como um demônio, mas às vezes tinha pavor de andar. Uma tarde, quando estavam passeando no campo, passaram por uma inclinação íngreme de xisto e pedra. Steve contornou a área e seguiu em frente, mas aí ouviu o rugido de um motor adiante. Quando olhou para cima, viu Billy no alto do penhasco.

— Como você subiu aí? — gritou Steve.

— De moto! — gritou Billy.

— É impossível! — gritou Steve.

Segundos depois, ele viu que Billy tinha mudado e estava agora tentando descer, agindo como se não soubesse nada sobre andar de moto. Várias vezes, a moto foi para um lado e ele para o outro. Steve acabou deixando a dele lá embaixo, escalou o lado íngreme da colina e ajudou Billy a descer andando com a moto.

— Não acredito que você subiu na moto — disse Steve, olhando para trás —, mas não tem outro jeito.

Billy parecia não saber do que Steve estava falando.

Em outra ocasião, quando Steve estava sozinho com Billy, eles foram andar no bosque. Depois de duas horas subindo colinas, eles ainda estavam olhando para um pico à frente. Steve sabia que era mais forte e melhor atleta do que Billy, mas era demais até para ele.

— Nós nunca vamos conseguir subir, Billy. Vamos descansar e voltar.

Steve se recostou em uma árvore, exausto, e viu Billy juntar uma energia incrível e correr a toda velocidade pela encosta íngreme até o alto. Sem querer ficar para trás, Steve subiu também. À frente, viu Billy no alto, os braços esticados, balançando as mãos e os dedos enquanto olhava a vista. Ele estava falando em um idioma estranho que Steve não entendeu.

Quando Steve chegou ao alto, ao lado dele, Billy se virou, olhou para o amigo como se ele fosse um estranho e desceu correndo pela encosta até o lago abaixo.

— Meu Deus, Billy! De onde você está tirando toda essa disposição? — gritou Steve.

Billy continuou correndo, gritando alguma coisa naquele idioma estrangeiro. Ele mergulhou de roupa e tudo na água e nadou rapidamente pelo lago.

Steve finalmente chegou perto de Billy, que estava agora sentado em uma pedra na margem oposta, balançando a cabeça como que para tirar água dos ouvidos.

Ele olhou quando Steve se aproximou e, acusando-o, disse:

— Por que você me jogou na água?

Steve o encarou.

— Do que você está falando?

Billy olhou para a roupa molhada.

— Você não precisava me empurrar.

Steve o encarou e balançou a cabeça. Não confiava em si mesmo para discutir.

Depois que voltaram para a moto e Billy andou tão desajeitado quanto um principiante, Steve disse a si mesmo que tinha que ficar de olho naquele cara, pois ele era maluco.

326

— Sabe o que eu gostaria de fazer um dia? — disse Billy quando chegaram à estrada entre o lago e a colina. — Eu queria abrir uma tela na estrada entre esses dois olmos, bem alto, para que os carros pudessem passar por baixo. Eu a pintaria de forma que parecesse a montanha com arbustos e árvores e um túnel bem no meio.

— Billy, você tem umas ideias estranhas.

— Eu sei — disse Billy —, mas eu gostaria de fazer isso.

Bev viu que seu dinheiro estava indo todo embora com comida e consertos das motos e dos carros. (Billy tinha comprado um Ford Galaxy velho.) Ela deu a entender que Steve e Billy tinham que começar a procurar empregos. Os dois se candidataram em várias fábricas ao redor de Lancaster e, na terceira semana de maio, Billy conseguiu convencer na lábia o pessoal da Reichold Chemical a contratar os dois.

Era trabalho pesado. Quando os fios de fibra de vidro saíam do tanque e eram enrolados em tapetes largos, o trabalho deles era cortar os tapetes quando os rolos chegassem a um certo tamanho. Eles levantavam o rolo de 45 quilos, colocavam no carrinho e começavam um rolo novo.

Voltando para casa, uma noite, Billy parou para dar carona a um homem que carregava uma câmera instantânea pendurada no pescoço.

No caminho para a cidade, Billy propôs uma troca: três doses de speed pela câmera. Steve viu Billy remexer no bolso e pegar três comprimidos brancos embrulhados em um saco plástico.

— Eu não uso speed — disse o homem.

— Você pode vender cada um por oito pratas, um lucro rápido.

O homem fez umas contas rápidas e entregou a câmera em troca do saco plástico.

Billy deixou o homem em Lancaster e Steve se virou para ele:

— Não sabia que você usava drogas químicas.

— Não uso.

— Onde conseguiu o speed?

Billy riu.

— Era aspirina.

— Meu Deus — disse Steve, batendo na coxa. — Eu nunca conheci ninguém como você.

— Uma vez, eu vendi uma mala cheia de pílulas falsas. Acho que está na hora de fazer isso de novo. Vamos fazer papel de ácido.

Ele entrou em uma farmácia para comprar gelatina e alguns outros ingredientes. No trailer, derreteu a gelatina em uma das panelas de Bev e fez uma placa com 1,5 milímetro de grossura. Quando estava dura e quente, ele cortou em quadrados de 6 milímetros e botou numa fita.

— Ácido em papel deve custar alguns dólares por pedaço.

— O que é para fazer? — perguntou Steve.

— É para acelerar. Provocar alucinações. Mas o mais lindo é que, se você for pego vendendo esses falsos, não tem drogas envolvidas. E o que o pobre otário que compra vai fazer? Procurar a polícia?

Billy foi para Columbus no dia seguinte. Quando voltou, a mala estava vazia. Ele tinha vendido uma leva de aspirinas e ácido e estava exibindo um rolinho de dinheiro. Mas Steve notou que ele parecia assustado.

No dia seguinte, enquanto Billy e Steve trabalhavam na moto de Billy, uma vizinha, Mary Slater, gritou para eles pararem de fazer tanto barulho. Billy jogou a chave de fenda na lateral do trailer dela. O som da chave de fenda no metal pareceu uma arma sendo disparada. Mary chamou a polícia, que prendeu Billy por invasão criminosa. Del teve que pagar fiança. Apesar de a acusação ter sido retirada, o oficial de condicional de Billy mandou que ele voltasse para casa.

— Vou sentir falta de vocês — disse ele enquanto fazia as malas. — E vou sentir falta das crianças.

— Acho que nós não vamos ficar aqui por muito tempo. Eu ouvi que o gerente vai despejar todo mundo — disse Steve.

— O que vocês vão fazer? — perguntou Billy.

— Arrumar um lugar na cidade e vender o trailer. Talvez você possa ir morar com a gente lá — disse Bev.

Billy fez que não.

— Vocês não precisam de mim por perto.

— Não é verdade, Billy. Você sabe que somos um trio — disse ela.

— Vamos ver. Até lá, eu tenho que voltar para casa.

Quando ele se mudou, os filhos de Bev choraram.

3

Allen estava entediado com o trabalho na Reichold Chemical, principalmente agora que Steve Love tinha pedido demissão. Ele ficou cansado do capataz, que quase sempre se queixava de que um dia ele fazia as coisas direito e no dia seguinte não conseguia fazer nada. Arthur reclamou com

Allen porque novamente eles tinham assumido um trabalho braçal abaixo da dignidade deles.

Em meados de junho, ele pediu uma indenização e abandonou o emprego.

Del percebeu que Billy tinha perdido o emprego na Reichold Chemical e telefonou para a empresa para perguntar. Mantendo em mente o conselho do dr. Steinberg de confrontar as mentiras de Billy, Del perguntou a ele:

— Você perdeu o emprego, não foi?

— Acho que isso é só da minha conta — disse Tommy.

— É da minha conta quando você mora sob o meu teto e eu pago as contas. O dinheiro cresce em árvore para você. Mas você não consegue ficar nem em um simples emprego. E ainda por cima mentiu. Não nos contou. Não faz nada direito.

Eles discutiram por quase uma hora. Tommy ficou ouvindo Del usar as mesmas expressões que Chalmer sempre usava. Ele olhou para ver se sua mãe se manifestaria em sua defesa, mas ela não disse nada. Ele sabia que não podia mais morar lá.

Tommy foi para o quarto, fez as malas e as colocou no carro. Depois, só ficou sentado no Ford, esperando que alguém dirigisse para sair dali. Allen acabou aparecendo, viu que Tommy estava chateado e entendeu o que tinha acontecido.

— Está tudo bem — disse Allen, dirigindo para longe dali. — Está na hora de sairmos de Lancaster.

Eles dirigiram por Ohio por seis dias, procurando emprego e saindo da estrada para o bosque na hora de dormir. Ragen insistiu em deixar uma arma debaixo do banco e outra no porta-luvas, por proteção.

Certa noite, Arthur sugeriu a Allen que tentasse arrumar um emprego de técnico de manutenção. Era o tipo de trabalho que Tommy podia fazer com facilidade: consertar eletrodomésticos, equipamentos mecânicos, unidades de aquecimento e bombas-d'água. Arthur achava que, se conseguissem o emprego, teriam um apartamento sem cobrança de aluguel e eletrodomésticos de graça. Ele sugeriu que Allen fizesse contato com um antigo detento que tinha ajudado certa vez em Lebanon e que agora fazia manutenção em um subúrbio de Columbus chamado Little Turtle.

— Pode ser que ele saiba de uma vaga — disse Arthur. — Ligue para ele. Diga que você está na cidade e que gostaria de passar lá.

Allen reclamou, mas seguiu as instruções de Arthur.

Ned Berger ficou feliz de ter notícias dele e o convidou para ir lá. Não estavam contratando em Little Turtle, explicou Berger, mas Billy Milligan podia passar umas noites na casa dele. Allen apareceu e eles comemoraram e trocaram histórias sobre a vida na prisão.

Na manhã do terceiro dia, Berger voltou para o apartamento com a notícia de que o condomínio Apartamentos Channingway estava prestes a anunciar um emprego para manutenção externa.

— Liga lá, mas não diz como você soube que eles estavam contratando — disse Berger.

John Wymer, o jovem gerente da Kelly & Lemmon Gerenciamentos, ficou impressionado com Billy Milligan. De todos os homens que tinham respondido ao anúncio de emprego, ele achou Milligan o mais qualificado e apresentável. Durante a primeira entrevista, no dia 15 de agosto de 1977, Milligan garantiu que sabia cuidar do terreno, fazer carpintaria, lidar com manutenção elétrica e encanamento.

— Se funcionar de forma elétrica ou por combustão, eu consigo consertar — disse ele para Wymer. — Se eu não souber como, consigo descobrir.

Wymer disse que faria contato com ele depois que entrevistasse os outros candidatos.

Mais tarde, ao verificar as referências de Milligan, Wymer ligou para o empregador mais recente listado em sua ficha, Del Moore, que ofereceu uma excelente recomendação: Billy era um bom trabalhador e um jovem de confiança. Ele tinha saído do trabalho porque cortar carnes não tinha muito a ver com Bill Milligan. Del Moore garantiu a Wymer que ele seria ótimo com manutenção.

Sem conseguir verificar as duas referências pessoais, o dr. Steinberg e o sr. Reinert, porque Milligan não forneceu os endereços, Wymer deixou para lá. Como o emprego era limitado a trabalho ao ar livre, tinha o suficiente com a excelente referência do último empregador. Mas instruiu sua secretária a fazer a verificação policial padrão feita com todos os novos empregados.

Quando Milligan apareceu para uma segunda entrevista, as primeiras impressões de Wymer foram confirmadas. Ele o contratou para manutenção externa no condomínio Apartamentos Williamsburg Square, adjacente ao Apartamentos Channingway, ambos gerenciados pela Kelly & Lemmon. Ele poderia começar imediatamente.

Depois que Milligan saiu, Wymer entregou a ficha e o formulário W-2 para serem arquivados. Não reparou que nos dois documentos Milligan tinha colocado o dia e o ano, 15-77 e 18-77, mas deixara de fora o mês de agosto.

John Wymer o tinha contratado, mas Sharon Roth, uma jovem de pele clara e cabelo preto comprido, era a supervisora de Milligan.

Ela achou o novo funcionário um sujeito inteligente e bonito. Apresentou-o às outras "garotas do aluguel" e explicou o procedimento para ele. Todos os dias, ele iria ao escritório de Williamsburg Square para pegar os pedidos de serviço preenchidos por ela, Carol ou Cathy. Quando o serviço estivesse terminado, Milligan tinha que assinar o pedido e devolver para Sharon.

Milligan trabalhou bem na primeira semana, colocando persianas, consertando cercas e trabalhando no gramado. Todo mundo concordou que ele era um trabalhador ávido e ambicioso. Ele dormia no apartamento de Ned Adkins em Williamsburg Square, um dos outros jovens da manutenção.

Certa manhã, na segunda semana, Milligan passou pelo escritório dos funcionários para falar com John Wymer sobre alugar um apartamento. Wymer pensou e, relembrando a descrição de Milligan da base forte e das qualificações em elétrica, hidráulica e consertos de eletrodomésticos, decidiu testá-lo para manutenção interna, podendo ser chamado 24 horas por dia. Ele teria que morar no local para estar disponível para chamados de emergência à noite. Havia um apartamento sem cobrança de aluguel junto com o emprego.

— Você pode pegar um conjunto de chaves mestras com Sharon ou Carol — disse Wymer.

Seu novo apartamento era lindo. Tinha lareira na sala, um quarto, copa e cozinha, e era virado para o pátio. Tommy pegou um dos closets para guardar equipamentos eletrônicos e o deixava trancado para impedir que as crianças entrassem. Allen montou um ateliê na área da copa, virada para os fundos. Adalana mantinha o apartamento limpo e cozinhava. Ragen corria pelo bairro para manter a forma. A vida no apartamento e no trabalho estava organizada.

Arthur aprovou a situação e ficou satisfeito por todos estarem finalmente acomodados. Agora podia voltar sua atenção para os livros e as pesquisas de medicina.

Por descuido de alguém, a verificação policial de Billy Milligan nunca foi concluída.

4

Duas semanas depois da mudança para Channingway, Ragen estava correndo pelo bairro pobre próximo quando viu duas crianças negras descalças brincando na calçada. Ele reparou em um homem branco bem-vestido saindo de uma das casas para um Cadillac. Concluiu que devia ser um cafetão.

Movendo-se rapidamente, ele jogou o homem contra o carro.

— Qual é o seu problema? Está maluco?

Ragen enfiou a mão no cinto e puxou uma arma.

— Me dá carteira.

O homem entregou a carteira. Ragen a esvaziou e devolveu.

— Agora dirige.

Quando o carro se afastou, Ragen entregou às crianças negras mais de duzentos dólares.

— Aqui. Comprem sapatos e comida para família.

Ele sorriu quando viu as crianças saírem correndo com o dinheiro.

Mais tarde, Arthur disse que Ragen tinha se comportado mal naquele dia.

— Você não pode andar pela cidade de Columbus bancando o Robin Hood, roubando dos ricos para dar pra crianças pobres.

— Dá prazer.

— Mas você sabe muito bem que carregar uma arma é violação de condicional.

Ragen deu de ombros.

— Aqui não ser melhor que prisão.

— Que coisa idiota de se dizer. Aqui nós temos liberdade.

— Mas o que você fazer com a liberdade?

Arthur começou a desconfiar que o palpite de Allen estava certo. Ragen tinha passado a preferir qualquer ambiente, até a prisão, em que pudesse controlar a frente.

Quanto mais Ragen via do bairro da classe trabalhadora no lado leste de Columbus, mais raiva sentia da luta do povo para sobreviver na sombra dos prédios comerciais de vidro e aço das corporações.

Uma tarde, quando estava passando por uma casa velha com varanda despencando, ele viu uma criança loura com olhos azuis grandes sentada em um cesto de roupa suja, as pernas murchas curvadas em ângulos estranhos. Uma velha parada à porta apareceu na varanda e Ragen perguntou:

— Por que criança não usa órtese? Ou cadeira de rodas?

A velha ficou olhando para ele.

— Moço, sabe quanto isso custa? Estou suplicando ao governo há dois anos, mas não tem como eu conseguir essas coisas para a Nancy.

Ragen seguiu caminho mergulhado em pensamentos.

Naquela noite, ele falou para Arthur encontrar um armazém de equipamentos médicos que teria cadeiras de rodas de criança e órteses para pernas. Apesar de estar irritado por ter sido distraído de sua leitura, assim como pelo tom exigente de Ragen, Arthur fez o que ele quis e deu vários telefonemas para distribuidores de equipamentos médicos. Encontrou uma empresa no Kentucky que tinha o tamanho que Ragen descrevera. Ele deu a Ragen os números dos modelos e o endereço do armazém, mas perguntou:

— Para que você quer essas informações?

Ragen não se deu ao trabalho de responder.

Naquela noite, Ragen pegou o carro, as ferramentas e uma corda de náilon e dirigiu até Louisville, no sul. Encontrou o armazém de equipamentos médicos e esperou até ter certeza de que todos tinham ido embora. Não seria difícil arrombar a porta; não precisaria nem da ajuda de Tommy. Ragen prendeu as ferramentas no cinto e pulou a cerca de arame, passou para o lado do prédio que ficava escondido da rua e examinou os tijolos junto à calha.

Nos programas de televisão que ele tinha visto, os ladrões sempre carregavam ganchos para subir no telhado. Ragen desprezava esse tipo de dispositivo. Ele pegou uma calçadeira de aço na bolsa e tirou o cadarço do tênis esquerdo. Com o cadarço, amarrou a calçadeira de forma a deixar a ponta curva virada para baixo, perto da ponta do sapato, criando um gancho que servia como ponteira. Ele subiu até o telhado, abriu um buraco na claraboia, enfiou a mão e a destrancou. Usando a corda de náilon presa a um suporte, desceu para dentro do prédio. Aquilo o lembrou das vezes em que tinha ido escalar com Jim tantos anos antes.

Com os números de modelos que Arthur obtivera, Ragen procurou no armazém por quase uma hora até encontrar o que queria: um par de órteses de perna para uma criança de 4 anos e uma cadeira de rodas desmontável pequena. Ele destrancou uma janela, colocou a órtese e a cadeira de rodas no chão e pulou. Colocou tudo no carro e voltou para Columbus.

Já era de manhã quando ele parou na frente da casa de Nancy e bateu à porta.

— Tenho coisa para pequena Nancy — disse ele para a velha senhora, que olhou para ele pela janela.

Ragen pegou a cadeira de rodas no carro, abriu-a e mostrou como funcionava. Em seguida, mostrou a Nancy como colocar a órtese.

— Vai demorar para aprender a usar — disse ele —, mas importante para andar.

A velha senhora começou a chorar.

— Eu nunca vou ter dinheiro para pagar por essas coisas.

— Não precisar pagar. É contribuição de empresa rica de equipamentos médicos para criança necessitada.

— Posso preparar um café da manhã para você?

— Gostaria de café.

— Qual é seu nome? — perguntou Nancy quando a avó foi para a cozinha.

— Pode chamar tio Ragen — disse ele.

Ela o abraçou. A velha levou café e a melhor torta que ele já tinha provado. Ragen comeu tudo.

À noite, Ragen ficou sentado na cama ouvindo vozes desconhecidas, uma com sotaque do Brooklyn, a outra muito boca-suja. Ragen tinha ouvido alguma coisa sobre dividir dinheiro de um roubo a banco. Ele saiu da cama, pegou a arma e abriu todas as portas, todos os armários. Colocou o ouvido nas paredes, mas a discussão vinha de dentro do apartamento. Ele se virou e disse:

— Não se mexam! Vou matar os dois.

As vozes pararam.

Ragen ouviu uma voz em sua cabeça dizendo:

— Quem você pensa que é para me mandar calar a porra da boca?

— Se você não se mostrar, vou atirar.

— Atirar em quê?

— Onde vocês estão?

— Você não acreditaria se eu contasse.

— Como assim?

— Eu não consigo ver onde estou. Eu não tenho ideia de onde estou.

— Por que estão falando?

— Eu estava discutindo com Kevin.

— Kevin?

— Era com ele que eu estava gritando.

Ragen pensou por um momento.

— Me dá descrição de coisas à sua volta. O que você vê?

— Vejo um abajur amarelo. Uma cadeira vermelha perto da porta. A televisão está ligada.

— Que tipo de televisão? Que programa?

— Gabinete branco. Uma RCA colorida grande. Está passando *Tudo em família*.

Ragen olhou para a televisão dele e soube que os estranhos estavam ali na sala, invisíveis. Ele procurou de novo no apartamento.

— Eu procurei em toda parte. Cadê vocês?

— Eu estou com você — disse Philip.

— Como assim?

— Eu estava aqui o tempo todo, sempre estive.

Ragen balançou a cabeça.

— Tudo bem. Chega de falar. — Ele se sentou na cadeira de balanço e se balançou a noite toda, tentando entender, surpreso por haver outros que ele não conhecia.

No dia seguinte, Arthur contou a ele sobre Kevin e Philip.

— Acredito que eles sejam produto da *sua* mente — disse ele.

— O que você quer dizer?

— Vou falar do lado lógico primeiro — disse Arthur. — Como guardião do ódio, você sabe a força destrutiva que detém. Apesar de o ódio poder conquistar muito pela violência, ele não é gerenciável. Agora, se alguém quiser manter a força física do ódio, mas tirar o lado maligno, ainda haverá o ódio com algumas características ruins. Nossa mente queria controlar sua violência, manter a raiva seletiva e gerenciável. Livrar-se do seu mal, para você poder ser forte sem ser beligerante, levou à remoção de uma parte da sua maldade, e assim à criação de Philip e Kevin.

— Eles ser o mesmo que eu?

— Eles são criminosos. Enquanto tiverem suas armas, eles não vão hesitar em pôr medo nas pessoas para alcançar seus objetivos. Mas só com armas. A sensação de poder deles deriva de armas. Eles acham que isso os leva ao seu nível. São pessoas vingativas e certamente cometem crimes contra a propriedade. Eu os declarei indesejáveis depois de Zanesvile porque cometeram crimes desnecessários. Mas você sabe o que acontece nos tempos confusos... Ragen, apesar de ter demonstrado bondade, você ainda tem um aspecto malvado na sua natureza. Não tem como limpar completamente o ódio. É o preço que pagamos por manter a força e a agressividade.

— Não haveria tempos confusos — disse Ragen — se você controlasse frente direito. Era melhor na prisão.

— Passamos por tempos confusos na prisão, mesmo quando você estava no domínio, apesar de muitas vezes só perceber depois. O Philip e o Kevin e alguns dos outros indesejáveis roubaram tempo na prisão. É mais importante agora que eles não façam contato com os amigos criminosos antigos de Columbus e Lancaster. Eles violariam os termos da condicional.

— Concordo.

— Nós vamos ter que fazer novos amigos, começar uma vida nova. Trabalhar aqui em Channingway é uma oportunidade ótima. Nós temos que nos encaixar na sociedade. — Arthur olhou em volta. — Para começar, temos que arrumar o apartamento.

Em setembro, ele comprou móveis. A conta chegou a 1.562,21 dólares e o primeiro pagamento venceria no mês seguinte.

As coisas pareciam estar indo bem no começo, só que Allen estava tendo problemas com Sharon Roth. Ele não sabia o motivo, mas ela o incomodava. Ela se parecia muito com Marlene e era tão mandona e sabichona quanto ela. Allen achava que ela não gostava dele.

Em meados de setembro, o tempo confuso ficou pior do que nunca e confundiu todo mundo. Allen ia para o escritório do aluguel, pegava a ordem de serviço, dirigia até o local e esperava que Tommy aparecesse para fazer o trabalho. Mas, com cada vez mais frequência, Tommy não aparecia. Ninguém conseguia encontrá-lo e mais ninguém sabia fazer o serviço. Allen sabia que ele mesmo jamais conseguiria entender como cuidar de encanamento ou conserto de aquecimento. E tinha medo de tocar em algo elétrico e acabar explodindo tudo.

Allen esperava o possível para que Tommy aparecesse. Quando Tommy não aparecia, Allen ia embora e assinava o trabalho como "executado" ou escrevia que a porta do apartamento estava "trancada com ferrolho", o que significava que ele não conseguia entrar. Mas alguns inquilinos ligavam três ou quatro vezes para reclamar que o trabalho não tinha sido feito. Uma vez, depois de quatro ligações, Sharon decidiu ir até o apartamento com Billy para ver qual era o problema.

— Pelo amor de Deus, Bill — disse ela, olhando para a máquina de lavar louça que não enchia de água. — Até eu consigo consertar isso. Você deveria ser um técnico de manutenção. Tinha que consertar eletrodomésticos.

— E eu consertei. Ajeitei o escoamento.

— Obviamente o problema não é esse.

Quando a deixou no escritório, sabia que ela estava zangada. Desconfiava que ela mandaria demiti-lo.

Allen contou a Tommy que era importante para ele conseguir algo que pudesse usar contra John Wymer e Sharon Roth a fim de impedir que eles o demitissem.

A primeira ideia de Tommy foi construir um *blue box*, uma espécie de telefone móvel clandestino, para o carro de John Wymer e grampeá-lo.

— Vai ser uma coisa simples de fazer — disse Allen para Wymer. — Aí você vai ter um telefone no carro que vai poder usar sem a companhia telefônica nem saber.

— Não seria ilegal? — perguntou Wymer.

— De jeito nenhum. As ondas são de graça.

— Você consegue mesmo fazer?

— Só tem um jeito de provar. Você paga o material e deixa que eu faço.

Wymer o questionou detalhadamente, surpreso com o conhecimento de Milligan de eletrônica.

— Gostaria de pesquisar primeiro — disse Wymer. — Mas parece interessante.

Alguns dias depois, enquanto estava comprando alguns materiais para seu próprio *blue box* em uma loja de materiais de eletrônica, Tommy descobriu um grampo que podia ser inserido em um telefone e ativado pelo toque. Ele só precisaria ligar para o telefone da sala de funcionários ou para o escritório, fingir que tinha ligado para o número errado e desligar; aí a gravação começaria. Ao gravar as conversas na sala de Roth ou de Wymer, ele poderia descobrir se havia algo ilegal acontecendo e usar isso para ameaçá-los e tirá--los da sua cola se eles tentassem demiti-lo.

Tommy mandou a cobrança dos grampos para a Kelly & Lemmon, junto com outros materiais eletrônicos.

Naquela noite, ele entrou no escritório e inseriu o dispositivo de gravação no telefone de Roth. Fez o mesmo na sala de Wymer. Allen foi para a frente e olhou alguns arquivos para ver se havia alguma informação útil. Uma pasta chamou sua atenção: uma lista do que o pessoal do atendimento chamava de "investidores confiáveis", acionistas de Channingway e Williamsburg Square, normalmente mantidos em segredo. Eram as pessoas que empregavam a Kelly & Lemmon para gerenciar os condomínios. Allen copiou os nomes.

Com os grampos nos telefones e a lista no bolso, ele sentiu que, independentemente do que acontecesse, seu emprego estava garantido.

Harry Coder conheceu Billy quando ele chegou em seu apartamento para substituir umas telas quebradas.

— Você precisa de um aquecedor novo. Posso conseguir um para você — disse Milligan.

— Quanto custaria? — perguntou Coder.

— Não custaria nada. A Kelly & Lemmon não sentiria falta.

Coder olhou para ele, perguntando-se como Milligan podia sugerir algo assim sabendo que ele era policial em Columbus e segurança em meio período pra Channingway.

— Vou pensar — disse Coder.

— Me avisa quando quiser. Posso instalar sem cobrar.

Milligan foi embora e Coder decidiu que ficaria de olho nele. Houve um aumento de roubos nos apartamentos de Channingway e Williamsburg Square. Tudo indicava que a pessoa cometendo os crimes tinha uma chave mestra.

John Wymer recebeu uma ligação de um técnico de manutenção que tinha sido contratado na mesma época que Milligan. O homem disse que achou que Wymer devia saber algo sobre Milligan. Wymer pediu a ele que fosse ao escritório.

— Eu me sinto mal de fazer isso, mas o cara é esquisito — disse o homem.

— O que você quer dizer?

— Ele anda grampeando as garotas no escritório.

— Com "grampeando" você quer dizer o quê?

— Estou falando de grampo eletrônico.

— Ah, para com isso.

— É sério.

— Você tem prova?

O homem olhou em volta, nervoso.

— Milligan que me contou. E aí repetiu quase literalmente uma conversa que eu tive no escritório com Carol e Sharon. Éramos só nós três, falando sobre quase todo mundo usar drogas na época do ensino médio. Coisas assim. Ele também disse que, quando as garotas ficavam sozinhas, elas usavam linguagem mais chula do que homens em um vestiário.

Wymer bateu com os dedos na mesa, pensativo.

— Por que Billy faria uma coisa dessas?

— Ele disse que sabia tanta coisa de Sharon e Carol que, se fosse demitido, levaria as duas junto. Se ele caísse, todo mundo, inclusive Kelly e Lemmon, iria junto.

— Que besteira. Como ele poderia fazer isso?

— Ele me disse que se ofereceu para fazer um *blue box* no seu carro, sem cobrar.

— É verdade, mas decidi não aceitar.

— Bom, ele também me contou que planejava grampear esse telefone para poder ficar de olho em você.

Quando o homem foi embora, Wymer ligou para Sharon.

— Acho que você tinha razão sobre Milligan. É melhor demiti-lo.

Naquela tarde, Sharon chamou Billy até o escritório e o demitiu.

— Se eu for, você também vai. Acho que você não vai trabalhar aqui por muito mais tempo — disse ele.

Em casa naquela tarde, Sharon atendeu à campainha do apartamento e ficou atônita ao ver Milligan usando um terno azul com colete, parecendo um executivo.

— Só passei para avisar que você precisa estar no escritório da promotoria amanhã às 13h. Eu também falei com John Wymer. Se você não tiver como ir à promotoria sozinha, vão mandar um carro para buscar você. — Ele deu meia-volta e foi embora.

Ela sabia que parecia absurdo, mas ficou com medo. Não tinha ideia do que ele estava falando nem por que o promotor queria vê-la. E o que Milligan tinha a ver? Quem era ele e o que queria? De uma coisa tinha certeza: ele não era um técnico de manutenção comum.

Tommy foi diretamente para a sala de manutenção fechada às 17h30, entrou e tirou o grampo do telefone. Antes de sair do escritório, decidiu deixar um bilhete para Carol. Com as informações que daria a Wymer, sabia que ela também teria que ser demitida. Na mesa que as duas mulheres dividiam, ele virou a página do calendário para o próximo dia útil, segunda-feira, 26 de setembro de 1977. Embaixo da data, escreveu um bilhete.

UM NOVO DIA!

Aprecie enquanto PODE!

Ele virou a página de volta para sexta-feira.

Depois que John Wymer saiu de sua sala para ir embora, Tommy entrou e tirou o grampo do telefone dele também. Na saída, encontrou Terry Turnock, o supervisor de bairro da Kelly & Lemmon.

— O que você está fazendo aqui, Milligan? Achei que tivesse sido demitido — perguntou Turnock.

— Eu vim ver John Wymer. Tem algumas coisas acontecendo nessa empresa que pretendo tornar públicas. Quero dar ao John a chance de lidar com essas questões antes de eu notificar as autoridades e os investidores.

— Do que você está falando?

— Bom, como supervisor do John, acho que você tinha que ouvir primeiro.

Pouco tempo depois de chegar em casa e se acomodar, John Wymer recebeu uma ligação de Terry Turnock pedindo a ele que voltasse imediatamente ao escritório.

— Tem uma coisa estranha. Milligan está aqui e eu acho que você devia vir ouvir o que ele tem a dizer.

Quando Wymer chegou, Turnock contou que Milligan tinha voltado ao apartamento dele e retornaria em alguns minutos para falar com eles.

— O que ele disse? — perguntou Wymer.

— Está fazendo umas acusações. Melhor deixar ele contar.

— Tenho uma sensação estranha sobre esse cara — disse Wymer, abrindo a gaveta da escrivaninha. — Vou gravar essa conversa.

Ele colocou uma fita nova no gravadorzinho e deixou a gaveta meio aberta. Quando Milligan entrou pela porta, Wymer ficou olhando, atônito. Até aquele momento, ele só tinha visto Milligan com roupa de trabalho. Agora, estava distinto, usando um terno de três peças e uma gravata, e se portava com autoridade.

Milligan se sentou e prendeu os polegares no colete.

— Tem algumas coisas que você precisa saber que estão acontecendo na sua empresa.

— Tipo o quê? — perguntou Turnock.

— Muita coisa é ilegal. Gostaria de dar a vocês a oportunidade de resolver esses problemas antes de eu ir falar com o procurador de justiça.

— Ok, Bill, mas do que você está falando? — perguntou Wymer.

Durante meia hora, Allen descreveu que os registros na administração eram manipulados e os investidores da Channingway e de Williamsburg Square eram fraudulentos. Unidades relatadas como vazias eram ocupadas por amigos de certos empregados, que coletavam e embolsavam os aluguéis. Além disso, falou que podia provar que a Kelly & Lemmon tinha gatos nas ligações elétricas para fraudar a empresa de energia.

Ele garantiu que não acreditava que Wymer estivesse envolvido nas fraudes e desfalques, mas que quase todas as outras pessoas na empresa estavam, principalmente certa supervisora de aluguel, que permitia que os amigos ocupassem aqueles apartamentos.

— Pretendo dar tempo para que você investigue essas acusações, John, e para levar os culpados à justiça. Mas, se você não puder, ou não quiser, vou tornar tudo público com um relato para o *Columbus Dispatch*.

Wymer ficou preocupado. Sempre era possível que empregados desonestos fizessem coisas que pudessem gerar escândalos. Pela forma como Milligan falava, era óbvio para ele que Sharon Roth estava por trás de quase tudo.

Wymer se inclinou para a frente.

— Quem é você, Bill?

— Só uma parte interessada.

— Você é investigador particular? — perguntou Turnock.

— Não vejo motivo para me revelar completamente neste momento. Vamos só dizer que estou trabalhando nos interesses de certos investidores.

— Sempre achei que você não era só um técnico de manutenção — disse Wymer. — Acho que você sempre me pareceu inteligente demais. Então está trabalhando para os investidores. Pode nos dizer quais?

Milligan repuxou os lábios e inclinou a cabeça.

— Nunca disse que estava trabalhando para os investidores.

— Se não for isso, então você deve ter sido enviado por uma companhia rival para destruir a credibilidade da Kelly & Lemmon — disse Turnock.

— Ah, é? — disse Milligan, unindo a ponta dos dedos. — O que faz você pensar nisso?

— Você pode nos dizer para *quem* está trabalhando? — perguntou Wymer.

— Só posso dizer agora que é melhor você trazer Sharon Roth aqui e perguntar sobre as coisas que eu lhe contei.

— Pretendo investigar suas acusações, Bill, e fico feliz de você ter trazido isso tudo a mim primeiro. Posso garantir que, se houver qualquer funcionário desonesto trabalhando para a Kelly & Lemmon, isso não vai passar em branco.

Milligan esticou o braço esquerdo para mostrar um pequeno microfone na manga.

— Devo observar que esta conversa está sendo gravada. Este é o receptor e tem outra pessoa, longe deste local, gravando tudo isso.

— Ah, que bom — disse Wymer, rindo, e apontou para a gaveta aberta da escrivaninha. — Eu também estou gravando.

Milligan riu.

— Tudo bem, John. Você tem três dias a partir de segunda para esclarecer a situação e demitir os culpados. Senão, vou tornar as informações públicas.

Um pouco depois de Milligan sair, Wymer ligou para Sharon Roth, que estava em casa, e contou sobre as acusações. Ela protestou dizendo que era mentira e jurou que ninguém da administração de aluguéis estava roubando da empresa.

Com medo de Milligan ter grampeado o escritório, Sharon foi lá no domingo investigar. Não encontrou nada. Ou ele tinha entrado e removido o grampo, ou era tudo mentira. Olhou para o calendário da mesa e virou a página de sexta para segunda-feira. Então viu o bilhete:

UM NOVO DIA!
Aprecie enquanto PODE!

Ah, meu Deus!, pensou ela. *Ele vai me matar porque eu o demiti.*

Apavorada, ela ligou para Terry Turnock e levou-lhe o bilhete. Compararam com amostras da escrita de Milligan. Eram iguais.

Na segunda-feira, às 14h30, Milligan ligou para Sharon e disse que ela precisava estar na procuradoria do condado de Franklin às 13h30 de quinta-feira. Se não respondesse à mensagem, disse ele, teria que ir até ela com a polícia. O que, observou, não passaria uma boa imagem.

Naquela noite, Harry Coder ligou para Milligan para dizer que ele devia parar de incomodar as mulheres no escritório.

— Como assim "parar"? Eu não estou fazendo nada.

— Olha, Bill, se as garotas tiverem mesmo que ir à procuradoria, tem de haver uma intimação — disse Coder.

— O que isso tem a ver com você? — perguntou Milligan.

— As garotas sabem que sou policial. Elas me pediram para avaliar.

— Elas estão com medo, Harry?

— Não, Bill. Elas não estão com medo. Só não querem ser incomodadas.

Allen decidiu deixar o assunto de lado por ora; porém, cedo ou tarde, faria com que Sharon Roth fosse demitida. Enquanto isso, ele ainda tinha o apartamento, mas teria que começar a procurar outro emprego.

Por duas semanas, ele procurou, mas era impossível encontrar algo decente. Ele se viu sem nada para fazer, sem ninguém com quem conversar. Ficava perdendo tempo e a depressão aumentou.

No dia 13 de outubro de 1977, recebeu a nota de despejo de John Wymer. Ele andou pelo apartamento, nervoso. Para onde iria? O que faria?

Enquanto andava de um lado para o outro, ele reparou subitamente que Ragen tinha deixado a Smith & Wesson 9 milímetros na prateleira acima da lareira. Por que a arma estava visível? Qual era o problema dele? Essa e a arma italiana de 25 milímetros no closet podiam fazê-lo voltar para a prisão por violar a condicional.

Allen parou de andar de um lado para o outro e respirou fundo. Talvez fosse o que Ragen queria lá no fundo, sem nem saber conscientemente: voltar para a prisão, um lugar de perigo. Para poder comandar a frente!

— Eu não aguento mais, Arthur — disse Allen em voz alta. — É demais para mim.

Ele fechou os olhos e foi embora...

Ragen ergueu a cabeça e olhou em volta rapidamente para ter certeza de que estava sozinho. Viu as contas sobre a mesa e percebeu que, sem o salário entrando, eles estariam em grande dificuldade.

— Tudo bem — disse ele em voz alta. — Os pequenos precisam de roupas para inverno e alimentos. Vou cometer roubo.

Na madrugada da sexta-feira, dia 14 de outubro, Ragen enfiou a Smith & Wesson em um coldre de ombro e vestiu um suéter marrom de gola alta, tênis brancos, uma jaqueta marrom de corrida, uma calça jeans e um corta-vento. Tomou três doses de Bifetamina 20 com vodca e saiu antes de amanhecer, correndo para oeste na direção do campus da Universidade Estadual de Ohio.

CAPÍTULO 19

1

Ragen correu mais ou menos vinte quilômetros pela cidade de Columbus e, às 7h30 de sexta-feira, chegou ao estacionamento Belmont Leste da Universidade Estadual de Ohio. Ele não tinha plano; seu único pensamento era encontrar alguém para assaltar. Do meio-fio entre a Faculdade de Medicina e o estacionamento, ele viu uma jovem estacionar um Toyota dourado. Quando ela saiu do carro, ele viu que ela estava usando um terninho marrom sob um casaco castanho aberto. Virou-se para procurar outra pessoa; não tinha intenção de assaltar uma mulher.

Mas Adalana, que estava observando, sabia por que Ragen estava ali. Ela sabia que ele estava cansado da corrida atravessando a cidade e que as anfetaminas e a vodca já faziam efeito. Ela desejou que ele saísse da frente...

Quando se aproximou da jovem, Adalana a viu se inclinar sobre o assento para pegar alguns livros e papéis no banco do passageiro. Ela tirou a arma de Ragen do coldre e a encostou no braço da mulher.

A mulher riu sem se virar para olhar.

— Ah, pessoal, chega de brincadeira.

— Faça a gentileza de entrar no carro — disse Adalana. — Nós vamos dar uma volta.

A mulher se virou e percebeu que não era um dos seus amigos, mas uma pessoa que ela não reconhecia. Viu a arma na mão enluvada e percebeu que o homem não estava de brincadeira. Ele fez sinal para ela entrar no banco do passageiro e passou por cima do câmbio. Pegou a chave do carro e se sentou ao volante. Primeiro, teve dificuldade para soltar o freio de mão, mas acabou saindo do estacionamento.

Carrie Dryer observou a aparência dele com atenção: cabelo castanho-avermelhado, um bigode cortado reto e arrumado, uma pinta na bochecha direita. Ele era bonito e forte, com cerca de 85 quilos, 1,80 metro de altura mais ou menos.

— Aonde nós vamos? — perguntou ela.

— Dar uma voltinha. Não sei andar por Columbus muito bem — disse ele, baixinho.

— Olha, eu não sei o que você quer de mim, mas tenho uma prova de optometria hoje.

Ele entrou no estacionamento de uma fábrica e parou o carro. Carrie reparou nos seus olhos se deslocando de um lado para o outro, como se tivesse nistagmo. Isso era uma coisa que ela teria de lembrar para contar à polícia.

Ele revirou a bolsa de Carrie, pegou a habilitação e outro documento, e a voz ficou ríspida:

— Se você procurar a polícia, vou atrás da sua família. — Ele pegou um par de algemas e prendeu a mão direita dela na maçaneta do Toyota. — Você disse que tem prova, se quiser estudar enquanto eu dirijo, tudo bem — murmurou ele.

Eles seguiram para o norte do campus da Universidade Estadual de Ohio. Depois de um tempo, ele parou nos trilhos de um cruzamento ferroviário. Um trem se deslocava lentamente. Saiu do carro e foi até o porta-malas. Carrie ficou apavorada de ele a deixar presa ali, algemada, com um trem se aproximando. Perguntou-se se ele era louco.

Do lado de fora, Kevin, que havia tirado Adalana da frente quando ouviu os pneus passando sobre trilhos, foi até a traseira e viu que não havia nada errado com os pneus. Se houvesse algum furado, ele teria saído correndo, mas tudo parecia ok, então ele voltou para dentro e saiu dirigindo.

— Tira a calça — disse Kevin.

— O quê?

— Tira a porra da calça! — gritou ele.

Ela fez o que ele mandou, com medo da súbita mudança de humor. Sabia que ele estava fazendo aquilo para impedir que ela fugisse. E foi a decisão certa. Mesmo que não estivesse algemada, ela jamais fugiria sem roupa.

Enquanto eles seguiam, ela tentou manter os olhos no livro de optometria, para não o aborrecer. Mas reparou que ele estava pegando a avenida King para oeste, depois entrou na estrada Olentangy River para o norte. Ele a estava levando para o campo, falando sozinho às vezes:

— Acabou de fugir hoje de manhã... surra com taco de beisebol...

Eles passaram por um milharal e por uma barricada na estrada. Ele a contornou e foi para uma área de bosque, passando por carros abandonados em um campo.

Carrie se lembrou de uma tesoura afiada que deixava entre o banco e o console do câmbio, e pensou em pegá-la e enfiar nele. Mas, quando olhou para a tesoura, ele falou:

— Não tenta nenhuma gracinha.

Ele pegou uma navalha. Parou o carro, abriu a algema da porta, mas a deixou pendurada no pulso direito dela, e abriu o casaco de Carrie no chão enlameado.

— Tira a calcinha e deita aí — sussurrou ele.

Carrie Dryer viu os olhos dele se moverem de um lado para o outro...

Adalana se deitou ao lado da mulher e olhou para as árvores. Ela não entendeu por que ficava perdendo a frente para Philip e Kevin. Tinham assumido duas vezes quando ela estava ao volante e precisava ficar desejando que eles saíssem. Tudo estava confuso.

— Você sabe como é a solidão? Não ter o abraço de ninguém por muito tempo? Não saber o significado de amor? — perguntou ela para a mulher deitada ao seu lado.

Carrie Dryer não respondeu e Adalana a abraçou como fazia com Marlene.

Mas aquela jovem era muito pequena, e havia outra coisa errada com ela. Por mais que Adalana se esforçasse, cada vez que tentava uma penetração, os músculos de Carrie Dryer entravam em espasmos e a forçavam para fora... a rejeitavam. Era estranho e assustador. Confusa, Adalana perdeu a frente...

Carrie explicou para ele às lágrimas que tinha um problema físico, que estava se tratando com um ginecologista. Sempre que tentava dormir com alguém sofria espasmos. Carrie reparou no nistagmo de novo e de repente ele ficou furioso e desagradável.

— De todas as malditas garotas de Columbus, eu tinha que escolher a única com quem não posso fazer nada! — rosnou ele.

Ele permitiu que Carrie vestisse a calça e mandou que entrasse no carro. Carrie reparou que ele mudou de novo. Ele ofereceu um lenço de papel a ela.

— Aqui. Assoa o nariz — disse ele com gentileza.

Adalana estava nervosa agora. Ela se lembrou do propósito original de Ragen para aquela saída... e percebeu que Ragen ficaria desconfiado se ela voltasse de mãos vazias.

Carrie viu a expressão preocupada do estuprador, a preocupação genuína em seu rosto. Ela quase sentiu pena quando se perguntou qual era o problema.

— Eu tenho que arrumar dinheiro, senão uma pessoa vai ficar muito zangada — disse ele.

— Eu não tenho dinheiro comigo — disse Carrie, começando a chorar de novo.

— Não fica tão chateada. — Ele entregou outro lenço de papel para ela. — Não vou te machucar se você fizer o que eu mandar.

— Faz o que quiser comigo, mas deixa a minha família em paz. Pega todo o dinheiro que eu tiver, mas deixa eles em paz.

Ele estacionou o carro e olhou a bolsa dela de novo até encontrar o talão de cheques. O saldo dizia 460 dólares.

— De quanto você acha que precisa para aguentar a semana? — perguntou ele.

Carrie fungou em meio às lágrimas.

— Uns cinquenta ou sessenta dólares.

— Tudo bem, deixa sessenta dólares no saldo e faz um cheque de quatrocentos.

Carrie ficou surpresa e satisfeita, apesar de saber que não havia como substituir o dinheiro de que ela precisava para os livros e a mensalidade.

— A gente vai roubar um banco. Você vem comigo — disse ele, de repente.

— Não vou! Pode fazer o que quiser comigo, mas eu não vou ajudar você a roubar um banco.

— A gente vai a um banco sacar seu cheque — disse ele, mas pareceu pensar melhor. — Com você chorando, vão saber que tem algo errado. Você não está mentalmente estável o suficiente para entrar em um banco e sacar um cheque. Vai estragar tudo.

— Não tem nada errado comigo. Estou reagindo muito bem para alguém com uma arma apontada pra si o tempo todo — disse Carrie, ainda chorando.

Ele só resmungou.

Eles encontraram uma agência do Banco Nacional de Ohio com janela de atendimento para carros na rua West Broad 770. Ele manteve a arma escondida, mas a apontou para Carrie quando ela puxou o documento de identificação. Quando virou o cheque para endossá-lo, ela pensou em escrever "Socorro", mas quase como se tivesse lido a mente dela, ele disse:

— Nem tenta escrever um recado atrás ou algo do tipo.

Ele passou o cheque, junto com a identidade de Carrie, para a funcionária, que o trocou.

— Você pode denunciar para polícia que foi roubada e impedir a cobrança do cheque — disse ele quando saiu dirigindo dali. — Diz que você foi forçada a fazer o saque. Assim, quem vai perder dinheiro é o banco.

Quando eles chegaram ao centro, na esquina das ruas Broad e High, o carro ficou preso em um tráfego pesado.

— Vem para cá e dirige. Se você procurar a polícia, não dá minha descrição. Se eu encontrar alguma coisa nos jornais, não vou pessoalmente, mas outra pessoa vai cuidar da sua família ou de você — disse ele.

Ele abriu a porta e saiu andando rapidamente até desaparecer na multidão.

Ragen olhou em volta, esperando estar no estacionamento da Universidade Estadual de Ohio, mas se viu passando pela Loja de Departamentos Lazaru's no meio da tarde. Aonde o tempo tinha ido parar? Ele enfiou a mão no bolso e encontrou um rolinho de dinheiro. Bem, devia ter conseguido. Assaltou alguém e nem se lembrava.

Ele pegou um ônibus até Reynoldsburg.

Em Channingway, guardou o dinheiro e o cartão Master Charge na prateleira do closet e foi dormir.

Meia hora depois, Arthur acordou renovado, perguntando-se por que tinha dormido até tão tarde. Ele tomou banho e, quando estava colocando uma cueca limpa, reparou no dinheiro na prateleira do closet. De onde tinha vindo aquilo? Alguém andou ocupado. Bom, já que estava lá, ele podia muito bem comprar alimentos e pagar as contas. O pagamento do carro era o mais importante.

Arthur empurrou a nota de despejo para o lado. Agora que os garotos tinham sido demitidos, John Wymer estava cobrando o aluguel. Bom, o aluguel podia esperar. Ele tinha decidido como lidar com a Kelly & Lemmon. Deixaria que continuassem enviando notas de despejo. Quando o levassem ao tribunal, Allen diria ao juiz que aquelas pessoas tinham feito com que ele se demitisse, fosse morar no condomínio como exigência do emprego com manutenção, e, quando estava se acomodando, pagando a prestação de móveis novos, elas o demitiram e tentaram jogá-lo na rua.

Sabia que o juiz lhe daria noventa dias para se mudar. Mesmo depois da nota de despejo final, ainda teria três dias para sair. Isso devia dar a

Allen tempo suficiente para conseguir um emprego novo, guardar alguns dólares e encontrar um novo apartamento.

Naquela noite, Adalana raspou o bigode. Ela sempre odiou ter pelos no rosto.

Tommy tinha prometido à irmã de Billy que passaria o sábado, o último dia da Feira de Fairfield, com ela em Lancaster. Dorothy e Del estavam cuidando de um quiosque de restaurante e podiam precisar de ajuda na hora de fechar. Ele pegou o dinheiro que viu na cômoda, que não era muito, e mandou Allen o levar para Lancaster. Passou um dia maravilhoso com Kathy na feira, andando em brinquedos, participando de jogos, comendo cachorro-quente e tomando *root beer*. Eles conversaram sobre o passado, especularam como Jim estava com o novo grupo no oeste do Canadá e como Challa estava na Força Aérea. Kathy falou que tinha gostado de ele ter raspado o bigode.

Quando voltaram ao quiosque, onde Dorothy estava trabalhando na chapa, Tommy chegou por trás dela e a prendeu com uma algema no cano.

— Se você vai se matar no fogão quente o dia todo, pode muito bem estar acorrentada a ele — disse ele.

Ela riu.

Ele ficou na feira com Kathy até a hora de fechar; depois, Allen voltou dirigindo até Channingway.

Arthur passou um domingo tranquilo lendo livros de medicina e na manhã de segunda Allen foi procurar um novo emprego. Deu telefonemas e preencheu fichas pelo restante da semana, mas ninguém estava contratando.

2

Na noite de sexta, Ragen pulou da cama, pensando que tinha acabado de ir dormir. Ele foi até a cômoda. O dinheiro, o que ele nem se lembrava de ter roubado, havia sumido. Correu até o armário, puxou uma automática calibre 25 e revistou o apartamento chutando portas, procurando o ladrão que tinha entrado enquanto ele dormia. Mas o apartamento estava vazio. Ele tentou falar com Arthur. Como não obteve resposta, quebrou o cofrinho com raiva, pegou doze dólares e saiu para comprar uma garrafa de vodca. Voltou, bebeu e fumou um baseado. Ainda preocupado com as contas, percebeu que, o que quer que tivesse feito para obter o dinheiro, teria de fazer de novo.

Ragen tomou algumas anfetaminas, prendeu a arma no corpo, vestiu o casaco de moletom e um corta-vento. Novamente, correu para oeste até Columbus e chegou ao estacionamento Wiseman, da Universidade Estadual de Ohio, por volta das 7h30. Ao longe, reconheceu o estádio de futebol americano em forma de ferradura dos Buckeyes. Atrás dele, reparou na placa do prédio moderno de concreto e vidro em frente ao estacionamento: UPHAM HALL.

Uma enfermeira baixinha e gordinha passou pela porta. Tinha pele marrom clara, maçãs do rosto salientes e usava o cabelo preto em um rabo de cavalo comprido nas costas. Quando foi andando na direção de um Datsun branco, teve a estranha impressão de que a reconhecia. Alguém, Allen, ele achava, a tinha visto muito tempo antes em um local de estudantes chamado Castle.

Ragen se virou, mas, antes que pudesse ir embora, Adalana desejou que ele saísse da frente...

Donna West estava exausta depois do turno das 23h às 7h no hospital psiquiátrico da universidade. Dissera ao noivo que ligaria para ele do hospital para se encontrarem para o café da manhã, mas tinha trabalhado até mais tarde depois de uma noite horrível e só queria sair dali. Ligaria para Sidney quando voltasse para o apartamento. Enquanto andava pelo estacionamento, um amigo passou, acenou e gritou "oi". Donna foi na direção do carro, sempre estacionado com cuidado na primeira fileira, virado para Upham Hall.

— Ei, espera um minuto! — gritou alguém.

Donna olhou e viu um jovem de calça jeans e corta-vento acenando para ela do outro lado do estacionamento. Bonito, pensou ela, parecido com um ator cujo nome não conseguia lembrar. Ele usava óculos de sol com lentes marrons. Ela esperou que o homem se aproximasse e então ele perguntou como chegar no estacionamento principal.

— Olha, é difícil explicar. Eu vou para lá. Quer entrar e ir comigo? — disse Donna.

Ele se sentou do lado do passageiro. Quando Donna estava dando ré, ele puxou uma arma de dentro da jaqueta.

— Só dirige. Vai me ajudar. — Segundos depois, ele acrescentou: — Se fizer o que falo, não se machucar, mas, acredite, posso matar.

É agora, pensou Donna, *eu vou morrer*. Ela sentiu o rosto ficar quente, os vasos sanguíneos se contraírem, e ficou enjoada. Ah, Deus, por que não tinha ligado para Sidney antes de sair? Bom, pelo menos ele sabia que ela ligaria. Talvez chamasse a polícia.

O sequestrador enfiou a mão atrás do banco e pegou sua bolsa. Tirou a carteira e olhou a habilitação.

— Bem, Donna, para a Interestadual 71 norte.

Ele retirou os dez dólares da carteira. Ela teve a impressão de que ele exagerou nos movimentos para pegar o dinheiro, dobrou as cédulas de forma forçada e as enfiou no bolso da camisa. Depois, tirou um cigarro do maço de Donna e o empurrou para os lábios dela.

— Aposto que você quer fumar — disse ele, e o acendeu com o isqueiro do carro.

Ela reparou que as mãos dele tinham um tipo de mancha sob as unhas; não era terra, sujeira ou graxa, mas alguma outra coisa. Com ostentação, ele limpou as digitais do isqueiro. Isso apavorou Donna; significava que ele devia ser profissional, com registro na polícia. Ele reparou no sobressalto da mulher.

— Sou membro de um grupo, alguns de nós estão envolvidos em atividades políticas — disse ele.

Sua primeira impressão foi a de que estava fazendo alusão aos Weathermen, embora ele não tivesse mencionado o nome. Ela supôs que, como ele mandou que pegasse a I-71 norte, estava indo para Cleveland. Ela concluiu que ele era um guerrilheiro urbano em fuga.

Ficou surpresa quando ele mandou que saísse da I-71 na área do condado de Delaware e a fez dirigir em uma estrada menor. Ela o viu relaxar, como se ele conhecesse a região, e, quando estavam longe de qualquer outro carro, ele mandou que ela parasse.

Donna West viu como a área era deserta e percebeu que o sequestro não tinha nada a ver com manifestações políticas. Ela seria estuprada, morta ou ambas as coisas. Ele se recostou no banco, e ela soube que algo muito ruim aconteceria.

— Eu quero ficar aqui um minuto e organizar meus pensamentos — disse ele.

Donna ficou com as mãos no volante, olhando para a frente, pensando em Sidney e na vida, se perguntando o que aconteceria. As lágrimas começaram a descer pelo rosto.

— Qual é o problema? Está com medo de estupro? — perguntou ele.

Essas palavras e o tom sarcástico a atravessaram e ela olhou para ele:

— Sim. Estou.

— Porra, você é burra pra caralho. Preocupada com a sua bunda quando devia estar preocupada com a vida.

Donna ficou chocada com o que ouviu e parou de chorar na mesma hora.

— Por Deus, você tem toda razão. Eu *estou* preocupada com a minha vida — disse ela.

Ela mal conseguia ver os olhos dele pelos óculos escuros. A voz dele ficou suave.

— Solta o cabelo.

Ela ficou segurando o volante.

— *Eu falei pra soltar o cabelo.*

Ela levantou a mão e puxou uma fivela. Ele soltou o cabelo dela, fez carinho e disse que era lindo.

De repente, ele mudou de novo, com voz alta e linguagem chula.

— Você é burra pra caralho. Porra, olha só como você se meteu numa situação dessas.

— Como eu me meti numa situação dessas?

— Olha seu vestido. Olha seu cabelo. Você devia saber que chamaria atenção de alguém como eu. O que estava fazendo no estacionamento às 7h30? Você é burra pra cacete.

Donna achou que ele tinha razão de certa forma. *Era* culpa dela por ter oferecido carona. Ela só podia culpar a si mesma pelo que aconteceria. Mas se deu conta de que ele estava tentando fazer com que ela assumisse a culpa. Tinha ouvido falar de estupradores que faziam isso e sabia que não podia cair nesse papo. Ainda assim, pensou ela, quando se está impotente e morrendo de medo, é fácil o cara sentado ali com uma arma grande fazer com que você se sinta culpada.

Ela se resignou ao que aconteceria. Um pensamento passou pela mente dela: *Bem, estupro não é o pior que poderia me acontecer.*

— A propósito — disse ele, a arrancando dos pensamentos com um choque —, meu nome é Phil.

Ela olhou para a frente e não se virou para ver o rosto dele.

Ele então gritou:

— *Eu falei que meu nome é Phil!*

Ela balançou a cabeça.

— Não ligo para o seu nome. Acho que não quero saber.

Ele mandou ela sair do carro. E, enquanto revistava os bolsos dela, falou:

— Enfermeira. Aposto que você deve conseguir um monte de anfetamina.
Ela não respondeu.

— Entra no banco de trás — ordenou ele.

Donna começou a falar rapidamente enquanto entrava na parte de trás, na esperança de distraí-lo.

— Você gosta de arte? Eu gosto muito. Faço cerâmica no meu tempo livre. — Ela falou sem parar, histérica, mas ele pareceu não ouvir o que ela estava dizendo.

Ele a fez abaixar a meia-calça branca. Donna ficou quase agradecida por ele não ter aumentado a humilhação mandando que ela se despisse completamente.

— Não tenho nenhuma doença — disse ele quando abriu o zíper.

Donna ficou perplexa por ele dizer uma coisa dessas. Teve vontade de gritar com ele: *Eu tenho doenças. Tenho um monte de doenças.* Mas agora já achava que ele tinha alguma questão psicológica e estava com medo de deixá-lo mais agitado. Bem, doenças eram a última coisa a passar pela cabeça dela agora. Só queria que aquilo acabasse.

Ela ficou surpresa e aliviada com a rapidez com que tudo terminou.

— Você é fantástica. Você me excita. — Ele saiu do carro, olhou em volta e mandou que ela voltasse para o volante. — É a primeira vez que estupro uma pessoa. Agora sou mais do que guerrilheiro. Sou estuprador.

Depois de um tempo, Donna disse:

— Posso sair do carro? Preciso urinar.

Ele assentiu.

— Não consigo com gente me olhando. Pode sair de perto?

Ele fez o que ela pediu e, quando Donna voltou, ela reparou que o comportamento dele tinha mudado. Estava relaxado, brincalhão. Mas aí mudou de repente de novo, assumiu o mesmo tom autoritário de antes do estupro, assustando-a com falas violentas, usando linguagem chula.

— Entra no carro — disse ele com rispidez. — Volta pra rodovia na direção norte. Quero que você saque cheques e me arrume dinheiro.

Pensando o mais rapidamente que conseguiu, querendo desesperadamente voltar a um território familiar, ela disse:

— Olha, se é dinheiro que você quer, vamos voltar pra Columbus. Você não vai conseguir trocar nenhum cheque de fora da cidade em um sábado.

Ela esperou uma reação, dizendo para si mesma que, se ele insistisse em seguir para o norte pela I-71, seria porque iriam para Cleveland. Ela decidiu naquele momento que bateria com o carro e mataria os dois. Odiava o que ele tinha feito a ela e garantiria que ele não pudesse usar o dinheiro.

— Tudo bem. Pega a I-71 para o sul — disse ele.

Donna esperava que ele não visse como ela estava aliviada e decidiu forçar a sorte.

— Por que a gente não pega a rodovia 23? Tem vários bancos na 23 e nós podemos chegar em um antes de fechar ao meio-dia.

Novamente, ele aceitou a sugestão e, apesar de ela ainda sentir que sua vida estava em perigo, esperava que, se conseguisse continuar falando para mantê-lo ocupado, talvez sobrevivesse.

— Você é casada? — perguntou ele, de repente.

Ela assentiu, percebendo que era importante que ele achasse que alguém a estava esperando, que alguém saberia que tinha sumido.

— Meu marido é médico.

— Como ele é?

— Residente.

— Não é isso que eu quero saber.

— O que você quer saber?

— Como ele é?

Estava prestes a descrever Sidney quando de repente entendeu que ele queria saber como o marido dela era sexualmente.

— Você é muito melhor do que ele — respondeu Donna, percebendo que, se o elogiasse, talvez ele fosse mais legal com ela. — Meu marido deve ter algum problema. Ele demora uma eternidade. Foi ótimo você ter sido tão rápido.

Ela percebeu que ele adorou ouvir aquilo e teve mais certeza do que nunca de que aquele jovem era esquizofrênico, desconectado da realidade. Se fizesse o que ele queria, talvez conseguisse sair daquela situação.

Ele remexeu na bolsa dela de novo e pegou o cartão, a identidade da clínica da universidade e o talão de cheques.

— Eu preciso de duzentos dólares. Uma pessoa precisa do dinheiro. Faz um cheque pra ser trocado por dinheiro e vai ao seu banco em Westerville. Nós vamos juntos, mas, se você tentar alguma gracinha, se tentar fazer qualquer coisa, eu vou estar logo atrás de você com a arma. E vou atirar.

Tremendo, Donna entrou no banco. Teve dificuldade de acreditar que os funcionários pelos quais ela passou não notaram nada estranho; estava fazendo uma careta e ficou revirando os olhos freneticamente, tentando atrair atenção. Mas ninguém reparou em nada. Donna usou o cartão para fazer dois saques de cinquenta dólares cada, até que o recibo da máquina indicou que tinha chegado ao limite.

Quando foram embora no carro, ele rasgou os comprovantes do banco com cuidado e jogou os pedaços de papel pela janela. Donna olhou pelo retrovisor e quase engasgou: havia uma viatura da polícia de Westerville logo atrás. *Ah, meu Deus*, pensou ela, colocando o punho na têmpora, *nós vamos ser parados por jogar lixo na rua!*

Ele reagiu à agitação dela, virou-se e viu a polícia.

— Ah, droga! Que os filhos da puta venham aqui, eu estouro a cara deles. Pena que você tenha que ver isso, mas as coisas são assim. Vou acabar com eles; se tentar alguma coisa, acabo com você também.

Mentalmente, ela cruzou os dedos, torcendo para que a polícia não tivesse visto os papéis jogados pela janela do carro. Tinha certeza de que ele trocaria tiros com os policiais.

A viatura os ignorou e ela relaxou, tremendo.

— Vamos procurar outro banco — disse ele.

Tentaram vários bancos, depois as lojas Kroger e Big Bear, sem sucesso. Ela reparou que ele ficava agitado e agressivo antes de entrarem em cada estabelecimento, mas depois de entrar ficava brincalhão, como se fosse um jogo. Na loja Kroger do Raintree Center, ele passou o braço em volta dela e fingiu ser seu marido.

— Nós precisamos muito do dinheiro — disse ele para o funcionário. — Vamos viajar.

Donna conseguiu sacar cem dólares usando uma máquina de troca de cheques.

— Eu queria saber se todos os computadores são conectados — disse ele.

Ela respondeu que ele parecia saber muita coisa sobre a forma como os bancos e os caixas funcionavam, e ele disse:

— Preciso saber essas coisas porque são informações úteis para o meu grupo. Nós compartilhamos informações. Todo mundo acrescenta algo em prol do grupo.

Novamente, ela supôs que ele estava falando dos Weathermen ou alguma outra organização radical e decidiu distraí-lo falando sobre política e assuntos atuais. Ele folheou um exemplar da *Time,* que estava no chão do carro, e ela pediu sua opinião sobre a votação pelo tratado do canal do Panamá. O homem pareceu confuso e agitado, e ela percebeu depois de alguns segundos que ele não sabia nada sobre as últimas notícias. Não era o ativista político que tinha tentado fazer com que ela acreditasse. Donna concluiu que ele sabia muito pouco do que estava acontecendo no mundo.

— Não vai procurar a polícia pra falar disso — disse ele, de repente —, porque eu ou alguma outra pessoa vai estar de olho e nós vamos descobrir. Provavelmente estarei na Argélia, mas outra pessoa ficará de olho em você. É assim que nós trabalhamos. Cuidamos uns dos outros. A irmandade à qual pertenço pode pegar você.

Ela queria que ele continuasse falando para que permanecesse distraído, mas decidiu não falar sobre política.

— Você acredita em Deus? — perguntou ela, achando que era um assunto sobre o qual era possível falar por horas.

— Bom, *você* acha que Deus existe? Deus está ajudando você agora? — gritou ele, apontando a arma para a cara dela.

— Não. Sabe, você tem razão. Deus não está me ajudando agora — disse ela, ofegante.

De repente, ele se acalmou e olhou pela janela.

— Acho que fico confuso com religião. Você não vai acreditar nisso, mas sou judeu.

— Nossa — disse ela, sem pensar —, que engraçado, você não parece judeu.

— Meu pai era judeu.

Ele continuou falando, parecendo menos aborrecido, mas finalmente disse:

— Toda religião é mentirosa.

Donna ficou em silêncio. Religião não foi o assunto certo para conversar.

— Sabe, gostei muito de você, Donna. Pena que a gente tenha se conhecido nessas circunstâncias — disse ele, baixinho.

Donna desconfiou que ele não a mataria e começou a pensar em ajudar a polícia a pegá-lo.

— Seria maravilhoso se pudéssemos nos encontrar de novo. Me liga... escreve uma carta... me manda um cartão-postal. Se não quiser assinar seu nome, pode assinar com um *G* de guerrilheiro — disse ela.

— E seu marido?

Estava com ele na palma da mão, pensou ela. Donna o manipulara e ele fora fisgado.

— Não se preocupa com meu marido. Eu cuido dele. Me escreve. Me liga. Eu adoraria ter notícias suas de novo — disse ela.

Ele observou que ela estava quase sem gasolina e sugeriu que parassem em um posto para abastecer.

— Não, tudo bem. Eu tenho o suficiente. — Ela estava torcendo para ficar sem gasolina e ele ter que sair do carro.

— Onde fica o lugar onde eu peguei você de manhã?

— Não é longe.

— Por que você não me leva de volta pra lá?

Ela assentiu, pensando no quanto seria apropriado voltar para onde começou. Quando estavam perto da Faculdade de Odontologia, ele mandou que ela encostasse. Insistiu em deixar cinco dólares para ela botar gasolina. Donna não tocou no dinheiro e ele enfiou pelo quebra-sol. Em seguida, olhou para ela com carinho.

— Sinto muito que a gente tenha se conhecido nessas circunstâncias — sussurrou ele de novo. — Eu te amo mesmo.

Ele a abraçou com força e saiu correndo do carro.

Eram 13h de sábado quando Ragen voltou para Channingway Apartments, novamente sem lembrar nada do assalto. Ele colocou o dinheiro embaixo do travesseiro e a arma na mesa ao seu lado.

— Dinheiro ficar comigo — disse ele, e foi dormir.

Allen acordou mais tarde, de noite, encontrou duzentos dólares sob o travesseiro e se perguntou de onde tinha vindo. Quando viu a arma de Ragen, ele entendeu.

— Bom — disse ele —, melhor ir me divertir.

Ele tomou banho, raspou a barba de três dias, se vestiu e foi jantar.

3

Ragen acordou na noite de terça-feira pensando que tinha dormido apenas algumas horas. Colocou a mão embaixo do travesseiro e percebeu que o dinheiro tinha sumido. Sumido. Não conseguiu pagar as contas nem comprar nada para si. Novamente fez perguntas dentro de si e desta vez conseguiu falar com Allen e Tommy.

— É, eu vi o dinheiro ali. Não sabia que não era para gastar — disse Allen.

— Eu comprei material de arte. A gente precisava de umas coisas — disse Tommy.

— Idiotas! — gritou Ragen. — Roubei para contas. Para comida. Para pagar carro.

— Bom, cadê o Arthur? Ele devia ter nos contado — perguntou Allen.

— Não consigo encontrar Arthur. Foi fazer estudos científicos em vez de controlar frente. Tenho que arrumar dinheiro para contas.

— O que você vai fazer agora? — perguntou Tommy.

— Vou fazer de novo. É a última vez. Ninguém tocar no dinheiro.

— Meu Deus, eu odeio esses tempos confusos — disse Allen.

Nas primeiras horas da quarta-feira, dia 26 de outubro, Ragen vestiu a jaqueta de couro e seguiu pela terceira vez pela cidade de Columbus na direção da Universidade Estadual de Ohio. Ele tinha que conseguir dinheiro. Tinha que roubar alguém. Qualquer pessoa. Por volta das 7h30, parou em um cruzamento em que uma viatura da polícia também havia parado. Ragen segurou a arma. Os policiais deviam ter algum dinheiro. Quando foi na direção deles, o sinal abriu e eles seguiram dirigindo.

Ao andar pela avenida East Woodruff, avistou uma loira atraente parando com um Corvette azul na entrada de carros de um prédio de tijolos. A placa na parede dizia GEMINI. Ele a seguiu pelo caminho até a área de estacionamento nos fundos, com a certeza de que ela não o vira. Nunca havia considerado assaltar uma mulher, mas agora estava desesperado. Era pelas crianças.

— Entra no carro.

A mulher se virou, sobressaltada.

— O quê?

— Tenho arma. Preciso que me leve a um lugar.

Assustada, ela seguiu as instruções dele. Ragen entrou no lado do passageiro e pegou duas armas. E Adalana desejou que ele saísse da frente pela terceira vez...

Adalana estava ficando preocupada de Arthur descobrir que ela estava roubando tempo de Ragen. Ela decidiu que, se Ragen fosse pego, ele poderia muito bem ser culpado por tudo. Como ele tinha armas e cometera roubos, todo mundo acreditaria que ele era o culpado. Se ele não conseguisse lembrar o que tinha acontecido, a culpa seria da vodca e das drogas.

Ela admirava Ragen, a agressividade dele assim como o carinho com Christene. Havia qualidades em Ragen que ela queria ter. Enquanto a jovem dirigia o Corvette, Adalana falava sobre si como se *ela* fosse Ragen.

— Quero que você pare na administração ali. Deve ter uma limusine parada no estacionamento dos fundos — disse ela.

Quando eles viram a limusine, Adalana pegou uma das armas e mirou no carro.

— Vou matar o dono daquele carro. Se estivesse aqui agora, ele estaria morto. Esse homem vende cocaína e, por acaso, eu sei que ele matou uma garotinha dando cocaína para ela. Ele faz isso com crianças o tempo todo. É por isso que eu vou matá-lo.

Adalana sentiu alguma coisa no bolso da jaqueta. Encontrou as algemas de Tommy e a colocou no chão do carro.

— Qual é seu nome? — perguntou Adalana.

— Polly Newton.

— Bom, Polly, estou vendo que você está com pouca gasolina. Para naquele posto ali.

Adalana pagou por vinte litros de gasolina e falou para Polly pegar a I-71 norte. Seguiram até chegar a Worthington, Ohio, onde Adalana insistiu para que parassem em uma sorveteria Friendly para tomar duas Cocas.

Quando seguiram, Adalana reparou em um rio acompanhando o lado direito da estrada e algumas pontes velhas de uma pista só atravessando. Ela sabia que Polly Newton estava observando seu rosto com atenção, provavelmente para poder identificá-la para a polícia. Adalana falou, fingindo ser Ragen, inventando histórias. Confundiria Arthur e os outros e disfarçaria seu rastro. Ninguém saberia que tinha ocupado a frente.

— Eu matei três pessoas, mas matei bem mais do que isso durante a guerra. Sou membro do grupo terrorista Weathermen e fui deixado em Columbus ontem à noite para completar uma missão. Eu tinha que fazer um homem desaparecer. Ele ia testemunhar no tribunal contra os Weathermen. Preciso dizer que completei minha missão.

Polly Newton ouviu em silêncio, assentindo.

— Eu tenho outra identidade — gabou-se Adalana. — Sou um empresário e dirijo um Maserati.

Ao chegar a uma estrada deserta, Adalana fez Polly dirigir por uma vala funda e pelo mato alto de um campo perto de um laguinho. Saiu do carro com Polly, olhou para a água e para a área ao redor, voltou e se sentou no capô do carro.

— Quero esperar uns vinte minutos para você me levar.

Polly pareceu aliviada.

E Adalana acrescentou:

— E eu quero fazer sexo com você.

Polly começou a chorar.

— Eu não vou machucar você. Não sou do tipo que bate em mulher e as joga por aí. Eu nem gosto de ouvir quando fazem isso com mulheres.

"Olha, você não pode gritar nem espernear quando estiver sendo estuprada, porque isso faz um estuprador surtar e ficar violento. A melhor coisa a fazer é relaxar, dizer 'Vai em frente', e o estuprador não vai machucar você. Meu ponto fraco são lágrimas, mas você não tem escolha. Eu vou fazer de qualquer jeito."

Adalana pegou duas toalhas de banho que estavam no carro e as abriu no chão junto com a jaqueta.

— Deita aqui, coloca as mãos no chão, olha para o céu e tenta relaxar.

Polly obedeceu. Adalana se deitou ao lado dela, abriu sua blusa, desabotoou seu sutiã e a beijou.

— Não precisa ter medo de engravidar nem nada — disse ela. — Tenho doença de Huntington e fiz vasectomia. Olha.

Adalana abaixou a calça de moletom até os joelhos e mostrou uma cicatriz na parte inferior do abdome, logo acima do pênis. Não era uma cicatriz de vasectomia. Era uma linha diagonal no abdome, uma cicatriz de hérnia.

Quando Adalana se deitou em cima dela, Polly gritou:

— Por favor, não me estupra!

O grito de "estupro" da garota ressoou fundo na mente de Adalana. Ela se lembrou das coisas que tinham acontecido a David, Danny e Billy. Meu Deus, estupro era uma coisa horrível.

Adalana parou, saiu de cima da garota e olhou para o céu com lágrimas nos olhos.

— Bill, *qual é o seu problema?* Se recompõe — disse ela em voz alta.

Levantou-se e guardou as toalhas no carro. Pegou a arma maior no banco da frente e jogou uma garrafa de cerveja no lago, para acertá-la com um tiro, mas a arma não disparou. Tentou de novo e conseguiu disparar na garrafa duas vezes. Errou as duas. Bom, não tinha uma mira boa como a de Ragen.

— Melhor a gente ir — disse Adalana.

Quando saíram de lá, Adalana abriu a janela do carro e disparou duas vezes em um poste. Em seguida, esticou a mão e vasculhou a bolsa da jovem.

— Eu preciso levar dinheiro para uma pessoa. Uns duzentos dólares. — Ela ergueu o cartão do banco. — Vamos para a Kroger sacar dinheiro.

Polly conseguiu sacar 150 dólares. Eles foram para o State Savings Bank na rua North High, mas lá se recusaram a trocar seu cheque. Por fim, depois de algumas outras tentativas inúteis em bancos com janelas para atendimento móvel, Adalana sugeriu que usassem o cartão da Union Company do pai de Polly e tentassem sacar um cheque com o cartão como garantia. A loja Union do Graceland Shopping Center permitiu que ela trocasse um cheque de cinquenta dólares.

— Nós poderíamos trocar outro cheque e você ficaria com o dinheiro — sugeriu Adalana.

Em uma mudança súbita de humor, Adalana arrancou o cheque do talão para escrever um poema para Polly, mas, quando acabou, ela disse:

— Não posso entregar o poema para você porque a polícia poderia verificar minha caligrafia.

Ela destruiu o cheque e arrancou uma página da agenda de Polly.

— Vou guardar esta página — disse Adalana. — Se você falar com a polícia sobre mim ou der a eles a descrição certa, vou mandar a página para os Weathermen e eles vão a Columbus matar sua família.

Nessa hora, Adalana viu uma viatura da polícia passando à esquerda. Sobressaltada, ela escorregou...

Philip se viu olhando pela janela de um carro em movimento. Ele se virou e viu uma jovem loira desconhecida ao volante.

— Mas que porra eu tô fazendo aqui? Onde você está, Phil? — perguntou ele em voz alta.

— É esse seu nome, "Bill"?

— Não. Phil. — Ele olhou em volta. — Que merda que tá acontecendo? Meu Deus do céu, uns minutos atrás eu tava...

Tommy apareceu, olhando para ela, perguntando-se por que estava ali. Talvez alguém estivesse tendo um encontro. Ele olhou para o relógio. Quase meio-dia.

— Está com fome? — perguntou Tommy.

Ela assentiu.

— Tem um Wendy's ali. Vamos comer uns hambúrgueres e fritas.

Ela fez o pedido e Tommy pagou pela comida. Ela falou sobre si enquanto comiam, mas ele não prestou atenção. Não era namorada *dele*. Só teria que esperar até que a pessoa que tinha saído com ela voltasse e a levasse aonde eles estavam indo.

— Tem algum lugar específico em que quer que eu deixe você? — perguntou ela.

Ele olhou para Polly.

— A área do campus está bom.

A pessoa que tinha saído com ela havia sumido. Quando voltaram para o carro, ele fechou os olhos...

Allen olhou rapidamente para a jovem dirigindo, sentiu a arma no bolso e o rolinho de dinheiro. Ah, meu Deus, não...

— Olha, o que quer que eu tenha feito, me desculpa. De verdade. Eu não machuquei você, né? Não dá minha descrição para a polícia, tá? — disse ele.

Ela o encarou. Ele percebeu que tinha que confundir a situação para o caso de ela procurar a polícia.

— Diz para a polícia que sou Carlos, o Chacal, da Venezuela.

— Quem é Carlos, o Chacal?

— Carlos, o Chacal, morreu, mas a polícia ainda não sabe. Diz que eu sou o Carlos e eles provavelmente vão acreditar.

Ele pulou do carro e saiu andando rapidamente...

Em casa, Ragen contou o dinheiro e fez um anúncio:

— Ninguém toca em dinheiro. Roubei para contas.

— Espera um minuto. *Eu* paguei as contas com o dinheiro que encontrei na cômoda — disse Arthur.

— O quê? Por que não disse? Por que continuo roubando gente?

— Eu achei que você saberia quando viu que o dinheiro tinha sumido.

— E daí? E dinheiro do segundo roubo? Sumiu, mas não para contas.

— Os garotos já explicaram isso.

Ragen sentiu que tinha sido feito de bobo e andou pelo apartamento, furioso. Ele exigiu saber quem estava roubando seu tempo.

Arthur falou com Tommy, Kevin e Philip, mas os três negaram ter roubado tempo de Ragen. Philip descreveu a garota loira que tinha visto no carro.

— Ela parecia líder de torcida.

— Você não tinha nada que pegar a frente — disse Arthur.

— Ah, merda, mas eu não queria. Só me vi sentado com aquela gata na porra do carro sem saber por quê. E pulei fora assim que percebi o que tava rolando.

Tommy disse que tinha comprado um hambúrguer para a mesma garota no Wendy's, achando que alguém estava saindo com ela, "mas isso foi só por uns vinte minutos. O dinheiro já estava no meu bolso".

— Todo mundo vai ficar em casa por uns dias. Temos que entender o que está acontecendo. Ninguém sai enquanto não descobrirmos quem está roubando tempo do Ragen — disse Arthur.

— Bom, amanhã é o quarto aniversário de casamento da Dorothy e do Del. A Kathy ligou para me lembrar. Eu prometi que a encontraria em Lancaster para ela me ajudar a escolher um presente — respondeu Tommy.

Arthur assentiu.

— Tudo bem, ligue para ela e diga que vocês vão se encontrar, mas não leve muito dinheiro. Só o que precisar. E volte assim que possível.

No dia seguinte, Tommy foi fazer compras com Kathy em Lancaster. Escolheram uma colcha de chenile linda de presente. Kathy observou que foi praticamente na mesma data, quatorze anos antes, que a mãe deles se tornara a sra. Chalmer Milligan.

Depois do jantar com Dorothy e Del e uma visita tranquila e agradável de Kathy, Tommy se sentou no carro e esperou até que Allen aparecesse para dirigir até Channingway.

Assim que Allen voltou para o apartamento, ele se deitou na cama...

E David acordou. Ele não sabia por que estava se sentindo tão mal. Algo estava errado ali, mas não sabia o quê. Andou pelo apartamento e tentou falar com Arthur, Allen ou Ragen, mas ninguém apareceu. Todo mundo estava com raiva de todo mundo. Ele viu as balas da arma de Ragen em um saco plástico embaixo do sofá e a arma embaixo da cadeira vermelha, e soube que era ruim, porque Ragen sempre deixava as armas trancadas.

Ele se lembrou do que Arthur sempre dizia para ele: "Se houver algum problema ou alguém fazendo algo ruim e você não conseguir falar com ninguém pra pedir ajuda, chame os gendarmes". Ele sabia que "gendarmes" era o jeito de Arthur de dizer polícia, porque Arthur tinha escrito o número da polícia no papel ao lado do telefone. Ele pegou o fone e ligou para o número. Um homem atendeu e David disse:

— Tem alguém fazendo coisas ruins aqui. Tem alguma coisa acontecendo. Está tudo errado.

— Onde você está?

— Avenida Old Livingston, Channingway Apartments. Tem alguma coisa muito errada. Mas não diz para ninguém que eu liguei. — Ele desligou. Olhou pela janela e viu como estava enevoado, meio sinistro.

Depois de um tempo, ele saiu da frente. Danny apareceu e começou a pintar, apesar de estar ficando tarde. Ele se sentou na sala para ver televisão.

Quando ouviu a batida à porta, ficou surpreso. Pelo olho mágico, viu um homem com uma caixa de pizza da Domino's na mão. Ele abriu a porta e disse:

— Não pedi pizza.

Enquanto Danny estava tentando ajudar o homem que estava procu-rando Billy, o homem o jogou na parede e botou uma arma na sua cabeça. A polícia entrou pela porta com armas, e uma moça bonita disse que ele tinha o direito de ficar em silêncio, e ele ficou. Dois homens o colocaram em um carro e dirigiram bem devagar pela névoa densa até a delegacia.

Danny não tinha ideia de por que estava sendo preso nem o que estava acontecendo, mas ficou na cela até David aparecer para olhar as baratas correndo em círculos. Arthur, Ragen ou Allen apareceriam em breve e o tirariam dali. David sabia que não havia se comportado mal. Ele não tinha feito nada de ruim.

LIVRO TRÊS

PARA ALÉM DA LOUCURA

CAPÍTULO 20

1

Nas primeiras semanas de 1979, o escritor visitou Billy Milligan com frequência no Centro de Saúde Mental Athens. Enquanto o Professor falava com ele do passado, descrevendo o que os outros tinham visto, pensado e feito desde o começo, todos (exceto Shawn, que era surdo) ouviram e aprenderam suas histórias.

Agora atendendo ao nome de Billy, o Professor foi ficando cada vez mais confiante. Apesar de ainda mudar de vez em quando, em ocasiões em que não estava falando com o escritor, Billy achava que, quanto mais tempo conseguisse ficar integrado e livre da hostilidade e do medo que levavam aos tempos confusos, mais cedo ele poderia se manter equilibrado e começar uma nova vida. O dinheiro da venda dos quadros lhe permitiria isso quando estivesse curado.

Billy leu, estudou livros de medicina, se exercitou na academia, correu em volta do prédio e pintou. Desenhou Arthur e pintou Danny, Shawn, Adalana e April. Comprou modelos moleculares na livraria da universidade e estudou química, física e biologia sozinho. Comprou um rádio PX e começou a transmitir à noite do quarto do hospital, conversando com outros radioamadores sobre combate ao abuso infantil.

Depois de ler no jornal local que My Sister's Place, a organização de Athens para mulheres que sofreram agressão e abuso, estava tendo dificuldades para pagar as contas e talvez tivesse que fechar, ele doou cem dólares. Mas, quando descobriram de quem vinha o dinheiro, recusaram a contribuição.

No dia 10 de janeiro, pouco mais de um mês após sua transferência para Athens, Billy abriu uma conta bancária no nome da Fundação Contra Abuso Infantil e depositou mil dólares. Era parte do pagamento de cinco dígitos que tinha recebido de uma mulher de Columbus que estava planejando abrir uma galeria de arte e que foi ao Centro de Saúde Mental Athens comprar a pintura da dama com a partitura na mão, "A Graça de Cathleen".

Ele mandou imprimir um adesivo de paralama, letras pretas em um fundo amarelo.

ABRACE SEU FILHO HOJE

"NÃO DÓI"

AJUDE A ACABAR COM O ABUSO INFANTIL — BILLY

Billy conversava frequentemente com as jovens pacientes mulheres. Os enfermeiros e técnicos de saúde mental sabiam que as jovens estavam competindo por sua atenção. A enfermeira Pat Perry reparou que Mary, uma antiga aluna de antropologia, não se sentia tão deprimida quando Billy estava por perto e falava com ela. Billy admirava a inteligência de Mary e costumava pedir conselhos, assim como ela pedia para ele. Ele sentiu falta de Mary quando ela teve alta em janeiro, mas ela prometeu voltar para visitá-lo.

Quando não estava conversando com Mary, com o dr. Caul ou com o escritor, o Professor ficava entediado e irritado com o confinamento e descia para o nível de Danny, David ou do Billy não integrado. Era mais fácil para ele se relacionar com os outros pacientes assim. Alguns funcionários que tinham ficado próximos de Billy repararam que, quando era Danny ou David, ele tinha uma empatia especial por outros pacientes. Sabia quando estavam chateados, com dor ou com medo. Quando uma das jovens saía da ala aberta em estado de pânico ou histeria, Billy costumava dizer aos funcionários onde encontrá-la.

— David e Danny são as partes de mim que têm empatia — explicou o Professor para o escritor. — Eles sentem de onde vem a dor. Quando alguém sai e está chateado, é como um farol em volta de onde eles estão, e Danny ou David só apontam na direção certa.

Uma noite, depois do jantar, David estava sentado na sala quando, de repente, imaginou uma das pacientes correndo na direção da amurada da escada fora da porta da ala, uma queda íngreme de três andares pela escadaria central. Ragen, que sempre achava que David era esquisito por pensar esse tipo de coisa, percebeu que o que David estava vendo devia estar mesmo acontecendo. Ele assumiu a frente, correu pelo corredor, subiu a escada, abriu a porta e correu para o corredor.

Katherine Gillott, a técnica de saúde mental que estava sentada no escritório perto da saída, pulou da cadeira e foi atrás dele. Ela chegou ao corredor a tempo de vê-lo segurar a garota, que já tinha passado por cima

370

da amurada. Ele a segurou e puxou de volta. Quando Gillott a trouxe de volta para dentro, Ragen foi embora...

David sentiu a dor nos braços.

Além da terapia geral que estava fazendo com Billy desde o começo para fortalecer o controle da consciência, o dr. Caul usou hipnoterapia e ensinou ao paciente técnicas de autossugestão para ajudar a aliviar a tensão. Sessões semanais de terapia em grupo com dois outros pacientes de múltipla personalidade permitiram que Billy entendesse melhor sua condição, ao ver os efeitos em outras pessoas. Suas mudanças eram cada vez menos frequentes, e Caul sentiu que o paciente estava melhorando.

Como Billy, o Professor começou a se irritar com as restrições e o dr. Caul aumentou sistematicamente seus privilégios e liberdade, primeiro permitindo que ele saísse do prédio na companhia de alguém; depois deixando que ele saísse sozinho, como outros pacientes faziam, para caminhadas curtas, mas só no terreno do hospital. Billy usava esse tempo para testar níveis de poluição em vários pontos do rio Hocking. Ele fez planos de frequentar aulas na Universidade de Ohio na primavera de 1979 a fim de estudar física, biologia e arte. E começou a fazer um gráfico dos seus humores.

Em meados de janeiro, Billy insistiu para que o dr. Caul lhe estendesse o privilégio que vários outros pacientes tinham, o de ir à cidade. Precisava cortar o cabelo, ir ao banco, ver seu advogado e comprar material de arte e livros.

A princípio, Billy teve permissão de sair do terreno do hospital apenas acompanhado por dois funcionários. Como as coisas correram bem, o dr. Caul logo decidiu deixá-lo sair com apenas um dos funcionários. Pareceu não haver problema. Alguns universitários, ao reconhecê-lo pelas fotos nos jornais e na televisão, acenaram para ele. Isso fez com que se sentisse bem. Talvez a sociedade não estivesse totalmente contra ele, afinal.

Billy, enfim, acabou pedindo que sua terapia desse o passo seguinte. Tinha sido um bom paciente, argumentou; aprendera a confiar nos outros. Agora, o médico precisava mostrar que também confiava nele. Outros pacientes, muitos com doenças mentais bem mais severas do que a de Billy, tinham permissão de ir à cidade sozinhos. Ele queria o mesmo privilégio.

Caul concordou que Billy estava pronto.

Para ter certeza de que não haveria nenhum mal-entendido, Caul verificou com a superintendente, Sue Foster, e com os agentes da lei envolvidos.

As condições foram determinadas: o hospital avisaria à polícia em Athens e à Autoridade de Condicional Adulta em Lancaster cada vez que Milligan saísse da propriedade do hospital sozinho e retornasse. Billy concordou em seguir as regras.

— Nós temos que planejar com antecedência, Billy, e considerar algumas das coisas que você pode enfrentar na rua sozinho – disse Caul.

— O que você quer dizer?

— Vamos pensar nas coisas que podem acontecer e como você pode reagir. Vamos supor que você esteja andando na rua Court e uma mulher o visse, o reconhecesse e se aproximasse para bater na sua cara. Entende que isso é uma possibilidade? As pessoas sabem quem você é. O que você faria?

Billy colocou a mão no rosto.

— Eu chegaria para o lado e desviaria dela.

— Certo. Então vamos supor que um homem fosse até você, o xingasse, o chamasse de estuprador e desse um soco em você, o derrubando na rua. O que você faria?

— Dr. Caul, eu só ficaria lá, caído, para não voltar para a prisão, torcendo para que ele fosse embora e me deixasse em paz.

Caul sorriu.

— Talvez você tenha aprendido alguma coisa. Acho que a gente vai ter que dar a chance de você mostrar que aprendeu.

Na primeira vez que foi para a cidade sozinho, Billy sentiu uma mistura de euforia e medo. Atravessou as ruas com cuidado, para a polícia não o pegar por atravessar fora da faixa. Estava ciente das pessoas que passavam por ele, rezando para nenhuma o atacar. Se alguém tentasse, ele não reagiria. Faria exatamente o que tinha dito ao dr. Caul.

Billy comprou material de arte e foi até a barbearia "Bigode do Seu Pai". Norma Dishong tinha ligado para avisar o gerente e os funcionários que Billy Milligan ia até lá cortar o cabelo. As pessoas o cumprimentaram com "Oi, Billy", "Como vai, Billy" e "Está com uma cara ótima, Billy".

Bobbie, a jovem que cortou e arrumou o cabelo dele, falou com ele com solidariedade e se recusou a receber pagamento. Ele podia ir lá qualquer hora, disse ela, sem marcar, e ela cortaria o cabelo dele sem cobrar.

Na rua, vários universitários o reconheceram, acenaram e sorriram. Ele voltou para o hospital se sentindo ótimo. Nenhuma das coisas horríveis para as quais o dr. Caul o tinha preparado havia acontecido. Tudo ficaria bem.

No dia 19 de fevereiro, Dorothy visitou o filho sozinha. Billy gravou a conversa. Ele queria saber mais sobre sua infância, e entender por que o pai, Johnny Morrison, havia se suicidado.

— Você construiu uma imagem só sua do seu pai — disse Dorothy. — Às vezes, você me fazia perguntas e eu respondia da melhor forma que podia, mas nunca falei mal dele. Nunca falei das coisas tristes. Por que machucar os filhos? Você construiu sua imagem, e esse era seu pai.

— Me conta de novo — disse Billy. — Sobre aquela vez na Flórida, quando você deu a ele todo dinheiro que tinha para ele poder pegar a estrada, e não havia nada em casa além de uma lata de atum e um pacote de macarrão. Ele voltou com o dinheiro?

— Não. Ele foi para o circuito borscht. Não sei o que aconteceu lá. Ele voltou com o...

— Circuito borscht? É um show?

— É, nas montanhas, os hotéis na seção judaica das Catskills. Ele foi lá trabalhar, se apresentar. Foi nessa época que eu recebi a carta do agente dele, dizendo: "Eu nunca acreditei que você faria isso, Johnny". Não sei o que aconteceu lá. Quando voltou, ele estava mais abatido do que nunca, e isso o atrapalhou.

— Você leu o bilhete de suicídio? Eu soube por Gary Schweickart que tinha todos os nomes das pessoas...

— Tinha o nome de algumas das pessoas para quem ele devia dinheiro. Não os agiotas; ele não os citou. Mas eu sabia que estavam lá, porque ia com ele, ficava no carro quando ele pagava, e cada vez era em um lugar diferente. Ele tinha que pagar dívidas de jogo. No começo, achei que eu era culpada pelas dívidas, mas não ia pagar. Eu não fiz as dívidas. Ajudava o máximo que podia, mas não podia tirar de vocês, crianças.

— Bom — disse Billy com deboche —, nós tínhamos uma lata de atum e um pacote de macarrão.

— Voltei a trabalhar — continuou Dorothy — e aí a gente teve mais um pouco. Eu fazia as compras nessa época e continuei trabalhando e levando comida para casa. Foi quando parei de dar meu salário para ele. Eu dava o dinheiro do aluguel e ele só pagava metade.

— E apostava a outra metade?

— Isso ou pagava os agiotas. Não sei o que ele fazia. Quando perguntava, ele nunca falava a verdade. Um dia, a financeira ia levar os móveis. Eu falei: "Podem levar". Mas o cara não conseguiu porque eu estava chorando, e grávida da Kathy.

— Não foi uma coisa muito legal da parte do Johnny.
— Ei — disse Dorothy —, já chega.

Depois de dois meses e meio no Centro de Saúde Mental Athens, Billy foi perdendo cada vez menos tempo e pressionou o dr. Caul a dar o passo seguinte prometido na terapia: uma licença. Outros pacientes, muitos demonstrando melhorias menos significativas que as dele, podiam passar o fim de semana em casa com os parentes. O dr. Caul concordou que seu comportamento, a compreensão e o longo período de estabilidade indicavam que ele estava pronto. Billy, então, teve permissão de passar uma série de fins de semana na casa da Kathy, em Logan, quarenta quilômetros a noroeste de Athens. Ele ficou feliz da vida.

Em um fim de semana, Billy insistiu para que Kathy mostrasse uma cópia do bilhete de suicídio de Johnny Morrison, que ele sabia que ela conseguira na Defensoria Pública. Até aquele momento, ela havia preferido não mostrar o bilhete, com medo de que o chateasse, mas, ao ouvir Billy falar do sofrimento de Dorothy, como Johnny Morrison tinha sido um pai detestável, Kathy ficou irritada. Durante toda a vida, Kathy idolatrara a memória de Johnny. Era hora de Billy saber a verdade.

— Aqui — disse ela, jogando um envelope gordo na mesa de centro. E o deixou sozinho.

O envelope continha uma carta para Gary Schweickart do médico legista do condado de Dade, na Flórida, junto com vários documentos: quatro páginas de instruções endereçadas a quatro pessoas diferentes, uma carta de oito páginas para o sr. Herb Rau, repórter do *Miami News*, e um bilhete de duas páginas, encontrado rasgado e depois colado pela polícia. Isso parecia ser parte de um segundo bilhete para Rau, que nunca tinha sido terminado.

As instruções eram sobre o pagamento de dívidas e empréstimos, o menor de 27 dólares e o maior de 180 dólares. Um bilhete para "Louise" terminava com "uma última piada. Garotinho: Mãe, o que é um lobisomem? Mãe: Cala a boca e penteia o rosto".

O bilhete para a "srta. Dorothy Vincent" começava com instruções para o pagamento de dívidas a serem feitas com o seguro e terminava com: "Meu pedido final é ser cremado. Eu não suportaria você dançando sobre meu túmulo".

A fotocópia da carta para o sr. Herb Rau do *Miami Herald* estava ilegível em alguns pontos, indicados aqui por asteriscos:

Sr. Herb Rau
Miami News

Prezado Senhor,

Escrever isto não é tarefa fácil. Pode parecer uma saída covarde, mas, como meu mundo todo desabou ao meu redor, não sobrou nada. A única esperança de segurança temporária para os meus três filhos, James, William e Kathy Jo, pode ser tirada do pequeno seguro que tenho. Se for possível, cuide para que a mãe deles, Dorothy Vincent, *não* bote as mãos nele! Ela está misturada com umas pessoas lá de onde ela trabalha, a Place Pigalle em Miami Beach, com quem dividiria tudo com prazer! Cafetões, agiotas etc. Essas são as pessoas por quem ela quebrou a casa e, acredite, eu fiz tudo em meu poder para manter as coisas no lugar.

A história é bem sórdida: as crianças que eu amo com todo o meu coração e o fato de que elas nasceram sem o benefício do casamento é algo que ela quer usar como "truque" para conseguir a publicidade que acha que vai melhorar sua carreira! Como a seguir: Desde antes do nosso primeiro filho nascer, tentei várias vezes fazer com que ela se casasse comigo (isso depois de ela me acusar de a deixar grávida quando nos conhecemos), mas ela sempre arrumava uma desculpa depois da outra para evitar isso. (Tudo isso e o que vem a seguir podem ser provados por um depoimento dado ao meu advogado M. H. Rosenhaus, de Miami.) Eu a apresentei à minha família como minha esposa e, quando o bebê chegou, eu tinha planejado ir para alguma cidade pequena, para me casar com ela e legitimar o bebê. Eu já estava muito apaixonado pelo garotinho ***

Novamente, ela arrumou uma desculpa após a outra ("Alguém que nos conhece pode ler a coluna de casamentos" etc.). Bom, o segundo menino acabou chegando e nas primeiras duas semanas não sabíamos se ele viveria, mas Deus estava conosco e ele está agora bem e saudável. Como se isso fosse um aviso, eu sugeri casamento de novo. Dessa vez, ela deu outras desculpas e estava saindo completamente da linha: bebendo continuamente, desaparecendo do clube, e, quando estava nessas condições, as crianças não ficavam seguras com ela. Mais de uma vez, quando ela bateu nas crianças, foi com o braço e não com a palma da mão; eu tinha que a ameaçar com uma surra para que parasse. Acredite, a minha vida estava um inferno. Começou a aparecer no meu trabalho (eu estava decaindo rápido), eu sabia que, se isso continuasse, eu acabaria a matando. Eu queria ***, mas ela implorou para eu ter paciência. Colocamos as crianças em uma creche maravilhosa em Tampa, Flórida. Peguei a estrada e ela conseguiu emprego em clubes noturnos e teatros decentes. Aí a garotinha estava a caminho.

Nós voltamos para Miami e, depois que o terceiro bebê nasceu, ela contratou uma mulher para cuidar das crianças e jurou que não se misturaria com os clientes. Eu deixei que ela voltasse ao Place Pigalle para cantar... Não demorou para ela voltar ao mesmo ritmo de beber e brigar, continuamente doente até desabar e ser internada no hospital com os primeiros estágios de hepatite. Ela quase não sobreviveu, ficou sob cuidado constante do médico por várias semanas depois de sair do hospital. Quando ela voltou, disse ao médico (Saphire do N.M.B.) que seria bom voltar para o trabalho para distrair a cabeça porque as contas estavam se acumulando e também um coquetel de vez em quando não faria mal a ela! Eu fui contra a ideia, então, sem me contar, ela assinou um contrato no Pigalle. Bom, o trabalho nos hotéis tinha diminuído, nós conversamos e eu decidi subir as montanhas (N.Y.) para trabalhar umas semanas! Nunca tínhamos ficado separados antes e claro que na ocasião eu não sabia o tipo de gente com quem ela estava se relacionando (os cafetões, as lésbicas, os agiotas etc.). Esses para ela tinham virado símbolo de vida "inteligente". Quando voltei para casa e vi o tipo de roupa que ela estava comprando (camisas de aparência masculina, ternos severos, certos tipos de calça de toureiro que pareciam ser o sinal entre esses tipos de mulher), bom, eu explodi. Daí em diante, foi um inferno na terra...

A bebedeira contínua dela a levou de novo para o hospital para uma cirurgia de hemorroida e, como o fígado dela já estava muito prejudicado, não puderam operar. Ela ficou semanas lá. Eu viajei 240 quilômetros em uma noite para poder ficar com ela durante as horas de visita diurnas, pintar a casa etc. Ela estava planejando desde a época destruir nosso lar para poder ficar com aquelas pessoas. No dia seguinte à cirurgia, quando ela começou a acordar, ainda sob efeito da anestesia, achou que eu fosse outra pessoa. As admissões dela eram doentias, era como uma degeneração de uma classe desconhecida. Eu tentei impedi-la dizendo que era eu (ela estava em uma ala), mas ela não entendeu e começou a se gabar, dizendo que me fez de "otário" por tantos anos... Eu nunca mencionei isso pra ela por causa das crianças, e supliquei ao ***

Bom, quando ela começou a melhorar, mencionei o casamento de novo e ela disse que tinha falado com um padre e que ele tinha dito "você não precisa se preocupar com isso". Eles são "Filhos de Deus". Isso para mim não parece plausível, mas, como mencionei acima, ela quer transformar isso em um "truque". Ela continuou a ponto de me processar por divórcio para sair no jornal e, sem me avisar, fez um "acordo de paz" e tentou que fosse entregue no dia de Natal, para eu não poder estar com as crianças... e na véspera de Ano-Novo a minha garotinha estava comemorando o segundo aniversário e ela se recusou a me deixar vê-la e depois me telefonou para dizer como eles estavam se divertindo na festa dela...

Sr. Rau, pode questionar o pessoal dos shows em M. B. sobre a minha honestidade e lealdade a essa mulher, mas é mais do que eu aguento. Você sabe que o mercado de casas noturnas aqui é um mundo feminino e ela foi ativa em me fazer perder dois empregos. Você pode imaginar como ela se gabou continuamente, e se eu brigar pelas crianças ela pode me botar para fora de Miami. Ela desapareceu de dois a três dias seguidos, e eu estou em um ponto em que não consigo enfrentar a vida e ver o que essas crianças vão passar... Eu tentei uma vez e falhei, mas desta vez espero que seja um sucesso. Para proteger as crianças, eu a teria aguentado e preferiria pagar meu pecado com o Todo-poderoso a passar por aquilo. Como último pedido, faça com que isso seja investigado por várias agências que possam proteger meus filhos.

E que Deus Tenha Misericórdia da minha Alma.

Johnny Morrison

Billy ficou perplexo com a carta de suicídio do pai. Ele a leu mais vezes, tentando entender; quanto mais lia, mais queria saber. Mais tarde, Billy contou ao escritor sobre sua tentativa de confirmar essa história.

Antes de sair da casa da irmã em Logan, Billy telefonou para a Associação de Bares da Flórida para procurar o advogado de Johnny Morrison, mas acabou descobrindo que o sujeito já estava morto. Ligou para o cartório e descobriu que não havia registro de casamento em nome de Johnny Morrison ou Johnny Sohraner.

Continuou fazendo ligações até encontrar o antigo dono de uma casa noturna na qual Johnny tinha trabalhado. O homem estava aposentado, mas tinha um barco em Key Biscayne e ainda levava frutos do mar para o clube. O homem disse que sempre soube que um dia um dos filhos de Johnny perguntaria sobre ele. Havia demitido a mãe de Billy da casa noturna por causa do tipo das pessoas que ela levava para lá. Johnny havia tentado mantê-la longe das pessoas com quem ela se juntara, mas era uma tarefa impossível. Ele disse que nunca tinha visto uma mulher mandar em um homem daquele jeito.

Billy contou que encontrou outra pessoa, um homem que havia trabalhado no Midget Motel que se lembrava de seu pai. Ele lembrava que os telefonemas naquele Natal tinham deprimido Johnny. Parecia se encaixar com a história que Johnny havia contado na carta sobre Dorothy ligando para ameaçá-lo.

Quando retornou ao hospital, começou a perder tempo de novo. Na manhã de segunda, ligou para o escritor para adiar o encontro deles.

O escritor chegou na quarta-feira e soube na mesma hora que o Professor tinha sumido. Ele estava olhando para o Billy não integrado. Eles se falaram por um tempo e o escritor, na esperança de recapturar o interesse do Professor, pediu a Billy para explicar o radiotelefone no qual ele estava trabalhando. Quando Billy estava procurando as palavras, lentamente, de forma quase imperceptível, sua voz ficou mais forte; a linguagem, mais articulada; e a discussão, mais técnica. O Professor tinha voltado.

— Por que você está tão chateado e deprimido? — perguntou o escritor.

— Eu ando cansado. Não estou dormindo nada.

O escritor indicou o livro da Escola Cody de Eletrônica e Radio.

— Quem está trabalhando naquele equipamento?

— Esse é o motivo para essa coisa ter sido construída, porque Tommy passa a maior parte do dia aqui. O dr. Caul anda conversando com ele.

— Quem é você agora?

— O Professor, mas em um estado muito deprimido.

— Por que você foi embora? Por que Tommy veio?

— Agora foi por conta da minha mãe e do marido dela. E do passado dela. Estou em um ponto em que pouca coisa importa para mim. Estou tenso demais. Tomei um Valium ontem e dormi o dia todo. Fiquei acordado a noite toda, até 6h da manhã. Eu queria fugir... Estava chateado com o comitê de condicional. Eles querem que eu volte para Lebanon. Às vezes acho que era melhor voltar e acabar com tudo. Só queria que me deixassem em paz.

— Mas se desintegrar não é a resposta, Billy.

— Eu sei. Eu me vi lutando dia a dia, tentando alcançar mais e mais e mais. Tento fazer todas as coisas que todas as minhas personalidades faziam, e é muito cansativo. Estou aqui pintando um quadro e assim que termino, guardo tudo e limpo as mãos, pego um livro, viro a cadeira e tomo nota, e fico lendo por algumas horas. Aí eu paro, me levanto e começo a trabalhar nesse radiotelefone.

— Você está se forçando demais. Não precisa fazer tudo de uma vez.

— Mas tenho tanta motivação. Tenho tantos anos para compensar e tão pouco tempo. Sinto que preciso forçar a barra.

Ele se levantou e olhou pela janela.

— Mais uma coisa: tenho que confrontar a minha mãe em algum momento. Não sei o que vou dizer para ela. Não posso agir como agia antes. Tudo está diferente agora. O comitê de condicional, minha audiência de sanidade chegando e agora ler a carta de suicídio do meu pai... é muito difícil ficar inteiro. Isso tudo acabou comigo.

No dia 28 de fevereiro, Billy ligou para o advogado e disse que não queria a mãe presente na audiência de revisão de internação na manhã seguinte.

CAPÍTULO 21

1

Depois da audiência de revisão do dia 1º de março de 1979, Billy Milligan foi readmitido no Centro de Saúde Mental Athens por mais seis meses. Todos que trabalhavam com ele estavam cientes da ameaça que pairava sobre Billy. Ele sabia que, assim que estivesse curado e fosse dispensado, seria preso pela Autoridade de Condicional Adulta do Condado de Fairfield por violar a condicional e levado para a prisão a fim de cumprir os três anos restantes da sentença de dois a cinco anos pelo assalto à farmácia Gray. Ele também talvez fosse declarado violador de condicional e forçado a cumprir uma sentença consecutiva de seis a 25 anos pelas agressões nas estradas.

L. Alan Goldsberry e Steve Thompson, seus advogados em Athens, fizeram petições no tribunal do condado de Fairfield para que suas declarações de culpa fossem desconsideradas. O argumento era o de que, em 1975, sem o tribunal saber, Billy tinha múltipla personalidade e, como estava insano e incapaz de ajudar na própria defesa na ocasião, houve uma injustiça velada.

Goldsberry e Thompson esperavam que, se o juiz em Lancaster anulasse a declaração de culpa, Billy se tornasse um homem livre depois de curado.

Ele viveu com essa esperança.

Na mesma época, Billy ficou feliz em saber que Kathy e seu namorado, Rob Baumgardt, tinham decidido se casar no outono. Billy gostava de Rob e começou a fazer planos para o casamento.

Enquanto andava pelo terreno do hospital e via os sinais da primavera, começou a sentir que o momento ruim tinha passado. Ele estava melhorando. Na licença de fim de semana, quando estava com Kathy, começou a pintar um mural no muro da casa.

Dorothy Moore negou as alegações do bilhete de suicídio e concordou com sua publicação. Johnny Morrison estava com uma doença psiquiátrica antes de morrer, disse ela. Ele havia se envolvido com outra mulher, uma stripper, e provavelmente tinha confundido aquela mulher com ela quando escreveu sobre as pessoas com quem ela andava.

Billy fez as pazes com a mãe.

Na tarde de sexta-feira, dia 30 de março, no hospital, Billy reparou em olhares incomuns, cochichos e uma sensação geral de inquietação.

— Viu o jornal da tarde? — perguntou uma das pacientes, entregando-lhe um exemplar. — Você está nas notícias de novo.

Ele olhou para a manchete no alto da primeira página do *Columbus Dispatch* do dia 30 de março:

MÉDICO DIZ QUE ESTUPRADOR TEM PERMISSÃO DE ANDAR FORA DO CENTRO
por John Switzer

> William Milligan, o estuprador com múltiplas personalidades que foi mandado para o Centro de Saúde Mental Athens em dezembro, pode andar livremente e sem supervisão todos os dias, como o *Dispatch* descobriu [...]. O médico de Milligan, David Caul, contou ao *Dispatch* que Milligan tem permissão de sair da propriedade do hospital e andar por Athens e até recebe licença de fim de semana para visitar parentes [...].

O delegado de polícia de Athens, Ted Jones, foi citado por ter afirmado que houve numerosas manifestações de apreensão da comunidade e que estava "preocupado com o paciente psiquiátrico andando em meio à comunidade universitária". O repórter também citou o juiz Flowers, que tinha declarado Milligan inocente, que disse que "não era a favor de Milligan ter liberdade de andar por aí à vontade". O artigo terminava com referência "ao homem que espalhou terror entre mulheres na área da Universidade Estadual de Ohio durante o final de 1977".

O *Columbus Dispatch* começou uma série de artigos quase diários explorando o fato de que Milligan tinha permissão de "andar livremente". Um editorial no dia 5 de abril, referindo-se a Milligan, tinha a manchete: LEGISLAÇÃO PRECISA PROTEGER A SOCIEDADE.

Leitores assustados de Columbus e pais ansiosos de alunos da Universidade de Ohio, em Athens, começaram a ligar para o presidente da universidade, Charles Ping, que entrou em contato com o hospital exigindo esclarecimentos.

Dois legisladores estaduais, Claire "Buzz" Ball Jr., de Athens, e Mike Stinziano, de Columbus, criticaram o hospital e o dr. Carl, e começaram a fazer pressão para haver audiências que reconsiderassem o estatuto sob o qual Milligan tinha sido enviado para Athens. Eles também exigiam uma mudança nas leis de "inocente por motivo de insanidade".

Alguns dos inimigos de Billy na equipe do hospital, enfurecidos por ele estar ganhando dinheiro ao vender os quadros, vazaram histórias para o *Columbus Dispatch*, o *Columbus Citizen-Journal* e o *Dayton Daily News* sobre as grandes somas de dinheiro de que ele dispunha. Ele usou uma parte do dinheiro da venda de "A graça de Cathleen" para comprar um Mazda compacto e ajudar a carregar os quadros, informação que foi parar nas manchetes.

Stinziano e Ball exigiram uma audiência investigativa no hospital de Athens. Os ataques e críticas crescentes incentivados pelos artigos quase diários e manchetes de primeira página obrigaram o dr. Caul e a superintendente Sue Foster a pedirem a Milligan para abrir mão de suas licenças e do seu privilégio de sair da propriedade desacompanhado até que o furor passasse.

Billy não estava preparado para isso. Ele tinha obedecido às regras do hospital, cumprido sua palavra e não tinha violado qualquer lei desde que a doença fora diagnosticada e tratada. Mas agora seus privilégios tinham sido retirados.

Triste, o Professor desistiu e abandonou a frente.

Quando Mike Rupe começou o seu turno, às 23h, Milligan estava sentado em uma poltrona marrom de vinil, encolhido e esfregando as mãos, como se estivesse assustado. Mike se perguntou se deveria se aproximar. Ele fora avisado do medo que Milligan tinha de homens, sabia sobre Ragen e vira as fitas de treinamento do dr. Caul sobre múltipla personalidade. Até o momento, tinha ficado na dele e deixado o paciente em paz. Diferentemente de muitos outros da equipe que achavam que Milligan estava fingindo, Mike Rupe acreditava no diagnóstico. Depois de ler a história e as anotações da enfermagem, não podia acreditar que tantos psicólogos e psiquiatras profissionais pudessem ser enganados por um jovem que não tinha nem o ensino médio completo.

Milligan normalmente parecia estável aos seus olhos e era só com isso que ele se preocupava. Mas, na semana anterior, desde as manchetes no *Dispatch*, ele foi ficando cada vez mais deprimido. Rupe se sentiu mal pelas manchetes horríveis e o fato de que Milligan tinha sido enganado pelos políticos.

Rupe saiu de trás da bancada e se sentou perto do garoto apavorado. Não tinha ideia de como Milligan reagiria, então precisava ser tão tranquilo e sutil quanto possível.

— Como você está se sentindo? Tem alguma coisa que eu possa fazer? — perguntou ele.

Milligan olhou para ele, assustado.

— Vejo que está chateado. Só quero saber se você precisa conversar com alguém. Estou aqui pra isso.

— Eu estou com medo.

— Estou vendo. Quer conversar comigo sobre isso?

— São os mais novos. Eles não sabem o que está acontecendo. E também estão com medo.

— Você pode me dizer seu nome?

— Danny.

— Você me conhece?

Danny fez que não.

— Sou Mike Rupe. Sou o técnico de saúde mental do turno da noite. Estou aqui pra ajudar se você precisar.

Danny ficou esfregando os pulsos e olhou em volta. Mas parou, ouviu uma voz interior e assentiu.

— Arthur diz que podemos confiar em você.

— Eu já ouvi sobre Arthur — disse Rupe. — Diz pra ele que eu agradeço. Não faria mal algum a você.

Danny contou que achava que Ragen estava com muita raiva por causa dos jornais e tudo mais, e queria acabar com tudo se matando. Isso assustava os pequenos. Rupe percebeu pelas pálpebras tremendo, pelos olhos vidrados se deslocando, que Milligan estava mudando de novo, e aí um garotinho se encolheu e chorou de soluçar, com uma cara de quem sentia dor.

A mudança foi acontecendo sem parar, e eles conversaram até 2h da madrugada, quando Rupe levou Danny de volta para o quarto.

Daquele dia em diante, Rupe descobriu que conseguia dialogar com várias personalidades de Milligan. Embora o enfermeiro fosse bem rigoroso com o horário de dormir (23h30 durante a semana e 2h nos fins de semana), Rupe sabia que Milligan dormia pouco, e passava muitas horas conversando com ele. Ele ficou satisfeito porque Danny e o Billy não integrado o procuravam para conversar e começou a entender por que era tão difícil lidar com Billy. Percebeu que Billy achava que estava sendo punido pelos crimes de outra pessoa de novo.

Na quinta-feira, 5 de abril, às 15h30, Danny se viu andando pelo terreno do hospital. Ele olhou ao redor, tentando entender onde estava e por quê. Atrás de si, viu uma antiga mansão vitoriana de tijolos vermelhos com colunas brancas; na frente, o rio e a cidade. Ao caminhar pela grama, percebeu que antes de Rosalie Drake o ajudar no Harding Hospital, ele não conseguia andar a céu aberto sem sentir medo.

De repente, reparou em umas florezinhas brancas lindas. Escolheu algumas, mas viu que no terreno mais alto as flores eram maiores. Seguindo as flores colina acima e ao redor do portão, ele se viu perto de um pequeno cemitério. As lápides não tinham nomes, só números, e ele se perguntou por quê. A lembrança de ter sido enterrado vivo quando tinha 9 anos o fez tremer e ele recuou. Não teria havido nome nem número no túmulo *dele*.

Danny viu que as flores eram maiores no alto da colina e continuou subindo até chegar a um penhasco que despencava de repente. Foi até a beira e se apoiou em uma árvore enquanto olhava para a estrada abaixo, para o rio e para as casas.

De repente, ouviu pneus de carros cantando e viu luzes brilhando na estrada curva abaixo. Olhar para baixo o deixou tonto. Muito tonto. Ele começou a se balançar para a frente quando ouviu uma voz atrás de si dizer:

— Billy, vem.

Ele olhou ao redor. Por que todas aquelas pessoas estavam em volta dele? Por que Arthur ou Ragen não estavam ali para protegê-lo? Seu pé escorregou e as pedrinhas sob seus pés caíram pelo penhasco. Um homem esticou a mão. Danny a segurou e a apertou com força enquanto o homem o puxava para um lugar seguro. O homem bonzinho andou com ele até o prédio grande com as colunas.

— Você ia pular, Billy? — perguntaram.

Ele olhou para uma moça estranha. Arthur tinha dito para nunca falar com estranhos. Mas ele percebeu que havia muita agitação na ala e que as pessoas estavam olhando para ele e falando sobre ele, então decidiu dormir e deixar que outra pessoa ficasse com a frente...

Allen andou pela ala naquela noite, se perguntando o que tinha acontecido. Seu relógio digital dizia 10h45. Ele não saía havia muito tempo, satisfeito, junto aos outros, de ouvir e aprender com a história do Professor sobre suas vidas. Era como se cada um deles tivesse apenas algumas peças do quebra-cabeça gigante da consciência, mas agora o Professor, ao tentar fazer o escritor ver todas as peças juntas, havia deixado todos cientes das vidas que eles tinham vivido. Algumas lacunas ainda persistiam porque o Professor não tinha contado tudo, só as memórias que responderiam às perguntas do escritor.

Mas agora o Professor tinha ido embora e as linhas de comunicação entre ele e o escritor e entre ele e os outros estavam rompidas. Allen estava confuso e sozinho.

— Qual é o problema, Billy? — perguntou uma das pacientes.

Ele a olhou.

— Eu estou meio grogue. Acho que tomei comprimidos demais. Vou dormir cedo.

Alguns minutos depois, Danny acordou e viu várias pessoas correndo para o seu quarto, tirando-o da cama.

— O que eu fiz? — suplicou ele.

Alguém pegou um frasco de comprimidos e ele viu que alguns tinham caído no chão.

— Eu não tomei nenhum — disse Danny.

— Você tem que ir para o hospital — ouviu ele, e alguém gritou chamando a maca para levar Milligan. Danny foi embora e David chegou...

Quando Mike Rupe se aproximou, Ragen, achando que ele iria machucar David, assumiu a frente. Rupe tentou ajudá-lo a ficar de pé, mas Ragen lutou com ele e os dois caíram na cama.

— Vou quebrar seu pescoço! — rugiu Ragen.

— Não vai mesmo — disse Rupe.

Eles estavam segurando um ao outro pelos braços e rolaram no chão.

— Solta! Quebro seus ossos!

— Aí mesmo que eu não vou soltar.

— Machuco se não soltar.

— Eu não vou soltar enquanto você estiver dizendo essas merdas — disse Rupe.

Eles lutaram, sem um conseguir subjugar o outro. Finalmente, Rupe disse:

— Eu te solto se você me soltar e prometer não quebrar meus ossos.

Percebendo que era um impasse, Ragen concordou:

— Solto se você soltar e afastar.

— Nós dois soltamos ao mesmo tempo — disse Rupe — e tudo fica bem.

Eles olharam nos olhos um do outro; em seguida, se soltaram e se afastaram.

O dr. Caul, que tinha aparecido à porta, deu instruções para os outros atendentes levarem a maca de rodinhas.

— Não preciso disso — disse Ragen. — Ninguém com overdose.

— Você vai para o hospital ser examinado — disse o dr. Caul. — Nós não temos como saber o quanto do remédio Billy guardou. Alguém disse alguma coisa sobre ter tomado remédio demais. Nós temos que ter certeza.

Caul falou com Ragen até ele finalmente se afastar. Os joelhos de Danny falharam e, quando seus olhos se reviraram para trás, Rupe o pegou e o colocou na maca.

Eles foram até a ambulância. Rupe se sentou com Milligan enquanto eles seguiam para o O'Bleness Memorial Hospital.

Rupe sentiu que o médico da emergência não gostou muito da ideia de ter Milligan em seu hospital. Ele tentou explicar para o médico da melhor forma que pôde que Milligan tinha que ser tratado com cuidado.

— Se ele começar a falar com aquele sotaque eslavo, a melhor coisa é recuar e deixar que uma enfermeira cuide dele.

O médico o ignorou e viu os olhos de Danny rolarem de volta para a frente. Rupe viu que ele estava mudando de David para Danny.

— Ele está fingindo — disse o médico.

— Ele só está mudando e...

— Escuta, Milligan, eu vou fazer uma lavagem estomacal em você. Vou enfiar uns tubos pelo seu nariz e lavar seu estômago.

— Não — gemeu Danny. — Nada de tubos... nada de mangueira.

Rupe adivinhou em que Danny estava pensando. Ele tinha contado a Rupe sobre um incidente com uma mangueira que foi enfiada no seu orifício traseiro.

— Bom, eu vou fazer — disse o médico. — Quer você goste ou não, vai ser feito.

Rupe viu a mudança.

Ragen se sentou rapidamente, bem alerta.

— Escuta — disse ele. — Médico de quinta categoria nenhum fazer exercício de medicina comigo.

O homem deu um passo para trás, o rosto pálido de repente. Ele se virou e saiu da sala.

— Foda-se ele — disse ele. — Não ligo se esse filho da puta morrer.

Rupe o ouviu ligar para o dr. Caul alguns minutos depois e explicar o que tinha acontecido. O médico voltou menos cruel e reclamão e mandou uma das enfermeiras levar uma dose dupla de xarope de ipeca para fazer Milligan vomitar. Ragen foi embora e Danny voltou.

Quando Danny vomitou, o médico mandou o vômito ser verificado. Não havia sinal de medicação.

Rupe voltou com Danny na ambulância. Eram 2h da madrugada e Danny estava calado e confuso. Ele só queria dormir.

No dia seguinte, a equipe de terapia informou a Billy que tinham decidido transferi-lo para a Ala 5, a ala masculina trancada. Ele não entendeu por quê. Não sabia nada sobre a suposta overdose e a ida com Mike Rupe ao hospital. Quando vários atendentes homens estranhos começaram a entrar pela porta, Ragen pulou da cama, quebrou um copo na parede e exibiu a borda afiada.

— Pra trás! — avisou ele.

Norma Dishong correu para o telefone e pediu ajuda. Segundos depois, a palavra "Código Verde" reverberava pelo alto-falante.

O dr. Caul apareceu à porta, viu a expressão tensa e ouviu a voz de um Ragen zangado.

— Não quebro osso tem tempo. Dr. Caul, você primeiro.

— Por que está fazendo isso, Ragen?

— Você traiu. Todo mundo aqui traiu.

— Não é verdade. Você sabe que todos esses problemas são por causa dos artigos do *Dispatch*.

— Ala 5, não.

— Você vai ter que ir, Ragen. Está fora do meu alcance. Agora, é questão de segurança. — Ele balançou a cabeça com tristeza e saiu andando.

Três guardas, segurando um colchão na frente do corpo, foram para cima de Ragen e o encurralaram na parede. Três outros o empurraram virado para baixo na cama, segurando braços e pernas. Arthur impediu Ragen. A enfermeira Pat Perry ouviu Danny gritar:

— Não me estuprem!

Arthur viu outra enfermeira com uma injeção e a ouviu dizer:

— Uma dose de Thorazine vai fazê-lo parar.

— Thorazine, não! — gritou Arthur, mas era tarde demais.

Ele tinha ouvido a dra. Wilbur dizer que drogas antipsicóticas eram ruins para múltipla personalidade e causavam uma fragmentação pior. Ele tentou desacelerar o fluxo de sangue para impedir que o Thorazine chegasse ao cérebro. Em seguida, sentiu que estava sendo erguido e arrastado para fora do quarto, colocado no elevador, levado para o segundo andar e para a Ala 5. Ele viu rostos curiosos espiando. Alguém mostrou a língua. Alguém falou com a parede. Alguém urinou no chão. O cheiro de vômito e fezes era sufocante.

Eles o jogaram em um quartinho vazio com um colchão coberto de plástico e trancaram a porta. Ao ouvir a porta bater, Ragen se levantou para quebrá-la, mas Arthur o fez parar. Samuel assumiu a frente, caiu de joelhos e choramingou:

— *Oy vey!* Deus, por que você me abandonou?

Philip xingou e se jogou no chão; David sentiu a dor. Deitada no colchão, Christene chorou; Adalana percebeu o rosto molhado na poça de lágrimas. Christopher se sentou e brincou com os sapatos. Tommy começou a verificar a porta para ver se podia destrancá-la, mas Arthur o arrancou da frente. Allen começou a chamar o advogado. April, cheia de desejo de vingança, viu o lugar pegar fogo. Kevin falou um palavrão. Steve debochou dele. Lee achou graça. Bobby fantasiou que podia sair voando pela janela. Jason deu um ataque de birra. Mark, Walter, Martin e Timothy deliraram loucamente no quarto trancado. Shawn fez um ruído de zumbido. Arthur não controlava mais os indesejáveis.

Pela janela de observação, os jovens atendentes da Ala 5 viram Milligan se jogar nas paredes, girar, balbuciar com vozes e sotaques diferentes, rir, chorar, cair no chão e voltar a se levantar. Eles concordaram que estavam testemunhando um lunático.

O dr. Caul foi lá no dia seguinte e deu a Milligan uma dose de Amytal (amobarbital), a droga que tinha efeito calmante e restaurativo. Billy se sentiu em fusão parcial, mas algo ainda faltava. Sem Arthur e Ragen, que estavam separados, como tinham ficado antes do julgamento, ele era o Billy não integrado, vazio, assustado e perdido.

— Me deixa voltar lá pra cima, pra ATI, dr. Caul — suplicou ele.

— A equipe da ala aberta está com medo de você agora, Billy.

— Eu não faria mal a ninguém.

— Ragen quase fez. Ele estava com um copo quebrado. Ia cortar os seguranças. Ia quebrar meus ossos. A equipe do hospital ameaçou fazer greve se você for levado para uma ala aberta. Estão falando em mandar você para longe de Athens.

— Para onde?

— Lima.

O nome o fez estremecer. Na prisão, tinha ouvido histórias a respeito desse lugar. Lembrava-se de Schweickart e Stevenson lutando para impedir que ele fosse enviado para aquele buraco infernal.

— Não me manda embora, dr. Caul. Eu vou me comportar. Vou fazer o que mandarem.

O dr. Caul assentiu, pensativo.

— Vou ver o que eu posso fazer.

2

Vazamentos contínuos de informações vindos de algum lugar do Centro de Saúde Mental Athens mantiveram as manchetes em polvorosa. No dia 7 de abril, o *Columbus Dispatch* declarou: MILLIGAN EM ALA DE SEGURANÇA DEPOIS DE FINGIR OVERDOSE.

Os ataques do *Dispatch* a Milligan agora também eram direcionados ao Centro de Saúde Mental Athens e ao dr. Caul. Ele começou a receber telefonemas abusivos e ameaças. Uma pessoa gritou:

— Como você pode defender aquele estuprador, seu filho da puta drogado imprestável? Eu vou matar você!

Depois disso, o dr. Caul sempre olhava ao redor com atenção antes de entrar no carro e dormia com um revólver carregado na mesinha de cabeceira.

Na semana seguinte, o *Dispatch* relatou os protestos de Stinziano contra a tentativa do Centro de Saúde Mental Athens e da superintendente do hospital, Sue Foster, de encontrar um novo hospital para Milligan.

STINZIANO DUVIDA DE ASSESSORES DO ATHENS SOBRE
A TRANSFERÊNCIA DE MILLIGAN

O deputado estadual Mike Stinziano, D-Columbus, está cético sobre os representantes do Centro de Saúde Mental Athens minimizarem a possibilidade de que William S. Milligan possa ser transferido para outra instituição.

O democrata de Columbus está convencido de que a publicidade do jornal no começo da semana passada impediu os deputados estaduais de transferirem silenciosamente o estuprador e ladrão doente psiquiátrico de 24 anos.

"Sinceramente, sem a publicidade, tenho certeza de que ele [Milligan] teria sido transferido para fora do estado ou para Lima [Hospital Estadual]", disse Stinziano...

Durante a coletiva de imprensa de quarta-feira em Athens, a sra. Foster disse: "O tratamento de Billy Milligan foi comprometido pela imprensa e pela reação dele à imprensa".

A superintendente se referiu aos numerosos relatos que vieram depois da revelação do *Dispatch* de que Milligan tinha recebido permissão para saídas não supervisionadas do Hospital de Athens.

O comentário da sra. Foster gerou uma resposta de Stinziano. "Culpar a imprensa por relatar os fatos é irresponsabilidade", disse ele...

Stinziano e Ball exigiram que o Departamento de Saúde Mental de Ohio chamasse especialistas externos para avaliar o tratamento de Milligan. Foi quando a dra. Cornelia Wilbur aceitou ir a Athens. Seu relatório elogiou o programa de tratamento do dr. Caul. Contratempos como aquele, explicou ela, ocorriam frequentemente com pacientes com múltipla personalidade.

O *Columbus Dispatch* relatou no dia 28 de abril de 1979:

PSIQUIATRA DE SYBIL APROVA LICENÇAS NA TERAPIA DE MILLIGAN
por Melissa Widner

A psiquiatra chamada pelo Departamento de Saúde Mental de Ohio [...] para dar consultoria sobre o caso do paciente psiquiátrico William Milligan recomendou que nenhuma grande mudança seja feita em seu tratamento.

No relatório ao departamento, tornado público na sexta-feira, a dra. Cornelia Wilbur apoiou a terapia de Milligan, que até recentemente incluía licenças frequentes do Centro de Saúde Mental Athens, onde ele é paciente [...]. A dra. Wilbur disse que ele não é mais perigoso depois de treze meses de terapia em instituições psiquiátricas estaduais e particulares. Ela sugeriu que o tratamento na clínica de Athens prossiga.

Ela disse que as saídas sem supervisão como parte do tratamento foram bem concebidas, mas a divulgação sobre essas saídas teve um efeito negativo...

O artigo a seguir apareceu no *Columbus Citizen-Journal* no dia 3 de maio de 1979:

O deputado estadual Mike Stinziano, D-Columbus, está questionando a objetividade de um psiquiatra que recomendou tratamentos para William Milligan [...]. Em uma carta para Myers Kurtz [*sic*], o diretor em exercício do Departamento de Saúde Mental e Retardamento Mental de Ohio, Stinziano disse que a dra. Cornelia Wilbur não deveria dar conselhos no caso de Milligan "pois ela foi originalmente responsável por alocar William Milligan em Athens".

Stinziano disse que a escolha da dra. Wilbur como médica externa "faz tanto sentido quanto perguntar para a srta. Lillian que tipo de trabalho Jimmy Carter está fazendo na Casa Branca".

No dia 11 de maio, a unidade de Columbus da Organização Nacional das Mulheres escreveu uma carta de três páginas para o dr. Caul e enviou cópias para Meyers Kurtz, Mike Stinziano, Phil Donahue, Dinah Shore, Johnny Carson, dra. Cornelia Wilbur e o *Columbus Dispatch*. Começava da seguinte forma:

Dr. Caul,

O programa de tratamento que o senhor prescreveu para William Milligan, que, de acordo com relatos de jornal, inclui licença não supervisionada, uso irrestrito de um automóvel e auxílio em arranjos financeiros para livros e direitos de filmes, apresenta um descaso deliberado e flagrante pela segurança das mulheres nas comunidades ao redor. Não pode ser tolerado em nenhuma circunstância [...].

A carta dizia também que não só o programa de tratamento do dr. Caul não ensinava a Milligan que violência e estupro são inconcebíveis, como ele também estava de fato recebendo reforço positivo "pelas ações repreensíveis". Alegava que, com a cumplicidade de Caul, Milligan tinha apreendido "a mensagem subliminar e verdadeira da cultura: que violência contra as mulheres é uma ocorrência asseitável [*sic*], uma mercadoria comercializada e erotizada [...]".

A carta argumentava que "a falta de discernimento clínico de Caul é tão misógina quanto previsível. A alegação de que a personalidade estupradora era lésbica é um estratagema óbvio para perdoar a cultura patriarcal [...]. A personagem lésbica fictícia é um bode expiatório conveniente porém falacioso e estereotipado que pode ser culpado pela sexualidade retaliativa violenta/agresiva [sic] de Milligan. Novamente, o homem é aliviado da responsabilidade pelas suas ações e a mulher é vitimizada".

Como resultado da recomendação da dra. Wilbur, a decisão tomada foi a de manter Billy em Athens.

A equipe da ala de Admissões e Tratamento Intensivo, incomodada com a publicidade e a reação de Billy, exigiu mudanças no plano de tratamento, caso contrário fariam greve. Como alguns achavam que ele estava passando tempo demais com Billy, insistiram para que o dr. Caul entregasse a autoridade do gerenciamento do dia a dia para a equipe e limitasse seu próprio envolvimento a preocupações médicas e terapêuticas. Para impedir que Billy fosse enviado para Lima, Caul concordou, com relutância.

A assistente social Donna Hudnell elaborou um "contrato" para Billy assinar, no qual ele prometia seguir uma série de restrições, sendo a primeira que "não haveria ameaças de alienação nem depravação de personalidade e posição feita em relação a nenhum membro da equipe". A penalidade para a primeira violação dessa cláusula seria restrição das visitas do escritor.

Milligan não teria objetos de vidro nem afiados em seu quarto. Nenhum privilégio geral sem concordância prévia da equipe de tratamento matinal. Não receberia nenhuma ligação. Ligações para fora estavam limitadas a uma por semana para o advogado e duas por semana para a mãe ou a irmã. Os visitantes seriam limitados a sua irmã e o noivo dela, sua mãe, seu advogado e o escritor. Ele estava proibido de "dar conselho de qualquer natureza, fosse médico, social, legal, econômico ou psicológico a qualquer outro paciente na ATI". Ele não teria permissão de retirar mais do que 8,75 dólares por semana da conta na administração e não teria mais do que isso consigo em qualquer momento. Ele poderia contar com seu material de pintura por períodos limitados, mas tinha que ser supervisionado enquanto pintava. Os quadros concluídos seriam removidos semanalmente. Só se ele seguisse a regra por duas semanas é que seus privilégios seriam restaurados aos poucos.

Billy concordou com os termos.

O Billy não integrado seguia as regras, sentindo que a equipe tinha transformado o hospital em uma prisão. Ele achava que estava novamente sendo punido por algo que não tinha feito. Com Arthur e Ragen ainda sumidos, o

Billy não integrado passava a maior parte do tempo vendo televisão com os outros pacientes.

O primeiro dos privilégios a ser restaurado depois de duas semanas foram as visitas do escritor.

O Professor não tinha reaparecido desde o começo dos ataques do *Dispatch*. Sem poder oferecer lembranças ou detalhes do que tinha acontecido a ele, Billy ficou constrangido. Para evitar confusão, ele e o escritor decidiram se referir ao Billy não integrado como "Billy-N" quando o escritor perguntava com quem estava falando.

— Eu vou ficar bem — disse Billy-N para o escritor. — Peço desculpas por não poder ser mais útil. Mas vou ficar bem quando meu Arthur e meu Ragen voltarem.

3

Quando o escritor chegou na sexta-feira seguinte, dia 22 de maio, ele ainda estava diante do Billy não integrado. O discurso hesitante, o olhar distraído, o ar geral de depressão entristeceram o escritor.

— Só para deixar registrado — perguntou ele —, com quem eu estou falando?

— Sou eu, Billy-N. Ainda não integrado. Desculpa, mas Arthur e Ragen continuam desaparecidos.

— Não precisa se desculpar, Billy.

— Eu não vou poder ajudar muito.

— Tudo bem. A gente pode conversar.

Billy assentiu, mas parecia inerte e esgotado.

Depois de um tempo, o escritor sugeriu que eles perguntassem se seria possível levar Billy para dar uma volta. Encontraram Norma Dishong, que concordou, desde que eles ficassem no terreno do hospital.

Era uma tarde ensolarada e, conforme caminhavam, o escritor pediu a Billy para fazer o caminho que Danny tinha feito no dia em que foi ao penhasco.

Sem ter certeza do caminho, mas com uma sensação geral de direção, Billy tentou reencenar o que tinha acontecido naquele dia, mas não adiantou, só se lembrava de coisas vagas.

— Tem um lugar aonde eu gosto de ir quando quero ficar sozinho — disse ele. — Vamos lá.

Enquanto caminhavam, o escritor perguntou:

— O que acontece com as outras pessoas na sua cabeça quando você está apenas parcialmente integrado? Como é?

— Eu acho que está mudando. É o que chamam de "consciência compartilhada". É como se eu estivesse montando uma consciência compartilhada com algumas das outras pessoas. Está acontecendo gradualmente. Acho que nem todo mundo tem consciência compartilhada com todo mundo, mas as coisas estão começando. De vez em quando, Fulano sabe o que está acontecendo com Beltrano, e eu não sei por que nem como.

"Tipo semana passada. Aconteceu uma grande discussão em uma das reuniões lá em cima com o dr. Caul, outro psiquiatra e aquele defensor dos direitos dos clientes. Allen estava lá, discutindo com eles. Mas ele se levantou e disse: 'Vão pro inferno. Vejo vocês em Lima.' E saiu andando. Eu estava no saguão, sentado em uma cadeira, e de repente ouvi exatamente o que ele tinha dito.

"E eu gritei: 'O quê? Espera um minuto aí! Como assim, Lima?' Eu estava sentado na beira da cadeira, com medo, porque estou ouvindo a conversa que aconteceu segundos antes, como um replay instantâneo, e era outra pessoa dizendo isso. Eu vi o outro psiquiatra, que saiu da sala, parado ali, e falei: 'Olha, pessoal, vocês têm que me ajudar.'

"Ele diz: 'O que você quer dizer?' E eu comecei a tremer e falei o que tinha ouvido na minha cabeça. E perguntei se era verdade: 'Eu falei pra me mandarem pra Lima?' Ele disse que sim. Comecei a chorar. 'Não me dá atenção. Não dá atenção ao que eu estou dizendo.'"

— Isso é um novo desenvolvimento?

Billy olhou para o escritor, pensativo.

— Acho que é o primeiro sinal de consciência compartilhada sem completa integração.

— Isso é muito importante.

— Mas é assustador. Eu estava chorando e gritando. Todo mundo na sala se virou e me olhou. Eu não sabia o que tinha acabado de dizer e fiquei pensando *Por que está todo mundo me olhando?*, e aí ouvi de novo na minha cabeça.

— Você ainda é o Billy não integrado?

— Sim. O Billy-N.

— Você é o único que tem esse "replay instantâneo"?

Ele assentiu.

— Como sou o hospedeiro, o centro, sou eu que estou desenvolvendo a consciência compartilhada.

— O que você acha disso?

— Significa que eu estou melhorando, mas é assustador. Às vezes, eu me pergunto se quero melhorar. Esse medo todo, essa merda toda pela qual estou passando, vale a pena? Ou eu devo me enterrar lá no cérebro e esquecer?

— Qual é a sua resposta?

— Eu não sei.

Billy ficou mais quieto quando chegaram ao pequeno cemitério perto da Escola Beacon para Retardados Mentais.

— É aqui que eu venho às vezes tentar resolver as coisas. É o lugar mais triste do mundo.

O escritor olhou para as lápides, muitas das quais caídas, cobertas de mato.

— Eu me pergunto por que só tem números — disse ele.

— Bom, quando não se tem familiares, nem amigos no mundo, e ninguém liga e você morre aqui, todos os seus registros são destruídos. Mas tem uma lista de quem está enterrado aqui, para o caso de alguém aparecer. A maioria dessas pessoas morreu durante a febre de... 1950, eu acho. Mas tem marcadores ali de 1909 e até antes.

Billy começou a vagar entre os túmulos.

— Eu vinha aqui e me sentava na encosta ali perto daqueles pinheiros, para ficar sozinho. É deprimente estar neste cemitério e saber o que é, mas também tem certa paz. Já reparou como aquela árvore morta fica por cima? Tem uma espécie de graça e dignidade nisso.

O escritor assentiu, sem querer interromper.

— Quando começaram a construir esse cemitério o fizeram em círculo. Está vendo que formam uma espiral grande? Mas quando a grande febre veio e começaram a ficar sem espaço, tiveram de começar a enterrar em fileiras.

— Ainda usam este cemitério?

— Sim, se alguém morre e a pessoa não tem família. É doloroso. O que você acharia de vir aqui procurar um parente distante e descobrir que ele ou ela é o número 41? E tem tantas dessas pedras caídas ali na encosta, jogadas em pilhas. É deprimente. Não há respeito pelos mortos. Os bons marcadores não foram colocados pelo estado. Eles são colocados pelas pessoas que descobriram seus parentes. Eles têm nomes. As pessoas gostam de pesquisar o passado e descobrir de onde vêm. Quando descobrem que seus ancestrais e parentes foram "plantados" aqui com um número em cima da cabeça, as pessoas ficam meio putas. Elas dizem: "É a minha família. Eles merecem mais respeito do que isso". Não importa se era a pessoa pervertida ou se estava doente, o que for. É triste que haja poucas lápides bonitas neste cemitério. Eu passei muito tempo aqui quando podia andar por aí... — Ele parou, riu e disse: — Quando eu podia "andar" por aí.

O escritor sabia que ele estava se referindo à palavra usada na manchete do *Dispatch*.

— Fico feliz de você poder rir disso. Espero que não deixe que o afete mais.

— Não afeta. Eu superei esse obstáculo. Sei que vai haver bem mais, mas acho que não vão me pegar de surpresa e eu vou poder lidar com eles com mais facilidade.

Durante a conversa, o escritor percebeu que estava sentindo uma mudança pouco perceptível na expressão de Billy. O caminhar ficou mais rápido. A fala ficou mais articulada. E agora a referência debochada à manchete.

— Eu queria perguntar uma coisa — disse o escritor. — Ao falar com você, agora, se não tivesse me dito que era o Billy-N, poderia ter me enganado, porque você fala como o Professor...

Os olhos dele se iluminaram e ele sorriu.

— Ora, por que você não me pergunta?

— Quem é você?

— Eu sou o Professor.

— Seu filho da puta. Gosta de me pegar de surpresa.

Ele sorriu.

— É assim que funciona. Quando fico relaxado, acontece. Tem de haver uma paz interior. Foi o que eu encontrei aqui... conversando com você, vendo essas coisas de novo, revivendo e lembrando.

— Por que esperou eu perguntar? Por que não disse "Ei, eu sou o Professor"?

Ele deu de ombros.

— Não é um reencontro. O Billy não integrado tem falado com você. E aí, de repente, o Ragen entra na conversa, e o Arthur, porque eles têm algo a acrescentar. E de certa forma também é muito constrangedor dizer "Ah, oi, tudo bem?" como se eu não estivesse falando com você o tempo todo.

Eles continuaram andando e o Professor disse:

— O Arthur e o Ragen querem muito ajudar o Billy a explicar para você o que aconteceu durante o último tempo confuso.

— Vá em frente. Me conta.

— O Danny não ia pular daquele penhasco. Ele só estava seguindo as flores colina acima, em busca de flores maiores.

O Professor andou na frente e mostrou ao escritor o caminho que Danny tinha tomado e a árvore atrás da qual tinha se apoiado. O escritor olhou para baixo. Se Danny tivesse pulado, seria morte na certa.

— E Ragen não pretendia machucar os guardas. O vidro quebrado era para ele. Ele sabia que Billy tinha sido traído e ia cortar a si mesmo. — O Professor levantou a mão para mostrar que o que outras pessoas tinham considerado ameaça era, na verdade, o vidro na altura do pescoço dele mesmo. — Ragen ia cortar a própria garganta e acabar com tudo.

— Mas por que você disse ao dr. Caul que ia quebrar os ossos dele?

— O que Ragen pretendia dizer era "Vem, dr. Caul. Você ser primeiro a me ver quebrar osso". Eu não ia machucar um homenzinho.

— Fica integrado, Billy — disse o escritor. — O Professor é necessário. Nós temos trabalho a fazer. Sua história é importante.

Billy assentiu.

— É o que eu quero agora — disse ele. — Que o mundo saiba.

Com o andamento da terapia, a pressão externa sobre a administração do hospital continuou. O contrato de duas semanas de Billy com a equipe foi renovado. Os privilégios foram restaurados aos poucos. O *Columbus Dispatch* continuou a publicar artigos hostis a Milligan.

Os legisladores estaduais, em resposta a artigos de jornal, continuaram a pressionar, agora por meio de audiências. Stinziano e Ball descobriram que um livro sobre Milligan estava sendo escrito e apresentaram o Projeto de Lei n. 557, para impedir criminosos, inclusive os considerados inocentes por motivo de insanidade, de ficarem com o dinheiro que pudessem ganhar com as histórias de suas vidas ou revelações sobre os crimes que cometeram. As audiências sobre esse projeto de lei perante o Comitê do Judiciário começariam em dois meses.

4

Em junho, apesar dos ataques constantes dos jornais e da agitação que causaram nas condições de vida e em seu tratamento, Billy permaneceu estável. Voltou a ter permissão para sair e se exercitar no terreno do hospital (mas não para ir à cidade desacompanhado). As sessões de terapia com o dr. Caul continuaram. Ele voltou a pintar. Porém, agora, tanto o escritor quanto o dr. Caul concordavam que havia uma mudança notável no Professor. Sua memória estava menos precisa. Ele estava ficando tão manipulador quanto Allen e tão antissocial quanto Tommy, Kevin e Philip.

O Professor falou para o escritor que um dia, enquanto manuseava o equipamento de rádio PX de Tommy, tinha ouvido a si mesmo dizer em voz alta:

— Ei, o que estou fazendo? Transmitir sem licença é ilegal. — E, sem mudar para Tommy, ele disse: — E por que eu me importaria?

Ele ficou chocado e preocupado com sua própria atitude. Tinha passado a acreditar que essas personalidades (como Professor, ele agora aceitava o termo "personalidades" no lugar de "pessoas") eram parte dele. De repente, pela primeira vez sem mudar, ele *se sentia* como eles. Essa então era a verdadeira fusão. Ele estava se tornando o denominador comum de todas as 24 personalidades, e isso não fazia dele um Robin Hood ou um Superman, mas um jovem muito comum, antissocial, impaciente, manipulador, inteligente e talentoso.

Como o dr. George Harding tinha sugerido antes, o Billy Milligan integrado provavelmente seria menos do que a soma das partes.

Nessa época, Norma Dishong, a gerente de caso do turno da manhã, não quis mais cuidar do caso de Billy. A pressão a estava afetando. Nenhum dos outros técnicos em saúde mental quis o caso. Finalmente, a "parceira de caso" de Dishong, Wanda Pancake, nova na unidade ATI, apesar de estar no hospital há anos, aceitou ser a gerente de caso dele.

Jovem e divorciada, com um rosto quadrado e corpo baixo e atarracado, Wanda Pancake se aproximou do novo paciente com receio.

— Quando soube que ele vinha para cá — admitiu ela posteriormente —, eu pensei: *Era disso que a gente precisava.* Eu estava morrendo de medo dele por causa do que tinha lido nos jornais. Afinal, era estuprador. E tinha sido violento.

Ela se lembrava da primeira vez que o vira, alguns dias depois de ele ser internado na ATI, em dezembro passado. Ele estava na sala de recreação, pintando. Ela foi falar com ele e se viu tremendo tanto que percebeu que uma mecha de cabelo que tinha caído em sua testa estava vibrando.

Wanda tinha sido uma daquelas a não acreditar nas múltiplas personalidades. Mas, depois de ele estar lá alguns meses, ela perdeu o medo. E ele fez questão de dizer o que tinha dito a todas as mulheres da unidade: que não deviam se preocupar caso ele mudasse para Ragen, porque Ragen jamais faria mal a qualquer mulher ou criança.

Ela se dava bem com Billy agora. Passava pelo quarto dele de vez em quando e os dois tinham longas conversas. Percebeu que estava começando a gostar dele e a acreditar que era atormentado por múltiplas personalidades. Ela e a enfermeira Pat Perry o defendiam para aqueles da equipe que ainda se mantinham hostis.

Wanda Pancake viu Danny pela primeira vez quando ele estava deitado num sofá tentando soltar os botões do encosto de vinil. Ela perguntou por que estava fazendo aquilo.

— Só estou tentando tirar — disse ele com voz infantil.
— Ok, mas pode parar. Quem é você, afinal?

Ele riu e puxou com mais força.

— Sou o Danny.
— Tá bom, Danny, se você não parar, vou bater na sua mão.

Ele olhou para Wanda e deu alguns puxões a mais para testar os limites. Mas, quando ela chegou mais perto, ele parou.

No encontro seguinte, Danny estava jogando roupas e alguns dos seus bens pessoais na lata de lixo.

— O que você está fazendo?
— Jogando coisas fora.
— Por quê?
— Não são minhas. Eu não quero mais.
— Você tem que parar. Leva essas coisas de volta pro quarto, Danny.

Ele saiu e deixou as coisas no lixo e Wanda teve que pegá-las e levá-las de volta para o quarto.

Várias vezes ela o viu jogando roupas e cigarros fora. Em outras ocasiões, as pessoas levavam de volta coisas que ele tinha jogado pela janela. Depois, Billy sempre perguntava quem estava pegando suas coisas.

Um dia, ela levou a sobrinha de 18 meses, Misty, para a sala de recreação, onde Billy estava pintando. Ele se inclinou e sorriu, mas o bebê recuou e chorou. Billy olhou para ela com pesar e disse:

— Você não é meio nova pra estar lendo os jornais?

Wanda observou a paisagem que ele estava pintando.

— Está muito bom, Billy — disse ela. — Gostaria de ter um dos seus quadros. Só não tenho muito dinheiro, mas se pintasse um cervo pra mim, só um quadrinho, eu pagaria com alegria.

— Vou pensar em alguma coisa. Mas primeiro gostaria de fazer um retrato da Misty.

Ele começou a pintar Misty, feliz porque Wanda gostava de seu trabalho. Ela era pragmática, mais fácil de conversar do que a maioria dos outros.

Sabia que ela era divorciada, não tinha filhos e morava em um trailer perto da família na cidadezinha dos Apalaches, onde havia nascido. Era vivida, uma jovem forte com um sorriso com covinhas e olhos curiosos.

Estava pensando em Wanda uma tarde enquanto corria em volta do prédio quando ela chegou de picape, um carro novinho com tração nas quatro rodas.

— Você tem que me deixar dirigir isso aí um dia — disse ele, enquanto corria parado no lugar e ela descia da picape.

— De jeito nenhum, Billy.

Ele viu a antena de rádio px e o número no vidro de trás.

— Não sabia que você também era radioamadora.

— Sou — disse ela, trancando o carro e se virando para o hospital.

— Qual é seu codinome? — perguntou ele, seguindo-a para dentro.

— Matadora de cervos.

— Que codinome estranho para uma mulher. Por que você o escolheu?

— Porque eu gosto de caçar cervos.

Ele parou e a encarou.

— Qual é o problema?

— Você caça cervos? Você mata animais?

Ela o encarou.

— Atirei no meu primeiro cervo quando tinha 12 anos e cacei todos os anos depois disso. Não tive muita sorte na última temporada, mas posso dizer que estou ansiosa pra caçar no próximo outono. Eu caço pela carne. Não vejo problema, então não venha discutir comigo sobre isso.

Eles subiram juntos no elevador. Billy foi para o quarto e rasgou os desenhos para a pintura do cervo que faria para ela.

No dia 7 de julho de 1979, com um contorno vermelho na primeira página, o *Columbus Dispatch* publicou um artigo com manchete de destaque de Robert Ruth:

ESTUPRADOR MILLIGAN PODE FICAR LIVRE EM POUCOS MESES

Descrevendo a possibilidade de Milligan ser considerado são em três ou quatro meses, e a possibilidade de ser liberado por causa de interpretações da Suprema Corte dos Estados Unidos sobre a lei federal, o artigo conclui:

"Ele [o deputado Mike Stinziano] previu que a vida de Milligan poderia correr perigo se alguns dos residentes de Columbus o vissem zanzando pela cidade."

Depois de ler o artigo, o dr. Caul disse:

— Tenho medo de esse artigo botar ideias na cabeça de algumas pessoas.

Uma semana depois, Rob Baumgart, noivo de Kathy, e Bryce, seu irmão, usando uniformes do Exército por conta de um trabalho de figuração no filme de Robert Redford, *Brubaker*, foram buscar Billy para a licença de fim de semana com acompanhamento. Quando desceu a escada com os homens uniformizados, Billy viu os guardas olhando pela janela da sala de segurança. Tentou segurar o sorriso enquanto era levado pelo que devia ter parecido uma escolta militar.

Billy contou ao escritor sobre as mudanças perturbadoras que vinha notando em si mesmo. Sem mudar para Tommy, abria armários trancados sem chaves. Andava na motocicleta nova sem mudar para Ragen, mas andava como Ragen teria feito, subindo colinas íngremes. Sentia a adrenalina pulsando, como Ragen sentiria, fisicamente ciente de si mesmo, cada músculo trabalhando bem para fazer as coisas que ele agora era capaz de fazer, apesar de nunca ter montado em uma moto antes.

Também percebeu que andava meio antissocial e irritado com outros internos, ficando impaciente com os funcionários. Tinha a estranha sensação de querer desesperadamente pegar uma vara de metal de 1,80 metro com um gancho no final e ir até o terminal elétrico. Sabia onde ficava o transformador de corrente. Ao derrubá-lo, poderia acabar com a energia elétrica.

Argumentou consigo mesmo que aquilo era errado. Se as luzes dos postes das ruas se apagassem, alguém ao volante poderia bater. Mas por que ele *queria* fazer isso? Lembrou-se de uma noite, quando sua mãe e Chalmer estavam brigando. Sem conseguir suportar, Tommy saiu de bicicleta pela rua Sprint. Foi até o terminal, entrou e acabou com a energia. Tommy sabia que, quando as luzes se apagavam, as pessoas ficavam mais calmas. Eles teriam que parar de brigar. Três ruas ficaram sem energia: a avenida Hubert, a estrada Methoff e a rua Spring. Quando voltou, ainda estava escuro, mas a discussão tinha acabado, e Dorothy e Chalmer estavam sentados na cozinha, tomando café à luz de velas.

Era isso que o motivava a querer fazer aquilo de novo. Tinha ouvido Kathy comentar que Dorothy estava tendo discussões horríveis com Del. Billy sorriu ao olhar para o transformador. Só um caso de *déjà-vu* sociopata.

Também desconfiava que havia outra coisa errada com ele agora, porque não tinha muito interesse em sexo. Houve oportunidades. Por duas vezes, quando era para estar de licença na casa da irmã, hospedara-se em hotéis de beira de estrada em Athens com jovens que tinham demonstrado interesse nele. Contudo, nas duas vezes, ao perceber viaturas da polícia de olho na estrada, acabou desistindo. Sentia-se um garoto culpado.

Ele intensificou seu estudo de si mesmo, vendo as fases dos outros dentro de si, e soube que a influência deles estava ficando mais branda. Comprou uma bateria no fim de semana, depois de tocar na loja e ficar impressionado com sua habilidade. Allen tocava bateria, mas a habilidade agora pertencia ao Professor, e até a Billy-N. Ele também tocava sax tenor e piano, mas a bateria dava a ele uma liberdade emocional mais poderosa do que qualquer outro instrumento. Mexia com ele.

Quando chegou a Columbus a notícia de que o plano de tratamento de Milligan novamente incluía licenças, os ataques contra o dr. Caul foram renovados. A Comissão de Ética de Ohio foi instruída a começar uma investigação acusando Caul por conduta imprópria na execução dos seus deveres. A alegação era a de que Milligan recebia privilégios especiais porque Caul estava escrevendo secretamente um livro a respeito de seu paciente. Como a lei exigia que uma queixa fosse registrada antes de uma investigação assim acontecer, a Comissão de Ética de Ohio mandou um de seus advogados prestar queixa.

Vendo-se agora atacado de outra frente, seus esforços para tratar o paciente comprometidos e a reputação e carreira médica ameaçadas, o dr. Caul fez uma declaração no dia 17 de julho de 1979:

> Os eventos dos meses anteriores relacionados ao caso de Billy Milligan criaram questões e reações que chegam a proporções que vão além do que é apropriado e além do que acredito estar dentro dos limites da lógica, da razão e até da lei [...].
>
> Minha decisão clínica quanto à forma como o paciente foi tratado foi o que gerou quase toda, se não toda a controvérsia. Minha decisão clínica foi apoiada por todos os profissionais que são entendidos do assunto [...].

É crença minha que sofri abuso e ataques por motivos bem básicos, o pior deles sendo publicidade para um legislador e material para jornalismo muito questionável [...].

Mais tarde, depois de muitos meses de manobras legais complexas e caras, inclusive intimações, depoimentos e reconvenções, o dr. Caul foi eximido por unanimidade de qualquer violação. Mas, durante esse período, ele descobriu que mais e mais do seu tempo e energia destinava-se a proteger a si mesmo, sua reputação e sua família. Sabia o que todo mundo queria, e que ele podia acabar com as ameaças se mantivesse Billy trancafiado, mas recusava-se a ceder às exigências emocionais dos legisladores e dos jornais, pois sabia que a terapia de Billy demandava que ele o tratasse da mesma forma que qualquer outro paciente.

5

Na sexta-feira, dia 3 de julho, Billy teve permissão de levar alguns dos seus quadros para o Banco Nacional de Athens, que tinha aceitado exibir sua arte no saguão durante o mês de agosto. Billy trabalhou com alegria, preparando trabalhos novos, montando telas, pintando e emoldurando. Também passou um tempo se preparando para o casamento de Kathy, marcado para o dia 28 de setembro. Ele usou uma parte do dinheiro das vendas dos quadros para alugar um salão e mandou fazer um smoking. Estava ansioso pela comemoração.

A novidade da exposição de arte atraiu repórteres e câmeras de televisão de Columbus. Com a aprovação do advogado, Billy deu entrevistas para o noticiário da noite, para Jan Ryan, da WTVN-TV, e para Kevyn Burger, da WBNS-TV.

Para Jan Ryan, ele falou sobre sua arte e a sensação de que a terapia no Centro de Saúde Mental Athens estava ajudando. Quando ela perguntou quantas obras de arte tinham sido feitas pelas outras personalidades, Billy disse:

— Basicamente, é um toque de todas. Elas são parte de mim, e eu preciso aprender a aceitar isso. As habilidades delas são as minhas habilidades. Mas eu sou o responsável pelas minhas próprias ações agora, e quero que continue assim.

Ele contou que a renda da venda das artes pagaria a conta do hospital estadual e o advogado e contribuiria com trabalhos contra abuso infantil.

Também disse que achava que as personalidades estavam se juntando em uma só e que ele agora podia voltar sua atenção para seu trabalho futuro: a prevenção de abuso infantil.

— Eu gostaria de ver mais lares de acolhimento investigados de forma adequada — disse ele —, para ter certeza de que são seguros e um ambiente confortável. As necessidades de uma criança precisam ser cuidadas emocionalmente também na custódia.

A maior mudança que Jan Ryan viu em Billy desde o mês de dezembro anterior, quando tinha feito um documentário de meia hora sobre ele, foi sua atitude em relação à sociedade. Apesar do abuso rigoroso que tinha sofrido quando criança, ele agora enfrentava o futuro com esperança.

— Eu botei um pouco mais de fé no nosso sistema judicial atual. Não acho mais que todos no mundo estão contra mim.

No noticiário das 18h, Kevyn Burger observou que o programa de terapia de Milligan no Centro de Saúde Mental Athens tinha sido controverso e duramente criticado, mas que Billy sentia-se parte da comunidade agora.

— Eu me sinto muito melhor com as pessoas em Athens — disse ele. — Elas não são tão hostis, porque estão passando a me conhecer. Não estão com medo de mim, como tinham quando eu vim pra cá. Isso foi despertado por... outros meios...

Ele observou que havia selecionado muito cuidadosamente os quadros que apresentaria ao público. Estava guardando outros porque tinha medo de que as pessoas tentassem analisá-lo por sua arte. Preocupava-se, admitiu ele, com como as pessoas julgariam seu trabalho.

— Se forem ver meu trabalho, espero que não estejam atrás de emoção, mas sim interessados em arte.

Queria estudar, disse ele, para melhorar suas técnicas, mas como sua reputação o precedia ele achava que não seria aceito em uma sala de aula de faculdade. Talvez isso mudasse um dia. Ele esperaria.

— Estou enfrentando a realidade agora, e é isso que importa.

Billy sentiu que a equipe do hospital reagiu bem aos noticiários noturnos, que o mostravam pendurando seus quadros e falando com os repórteres. A maioria da equipe estava gostando dele; poucos eram abertamente críticos. Ele até tinha ouvido falar que algumas pessoas que antes eram hostis agora escreviam declarações positivas a seu respeito nas anotações de progresso. Ficava impressionado quando contavam para ele o que tinha acontecido nas reuniões de equipe e o que colocavam em seus prontuários.

Ele sabia que tinha feito muito progresso desde a Ala 5.

No sábado, 4 de agosto, ele estava saindo pela porta do ATI quando ouviu o alarme do elevador. A cabine estava empacada entre o terceiro e o quarto andar. Uma jovem com deficiência intelectual estava presa nele. Billy viu as fagulhas e ouviu o estalo e o zumbido da caixa elétrica externa e se deu conta de que devia ter havido um curto-circuito. Vários pacientes se reuniram no corredor e a garota começou a gritar dentro do elevador e a bater nos painéis. Billy gritou pedindo ajuda, e com o auxílio de um dos funcionários abriu a porta externa.

Katherine Gillott e Pat Perry foram conferir o que era aquela agitação toda. Viram Billy descer pelo vão do elevador e se espremer pelo alçapão superior. Ele pulou do lado da garota e começou a conversar para acalmá-la. Os dois esperaram enquanto um técnico era chamado para consertar o elevador. Billy trabalhou na caixa elétrica por dentro.

— Você sabe algum poema? — perguntou ele.
— Eu sei a Bíblia.
— Recita uns salmos pra mim — disse ele.

Eles conversaram sobre a Bíblia por quase meia hora.

Quando o técnico fez o elevador se mover e eles saíram no terceiro andar, a garota olhou para Billy e disse:

— Posso tomar uma latinha de refrigerante agora?

No sábado seguinte, Billy acordou cedo. Apesar de animado com a exposição, estava chateado com o artigo do *Dispatch* que descrevia o evento, reaproveitando, como sempre faziam, a ideia das *dez* personalidades e o chamando de "estuprador de multipersonalidades". Ele tinha que se acostumar a lidar com emoções conflitantes. Era um tipo de sentimento novo; confuso, mas necessário para sua estabilidade mental.

Naquela manhã, decidiu correr até o hotel Ohio University Inn, adjacente ao terreno do hospital, e comprar um maço de cigarros. Sabia que não devia fumar. No passado, só Allen fumava cigarros. Mas ele precisava. Haveria tempo para largar o hábito quando estivesse curado.

Billy desceu os degraus da entrada do hospital e reparou em dois homens em um carro estacionado em frente ao prédio. Supôs que tinham ido visitar alguém. Mas, quando atravessou a rua, o carro passou por ele. Ao contornar o prédio para uma estrada secundária, viu o carro de novo.

Ele atravessou o campo com grama recém-cortada, andou na direção da ponte para pedestres por cima do riacho que delimitava a propriedade do hospital e viu o carro pela quarta vez, virando na via Dairy, a estrada entre o riacho e o hotel, a estrada pela qual ele teria que passar depois de ter atravessado a ponte.

Quando pisou na ponte, a janela do carro foi aberta. Havia uma mão segurando uma arma. Alguém gritou:

— Milligan!

Ele ficou paralisado.

E se desintegrou.

O tiro errou Ragen quando ele se virou e pulou no riacho. O segundo tiro também. E o outro. Ragen apanhou um galho quebrado no leito do riacho, subiu a margem e, usando o galho como porrete, quebrou a janela traseira do veículo antes de ele sair em disparada.

Ficou parado por muito tempo, tremendo de raiva. O Professor tinha ficado paralisado na ponte, fraco e indeciso. Se não fosse a ação rápida dele mesmo no local, todos estariam mortos.

Ragen andou lentamente de volta para o hospital, discutindo com Allen e Arthur sobre o que fazer. O dr. Caul teria de saber. Ali, no hospital, eles eram alvo fácil. Poderiam ser encontrados e mortos a qualquer momento.

Allen contou ao dr. Caul o que aconteceu. As licenças do hospital eram agora mais importantes do que nunca, argumentou ele, porque tinha que encontrar um lugar que fosse seguro até a audiência em Lancaster para a retirada da declaração de culpado. Depois, ele poderia pensar em sair de Ohio e ir para o Kentucky e ser tratado pela dra. Cornelia Wilbur.

— É importante não divulgar esse ataque. Se aqueles homens não lerem nada no jornal, vão ser pegos de surpresa. Terão medo porque Billy está tomando providências — disse Arthur para Allen.

— Vamos contar ao escritor? — perguntou Allen.

— Só dr. Caul pode saber — insistiu Ragen.

— Bem, o Professor tem o compromisso regular das 13h com o escritor. O Professor estará lá?

— Não sei — disse Arthur. — O Professor sumiu. Acho que ele está com vergonha de ter ficado paralisado na ponte.

— O que eu digo para o escritor?

— Você tem lábia boa. Finge ser Professor — disse Ragen.

— Ele vai saber.

— Não se disser que é o Professor. Ele vai acreditar em você — disse Arthur.

— Você quer dizer *mentir*?

— Vai chatear o homem se ele souber que o Professor se desintegrou e desapareceu. Eles ficaram amigos. Não podemos botar o livro em risco. Tudo precisa prosseguir como antes desse atentado contra a vida do Billy.

Allen balançou a cabeça.

— Eu nunca pensei que você me mandaria mentir.

— Se for feito por uma boa causa, para impedir que alguém se machuque, não é mentira — disse Arthur.

Durante a reunião, o escritor se viu incomodado com as atitudes e ações de Billy. Ele parecia arrogante demais, manipulador e exigente demais. Sempre lhe ensinaram a procurar o pior, disse Billy, e torcer pelo melhor. Agora, as esperanças dele tinham se perdido. Tinha certeza de que seria enviado de volta para a prisão.

O escritor achou que não estava falando com o Professor, mas não tinha certeza. O advogado de Billy, Alan Goldsberry, chegou, e o escritor sentiu que Allen estava explicando por que queria fazer um testamento e deixar tudo para a irmã:

— Na escola, tinha um grandão que sempre implicava comigo. Um dia, ele ia me dar um soco, mas não deu. Depois descobri que Kathy tinha dado a ele os últimos 25 centavos dela pra ele não me bater. É uma coisa que nunca vou esquecer.

Naquele fim de semana, na casa da Kathy, Danny e Tommy pintaram um mural enquanto Allen se preocupava com a futura audiência no tribunal de Lancaster. Se ganhasse e o dr. Caul o enviasse para o Kentucky, ele sabia que a dra. Wilbur poderia ajudá-lo. Mas e se o juiz Jackson decidisse contra ele? E se estivesse destinado a passar o resto da vida em hospitais psiquiátricos e prisões? O estado agora estava enviando para ele contas de hospital com valores superiores a cem dólares por dia. Queriam o seu dinheiro. Queriam vê-lo falido.

Ele não conseguiu dormir na noite de sábado. Por volta das 3h da madrugada, Ragen foi para o lado de fora e empurrou a motocicleta silenciosamente para longe da casa. Havia uma névoa vindo do vale, e ele estava com vontade de andar de moto até amanhecer. Seguiu pela estrada na direção da barragem de Logan.

Ele amava muito a névoa no meio da noite, e costumava andar no meio da neblina mais densa e profunda, mesmo no meio da floresta, no centro de um lago, para ver os arredores virarem nada. Três horas da madrugada era sua hora favorita.

Quando se aproximou do beiral superior da barragem de Logan, viu uma crista estreita com largura suficiente apenas para a roda da motocicleta. Ele apagou o farol; o reflexo na neblina o cegaria. Com o farol apagado, via tudo escuro dos dois lados e a faixa clara da crista no meio. Ele manteve a roda centrada. Era perigoso, mas precisava do perigo. Precisava novamente conquistar alguma coisa. Não tinha que ser uma coisa ilegal, mas de vez em quando precisava encarar algo perigoso, sentir a adrenalina. Ele precisava ser vitorioso.

Nunca tinha andado de moto na barragem. Não sabia qual era a distância. Não dava para ver tão à frente. Mas sabia que tinha que atravessar rápido o suficiente e com torque suficiente para não cair para nenhum dos lados. Ele estava morrendo de medo, mas tinha que tentar.

Saiu em disparada pelo centro da crista estreita. Quando estava em segurança do outro lado, deu meia-volta. Ele gritou e berrou, e as lágrimas rolaram por seu rosto, resfriadas pelo vento.

Ele foi embora, exausto. Quando conseguiu dormir, sonhou que havia levado um tiro e estava morrendo na ponte de pedestres porque o Professor tinha ficado paralisado, decepcionando todo mundo.

CAPÍTULO 22

1

Na segunda-feira, dia 17 de setembro, o dia da audiência, quando o escritor andou pelo corredor do ATI e viu Billy à espera, ele percebeu, pelo sorriso seguro, pelo olhar claro e pelo aceno, que era o Professor. Eles apertaram a mão um do outro.

— É bom ver você. Faz muito tempo — disse o escritor.
— Muita coisa tem acontecido.
— Vamos falar em particular antes de Goldsberry e Thompson chegarem.

Eles foram para uma salinha de reuniões, e o Professor contou ao escritor sobre os tiros, a desintegração e sobre Allen ter dado entrada em um novo carro esportivo para ir a Lexington ser tratado pela dra. Wilbur assim que o juiz revertesse a alegação de culpa.

— Quem tem falado comigo e fingido ser você nesse último mês, quando você estava fora?
— Foi o Allen — disse ele. — Me desculpa. O Arthur sabia que você ficaria magoado de saber que eu tinha desintegrado. Normalmente, ele não teria se preocupado com as emoções de uma pessoa. Só posso supor que reagiu assim porque a avaliação dele foi afetada pelo choque dos tiros.

Eles conversaram até Goldsberry e Thompson chegarem, e todos seguiram para o fórum do condado de Fairfield, em Lancaster.

Goldsberry e Thompson tinham oferecido ao tribunal depoimentos dos doutores George Harding, Cornelia Wilbur, Stella Karolin e David Caul, e da psicóloga Dorothy Turner, todos concordando que havia uma "certeza médica razoável" de que Billy Milligan tinha uma doença psiquiátrica com múltipla personalidade quando os ataques nas áreas de descanso de estrada e o assalto à farmácia Gray aconteceram, em dezembro de 1974 e janeiro de 1975. Eles concordaram que, na ocasião, ele provavelmente não conseguiu ajudar o advogado, George Kellner, na própria defesa.

O promotor do condado de Fairfield, sr. Luse, chamou apenas o dr. Harold T. Brown, que declarou no banco das testemunhas que tinha tratado Billy aos 15 anos e o enviado para o Hospital Estadual de Columbus por três meses. Considerando seu conhecimento atual, ele teria mudado o diagnóstico de neurose histérica com características passivo-agressivas para um novo diagnóstico de transtorno dissociativo com possível múltipla personalidade. Entretanto, continuou Brown para o tribunal, ele tinha sido enviado pela promotoria para entrevistar Billy em Athens e, durante aquela visita, Billy Milligan pareceu ter conhecimento dos atos que havia cometido. Brown alegou que Milligan não devia realmente ter múltipla personalidade, pois pessoas com essa condição não deveriam ter ciência das ações de seus alter egos.

Quando saíram da sala, Goldsberry e Thompson estavam otimistas e Billy, eufórico. Ele tinha certeza de que o juiz Jackson aceitaria os depoimentos dos quatro psiquiatras e da psicóloga, todos conceituados, no lugar do depoimento do dr. Brown.

O juiz disse a um repórter que tomaria sua decisão em duas semanas.

No dia 18 de setembro, ao ver a agitação de Billy depois de seu retorno para Lancaster e ciente do medo de atirarem nele de novo, o dr. Caul lhe deu permissão para "tirar uma licença". Como Billy percebeu que seria alvo na casa da irmã da mesma forma que no hospital, ele ficaria no Hocking Valley Motor Lodge, perto de Nelsonville. Ele levaria o cavalete, as tintas e as telas para trabalhar sem ser incomodado.

Ele se hospedou na terça-feira usando um nome falso e tentou relaxar, mas a tensão estava alta demais. Ouviu barulhos quando estava pintando. Depois de procurar no quarto e no corredor, achou que era na cabeça dele... suas próprias vozes. Tentou não ouvir, concentrando-se nas pinceladas, mas elas continuaram falando. Não era Ragen nem Arthur; ele teria reconhecido os sotaques imediatamente. Só podiam ser os indesejáveis. Qual era o problema com ele? Não conseguia trabalhar, não conseguia dormir, estava com medo de voltar para a casa de Kathy e para Athens.

Ele ligou para Mike Rupe na quarta e pediu para ele ir até lá. Ao chegar, Rupe viu como Billy estava nervoso e ligou para o dr. Caul.

— Você está no turno da noite de qualquer jeito. Fica com ele hoje e traz ele de volta amanhã — disse o dr. Caul.

Com Mike Rupe lá, Billy relaxou. Eles foram beber algo num bar e Billy falou sobre sua esperança de ser tratado pela médica de Sybil.

— Vou me internar em um hospital por duas semanas até a dra. Wilbur achar que posso ficar em um apartamento sozinho. Acho que eu posso, porque mesmo quado tenho problemas consigo fazer as coisas. Aí vou começar meu tratamento e seguir as orientações dela.

Rupe ouviu enquanto ele falava dos planos para o futuro, sobre a vida nova que teria se o juiz Jackson limpasse a tábua em Lancaster.

Eles conversaram ao longo da noite, dormiram de madrugada e, depois de tomarem café tarde, voltaram para o hospital de carro, na quinta de manhã.

De volta à ala, Billy se sentou no saguão e pensou em como não conseguia fazer mais nada direito. Sentia-se um idiota por estar perdendo todas as coisas que as outras personalidades tinham dado para ele: a inteligência de Arthur, a força de Ragen, a lábia de Allen, o conhecimento de eletrônica de Tommy. Ele estava se sentindo cada vez mais burro, e as pressões só aumentavam. O estresse e o medo o afetavam. Os barulhos estavam amplificados; as cores, insuportavelmente intensas. Ele queria ir para o quarto, bater a porta e gritar e gritar e gritar...

No dia seguinte, Wanda Pancake estava terminando o almoço no refeitório quando um amigo pulou da cadeira e correu para a janela. Wanda se virou e espiou através da chuva para ver o que ele estava olhando.

— Eu vi alguém — disse ele, apontando. — Um homem de sobretudo castanho correu pela ponte da avenida Richland e foi lá pra baixo.

— Onde?

Ela ficou na ponta dos pés, esticando o corpo baixo e atarracado, mas só conseguiu ver pela janela molhada de chuva um carro estacionado na ponte. O motorista saiu, olhou pela amurada e voltou para o carro, olhando para baixo como se observando alguma coisa ou alguém.

Wanda teve uma sensação ruim.

— Melhor eu ir ver onde o Billy está.

Ela andou de um lado para outro da ala, perguntando a funcionários e pacientes, mas ninguém o tinha visto. Foi procurá-lo em seu quarto. Seu sobretudo castanho tinha sumido do armário.

Charlotte Johnson, a supervisora de unidade, foi até a estação de enfermagem dizer que lhe informaram por telefone que outro funcionário, no centro da cidade, tinha visto Billy na avenida Richland. O dr. Caul saiu de sua sala, tinha recebido uma ligação sobre Billy estar na ponte.

Todos começaram a gritar na mesma hora. Ninguém queria que a segurança fosse atrás dele porque sabiam que os uniformes o perturbariam.

— Eu vou — disse Wanda, pegando o casaco.

Clyde Barnhart, da segurança, a levou até a ponte Richland. Ela desceu e olhou embaixo da ponte, entre os canos. Andou pela margem, olhando em todas as direções. Nada. Quando voltou, viu o motorista do carro estacionado e ficou surpresa de ele ainda estar lá.

— Você viu um cara de sobretudo castanho? — perguntou ela.

Ele apontou para o Centro de Convocação da universidade, ali perto.

A viatura da segurança a pegou e a levou até o prédio moderno de tijolo e vidro com formato de bolo de aniversário e domo.

— Lá está ele — disse o segurança Barnhart, apontando para a passarela de concreto no terceiro andar que envolvia o prédio.

— Espera aqui — disse ela. — É melhor eu mesma cuidar dele.

— Não entra no prédio com ele. Não fica sozinha com ele — disse Barnhart.

Ela correu por uma das rampas e o viu tentando abrir uma porta atrás da outra para entrar no prédio.

— Billy! — gritou ela, correndo da rampa até a passarela. — Me espera!

Ele não respondeu.

Ela tentou outros nomes:

— Danny! Allen! Tommy!

Ele a ignorou e continuou rapidamente pela passarela, tentando uma porta atrás da outra até finalmente encontrar uma aberta e desaparecer lá dentro. Nunca tinha entrado no Centro de Convocação. Assustada, sem saber o que esperar dele nem por que ele estava lá, ela entrou correndo e o alcançou quando ele começou a subir uma escadaria íngreme. Wanda ficou no pé da escada.

— Desce, Billy.

— Vai pro inferno. Eu não sou o Billy.

Ela nunca o tinha visto mascar chiclete, mas agora ele estava mascando com força e rápido.

— Quem é você? — perguntou ela.

— Steve.

— O que está fazendo aqui?

— Porra, o que parece? Eu quero chegar ao topo do prédio.

— Por quê?

— Pra pular.

— Desce aqui, Steve, vamos conversar.

Ele se recusou a descer, embora ela tentasse argumentar. Não adiantou. Wanda acreditava que ele estava determinado a se matar. Reparou em como estava diferente: arrogante, a voz mais aguda, a fala mais rápida, a prepotência masculina na expressão e no tom.

— Eu vou ao banheiro — disse ele, e passou pela porta do lavatório.

Ela correu rapidamente para a saída e foi para a passarela circular para ver se Clyde ainda estava lá com a viatura da segurança. Não estava. Tinha ido embora. Quando ela entrou, Steve saiu do banheiro masculino e sumiu por outra porta. Ela tentou segui-lo, mas ele a trancou por dentro.

Wanda encontrou um telefone de parede, ligou para o hospital e chamou o dr. Caul.

— Eu não sei o que fazer — disse ela. — Ele é Steve e está falando sobre se matar.

— Acalme ele — disse Caul. — Diz que vai ficar tudo bem. Diz que não vai ser tão ruim quanto ele pensa. Ele vai poder ir para o Kentucky ser tratado pela dra. Wilbur. Diz para ele voltar.

Ela desligou e voltou para a porta, bateu e gritou.

— Steve! Abre essa porta! O dr. Caul disse que você vai poder ir pro Kentucky!

Segundos depois, um aluno de passagem destrancou a porta. Wanda descobriu que levava a um corredor circular estreito. Enfiou a cabeça nas salas e salões enquanto corria, se sentindo num pesadelo. Não conseguiu encontrá-lo. Era continuar procurando. Continuar procurando.

Quando passou por dois alunos conversando, ela gritou:

— Vocês viram um cara passar por aqui? Mais ou menos 1,80 metro. Sobretudo castanho. Pingando.

Um deles apontou para a frente.

— Ele foi por ali...

Ela continuou correndo pelo corredor circular, de tempos em tempos olhando saídas para a passarela externa, para o caso de ele ter saído. Finalmente, por uma saída, ela o viu.

— Steve! — gritou ela. — Espera um minuto! Eu tenho que falar com você!

— Não tem nada pra falar — respondeu ele da passarela externa.

Ela o rondou, se posicionando entre ele e a balaustrada de concreto, para impedir que pulasse.

— O dr. Caul disse para você voltar.

— Que se foda aquele filho da puta barrigudo!

— Ele disse que as coisas não estão tão ruins quanto você acha.

— Porra nenhuma que não estão.

Ele estava andando de um lado para o outro, mascando chiclete furiosamente.

— O dr. Caul disse que você vai poder ir para o Kentucky e que a dra. Wilbur vai ajudar.

— Eu não confio em nenhum psicólogo ou psiquiatra. Eles estão tentando me dizer aquela baboseira sobre eu ter múltiplas personalidades. Isso é maluquice. Eles é que são malucos.

Ele tirou o sobretudo molhado, recostou-se em uma vidraça grande e se preparou para quebrá-la com um soco. Wanda se atirou em cima dele, segurou seu braço e se pendurou para impedi-lo. Ela sabia que ele queria o vidro para se cortar, apesar de ser grosso demais para quebrar. Ele provavelmente só quebraria o punho. Mas ela se agarrou a ele, que, por sua vez, lutou para se soltar.

Enquanto lutavam, ela tentou convencê-lo a voltar, mas não havia como argumentar com ele. Encharcada e morrendo de frio, ela finalmente disse:

— Olha, eu cansei. Você pode escolher: ou você volta comigo agora, ou vou dar um chute no seu saco, porra.

— Você não faria isso — disse ele.

— Eu vou fazer — disse ela, ainda segurando o braço dele. — Eu vou contar até três. Se você não parar e não voltar comigo para o hospital, vou chutar você.

— Bom, não bato em mulheres.

— Um... dois... — Ela se preparou para chutá-lo.

Ele cruzou as pernas para se proteger.

— Você faria isso, né?

— Faria.

— Bom, eu vou até o fim. Vou para o alto.

— Não vai, não. Eu não vou deixar.

Ele lutou com ela, se soltou e correu para a balaustrada de concreto. Eram três lances até o chão. Quando chegou na beirada, Wanda correu até ele, passou um braço em volta de seu pescoço e outro pelo cinto, e o puxou para o concreto, rasgando a camisa dele na luta.

Ela percebeu um estalo nele. Ele murchou e caiu no chão, os olhos vidrados, e ela soube que era outra pessoa. Ele começou a chorar, tremendo e se sacudindo. Com medo, pensou ela. Sabia quem ele era.

Wanda o abraçou e disse que não havia nada com que se preocupar.

— Vai ficar tudo bem, Danny.

— Eu vou levar uma surra — choramingou ele. — Meu sapato tá desamarrado e cheio de lama, minha calça e meu cabelo tão molhados. Minha roupa tá com lama, toda suja.

— Quer dar uma volta comigo?

— Quero — disse ele.

Ela apanhou o sobretudo no chão, colocou nele e o guiou pela passarela até a frente do prédio. Pelas ruas, viu o hospital na colina. Ele devia ter visto aquele prédio redondo muitas vezes de lá. A viatura da segurança tinha voltado. Estava parada no estacionamento logo abaixo, as portas abertas, sem ninguém dentro.

— Quer se sentar no carro comigo? Vamos sair da chuva.

Ele ficou para trás.

— Está tudo bem. É da segurança. Clyde Barnhart está dirigindo. Você se dá bem com ele. Você gosta dele, né?

Danny assentiu e foi na direção do banco de trás, mas quando viu a proteção de metal, que lembrava uma jaula, ele recuou, tremendo.

— Tudo bem — disse Wanda, entendendo o que o tinha incomodado. — Nós podemos nos sentar na frente e esperar que o Clyde venha nos levar.

Ele entrou e se sentou em silêncio ao lado dela, parecendo atordoado com a calça molhada e o sapato cheio de lama.

Wanda deixou as portas abertas, mas esticou a mão para ligar os faróis como sinal. Um tempo depois, Clyde desceu a rampa do Centro de Convocação com Norma Dishong.

— Eu voltei para o hospital para buscar — explicou Clyde Barnhart. — Nós estávamos lá dentro procurando você e o Bill.

— Este é Danny. Ele está bem agora — disse Wanda.

2

Na terça-feira, 25 de setembro, a enfermeira Pat Perry viu Billy conversando com Gus Holston no saguão. Holston tinha sido admitido algumas semanas antes; ele e Billy se conheciam de Lebanon. Lori e Marsha passaram por eles, flertando com os dois jovens. Lori, que nunca escondera sua atração por Billy, agora fingiu interesse em Holston para deixar Billy com ciúme. A enfermeira Perry, que era a gerente de caso de Lori, sabia que a garota estava caidinha por Billy desde que ele chegou a Athens. Ela era uma mulher bonita e não muito inteligente, que ficava atrás dele, deixava bilhetes e contava para os funcionários o que ela e Billy fariam um dia. Até tinha espalhado o boato de que ela e Billy um dia se casariam.

Billy nunca prestou muita atenção nela. Seu maior gesto tinha sido dar cinquenta dólares para Lori e Marsha no começo da semana, quando disseram que estavam sem dinheiro. Em troca, elas pegaram os adesivos de para-lamas dele que diziam ABRACE SUA CRIANÇA HOJE na gráfica e os distribuíram no centro da cidade.

Eileen McClellan, a gerente de caso da tarde de Billy, estava de folga naquele dia, e sua parceira de casos, Katherine Gillott, estava cuidando dele. Logo depois que Gillott, uma figura com jeitão de avó, começou seu turno, Billy perguntou se podia fazer uma caminhada.

— Nós vamos ter que incluir o dr. Caul, porque não sou eu que decido — disse ela.

Billy esperou na sala de televisão enquanto ela falava com o dr. Caul, que decidiu conversar com Billy. Depois de algumas perguntas sobre seu humor, ambos concordaram que ele podia fazer uma caminhada com Gus Holston.

Billy e Gus voltaram meia hora depois e saíram para dar uma segunda volta. Quando Billy voltou da segunda vez, por volta das 18h, Gillott estava ocupada com uma nova admissão, mas ela o ouviu dizer:

— Aquela garota estava gritando.

Ela sabia que não era Billy quem estava falando. Reconheceu a voz do David.

— O que você disse?

— Ela vai se machucar.

Gillott o seguiu pelo corredor.

— De quem você está falando?

— Tinha uma garota. Eu ouvi uma garota gritando em algum lugar quando eu estava lá fora.

— Que garota?

— Não sei. Eram duas. Uma das garotas falou para o Gus me trazer de volta porque eu estava atrapalhando.

Gillott cheirou seu hálito para ver se ele tinha bebido, mas não havia indicação disso.

Alguns minutos depois, a central telefônica do térreo a chamou. A sra. Gillott desceu e viu um segurança trazer Marsha. Sentiu o cheiro de bebida no hálito dela quando a levou até o quarto.

— Onde está Lori? — perguntou Gillott.

— Não sei.

— Onde você estava?

— Não sei.

— Você andou bebendo, né?

Marsha deixou a cabeça pender. Ela foi enviada para a Ala 1, a ala de segurança máxima para mulheres.

Enquanto isso, Billy mudou de David para Danny. Ele pareceu perturbado quando viu Marsha sozinha, sem Lori, e de repente, saiu do prédio para procurar a garota desaparecida. Gillott foi bufando atrás dele. Quando o alcançou, atrás do chalé Beacon School, o segurança Glenn estava levando Lori de volta. Ela tinha vomitado e estava deitada na grama, a cara enfiada no vômito, Glen contou para Gillott.

— Ela podia ter sufocado — disse ele.

Gillott percebeu que Danny estava preocupado com as mulheres. Ela ouviu pessoas no corredor sussurrando a palavra "estupro", mas achou que nenhum dos dois homens tinha ficado fora por tempo suficiente para fazer qualquer coisa com Lori ou Marsha. Ela simplesmente não acreditava. Quando saiu, às 23h, tudo parecia calmo, as duas mulheres na Ala 1 e Milligan e Holston nos quartos, dormindo.

Quando Pat Perry chegou ao serviço às 7h da manhã seguinte, os boatos haviam se espalhado pela ala e pelo hospital. As duas mulheres tinham sido encontradas bêbadas e inconscientes na colina. As roupas de Lori tinham sido rasgadas. Alguns diziam que ela tinha reclamado de ter sido estuprada; outros disseram que não houve menção a estupro. Billy e Gus Holston tinham saído para uma caminhada no mesmo horário e a desconfiança apontava para eles. Mas quase todo mundo na ala de Admissões e Tratamento Intensivo concordava que provavelmente não houvera estupro.

A patrulha rodoviária estadual foi chamada para investigar e requisitou que a ATI fosse temporariamente trancada para garantir que todos os homens da ala estivessem disponíveis para interrogatório. O dr. Caul falou com vários funcionários; Billy e Holston ainda não tinham acordado. A pergunta era: Quem contaria a Billy sobre as acusações feitas contra ele e Holston? Pat Perry percebeu que ele não queria fazer aquilo. Todas as outras pessoas se recusaram. Perry não estava de serviço no dia em que Ragen explodiu e ameaçou funcionários com o copo quebrado, mas outros estavam, e todos tinham medo de que Billy reagisse da mesma forma assim que recebesse a notícia.

O dr. Caul mandou trancar a porta da ala antes de falar com qualquer um dos dois. Holston foi o primeiro a acordar e o psiquiatra contou a ele do que estava sendo acusado. Em seguida, ele foi para o quarto de Billy e contou a mesma coisa.

Os dois jovens pareceram confusos e magoados com as acusações, mas, com o passar da manhã, foram ficando mais agitados, mais assustados. Eles falavam em gente indo atrás deles para levá-los para Loma, no FBI estar atrás deles, em serem enviados de volta para Lebanon.

Ao longo do dia, os funcionários tentaram acalmá-los. Eles também estavam zangados. Não acreditavam nas acusações. Wanda Pancake e Pat Perry garantiram a Holston e Billy que ninguém iria levá-los. Mas as duas sabiam que não estavam falando com Billy. Era um dos outros. Wanda tinha certeza de que era Steve.

Pat Perry deu a Billy muito Amytal naquele dia, tentando mantê-lo sob controle; em determinado momento, ele tirou um cochilo e pareceu bem. Mas, às 14h, os dois homens estavam agitados de novo. Billy ficava mudando de Steve para David, choramingando e chorando; aí ficava durão de novo, e ele e Holston andavam de um lado para o outro, tensos quando qualquer um chegava perto. Cada vez que o telefone tocava, Billy dava um pulo e dizia:

— Estão vindo atrás de mim.

Billy e Holston foram para o fundo do saguão, perto da porta trancada que levava à saída de incêndio. Eles puxaram as mesas e cadeiras à sua volta para fazer uma barricada, tiraram os cintos e os enrolaram nos punhos.

— Eu não quero nenhum homem vindo na nossa direção, senão vamos arrombar a porta dos fundos — disse Steve.

Ele pegou uma cadeira com a mão esquerda e a segurou como se fosse um domador de leões. Os funcionários perceberam que não tinham mais como lidar com a situação. Eles decretaram o "Código Verde".

Pat Perry ouviu pelo alto-falante. Ela esperava o intervalo habitual quando viu oito ou dez guardas e atendentes das outras alas passarem pela porta para ajudar.

— Meu Deus! — disse ela com um susto quando a porta se abriu.

Havia uma multidão de homens: seguranças, atendentes, ajudantes, supervisores, homens dos cuidados com a saúde e da psicologia que não deveriam estar lá, homens da geriatria que jamais apareceriam em um Código Verde normal. Havia pelo menos trinta. Ela pensou que era como encurralar um animal. Como se todo mundo estivesse esperando o sinal.

Ela e Wanda ficaram perto de Billy e Holston, que não fizeram nenhuma tentativa de tocar nelas ou fazer algum mal a elas. Mas, quando a onda de homens se aproximou, os dois pacientes brandiram as cadeiras e fizeram gestos ameaçadores com os punhos com cintos enrolados.

— Eu não vou pra Lima! — gritou Steve. — Logo quando tudo estava indo bem, eu sou culpado por uma coisa que não fiz! Agora eu nunca vou ter a minha chance. Agora, eu não tenho mais esperança.

— Billy, me escuta — disse Caul. — Isso não é jeito de lidar com as coisas. Você precisa se acalmar.

— Se vocês vierem atrás de nós, nós vamos arrombar a porta e pegar o carro pra ir embora.

— Você está enganado, Billy. Esse comportamento não vai ajudar. Você foi acusado disso e o resultado pode ser ruim. Mas isso não é jeito de se comportar. Nós não vamos deixar passar.

Billy se recusou a ouvir.

Dave Malawista, um psicólogo sênior, tentou argumentar com ele.

— Pare com isso, Billy. Nós já deixamos acontecer alguma coisa a você? Nós investimos tanto tempo em você, acha mesmo que vamos deixar que tirem você de nós por causa disso? Nós queremos ajudar, não piorar as coisas para você. Os funcionários não acreditam naquelas coisas todas. Nós documentamos seus prontuários e os das garotas também. O horário está registrado. A investigação deve ir a seu favor.

Billy botou a cadeira no chão e saiu pelo canto. Ele se acalmou e os homens saíram da ala. Mas Billy logo começou a chorar de novo. E Holston ainda estava agindo com hostilidade. Ele ficou reclamando e delirando sobre ser levado, e isso perturbava Billy mais ainda.

— Nós não vamos ter nossa chance — disse Holston. — Eu fui acusado injustamente antes. Espera só, eles vão entrar aqui sem nos avisar. Vamos ser levados e nunca mais vamos ser vistos.

Os funcionários estavam tensos de uma forma que Pat nunca tinha visto. Eles sentiram que algo ia acontecer.

O turno das 15h começou e as mulheres mais jovens foram substituídas pelas mais velhas, Eileen McClellan e Katherine Gillott. A sra. Gillott tinha ficado surpresa de ouvir sobre a investigação de estupro. Avisada pelo turno da manhã, ela tentou manter os homens mais jovens calmos. Mas, com o passar da tarde, os olhares e movimentos nervosos começaram novamente, as falas sobre serem interrogados e levados para a prisão, as ameaças de arrancar os telefones se alguém tentasse chamar a segurança, de arrombar a saída de incêndio se alguém fosse atrás deles.

— Eu não quero que acabe assim — disse Billy. — Eu preferia estar morto a terminar assim.

Gillott estava sentada conversando com Billy quando ele pediu Amytal. Ela consentiu. Ele foi até a estação de enfermagem para receber a medicação e ela voltou a atenção para outro paciente.

De repente ela ouviu a porta dos fundos sendo arrombada. Gillott viu Gus Holston e Billy Milligan correndo pela saída de incêndio. A enfermeira de serviço chamou o segundo Código Verde do dia.

Um tempinho depois, uma pessoa da enfermagem telefonou chamando Katherine Gillott. Ela podia descer para o segundo andar? Eles estavam com Billy e ele a estava chamando. Quando ela chegou lá, viu que quatro homens tinham prendido Billy no chão na frente do elevador.

— Katherine, me ajuda. Não deixa que me machuquem. Se eles me amarrarem, Chalmer vai aparecer — disse ele.

— Não, Danny. Chalmer não vem aqui. Talvez você tenha que ficar em um quarto sozinho. Você saiu do hospital. Você arrombou a porta e saiu, e agora nós vamos ter que fazer isso com você.

Ele choramingou.

— Você pode pedir pra me deixarem levantar?

— Podem soltar — disse ela aos homens.

Os seguranças hesitaram, sem saber o que esperar.

— Ele vai ficar bem — disse Gillott. — Ele vem comigo. Não vem, Danny?

— Vou.

Ela o levou para a Ala 5, para o quarto de isolamento, e pegou os pertences dele. Ele não quis entregar o colar com a ponta de flecha.

— Melhor esvaziar os bolsos agora. Me dá sua carteira, pra eu poder guardar.

Ela viu que ele estava com muito dinheiro.

Um dos funcionários da Ala 5, impaciente para trancar Milligan, gritou:

— Sai daí, Katherine, senão vou trancar você com ele.

Ela entendeu que eles estavam com medo do garoto.

Um tempinho depois que ela voltou para a ATI, uma enfermeira ligou para dizer que estava acontecendo alguma coisa com Milligan na sala de isolamento. Ele tinha colocado o colchão na frente da janela de observação, impedindo que os funcionários olhassem para dentro, e eles estavam com medo de destrancar a porta para ver o que ele estava fazendo. Ela poderia descer de novo?

Ela levou um atendente homem junto, um que Billy conhecia, e chamou pela porta do quarto de isolamento:

— Aqui é a Katherine. Eu vim ver como você está. Não fica com medo.

Eles entraram. Billy estava fazendo um som gorgolejado, engasgado. A ponta da flecha tinha sumido do colar e a corrente estava quebrada no chão.

O dr. Sammi Michaels mandou que Billy fosse transferido para um quarto com cama, mas, quando os funcionários foram buscá-lo, ele lutou. Vários homens foram necessários para deslocá-lo.

A sra. Gillott ficou com ele no quarto novo. Deu a Billy vários copos de água, e em poucos minutos ele cuspiu a ponta da flecha. A enfermeira deu uma injeção nele, e Gillott falou com ele por mais um tempo, garantiu que voltaria e disse para ele descansar. Ela voltou para a ala dela pensando em como ele estava assustado.

Na manhã seguinte, quando Wanda, Pat Perry e Mike Rupe chegaram para trabalhar, eles souberam que Billy e Holston tinham sido levados para a Ala 5. Apesar de Rupe, agora no turno da manhã, querer visitar Billy, disseram na Ala 5 que os funcionários do ATI não deviam visitá-lo. Ele era deles agora.

Quando a irmã de Billy, Kathy, ligou, ela soube que Billy teve problemas e havia sido colocado na ala de segurança máxima masculina. Billy não teria permissão de sair e ir ao casamento dela no dia seguinte.

A história vazou para os jornais, e o *Columbus Citizen-Journal* publicou, no dia 3 de outubro de 1979:

MILLIGAN FINANCIOU FESTA REGADA A RUM, PATRULHA
VAI REVELAR – STINZIANO
por Eric Rosenman

William S. Milligan, o suposto estuprador com múltiplas personalidades, foi um de quatro pacientes que se envolveram em uma "festa com rum e Coca" no terreno do Centro de Saúde Mental Athens semana passada, alegou um legislador estadual na quarta-feira.

O deputado Mike Stinziano de Columbus disse que uma investigação secreta da Patrulha Rodoviária de Ohio vai concluir que Milligan ofereceu a duas pacientes do sexo feminino dinheiro para comprar rum, e depois as mulheres, Milligan e um segundo paciente do sexo masculino fizeram uma festa regada a "rum e Coca" [...].

O deputado disse que a história indica que "parece haver pouco controle sobre as atividades no centro".

"No meu entendimento, o relatório não vai poder provar que as mulheres foram estupradas", disse Stinziano na quarta-feira. "Mas vai declarar que as duas mulheres receberam dinheiro de Milligan para comprar bebida, saíram da área do hospital para fazer a compra e voltaram com rum".

Na sexta-feira passada, o tenente Richard Wilcox, chefe da seção investigativa da patrulha, disse que os testes para determinar se as mulheres tinham sido estupradas ou intoxicadas estavam incompletos e não seriam divulgados publicamente até a investigação acabar.

Stinziano disse que confiava nas fontes que forneceram a história da festa.

No mesmo dia, o escritor teve permissão de visitar a Ala 5. Milligan só o reconheceu quando o escritor o ajudou.

— Ah, é — disse ele com expressão atordoada. — Você é o cara que anda conversando com o Billy.

— Quem é você? — perguntou o escritor.

— Não sei.

— Qual é seu nome?

— Acho que eu não tenho.

Eles conversaram por um tempo, embora Milligan não tivesse percepção do que tinha acontecido com ele. Houve longos silêncios enquanto o escritor esperava que uma das personalidades se apresentasse com informações. Depois de um tempo, o sem nome disse:

— Não deixam mais que ele pinte. Tem dois quadros, e alguém vai destruir tudo se estiverem aqui. Você deveria levá-los caso precise deles para o livro.

Milligan saiu da sala de reuniões e voltou com duas telas, uma delas uma paisagem noturna sinistra e inacabada com árvores pretas delineadas contra um céu azul-escuro, um celeiro preto e um caminho em curva. A outra era uma paisagem fartamente colorida, assinada por "Tommy".

— Você é Tommy? — perguntou o escritor.

— Eu não sei quem eu sou.

3

Na manhã seguinte, Alan Goldsberry foi notificado para comparecer ao Juizado de Primeira Instância do Condado de Athens, perante o juiz Roger

J. Jones. O vice-procurador-geral David Belinky tinha feito uma petição em nome do estado de Ohio para transferir Milligan para o Hospital Estadual de Lima para os Criminalmente Insanos. Gus Holston seria enviado de volta a Lebanon.

Goldsberry apelou ao juiz Jones para que lhe desse tempo para conversar com o cliente.

— É minha crença que o sr. Milligan tem direito de saber sobre essa petição e tem o direito, sob o parágrafo 5122.20, de ao menos ser informado de que pode pedir uma audiência imediatamente. Como ele não foi notificado, quero requerer por ele que tenha direito a uma audiência com a presença dele. Não acho que esse procedimento dê a ele essa oportunidade.

O juiz discordou, e Belinky chamou como sua única testemunha Russell Cremeans, chefe de segurança do Centro de Saúde Mental Athens.

— Sr. Cremeans, o senhor está ciente de alguma agressão física que tenha ocorrido entre o sr. Milligan e qualquer funcionário do hospital dentro dos eventos mais recentes?

— Sim. Eu tenho relatos de... de um indivíduo, M. Wilson, que é ajudante no hospital, e também do segurança em serviço naquela noite, o guarda Clyde Barnhart. A data desse incidente foi 26 de setembro de 1979... Tenho medo de não conseguir conter o sr. Milligan na unidade trancada em que ele está agora.

— Você, como segurança e chefe de segurança, teria reservas sérias se... a instituição poderia segurar adequadamente o sr. Milligan se ele tivesse intenção de sair do local?

— Eu tenho sérias dúvidas se a instituição conseguiria segurá-lo se ele realmente quisesse sair.

— Você tem conhecimento em primeira mão do que aconteceu na noite da tentativa de fuga? — perguntou Belinky.

— Tenho, sim. O sr. Milligan e outro paciente, o sr. Gus Holston, quebraram a porta do nosso ATI, que é uma unidade receptora do hospital onde eles estavam abrigados. Uma cadeira foi usada para quebrar o trinco da porta da saída de incêndio, e os dois desceram pela escada [...] em uma tentativa de fuga [...]. Os dois, Milligan e Holston, seguiram para o estacionamento, onde Milligan tinha um veículo que tinha sido levado para lá de um A.W.L., eles destrancaram o carro e entraram [...].

Milligan, disse ele, foi impedido de entrar no carro, e Milligan e Holston correram para a colina. Três homens conseguiram dominar Milligan e o levar de volta para a Ala 5.

Depois de ouvir o depoimento do chefe de segurança Cremeans, o juiz Jones aceitou a petição da promotoria para Milligan ser enviado para Lima.

Às 14h do dia 4 de outubro de 1979, Billy foi algemado e preso pelo cinto e, sem tempo de se despedir dos outros além do dr. Caul, foi levado para 290 quilômetros de distância, ao Hospital Estadual de Lima para os Criminalmente Insanos.

CAPÍTULO 23

1

Columbus Dispatch, 5 de outubro de 1979:

FUNCIONÁRIOS DE ALTO ESCALÃO INCITAM TRANSFERÊNCIA DE MILLIGAN
por Robert Ruth

A intervenção direta de agentes estaduais de saúde mental de alto escalão levaram à transferência, na quinta-feira, do estuprador de múltiplas personalidades, William S. Milligan, para o Hospital Estadual de Lima, uma instituição de segurança máxima, relata fonte confiável.

A ordem de transferência veio depois que funcionários de cargo alto no quartel-general do Departamento de Saúde Mental e Retardamento Mental de Columbus, Ohio, deram vários telefonemas na quarta-feira para o Centro de Saúde Mental Athens, onde Milligan estava confinado havia dez meses, disse a fonte.

O diretor de Saúde Mental, Timothy Moritz, fez pelo menos uma das ligações, acrescentou a fonte [...]. Dois legisladores estaduais — os deputados Mike Stinziano, democrata de Columbus, e Claire Bell Jr., republicano de Athens — reclamaram repetidamente do que consideravam ser um tratamento leniente dado ao estuprador.

Na quinta-feira, Stinziano e Ball elogiaram a decisão de transferir Milligan para Lima, mas Ball acrescentou: "Eu só me pergunto por que demorou tanto".

Stinziano disse que vai continuar de olho no caso de Milligan para garantir que ele só seja liberado de uma instituição de segurança máxima quando não for mais uma ameaça para a sociedade.

No dia seguinte à transferência de Milligan, o juiz S. Farrell Jackson, do Juizado de Primeira Instância de Lancaster, arquivou a decisão da petição de Milligan de anular a declaração de culpa pelo roubo da farmácia Gray:

Este tribunal é de opinião de que o ônus da prova em relação à questão de insanidade do sr. William S. Milligan, no dia 27 de março de 1975 cabe ao réu, William S. Milligan [...]. Depois de uma análise cuidadosa de todas as provas, este tribunal não está convencido por uma preponderância de provas de que, no dia 27 de março de 1975, William Stanley Milligan estava insano, incapaz de se manifestar em defesa própria ou incapaz de oferecer com compreensão uma declaração de culpado das acusações e, portanto, de que não houve demonstração de injustiça manifesta, e a petição de William Stanley Milligan de retirar a declaração de culpa está negada.

Goldsberry entrou com uma apelação no Tribunal de Segunda Instância de Ohio, alegando que o juiz Jackson tinha considerado de forma imprópria o peso das provas, equilibrando as opiniões de uma psicóloga e quatro psiquiatras eminentemente qualificados contra a opinião solitária do dr. Brown.

Ele também protocolou uma petição na cidade de Lima, Ohio, no Tribunal do Condado de Allen, com a acusação de que seu cliente não tinha tido a oportunidade de conversar com o advogado e sido transferido para uma instituição mais restritiva sem o devido processo.

2

Uma semana depois, no Tribunal do Condado de Allen, onde o auxiliar do juiz ouviria a petição de Goldsberry para o retorno de Milligan para Athens, o escritor viu Billy algemado pela primeira vez. Era o Professor, e ele sorriu, envergonhado.

Sozinho no quarto com Goldsberry e o escritor, o Professor falou do seu tratamento em Lima na semana anterior. O dr. Lindner, diretor clínico, o diagnosticara com esquizofrenia pseudopsicopática e prescreveu Stelazine (trifluoperazina), uma das drogas psicotrópicas da mesma família do Thorazine (clorpromazina), a droga que tornou a partição muito pior.

Eles conversaram até o meirinho informá-los de que o auxiliar de juiz estava pronto para começar. Goldsberry e Billy pediram que o escritor tivesse permissão de se sentar à mesa com eles, diante do vice-procurador-geral David Belinky e sua testemunha pelo estado de Ohio, o dr. Lewis Lindner, um homem magro com rosto contraído, óculos com aro de metal e uma barba Vandyke. Ele olhou para Milligan com desprezo.

Depois de vários minutos de conversas entre os advogados e o auxiliar de juiz, o auxiliar tomou a decisão — com base na lei apenas, sem depoimentos — de que, como o juiz Jones havia determinado que o lugar apropriado para a hospitalização era o Hospital Estadual de Lima, e como no fim de novembro Milligan teria o direito de apresentar provas em sua revisão de noventa dias, a audiência estava prejudicada. O tribunal decidiria em seis semanas se Milligan ainda estava mentalmente doente ou não e se teria ou não que ficar em Lima.

O Professor se dirigiu ao tribunal:

— Sei que tenho que esperar para poder retomar meu tratamento, e meus médicos me disseram nos últimos dois anos: "Você tem que *querer* ajuda das pessoas que podem dá-la a você. Você precisa conseguir confiar completamente no seu médico, no seu psiquiatra, na sua equipe de tratamento". Eu só quero que o tribunal me ajude a voltar ao tratamento adequado o quanto antes.

— Sr. Milligan — disse o auxiliar de juiz —, vou fazer uma declaração sobre isso. Acho que o senhor está supondo um fato incorreto, de que não vai receber tratamento no Hospital Estadual de Lima.

— Bem — disse Billy, olhando diretamente para o dr. Lindner —, você precisa poder querer tratamento, querer ajuda de uma pessoa para poder receber. Precisa confiar na pessoa. Eu não conheço esses médicos. Não confio neles pelo que eles já me contaram. Meus médicos declararam que não acreditam na minha doença, e isso me dá medo de voltar e esperar lá, onde não serei tratado. Vou receber um tratamento, mas para outra doença mental. Meus médicos deixaram claro que não acreditam em múltiplas personalidades.

— Isso é uma questão médica que não estamos preparados para discutir hoje, embora seu advogado possa apresentar isso em uma audiência de revisão, e assim haverá uma consideração adequada se Lima é ou não o lugar apropriado.

Depois da audiência, o escritor e Goldsberry visitaram Billy em Lima. Eles passaram por detectores de metal, suas pastas foram revistadas, atravessaram duas portas com grades e foram acompanhados por um guarda até a sala de visita. Um tempinho depois, um guarda levou Billy. Ainda era o Professor. Durante a visita de duas horas, ele contou ao escritor sobre os eventos em Athens que levaram à investigação do suposto estupro e descreveu sua transferência para Lima.

— As duas garotas estavam sentadas no saguão uma noite, conversando sobre não terem emprego nem dinheiro. Senti pena delas. Sou trouxa, acho. Falei que, se distribuíssem alguns adesivos para mim, eu lhes pagaria um salário. Elas distribuíram metade dos adesivos. Paguei pelo serviço.

"Quatro dias depois, elas desapareceram à tarde. Queriam encher a cara. Foram até a loja de bebidas e compraram uma garrafa de rum.

"Eu estava restrito à unidade. Só poderia sair se fosse escoltado por um funcionário ou por outro paciente que registrasse que ia sair para uma caminhada, se me permitisse ir junto. Então Gus Holston e eu saímos. Katherine marcou o horário. Ela disse que nós não ficamos mais do que nove ou dez minutos fora. Demos uma volta no prédio. Quando saímos, fiquei incomodado por estar do lado de fora. Não estava integrado na ocasião."

— Quem saiu? — perguntou o escritor.

— Foi Danny. Holston ficou meio apreensivo nesse momento, ele não sabia o que pensar de mim. Não sabia qual era o meu problema. Quando estávamos caminhando, ouvimos as garotas lá atrás gritarem para o Gus e, bom, elas me chamaram de "Billy". Quando se aproximaram, elas estavam muito, muito embriagadas. Uma estava com o que eu acho que era uma garrafa de Pepsi. Estava mais clara do que o habitual, talvez por causa de alguma mistura. Dava para sentir o cheiro de bebida nelas todinhas.

O Professor descreveu que uma das garotas, ao perceber que ele era Danny e não Billy, se inclinou para perto de Gus e disse:

— Leva esse *pentelho* lá pra dentro e vem ficar com a gente.

Gus disse que não podia, mas antes que ele e Danny pudessem se afastar uma das garotas vomitou na camisa de Gus e um pouco espirrou na calça do Danny.

Danny pulou para trás, enjoado, e cobriu o rosto com as mãos. Gus gritou com as garotas e as xingou. Ele e Danny lhes deram as costas e voltaram para o prédio. As garotas os seguiram um pouco, rindo e os xingando, depois foram pela estrada de tijolos para o cemitério.

Foi só isso, disse o Professor. Não tinha certeza sobre Holston, mas ele nunca tinha tocado nas meninas.

Os oito dias em Lima tinham sido infernais, ele disse.

— Vou escrever algumas das coisas que me aconteceram aqui e enviar para você.

Quando a visita acabou, o Professor passou pelo detector de metais para que fosse feita a verificação de contrabando ou qualquer coisa que os visitantes poderiam ter levado. Ele se virou para o escritor e se despediu com um aceno.

— Vejo você no fim de novembro, na minha audiência de revisão. Mas, até lá, vou escrever para você.

O escritor tentou marcar uma hora para falar com o dr. Lindner, mas a resposta ao telefone foi hostil:

— Acredito que não seja terapeuticamente desejável para ele ter tanta publicidade.

— Não somos nós que queremos publicidade — disse o escritor.

— Eu não quero mais discutir isso — disse Lindner, e desligou.

Quando o escritor pediu para participar de um grupo que visitaria o Hospital Estadual de Lima no dia anterior à audiência de novembro, o pedido foi aceito na hora pelo departamento de relações públicas. Mas, na véspera da visita, ele recebeu uma ligação: a visita tinha sido cancelada pelo dr. Lindner e pelo superintendente Hubbard, e o Departamento de Segurança tinha recebido ordens de barrar o escritor permanentemente.

O escritor questionou o motivo. O vice-procurador-geral David Belinky respondeu que funcionários do hospital alegaram que o escritor era suspeito de ter contrabandeado drogas para Milligan. Depois, o motivo foi mudado para "não aconselhável terapeuticamente".

3

O dia 30 de novembro foi frio; a primeira neve caiu. O Tribunal do Condado de Allen, em Lima, Ohio, era um prédio antigo. Apesar de a Sala 3 ser grande o suficiente para cinquenta pessoas, a maioria das cadeiras estava vazia. A audiência de revisão de Milligan tinha sido fechada ao público e à imprensa, mas as câmeras de televisão estavam esperando lá fora.

O Professor estava algemado entre seus advogados. Além dos advogados, só Dorothy, Del Moore e o escritor foram aceitos como observadores pelo tribunal. Também estavam presentes James O'Grady, vice-promotor do Condado de Franklin; William Jan Hans, um representante da Autoridade de Liberdade Condicional Adulta de Ohio; e Ann Henkiner, uma advogada observadora do Centro de Saúde Mental da Comunidade de Southwest de Columbus.

O juiz David R. Kinworthy, um jovem bonito de barba feita com feições esculpidas, revisou o histórico de audiências de encarceramento desde 4 de dezembro de 1978, quando Milligan foi considerado inocente por motivo de insanidade, até os vários novos encarceramentos e então até o presente, quase um ano depois. A audiência, disse Kinworthy, estava acontecendo de acordo com os estatutos do Código Revisado de Ohio, parágrafo 5122, seção 15.

A petição do vice-procurador-geral Belinky para a separação de testemunhas foi concedida. A petição do advogado Steve Thompson para o tribunal devolver Billy Milligan para Athens, considerando os defeitos processuais na transferência para Lima, foi negada.

Com as petições preliminares resolvidas, a audiência de revisão de confinamento começou.

A primeira testemunha do estado foi o dr. Frederick Milkie, de 65 anos, um psiquiatra baixo e gordo de calça e suéter largos. O cabelo escuro estava penteado com gel e ele andou da mesa ao lado de Belinky (de onde ele depois serviria como consultor técnico do estado) até o banco das testemunhas.

O dr. Milkie testemunhou que tinha visto Milligan duas vezes, uma brevemente no dia 24 de outubro de 1979, quando ele foi transferido para Lima, e novamente no dia 30 de outubro, para revisão do plano de tratamento. Também tivera permissão de observar Milligan naquela manhã por meia hora antes da audiência, para ver se houve alguma mudança desde um mês antes. Ao falar sobre os registros de hospital, o dr. Milkie declarou que tinha diagnosticado Milligan como tendo um transtorno de personalidade, que ele era antissocial e sofria de ansiedade psiconeurótica com características depressivas e dissociativas.

David Belinky, um advogado de rosto juvenil e cabelo encaracolado, perguntou à testemunha:

— Ele está exatamente igual hoje?

— Está — disse Milkie. — Mentalmente doente.

— Quais são os sintomas?

— Seu comportamento é inaceitável — disse o dr. Milkie, olhando diretamente para Milligan. — Ele é um criminoso com acusações de estupro e roubo. Está em conflito com o ambiente, o tipo de indivíduo que não se beneficia de punição.

Milkie disse ter considerado o diagnóstico de múltipla personalidade, mas não identificou sintomas. Em resposta às perguntas de Belinky, Milkie disse que considerava Milligan alguém com alto risco de suicídio e um perigo para os outros.

— Não há melhoria nesse paciente. Ele é arrogante, não cooperativo. Tem um ego enorme. Não aceita seu ambiente. — Quando Belinky perguntou como ele tratava o paciente, Milkie respondeu: — Com habilidosa negligência.

Milkie testemunhou ter prescrito cinco miligramas de Stelazine. Não tinha visto efeitos adversos, tampouco benéficos, e por isso descontinuou a droga antipsicótica. Ele declarou no tribunal que Milligan precisava de uma instituição de segurança máxima, e Lima era o único lugar para ele em Ohio.

Ao ser interrogado por Steve Thompson, o jovem sócio esguio de Goldsberry, Milkie disse que rejeitou o diagnóstico de múltipla personalidade porque não tinha visto os sintomas. Ele não aceitava a definição de múltipla personalidade no DSM-II, a segunda edição do *Diagnostic and Statistical Manual*. Milkie disse:

— Eu descartei múltipla personalidade assim como descartei sífilis quando vi o exame de sangue dele. Não estava lá.

— Que sintomas você observou? — perguntou Thompson.

— Raiva, pânico. Quando coisas não acontecem do jeito que Milligan quer, a raiva assume e ele age por impulso.

Thompson franziu a testa.

— Você está dizendo que uma pessoa é mentalmente doente quando está com raiva ou deprimida?

— Isso mesmo.

— Nós todos não temos períodos de raiva e depressão?

Milkie olhou ao redor e deu de ombros.

— Todo mundo é mentalmente doente.

Thompson encarou a testemunha e tomou algumas notas.

— Billy confia em você?

— Não.

— Ele faria mais progresso com alguém em quem confiasse?

— Sim.

— Vossa Excelência, eu não tenho mais perguntas para esta testemunha.

Antes de a audiência ser interrompida para o recesso de almoço, Alan Goldsberry apresentou como prova um depoimento do dr. Caul tomado três dias antes. Ele queria que ficasse registrado antes de chamar suas outras testemunhas, o dr. George Harding Jr, a dra. Stella Karolin e a psicóloga Dorothy Turner.

No depoimento, Steve Thompson, ao questionar Caul sobre o tratamento adequado para pacientes de múltipla personalidade, perguntou:

— O senhor poderia me dizer, doutor, quais os requisitos essenciais que você considera para um programa de tratamento de um indivíduo diagnosticado com múltipla personalidade?

O dr. Caul, lendo anotações, inclusive uma carta enviada para Goldsberry no dia 19 de novembro, respondeu:

O tratamento de qualquer paciente com o diagnóstico de múltipla personalidade deve ser feito apenas por um profissional de saúde mental, preferivelmente um psiquiatra que cumpra os seguintes critérios:

Um: Ele (ou ela) precisa aceitar a condição. Não deve ser feito por alguém que "não acredita" nesse fenômeno.

Dois: Se o psiquiatra não for experiente, mas estiver disposto a executar tal tratamento e aceitar a condição, deve ser supervisionado por, ou ao menos se consultar continuamente com, um colega que tenha essa experiência e esse conhecimento.

Três: Deve ter disponíveis as técnicas de hipnose como terapia adjunta, se for necessário. Isso não é uma necessidade, mas é altamente desejável.

Quatro: Deve ter lido literatura relevante sobre o assunto e pessoalmente feito algum tipo de curso de extensão nesse aspecto.

Cinco: Deve ter paciência quase infinita, assim como tolerância e perseverança. O tratamento de um caso desses requer um compromisso contínuo com uma terapia que certamente será longa, trabalhosa e difícil.

Alguns princípios gerais da terapia que agora são aceitos por aqueles que trataram pessoas com múltipla personalidade são:

Um: Todas as personalidades precisam ser identificadas e reconhecidas.

Dois: O terapeuta precisa verificar o motivo para a existência das personalidades.

Três: O terapeuta precisa estar disposto a fazer terapia com todas as personalidades em uma tentativa de executar mudança.

Quatro: O terapeuta precisa se concentrar em qualquer qualidade que possa ser identificada e tentar levar a um tipo de acordo entre as personalidades, principalmente as que podem oferecer ameaça ao indivíduo ou aos outros.

Cinco: O paciente precisa estar plenamente ciente da natureza e extensão do problema e ser ajudado ao longo da terapia, para contribuir com uma resolução positiva. Em outras palavras, advogado, o paciente precisa estar ciente do processo de tratamento e não ser apenas um recipiente passivo da terapia.

Seis: Medicamentos antipsicóticos devem ser evitados, pois já é bem conhecido que podem produzir fragmentação, assim como outros efeitos colaterais que prejudicam o tratamento.

Essas são apenas algumas das questões envolvidas em fazer terapia em casos assim. De modo algum é uma descrição completa de como se faz esse tipo de terapia.

O depoimento prosseguiu para a exploração mais profunda desses critérios.

Quando Belinky sugeriu, em suas perguntas, que o dr. Caul tinha se referido às condições para tratar múltipla personalidade como ótimas, ele respondeu rispidamente:

— Não, senhor, eu não disse que isso era basicamente o ótimo. Eu diria que é o *mínimo*. Advogado, acredito que essas deveriam ser as condições para o começo do tratamento de uma pessoa com múltipla personalidade. Caso contrário, melhor deixar a pessoa em paz e não a tratar.

Milligan foi levado do hospital depois do almoço e trocou de camisa. O escritor desconfiava que o Professor poderia ter ido embora.

Goldsberry e Thompson chamaram o dr. George Harding Jr. para depor. Depois que resumiu seu envolvimento no caso Milligan, ele disse acreditar que Athens era o local adequado para o tratamento de Billy.

— Dr. Harding, casos de múltipla personalidade não são muito raros? — perguntou Belinky.

— São.

— Nós todos não somos pessoas diferentes por dentro?

— A diferença é a amnésia — respondeu o dr. Harding.

— Como se prova amnésia? Não pode ser fingida?

— Nós tomamos muito cuidado. Fizemos explorações repetidas. Abordamos com ceticismo. A amnésia dele era legítima. Não estava fingindo.

— Dr. Harding, *você* usou históricos de caso e outros registros hospitalares para chegar ao *seu* diagnóstico? — perguntou Goldsberry em uma nova rodada.

— Usei. Nós usamos tudo que pudemos encontrar.

— Você acha que é *necessário* para um psiquiatra usar registros passados e opiniões de outros médicos para chegar a um diagnóstico?

— Eu acredito que é absolutamente essencial.

Ao ver a carta do dr. Caul determinando os critérios para tratar pacientes de múltipla personalidade, Harding disse ao tribunal que achou uma excelente declaração e concordou que aquelas condições eram exigências mínimas.

Depois de Harding, a psicóloga Dorothy Turner ocupou o banco das testemunhas. Ela afirmou que viu Billy quase diariamente antes do julgamento e fez testes de inteligência com várias das personalidades.

— Quais foram os resultados? — perguntou Goldsberry.

— Duas tinham QI de 68 a 70. Uma era mediana. Outra era claramente superior, com um QI de 130.

— É possível que essas diferenças de QI tenham sido fingidas? — perguntou Belinky.

— De jeito nenhum. Eu não tenho dúvida de que não há como fingir essas diferenças — disse Turner com raiva na voz.

A dra. Stella Karolin testemunhou que tinha chegado de forma independente ao mesmo diagnóstico que Dorothy Turner, que a dra. Cornelia Wilbur e o dr. George Harding. Karolin tinha visto Milligan em abril, junho e julho daquele ano e achava que ele ainda estava fragmentado.

— E se houver outros problemas? — perguntou Belinky.

— As múltiplas personalidades precisam ser tratadas primeiro — disse Karolin. — Ele pode ter outros problemas mentais, pois diferentes personalidades podem ter doenças diferentes, mas o problema geral precisa ser tratado primeiro.

— Você acha que ele estava recebendo o tratamento correto em Athens?

— Acho.

Goldsberry mostrou a ela a carta do dr. Caul. Ela assentiu e concordou que eram os requisitos básicos mínimos.

Depois que Harding, Karolin e Turner foram dispensados como testemunhas, eles puderam ficar no tribunal como observadores.

Pela primeira vez na vida, às 15h50 daquela tarde, Billy Milligan teve permissão de testemunhar em defesa própria.

Por causa das algemas, foi difícil colocar a mão esquerda sobre a Bíblia e erguer a mão direita. Ele se curvou e sorriu ao tentar fazer isso. Em seguida, depois de jurar dizer a verdade e nada mais que a verdade, ele se sentou e olhou para o juiz.

— Sr. Milligan — começou o juiz Kinworthy —, preciso dizer que, embora tenha o direito de participar desses procedimentos, o senhor não pode ser obrigado a testemunhar. Pode ficar em silêncio.

Billy assentiu.

Alan Goldsberry começou o interrogatório de seu jeito suave e preciso.

— Billy, você se lembra de falar neste tribunal no dia 12 de outubro?

— Lembro.

— Gostaria de perguntar sobre o tratamento que está recebendo no Hospital Estadual de Lima. Você está passando por hipnoterapia?

— Não.

— Terapia em grupo?

— Não.

— Terapia musical?

Billy olhou para o juiz.

— Levaram um grupo para uma sala onde tinha um piano e nos mandaram ficar lá. Não tinha terapeuta. Nós ficamos horas sentados.

— Você confia no dr. Milkie? — perguntou Goldsberry.

— Não. Ele mandou usarem Stelazine. Me fez mal.

— Como você descreveria seu tratamento?

— Quando eu cheguei lá, fui para a Ala 22. Um psicólogo foi grosseiro comigo. Eu fui dormir.

— Quando você soube que tinha múltiplas personalidades, Billy?

— No Hospital Harding. Eu meio que acreditei, mas só *soube* quando vi as fitas de vídeo no Centro de Saúde Mental Athens.

— Por que você acha que isso aconteceu, Billy?

— Por causa das coisas que o meu padrasto fez comigo. Eu não queria mais ser eu. Eu não queria ser Billy Milligan.

— Pode nos dar um exemplo do que acontece quando se tem múltiplas personalidades?

— Bom, é assim. Um dia eu estava na frente de um espelho no meu apartamento, me barbeando. Eu tinha tido problemas e acabado de me mudar pra Columbus, e me sentia mal porque não saí de casa em bons termos. Eu estava parado lá me barbeando e foi como se as luzes tivessem se apagado. Foi bem pacífico. Quando abri os olhos, eu estava em um avião. Fiquei morrendo de medo. Eu só soube para onde ia quando pousamos e eu descobri que era San Diego.

O tribunal ficou em silêncio. O juiz estava ouvindo com atenção. A mulher do equipamento de gravação olhou para Billy Milligan boquiaberta, com olhos arregalados de espanto.

David Belinky se levantou para interrogar a testemunha.

— Billy, por que você confiou no dr. Caul e não nos médicos de Lima?

— Por algum motivo, eu confiei no dr. Caul desde o dia em que o conheci. O policial que me levou de Columbus para lá um ano atrás tinha colocado as algemas muito apertadas. — Ele ergueu as algemas para mostrar como estava frouxa agora. — O dr. Caul gritou com o policial por causa disso e mandou que as tirasse. Não demorou para eu entender que ele estava do meu lado.

— Não seria melhor para você cooperar com o tratamento em Lima? — perguntou Belinky.

— Eu não tenho como fazer terapia *comigo mesmo* — disse Billy. — A Ala A é conduzida como um curral, entra e sai. Em Athens, eu tive regressões, mas precisei aprender a corrigi-las. Lá eles sabiam lidar com elas, não com punição, mas com tratamento, terapia.

Durante os comentários de encerramento, Belinky argumentou que era ônus do estado provar apenas que o réu era mentalmente doente e sujeito à hospitalização. O diagnóstico não precisava ser provado. Os únicos depoimentos *atuais*, disse ele, eram do dr. Caul e do dr. Milkie. O dr. Caul disse de forma enfática que Billy Milligan ainda estava mentalmente doente. E o dr. Milkie tinha dito que o Hospital Estadual de Lima era o ambiente menos restritivo para tratar aquele paciente.

— Peço ao tribunal que o interne em Lima — disse Belinky.

Steve Thompson, em seus argumentos finais, observou que um conjunto incrível de talentos psiquiátricos tinha sido apresentado ao tribunal em favor de seu cliente e que todos concordaram com o diagnóstico de múltipla personalidade.

— Com isso feito, a pergunta agora é: Como o tratamos? — continuou Thompson. — Levando em consideração o status mental de Billy Milligan, esses especialistas concordam que ele deveria ser enviado para Athens, o lugar mais adequado para tratamento. Todos os especialistas que foram testemunhas concordam que ele precisa de tratamento longo. No dia 4 de outubro, ele foi transferido para Lima e examinado por um médico, que alega não ter consultado o histórico médico nem o tratamento anterior. Esse médico concluiu que Billy Milligan é uma ameaça para si mesmo e para os outros. E como chegou à conclusão de que ele é uma ameaça? Com base em condenações anteriores, Vossa Excelência. Com base em provas antigas apresentadas nesta audiência. O dr. Milkie diz que Billy Milligan apresenta comportamento antissocial. O dr. Milkie diz que ele não demonstrou melhoria. Vossa Excelência, está claro que o dr. Milkie não é especialista em múltipla personalidade. É posição do réu que a qualidade dos especialistas está do lado de Billy Milligan.

O juiz Kinworthy anunciou que levaria a questão a aconselhamento e tomaria uma decisão em até dez dias. Até lá, Milligan permaneceria em Lima.

No dia 10 de dezembro de 1979, o tribunal fez as seguintes declarações:

1. O réu é uma pessoa mentalmente doente porque sua condição representa um transtorno substancial de pensamento, humor, percepção, orientação e memória que afeta amplamente sua avaliação, seu comportamento e sua capacidade de reconhecer a realidade.

2. A doença mental do réu é uma condição diagnosticada como múltipla personalidade.

3. O réu é uma pessoa mentalmente doente sujeita à hospitalização por ordem do tribunal porque, por conta da doença, representa um risco substancial de dano a si mesmo, como manifestado pelas provas de ameaça de suicídio; representa um risco substancial de dano físico aos outros, como manifestado por provas de comportamento violento recente; e que se beneficiaria de tratamento em um hospital para doença mental e precisa desse tratamento como manifestado pelas provas de comportamento que criam um risco grave e iminente aos direitos substanciais de outros e do próprio réu.

4. O réu, devido à doença mental, é perigoso para si mesmo e para os outros e, portanto, precisa de hospitalização em uma instituição de segurança máxima.

5. Por motivo de o réu ter sido diagnosticado como tendo múltipla personalidade, seu tratamento deve ser consistente com tal diagnóstico.

Portanto, é ordenado que o réu seja internado no Hospital Estadual de Lima, em Lima, Ohio, para tratamento consistente com o diagnóstico do réu como tendo múltipla personalidade e que cópias legais das conclusões deste caso sejam transmitidas para o Hospital Estadual de Lima, Lima, Ohio.

David R. Kinworthy, juiz
Tribunal de Segunda Instância do Condado de Allen
Vara de Sucessão

4

No dia 18 de dezembro, Billy telefonou da enfermaria masculina do Hospital Estadual de Lima para o escritor. Tinha levado uma surra feia de um funcionário. Um advogado de Lima, designado como curador dativo na audiência, havia tirado fotografias de Polaroid dos vergões nas costas quando ele foi açoitado com um fio de extensão. Os olhos e rosto de Billy estavam roxos e ele tinha duas costelas quebradas.

Os administradores do hospital declararam à imprensa que, após um "desentendimento com um funcionário", Milligan não tinha ferimentos além daqueles, aparentemente autoinfligidos.

No dia seguinte, depois de uma visita do advogado Steve Thompson, a administração de Lima mudou de ideia e soltou uma declaração confirmando que Milligan tinha "subsequentemente sofrido ferimentos severos". O FBI e a Patrulha Rodoviária do Estado de Ohio foram chamados para investigar um possível envio ao grande júri.

Thompson ficou ultrajado com os relatos de Billy e do advogado de Lima e soltou uma declaração transmitida apenas por rádio:

— Em última análise, qualquer um que esteja preso ainda tem a proteção dos direitos civis — declarou ele ao apresentador —, e, pelas leis de Ohio, pacientes têm direitos concedidos pelas emendas recentes à lei de saúde mental, direitos civis de paciente. Pelos estatutos dos Estados Unidos, eles têm a proteção das leis federais de direitos civis também, que podem ser aplicadas em tribunal. Seria cedo demais dizer o que vai acontecer aqui.

A "Revisão de Plano de Tratamento Trimestral" do Hospital Estadual de Lima de 2 de janeiro de 1980 determinou que:

O plano de tratamento do Paciente é válido e adequado para sua condição.

O diagnóstico do Paciente é: (1) Esquizofrenia Pseudopsicopática (DSM II, 295.5) com episódios dissociativos; (2) possível Transtorno de Personalidade Antissocial, subtipo hostil (DSM II, 301.7); (3) Dependência de Álcool (DMS II, 303-2) pelo histórico; e (4) Dependência de Drogas, estimulantes (304.6) pelo histórico.

O paciente foi levado para uma Unidade de Terapia Intensiva duas semanas antes devido as suas atitudes violentas no hospital masculino [...]. O paciente, acredito, tem sido adversamente afetado pela notoriedade que recebeu nos jornais e, dessa forma, age com postura de "estrela" [...]. O sr. Milligan demonstra características claras do verdadeiro psicopata, e, como tal, é [tão] difícil de lidar quanto qualquer outro paciente psicopático. [...]. Além disso, o paciente exibe muitas das características de Personalidade Histérica. Apesar de esse transtorno ser mais comum em mulheres, há numerosos casos de personalidade histérica masculina. Essa condição não deve ser descartada.

[assinado] Dr. Lewis A. Lindner
Psiquiatra da equipe 4/1/80
[assinado] J. William McIntosh, Ph.D.
Psicólogo 4/1/80
[assinado] John Doran
Psicólogo Assistente 7/1/80

Com raiva das autoridades do Hospital Estadual de Lima por não aderirem à ordem judicial do juiz Kinworthy de tratar Milligan como alguém com múltipla personalidade, Alan Goldsberry e Steve Thompson protocolaram uma petição contra as autoridades de Lima e o Departamento de Saúde Mental do Estado de Ohio. Eles também pressionaram o gabinete do diretor Estadual de Saúde Mental para transferir Billy Milligan para um hospital menos restritivo.

5

Trancado na ala de segurança do Hospital Estadual de Lima para os Criminalmente Insanos, Billy Milligan desintegrado pegou um lápis de um dos atendentes e começou a escrever a primeira de uma série de cartas para o escritor:

De repente, um funcionário, ao passar pela porta, gritou uma ordem ameaçadora para os pacientes da Ala 22:
— Vamos lá, bando de filhos da puta, vamos esvaziar essa sala. Andem. AGORA! — Pausando para outro gritinho e para ajustar o cotoco de charuto que tinha na boca, ele murmurou: — Quando o vidro estiver limpo, nós vamos chamar vocês, *babacas*. Até lá, fiquem na porra dos seus quartos.

Olhando com frieza para nós, o pequeno grupo se levantou das cadeiras de encosto duro e andou como um bando de zumbis pelo corredor até que o estrondo das portas de ferro se fechando começou. Os homens sem expressão, que usavam toalhas como babadores, andavam devagar demais e os funcionários corpulentos os apressavam com o estalo alto de cintos largos de couro, tirando toda a sua dignidade. Thorazine, Prolixion, Haldol e qualquer outra droga psicotrópica no mercado mantinham e garantiam obediência da forma mais rigorosa, então eram distribuídos como balas. Não havia nenhuma humanidade, mas eu quase esqueci. Nós não somos humanos. *Clank!*

Todas as juntas do meu corpo pareceram enrijecer e congelar quando entrei no aposento claustrofóbico de 2,5 por 3 metros e puxei a porta. *Clank.* Sentar na minha cama está virando uma tarefa, mas eu me ajustei no colchão de plástico. Com aquele monte de nada, decidi usar minha imaginação na pintura lascada da parede em frente. Eu conseguia conjurar imagens delineadas para minha própria diversão e tentar identificá-las. Hoje, só rostos, rostos demoníacos velhos, feios e feridos que pareciam sofrer alucinações das lascas de uma instituição velha. Foi assustador, mas permiti. A parede estava rindo de mim. Eu odeio aquela parede. Maldita parede! Ela quer chegar cada vez mais perto e rir mais. O suor da minha testa fazia meus olhos arderem, mas lutei para mantê-los abertos. Preciso vigiar aquela parede, senão aquela parede barulhenta que tanto gargalha vai chegar para cima de mim, vai me invadir, me esmagar. Vou ficar paralisado vigiando a maldita parede que gargalha. Os 410 homens declarados criminalmente insanos ocupam os corredores infinitos deste buraco esquecido por Deus. Fico zangado com o fato de que o estado teve a pachorra de chamar este lugar de hospital. Hospital Estadual de Lima. *Clank!*

O silêncio caiu na Ala 22, exceto pelo tilintar e por alguém varrendo a janela quebrada. Quebraram uma janelinha na sala onde ficamos sentados encostados na parede em cadeiras duras de madeira. Você se senta, você pode fumar. Você não fala, você fica com os dois pés no chão, senão a vida vai ficar muito difícil para você. Quem quebrou uma janela? Agora os funcionários vão estar de mau humor porque o jogo de cartas foi interrompido e alguém vai ter que ficar na sala se nos deixarem sair das nossas caixinhas.

Não ouvi nada, atordoado no meu estupor, parecendo um transe. Meu corpo estava dormente e vazio. A maldita parede que gargalhava alto parou de gargalhar. A parede era uma parede e as lascas eram lascas. Minhas mãos estavam frias e grudentas e a batida do meu coração ecoa no meu corpo vazio. A ansiedade da espera começou a me sufocar, esperando para sair da minha caixinha, mas continuo paralisado na cama olhando para a parede silenciosa, imóvel. Eu, um zumbi de nada em uma caixa de nada em um inferno de nada. A saliva tentando escorrer pelos meus lábios secos era um sinal certeiro de que a medicação psicotrópica estava lutando para controlar a minha mente, minha alma e meu corpo. Eu devia resistir? Declarar que tinha sido a vencedora? Sucumbir ao terceiro mundo para escapar das realidades trágicas que estão fora da minha porta de aço? Vale a pena viver a vida na bocarra da lata de lixo da sociedade para as mentes desajustadas? O que eu posso conseguir fazer ou como posso contribuir para a humanidade nesta caixa de aço e concreto com uma maldita parede que gargalha alta e se move? Simplesmente desistir? Mais perguntas dispararam pela minha mente como um disco de 33 rotações tocando em 78, ficando mais e mais intensas. De repente, um choque horrível percorreu meu corpo e jogou meus ombros murchos para trás e me deixou ainda mais ereto. A realidade se forçando em mim como um tapa maldoso na cara quebrou meu transe e estalou minhas juntas congeladas. Alguma coisa estava subindo pelas minhas costas. Minha imaginação? Depois de avaliar os poucos sentidos que ainda tinha, eu soube que não era. Havia alguma coisa subindo pelas minhas costas. Reagi puxando a camisa pela cabeça e ignorando o fato de que tinha botões. O medo cego não tem pena de itens materiais. Três botões foram arrancados. Joguei a camisa no chão e a sensação sumiu das minhas costas. Quando olhei para a camisa, vi a invasora. Uma barata de uns 3 centímetros, longa e preta, era o que estava sapateando na minha lombar. O inseto nojento era inofensivo, porém chocante. O bicho tomou a decisão por mim. Voltei para este lado da realidade, mas ainda pensando no meu debate interno. Deixei a coisinha hedionda ir embora. Secretamente, fiquei satisfeito com a percepção que tive de mim mesmo, orgulhoso da vitória mental e física. Eu não sou maluco. Ainda tinha resistência dentro de mim. Não perdi, mas não venci. Eu quebrei uma janela e nem sei por quê.

O escritor recebeu uma carta, datada de 30 de janeiro, de outro paciente de Lima:

Prezado senhor,

Vou direto ao ponto. Cerca de 14 horas depois de Bill receber a visita do advogado, ele foi transferido da UTI 5 para a UTI 9. A nove é uma ala mais forte do que a cinco.

A decisão da transferência foi tomada pela "equipe" na reunião diária. Foi uma surpresa e um choque para Bill, mas até que ele lidou bem...

A única hora em que Bill e eu conseguimos conversar agora é na recreação. Foi lá que descobri que a pressão nele estava no máximo. Ele diz que visitas, cartas e telefonemas estão proibidos até ele despedir os advogados. Mandaram ele desistir do livro, e ele é perturbado por funcionários. (Eu também fui acusado de ajudar Bill no livro e percebi que essas pessoas não querem que o livro seja lançado.)

Eu soube que Bill ficará o restante do tempo dele aqui em uma ala fortificada...

[nome suprimido]

No dia 12 de março, o escritor recebeu uma carta escrita em servo-croata, com o carimbo de Lima. A caligrafia era desconhecida.

Subata Mart Osmi 1980

Kako ste? Kazma nadamo. Zaluta Vreme. Ne lečenje Billy je spavanje. On je U redu ne brinite. I dem na pega. Učinicu sve šta mogu za gaň možete ra čunati na mene. "Nužda ne poznaje zakona".

Nemojete se
Ragen

Sábado, 8 de março de 1980

Como você está? Espero que muito bem. Eu perdi tempo. Não tem cura para Billy durante o sono. Ele está bem. Não se preocupe. Eu vou comandar. Vou fazer tudo que puder por ele. Pode contar comigo. "A necessidade não conhece leis."

Ragen

EPÍLOGO

Nos meses seguintes, mantive contato com Billy por carta e telefone. Ele continuou tendo esperanças de que a corte de apelação descartasse a decisão que o tinha enviado para Lima e que poderia voltar para Athens a fim de continuar o tratamento com o dr. Caul.

No dia 14 de abril de 1980, em uma segunda audiência de revisão, o juiz Kinworthy julgou improcedente a acusação de desacato ao juiz protocolada pelo advogado de Billy contra o superintendente Ronald Hubbard e o diretor clínico Lewis Lindner por não o tratarem como paciente de múltipla personalidade. O juiz ordenou que Billy ficasse em Lima.

Durante a maior parte de 1979, a legislação de Ohio vinha analisando a necessidade de mudanças nas leis existentes em relação a pessoas consideradas inocentes por motivo de insanidade. Antes de um indivíduo desses poder ser transferido para um ambiente menos restritivo (como a lei exigia), o promotor do condado teria o direito de exigir uma audiência na jurisdição na qual o crime tinha sido cometido. O direito do paciente a uma revisão também seria mudado de a cada noventa dias para a cada 180 dias, e também aberto ao público, imprensa e televisão. Isso logo passou a ser chamado por muitos de "lei do *Columbus Dispatch*" ou "lei Milligan".

Bernie Yavitch, que tinha sido o promotor no caso de Milligan, me contou depois que havia trabalhado no subcomitê da Associação de Promotores de Ohio, que elaborou a nova lei. Yavitch disse:

— O grupo se reuniu, acho, em resposta à reação que estava surgindo por causa da situação de Milligan...

A Lei do Senado 297, foi aprovada e efetivada no dia 20 de maio de 1980. O juiz Flowers me contou que a nova lei tinha sido aprovada por causa de Billy.

No dia 1º de julho de 1980, recebi uma carta com o carimbo de Lima, com a palavra *Urgente* impressa na parte de trás do envelope. Quando a abri, encontrei uma carta de três páginas escrita com texto árabe floreado. De acordo com o tradutor, estava em árabe perfeito e fluente. Dizia em parte:

> Às vezes eu não sei quem eu sou ou o que eu sou. E às vezes nem reconheço as outras pessoas ao meu redor. O eco das vozes ainda está na minha mente, mas elas não têm significado. Vários rostos aparecem para mim como se saídos da escuridão, mas estou com muito medo porque minha mente está totalmente dividida.
>
> Minha família [interna] não está em contato contínuo comigo e não faz isso há muito tempo. [...] Os eventos aqui nas últimas semanas não foram muito bons. Eu não sou responsável por tudo. Odeio tudo o que acontece ao meu redor, mas não consigo parar, não consigo alterar [...].

Estava assinada "Billy Milligan". Alguns dias depois, recebi outra carta explicando quem tinha escrito a primeira.

> Novamente, sinto muito pelas cartas que não estão em inglês. Fico muito constrangido de fazer tudo errado. Arthur sabe que você não fala árabe, mas envia uma carta idiota daquelas.
>
> Arthur nunca tentou impressionar ninguém, então ele deve estar ficando confuso e esqueceu. Samuel aprendeu árabe com Arthur, mas nunca escreveu cartas. Arthur diz que é ruim se gabar. Eu queria que ele falasse comigo. Tem coisas ruins acontecendo e eu não sei por quê.
>
> Arthur também fala suaíli. Arthur leu muitos livros em Lebanon [prisão] sobre os fundamentos do árabe. Ele queria explorar as pirâmides e a cultura egípcia. Teve que aprender o idioma e saber o que escreveram na parede. Eu perguntei um dia por que ele estava interessado naquela pilha enorme de pedras triangulares. Ele me disse que não estava tão interessado no que havia na tumba, mas que podia solucionar como a tumba foi parar lá. Ele disse alguma coisa sobre desafiar uma lei da física e que estava procurando a resposta. Ele até fez pequenas pirâmides de papelão, mas David amassou tudo.
>
> [assinado] Billy-N.

Durante esse período no hospital, de acordo com Billy, houve muita perseguição e surras em pacientes por atendentes, mas, fora Ragen, só Kevin, dentre todas as personalidades, enfrentava os funcionários. Em reconhecimento a isso, Arthur o retirou da lista de indesejáveis.

Kevin me escreveu no dia 28 de março de 1980.

Aconteceu uma coisa muito ruim, mas não sei o quê. Eu sabia que seria só questão de tempo pra que a desintegração total acontecesse e Billy fosse dormir de vez. Arthur disse que Billy só teve um gostinho de vida consciente, mas infelizmente o gosto foi amargo. Dia após dia, ele foi ficando mais fraco neste lugar. Não conseguia entender o ódio e a inveja que as figuras de autoridade desta instituição sentiam. Eles também provocavam os pacientes para que o machucassem e fizessem Ragen brigar, mas Billy conseguia segurar Ragen... mas não mais. Os médicos dizem coisas ruins sobre nós, e o que mais dói é que eles estão certos.

Nós, eu, sou uma aberração, um desajustado, um erro biológico. Nós todos odiamos este lugar, mas é o nosso lugar. Nós não fomos muito bem aceitos, fomos?

Ragen vai acabar com tudo de vez. Ele tem que acabar. Ele disse que quem não fala não faz mal a ninguém na parte de fora nem de dentro. Ninguém pode nos culpar por nada. Ragen parou com a audição. O tempo de atenção vai ser voltado para dentro e vai garantir o bloqueio total.

Ao isolar o mundo real, podemos viver em paz no nosso.

Nós sabemos que um mundo sem dor é um mundo sem sentimento... mas um mundo sem sentimento é um mundo sem dor.

Kevin

Em outubro de 1980, o Departamento Estadual de Saúde Mental divulgou que Lima seria desativado como hospital estadual para os criminalmente insanos e se tornaria uma prisão sob o Departamento de Correção.

Novamente, a questão de para onde Milligan seria transferido foi parar nas manchetes. A possibilidade de ele ser enviado de volta para Athens ou para qualquer outro hospital de segurança mínima levou o promotor Jim O'Grady a exigir que, sob a nova lei, Billy voltasse a Columbus para uma audiência de revisão de sanidade. O juiz Flowers aceitou ouvir o caso.

Originalmente agendada para acontecer no dia 31 de outubro de 1980, a audiência foi remarcada, por acordo mútuo, para 7 de novembro, *depois* da eleição. Para evitar que políticos e a imprensa tornassem a audiência de Milligan um assunto político, era desejável um adiamento.

Mas as autoridades do Departamento Estadual de Saúde Mental usaram esse adiamento para agir por conta própria. Eles informaram ao promotor O'Grady que tinha sido tomada a decisão de enviar Milligan para o novo Centro Forense de Dayton, aberto em abril. Essa nova instituição de segurança máxima era protegida por cercas duplas com rolos de arame de concertina afiado enrolado em arame farpado em cima e tinha um sistema de segurança mais rigoroso do que a maioria das prisões. A promotoria abandonou o pedido de audiência.

No dia 19 de novembro de 1980, Billy Milligan foi levado para o Centro Forense de Dayton. Arthur e Ragen, sentindo o desespero de Billy-N e com medo de ele tentar se matar, o colocaram para dormir de novo.

Quando não estava na sala de visitas, ele passava o tempo lendo, escrevendo e desenhando. Não tinha permissão para pintar. Recebia visitas de Mary, uma jovem paciente externa que conhecera nos primeiros meses em Athens. Ela se mudou para Dayton para poder vê-lo diariamente. Billy se comportava bem e me disse que estava ansioso para a audiência de 180 dias, na esperança de que o juiz Flowers decidisse que ele não precisava de uma instituição de segurança máxima e o enviasse de volta para Athens. Sabia que o dr. Caul podia tratá-lo, integrá-lo novamente e trazer o Professor de volta. Com Billy-N dormindo, disse ele, as coisas agora eram como antes de a dra. Cornélia Wilbur o despertar.

Eu via que ele estava se deteriorando. Várias vezes durante as minhas visitas, ele dizia que não sabia quem era. Quando havia uma fusão parcial, ele se tornava uma pessoa sem nome. Ragen relatou que havia perdido a capacidade de falar inglês. As pessoas tinham parado de se comunicar umas com as outras. Sugeri que mantivesse um diário; assim, quem estivesse na frente poderia escrever mensagens. Funcionou por um tempo, mas o interesse foi passando e as anotações foram ficando cada vez mais escassas.

No dia 3 de abril de 1981, Billy teve a audiência de 180 dias. Dentre os quatro psiquiatras e os dois profissionais de saúde mental que testemunharam, só o dr. Lewis Lindner, de Lima, que não o via havia cinco meses, testemunhou que ele deveria ser mantido em segurança máxima.

Uma carta foi incluída entre as provas pelo promotor. Nela, Milligan estava aparentemente reagindo à notícia de que outro paciente de Lima tinha planejado matar o dr. Lindner. "Sua tática está completamente errada [...]. Você já considerou o fato de que não são muitos os médicos que considerariam pegar seu caso sabendo que podem ser atacados por dizerem a coisa errada? Mas se de fato achar que Lindner fez mal a você e ao seu caso, sem chance de retorno, e que sua vida acabou porque vai passar a eternidade atrás das grades, você tem a minha bênção."

Milligan foi chamado ao banco das testemunhas. Perguntaram seu nome, sob juramento, e ele respondeu "Tommy". Tommy explicou que Allen havia escrito a carta em uma tentativa de convencer o outro paciente a não matar o dr. Lindner.

— É errado sair por aí atirando nas pessoas só porque elas testemunham contra você no tribunal. O dr. Lindner testemunhou contra mim hoje, mas eu não atiraria nele por causa disso.

O juiz Flowers adiou a decisão. Os jornais publicaram histórias de primeira página, artigos de destaque e editoriais se opondo a qualquer mudança para Athens.

Enquanto esperava para saber seu destino, Allen passou a maior parte do tempo em Dayton trabalhando em uma pintura para a capa do livro. Planejava enviar ao editor vários desenhos para ele escolher, mas certa manhã acordou e descobriu que uma das crianças tinha aparecido enquanto ele dormia e rabiscado os desenhos com giz de cera laranja. Na manhã do prazo, Allen trabalhou furiosamente e terminou a pintura a óleo desejada a tempo.

No dia 21 de abril de 1981, o Tribunal de Segunda Instância de Ohio decidiu sobre o julgamento que tinha enviado Billy para Lima. Concluiu que tirá-lo de um ambiente menos restritivo para a instituição de saúde mental de segurança máxima em Ohio, o Hospital Estadual de Lima, "sem notificar a pessoa ou a família, sem permitir que o paciente estivesse presente, sem consultar advogado, chamar testemunhas ou em geral o aconselhar sobre ou permitir-lhe os direitos de uma audiência completa [...] é uma violação fatal [...] e deve resultar na reversão da ordem de transferência e colocação do paciente em sua posição anterior ao procedimento de transferência ilegal".

Apesar de achar isso um erro judicial, o tribunal de segunda instância decidiu que não era prejudicial, pois Milligan teve uma audiência no condado de Allen que "concluiu sobre o que temos que presumir que sejam provas suficientes e adequadas de que o apelante, devido à sua doença mental, era um perigo para si mesmo e para outros [...]".

O tribunal de segunda instância, portanto, discordou das ações do juiz Jones, mas não devolveria Billy para Athens. Goldsberry e Thompson decidiram apelar à suprema corte de Ohio.

No dia 20 de maio de 1981, seis semanas e meia depois da audiência de 180 dias, o juiz Flowers apresentou sua decisão. O registro no tribunal dá duas explicações: Primeiro, "o Tribunal, em sua decisão, se apoia fortemente na Prova do Estado n° 1 [a carta] e sua interpretação pelo testemunho do dr. Lewis Lindner. O Tribunal acha isso persuasivo por um padrão claro e convincente que William S. Milligan não apresenta restrições morais aceitáveis, mostra familiaridade com a subcultura criminal e desconsideração pela vida humana". Em segundo lugar, o juiz concluiu que o testemunho do dr. David Caul, dado por depoimento, "de que ele não estaria disposto a aceitar limitações impostas pelo Tribunal", tornava o Centro de Saúde Mental Athens "menos do que adequado".

Sem fazer referências aos outros psicólogos e psiquiatras que tinham testemunhado que Milligan *não* era perigoso, o juiz Flowers ordenou tratamento continuado no Hospital Forense de Dayton "como a alternativa menos restritiva disponível consistente com os objetivos de tratamento do réu e com a segurança pública". O juiz Flowers também *autorizou* Milligan a se submeter a um tratamento com uma psicóloga de Dayton (que tinha informado ao juiz anteriormente não ter experiência com o tratamento de múltipla personalidade) — "custeado pelo próprio [Milligan]". Essa decisão foi tomada três anos e meio depois de Billy Milligan ter sido preso e levado perante o juiz Flowers; dois anos e cinco meses após o mesmo juiz o declarar inocente por motivo de insanidade.

Alan Goldsberry imediatamente protocolou uma apelação e uma petição com o 10° Distrito de Apelação do Condado de Franklin, Ohio, impugnando a Lei do Senado 297 (a lei Milligan) como negação de proteção igualitária da lei e negação de devido processo legal, portanto inconstitucional. Também argumentou que a aplicação a Billy Milligan de forma "retroativa" era uma violação da proteção da constituição de Ohio contra leis retroativas.

Billy não pareceu amargurado pela decisão contrária da segunda instância, nem com a decisão do juiz Flowers. Tive a impressão de que ele estava cansado de tudo.

Billy e eu ainda falamos ao telefone com frequência e eu o visito em Dayton de tempos em tempos. Às vezes, é Tommy, ou Allen, ou Kevin. Em outras ocasiões, ele é o sujeito sem nome.

Em uma das minhas visitas, quando perguntei com quem eu estava falando, ele respondeu:

— Não sei quem eu sou. Estou me sentindo vazio.

Eu pedi para ele me contar sobre isso.

— Quando não estou dormindo e não estou na frente é como se estivesse deitado de cara em uma vidraça que se estica eternamente, e consigo olhar pra baixo através do vidro. Abaixo, no chão mais distante, parece haver estrelas do espaço sideral, mas há um círculo, um raio de luz. É quase como se estivesse saindo dos meus olhos, porque está sempre na minha frente. Em volta, algumas das minhas pessoas estão deitadas em caixões. As tampas não os cobrem porque as pessoas ainda não estão mortas. Elas estão dormindo, esperando alguma coisa. Tem alguns caixões vazios porque nem todo mundo foi pra lá. David e os outros jovens querem uma chance de viver. Os mais velhos desistiram de ter esperança.

— Que lugar é esse? — perguntei.

— David escolheu um nome porque foi ele que o criou. David chama de "Lugar de Morrer".

POSFÁCIO

Desde a primeira publicação deste livro, recebi cartas de leitores de todo o país perguntando o que aconteceu a Billy Milligan depois que o juiz Flowers recusou seu pedido de ser transferido para Athens.

Resumindo brevemente:

Em seus bilhetes para mim, "Allen" descreveu o Hospital Estadual de Lima para os Criminalmente Insanos como "uma câmara de horrores". Depois, referiu-se ao Centro Forense de Dayton como um "tanque de germes ultralimpo". O superintendente de Dayton, Allen Vogel, foi solidário e compreensivo com as necessidades de Milligan, mas cada vez mais a equipe de segurança o atrapalhava. Embora Vogel tenha dado a Milligan permissão para pintar com tinta a óleo, e "Tommy" e "Allen" encomendassem material de arte, a decisão de Vogel foi anulada pela segurança, com base no fato de que o óleo de linhaça usado na tinta poderia ser perigoso. O material de arte foi removido do hospital.

Cada vez mais deprimido, Allen insistiu para que Mary, sua amiga e visitante constante, voltasse a estudar e tivesse vida própria.

— Não posso segurá-la na prisão comigo — disse ele.

Várias semanas depois de Mary ir embora de Dayton, outra jovem entrou na vida de Milligan. Tanda, residente de Dayton que visitava regularmente o irmão no Centro Forense de Dayton, notou Milligan na sala de visitas. O irmão dela os apresentou. Em pouco tempo, ela começou a fazer por Milligan algumas das coisas que Mary fazia antes: datilografar, levar comida de fora, comprar roupas.

No dia 22 de julho de 1981, Tanda me ligou e disse que estava preocupada com Billy. Ele não estava trocando de roupa, nem se barbeando, nem comendo. Estava se retraindo de todo o contato externo. Achava que ele tinha perdido o interesse na vida.

Quando fui visitá-lo no hospital, Tommy me disse que Arthur, depois de perder as esperanças de tratamento e cura, tinha decidido cometer suicídio.

Argumentei que deveria haver uma alternativa ao suicídio: uma transferência de Dayton. Eu tinha ouvido falar que a dra. Judyth Box, psiquiatra que testemunhara a favor dele na última audiência, recentemente fora indicada como diretora clínica da recém-aberta Unidade Forense Regional de Central Ohio (CORFU), em Columbus.

No começo, Tommy se recusou a considerar uma transferência de um hospital de segurança máxima para outro. O CORFU era parte do Hospital Psiquiátrico Central de Ohio (COPH), onde Milligan tinha passado três meses aos 15 anos. Se ele não pudesse voltar para Athens e para o dr. David Caul, insistiu Tommy, era melhor estar morto mesmo. Observei que, como a dra. Box havia tratado outros pacientes de múltipla personalidade, conhecia o dr. Caul muito bem e já havia demonstrado interesse no caso de Billy, ela talvez pudesse ajudá-lo. Tommy finalmente aceitou a transferência.

O Departamento de Saúde Mental, o promotor e o juiz concordaram que, como seria uma transferência interna de um hospital de segurança máxima para outro, não havia necessidade de audiência. Mas as engrenagens giraram devagar.

Um dia, antes da transferência, recebi uma ligação de outro paciente que disse que Milligan (com medo de machucar alguém e botar em risco a transferência para Columbus) tinha se voluntariado a ir para o isolamento. Depois de quatro seguranças o colocarem na sala de isolamento e amarrarem seus braços e pernas, pularam em cima dele e o espancaram.

Quando vi Allen de novo, no dia 27 de agosto, seu braço esquerdo, agora preto e roxo, estava inchado; a mão esquerda, paralisada. A perna esquerda estava com curativos. No dia 22 de setembro de 1981, ele foi transferido para a Unidade Forense Regional do Hospital Psiquiátrico Central de Ohio — em uma cadeira de rodas.

Logo depois da transferência, o Departamento de Saúde Mental abriu um processo contra Billy Milligan pedindo 50 mil dólares para cobrir os custos de sua hospitalização involuntária e seu tratamento em Athens, Lima e Dayton. Os advogados de Billy protocolaram uma reconvenção, cobrando pelos murais que ele tinha pintado nas paredes do Hospital Estadual de Lima e pedindo indenização por danos por abuso físico e imperícia. A reconvenção foi negada. O processo do estado ainda está em andamento.*

Tanda, ansiosa para estar perto de Milligan, arrumou um emprego em Columbus e foi morar com a irmã dele, Kathy. Ela o amava, disse ela, e queria visitá-lo com frequência.

---

* No período de escrita deste texto, 1982. Em 1988, Billy Milligan recebeu alta e foi acompanhado pelo estado de Ohio até 1991. Ele faleceu em 2014, aos 59 anos, de câncer. [N. E.]

A dra. Box começou os métodos de terapia intensiva que já tinham sido bem-sucedidos para integrar as personalidades no Centro de Saúde Mental Athens. Ela trabalhou com David, Ragen, Arthur, Allen, Kevin e, finalmente, conseguiu se comunicar com o Professor. A cada visita que eu fazia, Allen ou Tommy me contava que por pouco eu não tinha visto o Professor. Finalmente, eu os instruí a deixarem uma mensagem no quarto. Na próxima vez que o Professor aparecesse, era para ele me ligar. Cerca de uma semana depois, recebi uma ligação:

— Oi, eu soube que você estava querendo falar comigo.

Foi a primeira vez que falei com o Professor desde que tínhamos conversado sobre o manuscrito do livro juntos, em Lima. Conversamos por muito tempo e ele conseguiu preencher algumas das lacunas das quais os outros não tinham conhecimento.

Um dia, o Professor ligou e disse:

— Tenho que contar para alguém. Estou apaixonado por Tanda e ela está apaixonada por mim. Queremos nos casar.

Eles planejaram o casamento para o dia 15 de dezembro, para que a dra. Box pudesse comparecer antes de passar um mês de férias em seu país natal, a Austrália.

Como parte do plano de tratamento, ela colocou Milligan em uma nova ala, junto com outros três pacientes que tinha diagnosticado, com hesitação, como de múltipla personalidade. Como pessoas assim demandavam tratamento e atenção especializados, ela achou que poderia ser melhor colocá-los juntos. A dra. Box não estava preparada para as críticas dos políticos de Columbus que vieram em seguida, duas semanas antes da eleição.

O *Columbus Dispatch* publicou, no dia 17 de outubro de 1981, que o deputado estadual Don Gilmore, republicano de Columbus, acusara Billy Milligan de estar recebendo tratamento preferencial, inclusive de o hospital de Columbus "permitir que Milligan escolhesse os pacientes que morariam com ele na ala". Embora os administradores do hospital tenham negado, Gilmore continuou fazendo as acusações.

O *Columbus Citizen-Journal* de 19 de novembro publicou:

Apesar das garantias de que William Milligan não está recebendo privilégios adicionais no Hospital Psiquiátrico Central de Ohio, um deputado estadual pediu outra investigação sobre essa possibilidade [...].

Uma das preocupações de Gilmore envolvia um incidente várias semanas atrás quando Milligan [...] supostamente pediu um sanduíche de mortadela às 2h30 da madrugada. Ele disse que a equipe do hospital tinha que preparar sanduíches para todo mundo na ala de Milligan [...].

Tanda tentou por semanas encontrar um pregador, pastor, padre ou juiz que realizasse a cerimônia. Finalmente, chegou a um jovem pastor metodista, diretor do novo "abrigo aberto" transitório na cidade, que concordou em casá-los. Gary Witte esperava permanecer anônimo, com medo de que a publicidade pudesse afetar seu trabalho no abrigo. Entretanto, um repórter do *Columbus Dispatch* o reconheceu e identificou.

— Minha filosofia pessoal — disse o jovem pastor para ele — é que sempre fui a favor dos desfavorecidos [...]. Eu fiz a cerimônia porque ninguém mais queria [...].

O casamento aconteceu no dia 22 de dezembro de 1981, e os presentes eram apenas o pastor, um funcionário da vara de sucessão, que tinha levado a licença de casamento, e eu. A dra. Box já tinha partido para a Austrália. Foi o Professor que colocou a aliança no dedo de Tanda e a beijou. Como Ohio não permite visitas conjugais, não haveria possibilidade de eles ficarem sozinhos, a não ser que ele fosse transferido para uma prisão de segurança mínima ou um hospital psiquiátrico civil.

Após o casamento, Tanda enfrentou dezenas de repórteres, fotógrafos e câmeras de televisão que aguardavam em uma breve coletiva de imprensa. Ela disse que tinha conhecido a maioria das personalidades e as aceitava, e que chegaria um dia em que todos viveriam uma vida normal.

Pouco tempo depois, o Professor e Tanda começaram a reparar em mudanças ruins. Toda a medicação foi tirada do Professor. A segurança sistematicamente passou a revirar seu quarto e despi-lo para revistá-lo antes e depois de cada visita. Até Tanda era despida e revistada ocasionalmente, quando o visitava. Os dois acharam humilhante e concluíram que se tratava de assédio calculado.

Quando a dra. Box voltou da Austrália, soube que seu contrato não seria renovado pelo Departamento de Saúde Mental.

— Eu fui cortada — disse ela para mim.

O *Columbus Dispatch* publicou este artigo no dia 17 de janeiro de 1982:

PSIQUIATRA DE MILLIGAN ABANDONA EMPREGO ESTADUAL

A dra. Judyth M. Box, psiquiatra do estuprador condenado [*sic*] de múltiplas personalidades William S. Milligan, pediu demissão do emprego estadual em uma disputa com oficiais no Hospital Forense Central de Ohio.

O deputado estadual Don E. Gilmore, republicano de Columbus, elogiou a demissão [...].

O Professor se fragmentou.

O novo terapeuta de Milligan, dr. John ("Jay") Davis, um jovem psiquiatra que servira na Marinha, estava cético quando assumiu o caso, mas ficou fascinado por um estudo do passado de Milligan. Ele ganhou a confiança da maioria das personalidades e conseguiu trabalhar com elas.

No dia 12 de fevereiro, Kathy descobriu que roupas e bens de sua cunhada tinham sumido, assim como o carro de Billy. Tanda deixara um bilhete endereçado a "Billy" explicando ter retirado todo o dinheiro da conta conjunta deles e que pagaria de volta algum dia. O bilhete também dizia que ela sabia que era errado fugir no meio da noite, mas que não conseguiu lidar com a pressão de todos os lados.

— Eu estava apaixonado e fui trouxa — disse Allen. — Eu me senti destruído. Por um tempo, senti frio. Mas disse a mim mesmo que eu preciso superá-la e esquecer o que fez comigo. Não tenho o direito de julgar todas as mulheres baseado na Tanda, assim como não tenho o direito de julgar todos os homens baseado no meu pai Chal.

O dr. Jay Davis ficou impressionado com a forma como o paciente lidou com essa notícia. Embora se sentissem traídas e enganadas, as personalidades aceitaram bem a situação.

No dia 26 de março de 1982, a audiência de encarceramento aconteceu na corte do juiz Flowers para determinar se Milligan era perigoso para si mesmo ou para outros ou se poderia ser transferido para um hospital de segurança mínima, como o Centro de Saúde Mental Athens. O testemunho dos psiquiatras e psicólogos foi contraditório.

A posição da promotoria tinha ficado clara em uma entrevista dada pelo vice-promotor do condado de Franklin, Thomas D. Beal, para um repórter do *Columbus Citizen-Journal*, publicado no dia 14 de janeiro: "De certa forma, eu tenho esperanças de que haja [prova de que Milligan é violento], para que possamos ter mais munição para mantê-lo em uma instituição de segurança máxima".

Na audiência, o dr. Mijo Zakman, diretor clínico do COPH, testemunhou que ele e dois outros psiquiatras tinham examinado Milligan por cerca de duas horas em preparação à audiência e relataram que não viram personalidades. Milligan, disse ele, não tinha doença mental, mas uma personalidade antissocial.

Esse foi um desenvolvimento surpreendente e ameaçador. Se o Departamento de Saúde Mental conseguisse convencer o juiz Flowers de que Milligan não tinha nenhuma doença mental, ele poderia ser dispensado do hospital, preso imediatamente pela Autoridade de Condicional Adulta de Ohio e enviado para a prisão como violador de condicional.

Mas o dr. Jay Davis testemunhou:

— Ele está no patamar mais baixo [...]. Está fragmentado. Eu poderia nomear a personalidade sentada ali agora, e não é Billy.

Ele explicou para o juiz Flowers por que Columbus não era o lugar para Milligan.

— Instituições de segurança máxima obstruem a terapia de pacientes de múltipla personalidade.

Se ele ficasse na instituição de Columbus, explicou Davis, o tratamento provavelmente seria improdutivo.

O dr. Harry Eisel, psicólogo clínico, testemunhou que havia administrado o teste da "mão" a várias das personalidades agressivas a fim de determinar se poderiam ou não ser perigosas. O teste da "mão" (uma série de imagens de mãos em posições diferentes, sobre as quais o paciente faz avaliações) é uma técnica de projeção para avaliar o potencial do indivíduo de comportamento violento. Eisel testemunhou que nenhuma das personalidades testadas (Philip, Kevin e Ragen, eu soube depois) era perigosa em qualquer grau significativo.

Embora um assistente social tenha testemunhado à promotoria que Milligan o tinha ameaçado, assim como à sua família, ao ser interrogado novamente ele admitiu que costumava ser ameaçado com frequência por pacientes psiquiátricos, mas que nada tinha sido feito por nenhum deles.

O dr. Caul testemunhou que aceitaria Milligan para tratamento e que seguiria qualquer restrição imposta pelo tribunal.

No dia 8 de abril de 1982, o juiz Flowers ordenou que o Departamento de Saúde Mental transferisse Billy Milligan de volta para o Centro de Saúde Mental Athens. Ele determinou que o paciente tivesse permissão de pintar e trabalhar com carpintaria, mas também sugeriu supervisão atenta da ala. Antes que Milligan tivesse permissão de sair do terreno do hospital, o tribunal precisaria ser notificado.

— As pessoas dizem que ele merece outra chance. Vamos dar outra chance a ele — disse o juiz Flowers.

Às 11h do dia 15 de abril de 1982, depois de dois anos e meio em três hospitais de segurança máxima de Ohio, Billy Milligan voltou para Athens.

Eu o visito regularmente e falo com Tommy ou Allen. De acordo com ambos, não houve consciência compartilhada entre as "pessoas" por muito tempo. Allen escuta as vozes na cabeça — os sotaques britânico e iugoslavo —, mas nem ele nem Tommy conseguem falar com eles ou um com o outro. Não há comunicação lá dentro. Há muito tempo perdido. Até o momento da escrita deste texto, o Professor não retornou.

Tommy está pintando paisagens. Danny está pintando naturezas-mortas. Allen está pintando retratos e fazendo anotações das incríveis experiências em Lima, Dayton e Columbus, e como as pessoas dele lidaram com tudo e sobreviveram.

O dr. David Caul começou a difícil tarefa de desfazer o dano dos últimos dois anos e meio e de tentar juntar as peças de novo. Ninguém sabe quanto tempo vai demorar.

Embora o retorno de Billy Milligan a Athens tenha gerado certa controvérsia em Columbus que o aborreceu, ele ficou satisfeito quando leu um exemplar do jornal de alunos da Universidade de Ohio. *The Post* publicou um editorial no dia 12 de abril, antes da transferência:

> [...] Milligan, que certamente não teve oportunidades justas na vida, veio para Athens para ser tratado por especialistas. E esta comunidade, se for para fazer alguma coisa, deveria ajudar a dar a ele a atmosfera de apoio de que precisa [...]. Nós não estamos pedindo a você que dê boas-vindas a Milligan de braços abertos, mas para que você tenha compreensão. É o mínimo que ele merece.

Athens, Ohio
7 de maio de 1982

NOTA DO AUTOR

Dentre os muitos documentos que examinei para colher informações antes de escrever este livro, encontrei dois laudos intrigantes de eletroencefalogramas do cérebro de Billy Milligan. Foram feitos com duas semanas de intervalo em maio de 1978, por médicos diferentes, quando ele estava sendo examinado sob ordem judicial no Hospital Harding. Pesquisas recentes deram uma nova luz ao significado dos EEGs de Milligan.

O dr. Frank W. Putnam Jr, um psiquiatra do Instituto Nacional de Saúde Mental, descobriu que os alter egos de sujeitos com múltipla personalidade têm características fisiológicas diferentes mensuráveis umas das outras e da "personalidade núcleo", inclusive diferentes respostas galvânicas da pele e diferentes padrões de atividade de ondas cerebrais.

Em uma entrevista telefônica recente, discuti com o dr. Putnam sobre a pesquisa de ondas cerebrais em EEG que ele tinha apresentado na reunião de Toronto da Associação Psiquiátrica Americana em maio de 1982. Ele ministrara uma série de testes controlados em dez pessoas diagnosticadas previamente com transtorno de múltipla personalidade, testando, em cada caso, a personalidade núcleo e duas ou três outras personalidades. Como controle, usou dez outros indivíduos, que correspondiam aos sujeitos em idade e sexo, instruídos a inventar alter egos de sua própria escolha, com histórias e características detalhadas, e a praticar uma troca para essas personalidades.

Os testes foram repetidos em ordem aleatória, para cada personalidade núcleo e cada personalidade alternativa, em cinco dias diferentes — um total de quinze ou vinte testes para cada indivíduo. Enquanto os sujeitos de controle e suas personalidades fingidas não demonstravam mudança significativa nos padrões das ondas cerebrais, *as personalidades diagnosticadas como múltiplas mostravam diferenças evidentes entre a personalidade núcleo e cada uma das outras.*

De acordo com a *Science News* (29 de maio de 1982), as descobertas do dr. Putnam são sustentadas por uma pesquisa do Instituto para a Vida, em Hartford, Connecticut, na qual o psicólogo Collin Pitblado relatou resultados similares com as quatro personalidades de um paciente de múltipla personalidade.

Depois de saber dessa nova pesquisa, voltei aos meus arquivos e observei os eletroencefalogramas de Milligan feitos quatro anos antes da apresentação dos resultados de Putnam.

No dia 9 de maio de 1978, o dr. P. R. Hyman relatou que o tracejado formado naquele dia era "um eletroencefalograma anormal". Por causa da atividade das ondas teta e delta [ondas lentas que normalmente não são vistas no cérebro de um adulto desperto, embora vistas em crianças] no hemisfério direito posterior, o dr. Hyman escreveu que a anormalidade devia ser por causa de um problema técnico. Ele observou: "Entretanto, o técnico não provou isso de nenhuma forma, apesar de ter mudado o eletrodo". Ele sugeriu uma repetição do eletroencefalograma.

O dr. James Parker escreveu, em 22 de maio de 1978, que a área localizada de anormalidade, que tinha aparecido no primeiro eletroencefalograma, não estava presente no segundo. O segundo tracejado revelava uma atividade alfa intermitente ao fundo. Parker descreveu esse eletroencefalograma como tendo "ondas agudas teta e delta [e] temporais bilaterais anormais". As ondas agudas, escreveu ele, podiam ser epileptiformes.

O dr. Frank Putnam me disse que entre 10% e 15% dos EEGs de pacientes de múltipla personalidade examinados por ele mostraram ondas cerebrais anormais e que esses pacientes também tiveram diagnóstico prévio de epilepsia. Relatos de casos similares, disse ele, foram feitos em Harvard, de eletroencefalogramas anormais e múltipla personalidade.

Quando mostrei as descrições dos EEGs de Milligan para um técnico de eletroencefalograma licenciado, ele me garantiu que pareciam estar descrevendo duas pessoas diferentes. Acredito que seja consistente com os resultados das pesquisas feitas nessa área sugerir que os EEGs feitos no Hospital Harding foram de fato administrados a diferentes personalidades: provavelmente as crianças.

Ao discutir a importância da nova pesquisa, o dr. Putnam disse: "O estudo de múltipla personalidade tem algo a oferecer para o restante de nós em termos de controle da mente do corpo. Acho que os múltiplos podem, de fato, ser um daqueles experimentos da natureza que vão nos contar muito mais sobre nós mesmos [...]"

20 de julho de 1982
Athens, Ohio

AGRADECIMENTOS

Além das centenas de reuniões e conversas com William Stanley Milligan, este livro foi desenvolvido a partir de entrevistas com 62 pessoas cujas vidas tocaram a dele. Embora a maioria seja facilmente identificada na história, gostaria de expressar minha gratidão pela ajuda delas.

Também gostaria de agradecer individualmente às seguintes pessoas, cuja cooperação teve um papel importante nas minhas pesquisas e investigações, bem como no início, no desenvolvimento e na publicação deste livro:

Doutor David Caul, diretor clínico do Centro de Saúde Mental Athens; dr. George Harding, Jr., diretor do Hospital Harding; dra. Cornelia Wilbur; Gary Schweickart e Judy Stevenson, defensores públicos; L. Alan Goldsberry e Steve Thompson, advogados; Dorothy Moore e Del Moore, mãe e atual padrasto de Milligan; Kathy Morrison, irmã de Milligan; e Mary, amiga íntima de Milligan.

Sou grato pela colaboração das equipes das seguintes instituições: Centro de Saúde Mental Athens, Hospital Harding (principalmente Ellie Jones, relações públicas), departamento de polícia da Universidade Estadual de Ohio, procuradoria de Ohio, departamento de polícia de Columbus, departamento de polícia de Lancaster.

Meu agradecimento e respeito pelas duas vítimas de estupro da Universidade Estadual de Ohio (retratadas pelos pseudônimos Carrie Dryer e Donna West), que se prontificaram a contar em detalhes o ponto de vista das vítimas.

Gostaria, ainda, de agradecer a meu agente-advogado, Donald Engel, pela confiança e pelo apoio para lançar este projeto, e ao meu editor, Peter Gethers, cujo entusiasmo inabalável e olho crítico me ajudaram a colocar o material sob controle.

Embora a maioria das pessoas estivesse disposta a cooperar, várias preferiram não falar comigo, por isso quero deixar clara a fonte do meu material sobre elas:

Doutor Harold T. Brown, da Clínica Psiquiátrica Fairfield, que tratou Milligan quando ele tinha 15 anos, é representado em seus comentários, pensamentos e percepções por citações e paráfrases de suas anotações sobre o caso. Dorothy Turner e a dra. Stella Karolin, do Centro de Saúde Mental da Comunidade de Southwest, que descobriram e diagnosticaram pela primeira vez a personalidade múltipla de Milligan, são descritas por meio das lembranças dele de encontros com as duas, corroboradas pelos relatórios escritos por ambas, pelo testemunho sob juramento no tribunal e por descrições de outros psiquiatras e advogados que as conheciam e falaram com elas na época.

Chalmer Milligan, pai adotivo de William (identificado no julgamento e pela imprensa como "padrasto"), se recusou a discutir as alegações contra ele. Também recusou minha proposta de contar seu lado da história. Em declarações que enviou a jornais e revistas, e em entrevistas publicadas, negou as acusações de William de "ameaçá-lo, abusar dele e sodomizá-lo". As alegadas ações de Chalmer Milligan são, portanto, derivadas de transcrições do julgamento, sustentadas pelo depoimento de parentes e vizinhos e corroboradas nas minhas entrevistas gravadas com sua filha, Challa; sua filha adotiva, Kathy; seu filho adotivo, Jim; sua ex-esposa, Dorothy; e, claro, William Milligan.

Gostaria de fazer um agradecimento especial e expressar meu apreço às minhas filhas, Hillary e Leslie, pela ajuda e compreensão durante os dias difíceis de pesquisas sobre esse material, e à minha esposa, Aurea, que, além de oferecer as sugestões editoriais úteis de sempre, ouviu centenas de horas de fitas de entrevistas e as catalogou em um sistema recuperável para que eu pudesse encontrar e conferir conversas e informações. Sem seu encorajamento e ajuda, este livro teria levado muitos anos mais para ser escrito.

SOBRE O AUTOR

Daniel Keyes, nascido em Nova York em 1927, formou-se na Brooklyn College. *Flores para Algernon*, seu premiado primeiro romance, é estudado no ensino médio e em faculdades dos Estados Unidos. Também trabalhou como comerciante marinho, editor, professor de ensino médio e professor universitário na Universidade de Ohio, onde foi condecorado com o título de Professor Emérito em 2000. Faleceu em 2014.